Reisevorbereitung

Land und Leute

Urlaub in Dubai

Ausflugsziele

Anhang

dub10_010 Foto: kk

Kirstin Kabasci

Emirat Dubai

دبي

„Wir werden Geschichte schreiben
und uns der Zukunft mit stetigen Schritten nähern."
His Highness General Shaikh Mohammed bin Rashid Al-Maktoum

Impressum

Kirstin Kabasci
Reise Know-How Emirat Dubai

erschienen im
Reise Know-How Verlag Peter Rump GmbH
Osnabrücker Str. 79, 33649 Bielefeld

7., neu bearbeitete und komplett aktualisierte Auflage 2012

Gestaltung
Umschlag: G. Pawlak, P. Rump (Layout); M. Luck (Realisierung)
Inhalt: G. Pawlak (Layout); M. Luck (Realisierung)
Karten: B. Spachmüller; Th. Buri; der Verlag
Fotonachweis: siehe S. 346
Titelfoto: Government of Dubai/DCTM
(Dubais Skyline: Blick über den Creek Richtung Deira)

Lektorat: M. Luck

Druck und Bindung: Wilhelm & Adam, Heusenstamm

ISBN 978-3-8317-2224-2
Printed In Germany

Dieses Buch ist erhältlich in jeder Buchhandlung Deutschlands, Österreichs, der Niederlande, Belgiens und der Schweiz. Bitte informieren Sie Ihren Buchhändler über folgende Bezugsadressen:

Deutschland
Prolit Verlagsauslieferung GmbH
Siemensstr. 16, D-35461 Fernwald (Annerod)
sowie alle Barsortimente
Schweiz
AVA Verlagsauslieferung AG
Postfach 27, CH-8910 Affoltern a.A.
Österreich
Mohr-Morawa Buchvertrieb GmbH
Sulzengasse 2, A-1230 Wien
Niederlande, Belgien
Willems Adventure
www.willemsadventure.nl

Wer im Buchhandel trotzdem kein Glück hat, bekommt unsere Bücher auch über unseren **Büchershop im Internet: www.reise-know-how.de**

Wir freuen uns über Kritik, Kommentare und Verbesserungsvorschläge, gern auch per E-Mail an info@reise-know-how.de.

dub10_030 Foto: at

Kirstin Kabasci

Emirat Dubai

Einleitung

Beduinische Wurzeln und visionäre Wünsche

Dubai, die Wüstenmetropole am Südufer des Golfes, bildet den zweitgrößten **Teilstaat der Vereinigten Arabischen Emirate** (V.A.E.). In der zu beiden Seiten eines geschwungenen Meeresarms gelegenen Stadt verläuft das Leben nach dem Motto: **Einmaligkeit ist die Regel, Bescheidenheit ein Fremdwort, nichts ist unmöglich.** Dubai steckt voller Superlative, Kuriositäten und Kontraste – und sorgt(e) auf vielfältige Weise für Furore: als schnellstwachsende Stadt der Welt, als Konglomerat der Superlative, als bonbonbuntes Fantasieland, als polyglottes Business-Babel, als Hochburg der Hotellerie, als Königsstadt der Künstlichkeiten, als klimatisierter Konsumtempel, als Atlantis der Gegenwart sowie als Spielwiese bzw. Scheiterhaufen der Immobilieninvestoren.

Als solch bunt schillerndes Kaleidoskop ist Dubai in den Fokus der globalen Aufmerksamkeit gerückt – nicht zuletzt dank der eifrigen und groß angelegten Selbstvermarktung. Zu Boomzeiten begleitete auch **Neid** diese Aufmerksamkeit – mit Beginn der Weltwirtschaftskrise 2008 folgten **Skepsis** und Schadenfreude auf einen eventuell bevorstehenden Niedergang. Doch trotz der babylonischen Unkenrufe setzt Dubai mit seinem alles überragenden Tatendrang und Innovationswillen seine Expansionspolitik fort – wenn auch deutlich bedachter und mit neuer Konzentration auf alte Stärken. Die Talsohle könnte durchschritten sein, Dubais Wüste wächst weiter zum Wunderland.

Dieses Metropolis der Wüste erwuchs im Zeitraffer: Seit den ersten Ölfunden 1966 und dem Zusammenschluss sieben seither selbstständiger Shaikhtümer zum Staatenbund der Vereinigten Arabischen Emirate 1971 durchsprintet dieser ehemals von der Weltgeschichte vergessene Wüstenwinkel im Schnelldurchlauf eine Entwicklung, für die andere Städte 100 Jahre und länger gebraucht haben. Dieselben Menschen, die als junge Erwachsene von Datteln und Viehzucht, Perlenhandel und Piraterie, Goldschmuggel oder Fischerei lebten, bilden heute die ältere Generation eines reichen Volkes. Aus fensterlosen Lehm- oder Palmwedelhütten zogen Dubais Einwohner in Luxusapartments, Villen und Prachtpaläste. Dichte Flechtwerke aus Ölleitungen sowie Bohr- und Verladeinseln schlingen sich über den Meeresgrund, in dem wenige Jahrzehnte zuvor Perlentaucher ihr Glück suchten. Uralte Karawanenpfade wandelten sich zu mehrspurigen Highways, Straßenmärkte sind klimatisierten Shoppingzentren gewichen. In den klaren Wüstenhimmel wurden Wolkenkratzergebirge hochgezogen und im Meer künstliche Inselwelten aufgeschüttet. Der Glanz ihrer Fassaden wird nur von den Auslagen des Goldmarktes übertroffen. Grüne Parks und Prachtboulevards kontrastieren mit der Glitzerwelt des neuen Dubai.

Nur in jungen Jahren erlebte Dubai einen Petrodollarsegen, dann folgte eine kluge Handelspolitik gepaart mit dem Mut zu **kühnen Zukunftsvisionen.** Zum Auftakt des neuen Jahrtausends, zu Hochkonjunkturzeiten, wurden die wagemutigsten Ideen in Windeseile realisiert, ein neues Wahrzeichen jagte das nächste. Beton und Billigarbeiter waren die Schmierstoffe dieses Strebens nach ganz oben. Dubai dachte lange Jahre im XXL-Format und vollzog seine Entwicklung auf der Überholspur.

Hinter Dubais Obsession der Superlative, seiner übermütigen Stadtplanung und im Wirbel der internationalen Kapitalströme geht jedoch die wirkliche Erfolgsgeschichte fast unter: Die Stadt hat sich selber **neu erfunden** – als moderner, dynamischer, liberaler und weltoffener Orient. Damit ist Dubai ein Pionier und wird von vielen anderen arabischen Staaten als Vorbild angesehen – und als Hoffnungsträger. In Dubai können Träume und Visionen wahr werden, anders als in vielen arabischen Ländern wird Globalisierung nicht als Gefahr, sondern als Geschäftsmodell empfunden. Eine besondere Aktualität hat dies vor dem Hintergrund andernorts tobender Protestwellen im Zeichen des „Arabischen Frühlings". Inmitten dieser stürmischen Zeiten gleicht Dubai einer Oase der Stabilität – auch deswegen weichen immer mehr Arabien-Reisende gerne hierher aus.

Dabei in Dubai

Für den Touristen bietet Dubai **metropole Vielfalt** und eine **außergewöhnliche Kombination von 1001 Nacht, Exotik und Luxus.** Politische Krisen, soziales Elend und Gefahren durch Kriminalität existieren nicht. Kein Wunder, dass das Emirat immer wieder internationale Auszeichnungen als der Welt beste Tourismusdestination erhält.

Typisch Dubai: Die vielen Annehmlichkeiten einer Hightech-Luxusgesellschaft mit internationalem Lifestyle sind ebenso Teil des Lebensalltags wie das bewusste Aufrechterhalten alter Werte und Stammestraditionen.

Dubai befriedigt vielerlei touristische Interessen: Besucher können erstklassig ausspannen, ausgiebig einkaufen, sportlich auspowern oder auf kulturelle Entdeckungstour gehen. Das Emirat ist ein ideales Einstiegsziel für Reise- und Arabien-Anfänger und auch das richtige Reiseland für Arabien-Fans, die die Annehmlichkeiten der modernen Welt nicht missen möchten. Hauptzielgruppe der lokalen Tourismusförderung sind Reisende, die eine Mischung aus Erholung mit westlichem Komfort und einem Hauch arabischem Abenteuer suchen. Für Strandurlauber und Familien ist Dubai ideal – zumindest im Winter. Es kommen viele, die gerne multikulturelle Großstadtluft schnuppern und etwas von Dubais Lifestyle-Faktor miterleben möchten. Geschäftsreisende hängen eine Kurzurlaub an.

Mit **Englisch** kann man sich problemlos verständigen, **ein Besuchsvisum erhält man sehr einfach,** die **Anreise ist problemlos:** Es gibt eine Vielzahl attraktiver Direktflüge, mit denen man in weniger als sieben Stunden in Dubai ist.

Verglichen mit anderen Wüstenstaaten, ist in Dubai **Reisen** eine **komforta-**

ble Sache. Wer Wert darauf legt, kann in 5-Sterne-Hotels logieren, an üppig gedeckten Büffets der Gourmet-Restaurants Delikatessen aus aller Welt kosten und auch sonst allen nur erdenklichen Komfort genießen. Das Schöne daran ist, dass Luxus in Dubai nicht unbedingt kostspielig, sondern vergleichsweise erschwinglich sein kann.

Doch Dubai ist keine reine Luxusdestination: Auch **preiswertere Reisemöglichkeiten** bieten sich an, etwa die Übernachtung in Budget-Hotels oder in einer Jugendherberge, einfache und dabei hygienisch einwandfreie Restaurants und Imbiss-Stuben, zahllose Märkte und Supermärkte für die Selbstversorgung, kostenfreie Strände und preiswerte Strandparks sowie ein gut funktionierendes Netz an öffentlichen Verkehrsmitteln.

An **Sport- und Freizeitaktivitäten** ist alles geboten, was der Aktivurlauber begehrt: Schwimmen, Tennis, Squash, Schlittschuhlaufen und Skifahren (!), Segeln, Surfen, Wasserski, Jetski, Fallschirmsegeln, Hochseefischen, Tauchen, Reiten (auf Pferden und Kamelen), Wandern, Buggyfahren, Sanddünenski. Golfspieler aus aller Welt strömen in die Wüstenstadt, denn Dubai ist zweifelsfrei *das* **Golferparadies am Golf.** Die vielen Golfplätze sind eine einzigartige Synthese aus gepflegten Grünanlagen und unverfälschter Wüstenlandschaft.

Der **Islam** hat für ausländische Besucher **kaum Restriktionen** zur Folge. In Bars und Nachtclubs wird Alkohol ausgeschenkt, ausländische Frauen können sich frei bewegen und sind keiner muslimischen Kleiderordnung unterworfen.

Nachtschwärmer können sich in den zahlreichen **Clubs, Bars und Discos** „austoben" – Dubai bei Nacht kann trendy, cool, rockig, gemütlich, urig, romantisch, hip, arabisch und noch viel mehr sein.

Wer seinen Urlaub nicht bereits in der Heimat pauschal buchen möchte, der kann bei einem **Tourveranstalter in Dubai** Stadtrundfahrten, Ausflüge oder mehrtägige Touren mitmachen. Man kann sich auch ein individuell maßgeschneidertes Programm organisieren lassen. Die Tourbegleiter sprechen meist englisch oder deutsch.

Es lohnt sich, Dubai und das Umland mit dem **Mietwagen** zu erkunden, wozu diverse internationale und lokale Autoverleiher alle erdenklichen Wagenklassen anbieten. Die Preise dafür sind durchweg niedriger als in Deutschland.

Dubai ist auch ein **Einkaufsparadies.** Hier laufen die Kreditkarten heiß, denn das Warenangebot ist groß und die Einkaufsmöglichkeiten vielfältig. Ob in elegant gestylten Boutiquen, in ultramodernen Einkaufszentren und Malls oder aber in den orientalische Läden des traditionellen Souqs: Was auch immer man sucht – edle haute couture aus Paris, Mailand und London oder preiswerte Bekleidung aus China und Indien, exklusive Armbanduhren aus der Schweiz oder billige aus Hong Kong, wertvolle Juwelen und fein gearbeitete Goldstücke oder antiker Beduinenschmuck – nahezu alle Wünsche können erfüllt werden. Der traditionelle **Goldsouq** ist der größte des Mittleren Ostens, und er ist berühmt für seine Auswahl, Qualität, Handwerkskunst sowie die überaus attraktiven Preise. Dazu gesellen sich unzählige Juweliere in modernen Einkaufszentren. Viele Urlauber kommen allein wegen des edlen Metalles und schöner Schmuckstücke.

Zu den Hauptattraktionen zählen zweifellos auch die sonnengetränkten, sauberen, selten überfüllten **Sandstrände** und das kristallklare Meer mit seiner artenreichen **Unterwasserwelt.** Weiterhin locken Gartenanlagen, Freizeit-, Vergnügungs- und Wasserparks und unglaublich viele hochrangige Sportereignisse. Und nicht zuletzt erstreckt sich jenseits der Häusergrenze eine grandiose **Landschaft** aus unendlichen Sandmeeren, unwirklichen Gebirgsmassiven und ursprünglichen Oasendörfern. Bei Touristen sehr beliebt ist z.B. ein abendliches Barbecue in den Dünen. Andere sehen in der Wüste oder in den holprigen Pisten des Berglandes einen großen Outdoor-Abenteuerspielplatz und ein Testgelände für superstarke Geländewagen oder wieselwendige Sandbuggys.

Abschließend noch klare Worte zur **Relativierung des Traumbildes:** Dubai feiert sich gerne als Stadt der Superlative – Kritiker sehen eine Metropole der Maßlosigkeit. In der Stadt regieren nicht nur Luxus und Lifestyle, sondern auch Verkehrs- und Baustellenchaos plus Lärm, Hektik und Hitze. Dubai hat sich vielen Prämissen hingegeben, die inzwischen kritisch hinterfragt werden: so die Vorherrschaft des Kapitals, die Politik des „Alles ist möglich" um jeden Preis, das unablässige Schaffen von Künstlichem, die massive Tourismusförderung. Wer erwartet, Dubai sei rundum luxuriös und voller Glamour, wer meint, überall auf protzige Palastvillen und schwerreiche Shaikhs zu treffen, der irrt. Man kann sich bestens auf der Luxusseite des Lebens bewegen: Mit der Nobellimousine von einer Trauminsel in eine vornehme Mall und dann weiter zum opulenten Dinnerbüfett, um schließlich in einer Executive Suite zu nächtigen. Doch das ist nur die eine Seite der Medaille. In vielen Situationen, sei es bei einer Taxifahrt zum Supermarkt, beim Bummel durch den Souq oder bei einem Picknickausflug in den Park, könnte man meinen, in Neu-Dehli oder Islamabad zu sein. Denn fast 90% der Bewohner Dubais sind Gastarbeiter, die meisten Inder oder Pakistanis. Für diese Mehrheit werden Dubais Traumwelten unerreichbar bleiben.

Hinweise zum Gebrauch dieses Buches

Dieser Reiseführer richtet sich an alle Reisenden, welche die Vielfalt Dubais und den Zauber seiner Kontraste aktiv erkunden möchten. Er liefert weitaus mehr als die bloße Aufzählung kultureller Sehenswürdigkeiten, sodass **Gruppenreisende, Individualisten, Familien und Shoppingtouristen** eine bunte Palette an handfesten Informationen und interessanten Hintergrundberichten finden. Damit soll dieses Buch ein Leitfaden zum Selberentdecken und ein informativer Begleiter sein.

Der **Aufbau dieses Buches** folgt einem einfachen Prinzip:

- Der erste Teil – **Reisevorbereitung** – bietet viele nützliche Hinweise zu Visa- und Einreisebestimmungen, Flugverbindungen, Reisegepäck, Geldfragen, Gesundheitsvorsorge, Versicherungen, Verhalten im Gastland etc.
- Der zweite Teil – **Land und Leute** – informiert über geografische, historische, politische, gesellschaftliche, wirtschaftliche und kulturelle Hintergründe Dubais.
- Im dritten Teil – **Urlaub in Dubai** – wird Dubai in seiner ganzen Vielfalt beschrieben: Sehenswürdigkeiten, Shoppingmöglichkeiten, Sportofferten, Parks, Hotels, Restaurants, Bars, Nachtclubs, Autovermieter u.v.m. Dieses Kapitel ist voll von detaillierten Beschreibungen und Adressen, die dem Reisenden helfen, sich im Wüstenemirat besser zurechtzufinden und nichts zu verpassen. Stadtpläne mit allen wesentlichen Eintragungen helfen bei der Orientierung. Angereichert ist dieser Buchteil mit Informationen zu geschichtlichen, kulturellen und sozialen Zusammenhängen.
- Im vierten Teil – **Ausflugsziele** – sind zahlreiche Ausflüge und Routenvorschläge beschrieben, die es ermöglichen, die jenseits der Stadtgrenze gelegenen Naturschönheiten selbstständig aufzusuchen.
- Im **Anhang** finden sich ein Kapitel zur arabischen Sprache – hier können die wichtigsten Regeln und Redewendungen im Arabischen nachgeschlagen werden –, ein Glossar, das vorrangig arabische Fremdwörter erklärt, und ein ausführliches Register.

Dieses Buch ist **in mehreren deutschsprachigen Ländern erhältlich.** Die meisten Informationen und Adressen (z.B. Botschaften, Zoll) sind so unterteilt, dass Deutsche, Österreicher und Schweizer die für sie jeweils gültigen Angaben vorfinden. Da es jedoch manchmal zu komplex werden würde, einen Sachverhalt für alle drei Länder aufzuzählen, kann es vorkommen, dass sich manches nur auf die Mehrheit der Leser, also auf Deutsche bzw. auf Deutschland, bezieht. Dies trifft z.B. auf Servicetelefonnummern (u.a. Fluglinien, Autovermieter, internationale Hotelketten) zu.

Dieser Reiseführer enthält eine Vielzahl an praktischen Tipps und Informationen. Natürlich bleibt es nicht aus, dass so manches mit der Zeit veraltet. **Dubai wandelt sich schnell,** und so passiert dies oft schon von heute auf morgen. Betroffen sind vor allem Preise und Öffnungszeiten, die daher auch eher als Richtwerte zu verstehen sind. Auch ist der Verlauf von Zukunftsplanungen und Bauvorhaben mitunter schwer in Erfahrung zu bringen. Fehler lassen sich trotz sorgfältiger Recherchen leider nie ganz vermeiden, daher können weder der Verlag noch die Autorin eine Haftung, Garantie oder Gewähr für nicht mehr aktuelle oder falsche Angaben übernehmen.

Jegliche Angaben zu Firmen, Unternehmen oder Institutionen sowie zu deren Produkten basieren auf der persönlichen Einschätzung der Autorin, sie sind neutral, sie stellen keine Werbung dar und sie beinhalten keine Qualitätsversprechen.

In der Regel erscheint alle eineinhalb bis zwei Jahre eine neue, überarbeitete und aktualisierte Auflage dieses Buches. Falls nicht anders genannt, beziehen sich alle Daten dieser Ausgabe auf den Frühsommer 2012.

Sollten Sie auf Fehler stoßen, oder möchten Sie **Ergänzungen, Verbesserungen oder Kritik** vorbringen, so schreiben Sie bitte an den Verlag. Besonders wertvolle Ergänzungen und Tipps belohnt der Verlag mit einem Sprechführer Ihrer Wahl aus der über 220 Bände umfassenden Reihe „Kauderwelsch".

Mein herzlicher Dank gilt dem UAE National Media Council und dem Dubai Department of Tourism and Commerce Marketing, die mir sehr bei der Erstellung dieses Buches geholfen haben.

Ich wünsche allen Lesern einen angenehmen und erlebnisreichen Urlaub und begrüße Sie stilecht mit „ahlan wasahlan" – *Kirstin Kabasci.*

Inhalt

Exkurse

Info-Kästen von A–Z

Karten

Anmerkung: In diesem Buch sind viele **Internet-Adressen** genannt. Der Zeilenumbruch kann dazu führen, dass manche Adressen getrennt werden, sodass ein Trennstrich entsteht, der nicht zur Adresse gehören muss!

dub10_006 Foto: dt

Ausflugsziele

Anhang

Highlights aus Dubais Vielfalt

- **Durch Dünen düsen**
(Sandbuggy- und Quadverleih; siehe „Offroad ins Gelände wagen")
- **Dinierend über den Creek schippern**
(Dhaufahrt; siehe „Urlaub in Dubai/Sehenswertes am Creek")
- **Spaziergang durch alte Zeiten**
(Bastakiya-Viertel; siehe „Urlaub in Dubai/Sehenswertes in Bur Dubai")
- **Eiseskälte und Eisdrinks** (Ice Lounge; siehe „Urlaub in Dubai/Gastronomie")
- **Turmhohe Stadtübersicht** (Aussichtsplattform des Burj Khalifa;
siehe „Urlaub in Dubai/Sehenswertes auf Dubais Inlandsseite")
- **Einkaufszentrum ganz multikulti**
(Ibn Battuta Mall; siehe „Urlaub in Dubai/Einkaufszentren und Malls")
- **Schnelle Pferde und imposante Hüte** (Dubai World Cup;
siehe Exkurs „Dubai World Cup – Wüstenspektakel von Weltklasse")
- **Stadtrundfahrt im Doppeldeckerbus** (siehe „Urlaub in Dubai/Dubai-Sightseeing")
- **Show zum Staunen** (Jumana Secret of the Desert;
siehe „Urlaub in Dubai/Sehenswertes auf Dubais Inlandsseite")
- **Ins Haifischbecken abtauchen** (Aquaventure; siehe „Urlaub in Dubai/Wasserparks")
- **Güldenes Labyrinth** (Goldsouq der Dubai Mall;
siehe „Urlaub in Dubai/Einkaufszentren und Malls")
- **Neuarabisch shoppen**
(Khan Murjan; siehe „Urlaub in Dubai/Einkaufszentren und Malls")
- **Auf die Palme gehen**
(Palm Jumeirah; siehe „Urlaub in Dubai/Sehenswertes auf Dubais Seeseite")
- **Moschee besuchen**
(Jumeirah-Moschee; siehe „Urlaub in Dubai/Sehenswertes auf Dubais Inlandsseite")
- **Florale Hautmalereien** (Hennastudios; siehe „Urlaub in Dubai/Sonstiges")
- **Palmenstrandidylle** (Jumeirah Beach Park; siehe „Urlaub in Dubai/Strandparks")
- **Verwöhnprogramm der Extravaganz**
(Assawan Spa; siehe „Urlaub in Dubai/Sport und Aktivitäten")
- **In den Himmel fahren** (Ballonfahrten; siehe „Urlaub in Dubai/Sport und Aktivitäten")
- **Haushohe Wasserspiele**
(Dubai Fountain; siehe „Urlaub in Dubai/Sehenswertes auf Dubais Inlandsseite")
- **Folkklänge und Chillout moods**
(Musikkonzerte; siehe „Urlaub in Dubai/Kunst und Kultur")
- **Ohne Stau durch die Stadt**
(Dubai Metro; siehe „Urlaub in Dubai/Öffentliche Verkehrsmittel")
- **Villa Kunterbunt** (siehe Infokasten „Burj Al Arab")
- **Wohnen im Ökoresort** (siehe Infokasten „Al-Maha-Ökotourismus-Wüstenresort")
- **Uferspaziergang**
(Bur Dubai Walkway; siehe „Urlaub in Dubai/Sehenswertes in Bur Dubai")
- **Tagesausflug** (Big Red und Hatta; siehe „Ausflugsziele/Hatta und Umgebung")
- **Orient schnuppern und schmecken**
(Gewürzsouq; siehe „Urlaub in Dubai/Sehenswertes in Deira")
- **Mit der Dubai Ferry den Creek und die Küste erkunden**
(siehe „Urlaub in Dubai/Sehenswertes am Creek")

dub10_012 Foto: na

Reise-vorbereitung

dub05_016 Foto: kk

dub062 Foto: kk

Persisches Einkaufsambiente in der Ibn Battuta Mall

Frische Vielfalt auf dem Markt

Faszination elektronische Spielwelt

Urlaubsvorbereitung

- **Reise bei einem Veranstalter im Heimatland oder in Dubai buchen**
- **Flug, Hotelzimmer und Mietwagen reservieren**
- **Impfprophylaxe tätigen**
- **Reiseversicherungen abschließen, v.a. Auslandskrankenversicherung**
- **Reisepapiere und Zahlungsmittel vorbereiten, Kopien anfertigen und Nummern notieren**
- **Welche Feiertage und Festivals fallen in die Urlaubszeit?**
- **Handy-SIM-Kartennummer und IMEI-Nummer notieren**
- **Notfalltelefonnummern von Versicherungen und Zahlungsmitteln notieren**
- **Notfallapotheke zusammenstellen**

Besuchsvisum

Touristen aus Deutschland, Österreich und der Schweiz bekommen bei der Einreise (Flughafen, Seehafen, Grenzübergang an Land) ein Besuchsvisum (engl. „visit visa") **direkt und umsonst** in den Pass gestempelt. Voraussetzung ist, dass man einen **regulären Reisepass** vorlegt – nicht etwa einen vorläufigen –, und dass dieser nach der Ausreise noch sechs Monate lang gültig ist. Das Besuchsvisum berechtigt zu einem Aufenthalt von maximal 30 Tagen.

Man kann das Besuchsvisum bei der Dubaier **Immigrationsbehörde** (Dubai Naturalisation and Residency Administration Department, Trade Centre Rd, Tel. 3 98 00 00, www.dnrd.gov.ae) um einmalig 30 Tage verlängern, wofür Gebühren fällig werden. Wer ohne diese Verlängerung länger im Land bleibt, bekommt Ärger wegen illegalen Aufenthalts.

Wer sein Emirate-Besuchsvisum von der Einreisebehörde Dubais (nicht etwa von Abu Dhabi oder einem anderen Emirat) ausgestellt bekommt, kann mit diesem innerhalb des Gültigkeitszeitraums auch **nach Oman reisen,** ohne ein omanisches Visum zu beantragen (via Flug ab Dubai International Airport oder über den Landübergang Hatta). Allen Oman-Reisenden sei angeraten, sich an die in den Pass eingestempelte Aufenthaltsdauer zu halten.

Jeder sollte sich drei bis vier Wochen vor seiner Reise **nach den aktuellen Einreisebestimmungen erkundigen,** Auskünfte – auch zu anderen Visaarten, wie z.B. Tourist Visa, Business Visa, Multiple Entry Visa – erteilen die diplomatischen Auslandsvertretungen (siehe unten). Emiratisch-staatliche Visa-Infos unter www.uaeinteract.com und www.government.ae.

Botschaften/Konsulat

In Deutschland

- **Botschaft der Vereinigten Arabischen Emirate,** Hiroshimastr. 18–20, 10785 **Berlin,** Tel. 030/51 65 16, Fax 51 65 19 00, Mo bis Fr 9.30–13 Uhr; es gibt auch eine Außenstelle in Bonn und ein Generalkonsulat in München; www.uae-embassy.ae

In Österreich

- **Botschaft der Vereinigten Arabischen Emirate,** Peter-Jordan-Str. 66, 1190 **Wien,** Tel. 01/3 68 14 55, Fax 3 68 44 85; Konsularabteilung Mo bis Fr 9–12 Uhr; www.bmeia.gv.at

In der Schweiz

- **Generalkonsulat der Vereinigten Arabischen Emirate,** Rue de Moillebeau 56, 1209 **Genf,** Tel. 022/9 18 00 00, Fax 7 34 55 62; Mo bis Fr 9–16 Uhr; www.uae-mission.ae

Zollbestimmungen

Erlaubt ist die zollfreie Einfuhr von **400 Zigaretten** oder **50 Zigarren** oder 500 Gramm Tabak und einer angemessenen Menge Parfüm. Nichtmuslimische Erwachsene dürfen **vier Liter alkoholische Getränke** oder 48 Dosen Bier (je maximal 355 ml) nach Dubai einführen.

Emiratische Anti-Geldwäschegesetze beschränken die Menge an **Bargeld,** die man **undeklariert** einführen darf, auf eine Summe von **40.000 Dh,** egal in welcher Währung.

Ansonsten kann **problemlos** der **persönliche Reisebedarf** inklusive Computer, Tonbandgerät, Mobil- oder Smartphone, Foto- und Videokamera eingeführt werden. DVDs, CD Roms, Videokassetten und Zeitschriften werden evtl. geprüft. Zeigen sie allzu „freizügige" Abbildungen, so können sie konfisziert werden.

Die **Einfuhr von pornografischen Artikeln, Falschgeld, Drogen und Waffen** ist **streng verboten,** genau wie der Erwerb und die Ausfuhr.

Vorsicht ist bei Medikamenten geboten, da die Einfuhr von einigen gängigen Präparaten bzw. deren Inhaltsstoffen ohne ärztliche Verschreibung in die V.A.E. verboten ist. In einigen Fällen ist die Einfuhr in der Originalverpackung gestattet, sofern zusätzlich eine ärztliche Bestätigung über den Verwendungszweck und die für die Dauer des Aufenthalts benötigte Menge beigefügt ist. Wer psychopharmazeutische Medikamente benötigt und mit sich führt, sollte in der Lage sein, im Bedarfsfall eine ärztliche Bescheinigung vorweisen zu können. Informationen darüber bietet die Website des Gesundheitsministeriums: www.dcc.org.ae bzw. www.moh.gov.ae (guidelines and procedures

dub12_025 Foto: dt

Duty-Free-Bereich im Al-Maktoum International Airport

Shop till you drop?

Bevor man sich in Dubai dem totalen Kaufrausch hingibt, ist zu bedenken, dass zu Hause ein freundlicher Zöllner über die Einhaltung der **Einreisevorschriften** wacht. Die in den Urlaub mitgenommenen Waren des persönlichen Bedarfs unterliegen keinen mengen- oder wertmäßigen Einfuhrbeschränkungen.

Die Mitgliedsstaaten der Europäischen Union erlauben bei der Einreise aus allen Nicht-EU-Staaten die **zoll- und umsatzsteuerfreie Einfuhr** der folgenden Waren (nicht zum gewerblichen Gebrauch bestimmt):

- In **EU-Länder** wie Deutschland und Österreich dürfen über 17-Jährige z.B. folgende **Freimengen** einführen: 200 Zigaretten, 100 Zigarillos, 50 Zigarren oder 250 g Rauchtabak; 1 l Spirituosen über 22 Vol.-%, 2 l Alkoholika bis 22 Vol.-%. Für alles, was diese Freimengen überschreitet, sind Einfuhrabgaben zu entrichten.
- Bei **Flug- oder Seereisen** bleiben andere Waren bis zu einem Wert von 430 Euro abgabenfrei. Wird diese Wertgrenze überschritten, werden Einfuhrabgaben vom vollen Wert erhoben. Zum Nachweis des Warenwertes dient der tatsächlich gezahlte Preis als Berechnungsgrundlage. Es ist also zweckmäßig, Kreditkartenbelege, Rechnungen oder Quittungen aufzuheben, andernfalls wird der Wert der Ware von der Zollstelle geschätzt.
- **Antiquitäten** sind nach den zolltariflichen Bestimmungen nur Waren, die älter als 100 Jahre sind. Weniger als 430 Euro wert, können sie zollfrei eingeführt werden. Bei der Einfuhr von antiquarischen Waffen gelten unter Umständen die Bestimmungen des Waffenrechts.
- **EU-Zollvorschriften** besagen, dass Personen, die mit **Bargeldbeträgen** von 10.000 Euro oder mehr in die EU einreisen oder auch aus der EU ausreisen, den Betrag beim Zoll anmelden müssen.

- **In die Schweiz** darf man pro Person 200 Zigaretten, 50 Zigarren oder 250 g Schnitttabak sowie 2 l bis 15 Vol.-% und 1 l über 15 Vol.-% an alkoholischen Getränken einführen. Andere im Urlaubsland neu gekaufte Privatwaren sind bis zu einem Gesamtwert von 300 SFr pro Person abgabenfrei.

- Zudem sollten **landestypische Einfuhrbeschränkungen** beachtet werden, beispielsweise für Tiere, Pflanzen, Arzneimittel, Betäubungsmittel, Feuerwerkskörper, bestimmte Lebensmittel bzw. landwirtschaftliche Erzeugnisse, Raubkopien, verfassungswidrige Schriften, pornografische Artikel, Waffen, Munition, Rohgold.

- **Die Einfuhr gefälschter Markenprodukte ist verboten.**

Informationen:

- **Deutschland:** www.zoll.de,
Informations- und Wissensmanagement Zoll, Tel. 03 51/44 83 45 10
- **Österreich:** www.bmf.gv.at,
Zentrale Auskunftsstelle Zoll, Tel. 01/5 14 33 56 40 53
- **Schweiz:** www.ezv.admin.ch,
Oberzolldirektion Bern, Tel. 0 31/3 22 65 11

for import of personal medicines via travelers to UAE, list of controlled registered medicines in UAE).

Bei der Einreise könnten Reisende (auch Transitreisende) evtl. auf **Drogen** kontrolliert werden. Auf den Besitz auch nur geringster Mengen (weniger als 0,1 g) stehen mehrjährige Haftstrafen! Selbst der einige Tage zurückliegende Konsum weicher Drogen kann festgestellt und bestraft werden.

- **Infos:** www.dxbcustoms.gov.ae

Informationen zu den **EU-Zollbestimmungen** siehe im Info-Kasten „Shop till you drop?".

Flüge nach Dubai

Es gibt **über 100 Fluggesellschaften,** die nach Dubai fliegen, sodass man aus einem breiten Angebot an Flugtagen, Preisen, Serviceleistungen, Anschlussflügen und – falls erwünscht – interessanten Zwischenstopps auswählen kann. Die reine Flugzeit **ab Frankfurt** beträgt knapp **sieben Stunden.**

Fluggesellschaften

Direktflüge nach Dubai (DXB) bieten die unten genannten Fluggesellschaften, **Zubringerflüge** zum Abflugort bestehen aus vielen Städten. Die unten verzeichneten Servicetelefonnummern sind deutsche Nummern. Telefonnummern in Dubai siehe „Urlaub in Dubai/Öffentliche Verkehrsmittel".

- **airberlin,** www.airberlin.de, Tel. 0 18 05/73 78 00; von Berlin nonstop
- **Austrian Airlines,** www.austrian.com, Tel. 0 18 03/00 05 20; von Wien nonstop
- **Condor,** www.condor.com, Tel. 0 18 05/76 77 57; von Frankfurt nonstop
- **Emirates,** www.emirates.de, Tel. 0 69/94 51/9 20 00; von Düsseldorf, Frankfurt, München, Hamburg, Zürich, Genf und Wien nonstop
- **Lufthansa,** www.lufthansa.com, Tel. 01 80 5/80 58 05; von Frankfurt und München nonstop
- **Swiss International Airline,** www.swiss.com, Tel. 0 18 05/11 00 36; von Zürich nonstop

Außerdem gibt es unzählige Verbindungen mit mindestens einem **Zwischenstopp,** meist im Heimatflughafen der jeweiligen Airline, die zwar billiger sein können als Nonstop-Flüge, bei denen man aber auch eine längere Reisedauer einkalkulieren muss (z.B. Air France, www.airfrance.de; British Airways, www.british-airways.de; KLM, www.klm.de). Gulf Air und Qatar Airways bieten bei einem Stopp gute Verbindungen zu fairen Preisen, die emiratische Etihad Airways fliegt direkt nach Abu Dhabi und bietet von dort kostenlose Zubringer per Luxusbus nach Dubai (und zurück):

Buchtipps – Praxis-Ratgeber:
- Frank Littek
Fliegen ohne Angst
- Erich Witschi
Clever buchen, besser fliegen
(beide Bände Reise Know-How)

Das Wichtigste auf einen Blick – Reisecheckliste

Reisegepäck – nicht vergessen

- Geldgürtel für Wertsachen
- Geldbörse für Kleingeld
- Pullover, Umhang für zu kühle Klimaanlagen
- Tagestasche/-rucksack
- Reiseliteratur
- Sonnencreme mit hohem Lichtschutzfaktor, Sonnenbrille, Sonnenhut
- Fotoapparat oder Videokamera samt Ersatzbatterien, Ersatzspeicherkarte
- Ladekabel/Ersatzakkus für Handy, Kamera etc.
- Uhr mit Wecker
- Brillenträger sollten an ein stabiles Etui und eine Ersatzbrille denken
- Für Schnorchler und Taucher die entsprechende Ausrüstung,
  Tipp: Kamera-Unterwassergehäuse
- Für Naturliebhaber und Vogelbeobachter lohnt ein Fernglas
- Idee: Alten Goldschmuck mitnehmen, um ihn einschmelzen und umarbeiten zu lassen

Reisepapiere – wichtig

- Reisepass (auch für Kinder; muss noch mindestens 6 Monate nach Ausreise gültig sein!)
- Personalausweis als Reserve, auch zum Geldtausch nützlich
- Flugticket bzw. Online-Buchungsnummer (E-Ticket)
- Möchte man sich einen Mietwagen mieten:
  Internationaler und nationaler Führerschein sowie Kreditkarte
- Kopien des Passes, Personalausweises, Visums, Flugtickets, getrennt von den Originalen aufbewahren und am besten auch je eine Kopie zu Hause lassen
- Aufstellung von Notfalltelefonnummern, z.B. zum Sperren der Kreditkarte oder des Handys
- Bei einer Pauschalreise: Hotel-/Buchungsbestätigung,
  Kopie des Sicherungsscheines, Ausdruck Hotelvoucher
- Jugendherbergsausweis, falls man in der Dubaier Jugendherberge übernachten möchte

Reiseapotheke – für den Notfall

- Mittel gegen Kopfschmerzen und Fieber
- Mittel gegen Reisekrankheit
- Mittel gegen Sonnenbrand
- Mittel gegen Magen-/Darmverstimmungen
- Mittel gegen Durchfall und Erbrechen
- Wundsalbe
- Mullbinden und Pflaster
- Medikamente, die regelmäßig eingenommen werden müssen

Reisekasse – unerlässlich

- Zum Bezahlen größerer Beträge (Hotels, Mietwagenfirmen, Einkaufszentren, Boutiquen, Goldläden), zum bargeldlosen Shoppen sowie zum Abheben von Geld an den unzähligen ATM-Geldautomaten eignen sich **Kreditkarten und Maestro- bzw. EC-Karten** am besten. Je nach Hausbank in Europa sind die Gebühren dafür unterschiedlich; jeder sollte sich vor Reiseantritt nach seiner günstigsten Möglichkeit erkundigen. Viele Mietwagenagenturen akzeptieren nur Kreditkarten.
- Einen Teil der Reisekasse sollte man als **Bargeld (Euro)** mitführen, da dieses manchmal lieber angenommen wird als eine Kreditkarte. In zahllosen Exchange Offices ist der Geldwechsel in emiratische Dirham schnell und unkompliziert (siehe auch „Urlaub in Dubai/ Geldwechsel").

dub10_032 Foto: dt

dub10_009 Foto: ta

- **Etihad Airways,** www.etihadairways.com, Tel. 0 18 05/00 54 00; von Frankfurt, München, Düsseldorf und Genf nach Abu Dhabi
- **Gulf Air,** www.gulfairco.de, Tel. 0 69/71 91 12 11; von Frankfurt, Genf über Manama (Bahrain) oder Abu Dhabi
- **Qatar Airways,** www.qatarairways.com, Tel. 0 18 05/72 82 71; von Frankfurt, Berlin, München, Stuttgart, Zürich, Genf und Wien über Doha (Qatar)

Tipp: Wer sich **in Dubai ein Flugticket kaufen** möchte, beispielsweise um in die Region des Nahen oder Mittleren Ostens oder auf den indischen Subkontinent zu reisen, findet günstige Verbindungen bei dem Dubaier Low-Cost Carrier flydubai Air Arabia, einem Pendant aus Sharjah sowie Eastern Express aus Fujairah – Websites und Telefonnummern siehe „Urlaub in Dubai/Öffentliche Verkehrsmittel".

Flugpreise

Je nach Fluggesellschaft, Jahreszeit und Aufenthaltsdauer in Dubai ist ein Hin- und Rückflug von Mitteleuropa **ab 350 Euro** bzw. 650 SFr zu haben; Condor und airberlin haben noch günstigere Tickets im Angebot. Für die Hauptsaison und vor allem für Reisen über Weihnachten, zu Ostern, zur Zeit des Shopping-Festivals und am Ende des Fastenmonats Ramadan (Daten siehe „Feste und Feiertage") sollte man seine Flüge frühmöglichst reservieren.

Der Burj Khalifa rechts und das Hotel The Address Downtown Dubai

Gabelflüge (unterschiedliche An-/Abflughäfen, z.B. Frankfurt – Abu Dhabi, Dubai – Frankfurt) sind in der Regel etwas teurer, können aber von Vorteil bei der Gestaltung von Rundreisen sein.

Preiswertere Flüge sind oft mit **Jugend- und Studententickets** (je nach Airline alle jungen Leute bis 29 und Studenten bis 34 Jahre) möglich.

Von Zeit zu Zeit offerieren die Fluggesellschaften **befristete Sonderangebote.**

Die Preise für Tickets ein und derselben Airline können in verschiedenen Reisebüros stark variieren – insbesondere Internetbuchungen können preisgünstig sein. Ein **Preisvergleich** lohnt sich immer. Mitunter lassen sich Flüge sehr preiswert über für die Region zuständige Veranstalter buchen, da diese einen besonderen Rabatt erhalten.

Preiswert sind oft Tickets mit nur 30 Tagen **Gültigkeitsdauer,** die sich jedoch nicht für Langzeitreisende eignen. Andere Tickets sind günstiger, weil die gebuchten **Reisetermine** nicht mehr geändert werden können. Solche Tickets sollte man eher früher als später kaufen, da die billigsten Kontingente als Erstes verkauft werden.

In Europa gibt es von Frankfurt aus die häufigsten Verbindungen nach Dubai. Tickets für Flüge von und nach anderen deutschen Flughäfen sind oft teurer. Da kann es für Deutsche attraktiver sein, mit einem **Rail-and-Fly-Ticket** per Bahn nach Frankfurt zu reisen (mitunter bereits im Flugpreis enthalten).

Man kann auch einen preiswerten **Zubringerflug** der gleichen Airline von einem Regionalflughafen buchen.

PERSISCH-
ARABISCHER
GOLF
QATAR
DOHA
Dalma
Sir Bani Yas
Jebel Dhanna
Al-Sila
Ruwais
Mirfa
Tarif
Ghayathi
Medinat Zayed
Meziyrah
Arrada
Liwa - Oasen
0
50 km
SAUDI-ARABIEN
© Reise Know-How 2012

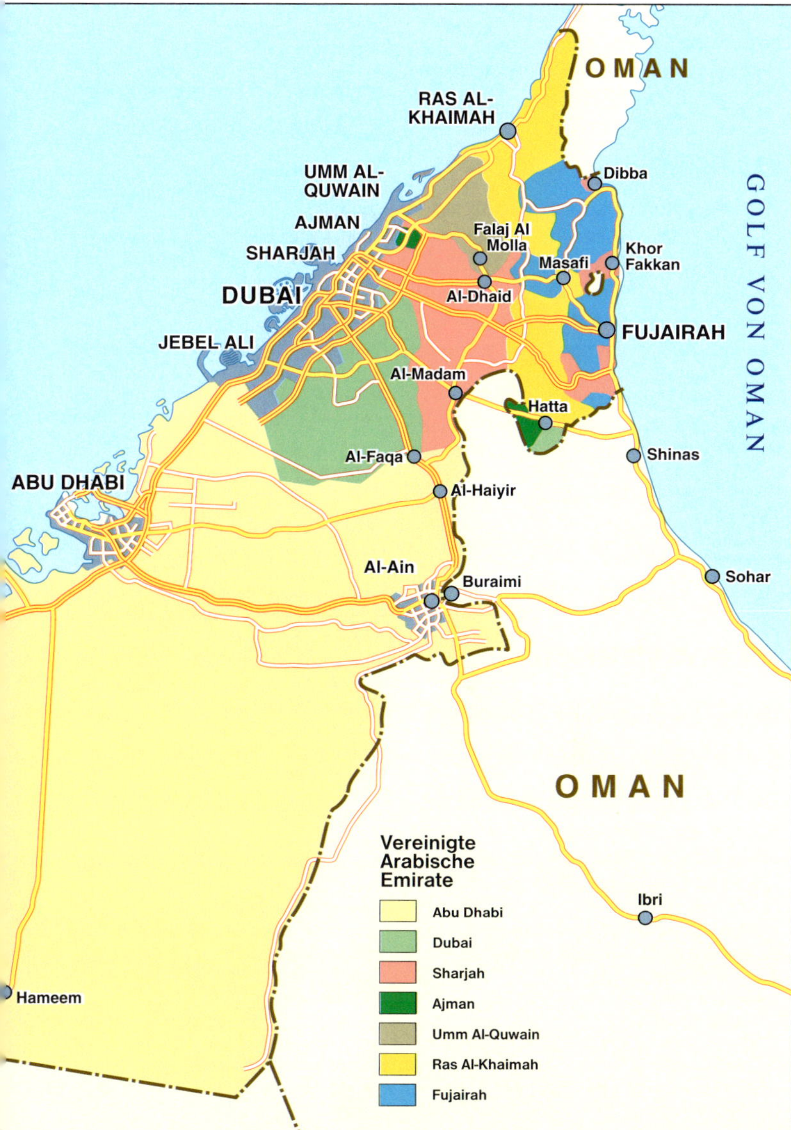
OMAN
RAS AL-KHAIMAH
Dibba
GOLF VON OMAN
UMM AL-QUWAIN
AJMAN
SHARJAH
Falaj Al Molla
Masafi
Khor Fakkan
DUBAI
Al-Dhaid
JEBEL ALI
FUJAIRAH
Al-Madam
Hatta
Al-Faqa
Shinas
ABU DHABI
Al-Haiyir
Al-Ain
Buraimi
Sohar
OMAN
Vereinigte Arabische Emirate
Abu Dhabi
Dubai
Sharjah
Ajman
Umm Al-Quwain
Ras Al-Khaimah
Fujairah
Ibri
Hameem

Außerdem gibt es **Fly & Drive-Angebote,** wobei eine Fahrt vom und zum Flughafen mit einem Mietwagen im Ticketpreis inbegriffen ist.

Last Minute

Wer sich erst im letzten Augenblick für eine Reise nach Dubai entscheidet oder gern pokert, kann Ausschau nach Last-Minute-Flügen halten, die von einigen Airlines **ab etwa 14 Tage vor Abflug** deutlich billiger angeboten werden, wenn noch Plätze zu füllen sind.

- **L'Tur,** www.ltur.com; Deutschland, Österreich, Schweiz: Tel. 08 00/21 21 21. Unter dem Link „Super Last Minute" gibt es Angebote für den Abflug innerhalb der nächsten 72 Stunden.
- **Lastminute.com,** www.de.lastminute.com, Deutschland: Tel. 0 18 05/77 72 57.

Informationen

Dubai Department of Tourism and Commerce Marketing

Das Dubai Department of Tourism and Commerce Marketing informiert ausführlich über **touristische und geschäftliche Angelegenheiten:**

- **Government of Dubai, Department of Tourism and Commerce Marketing**
www.dubaitourism.ae,
www.definitelydubai.com
- Deutschland:
Bockenheimer Landstr. 23, 60325 Frankfurt,
Tel. 0 69/71 00 02-0, Fax 71 00 02-34
- Schweiz und Österreich:
Hinterer Schermen 29, 3063 Ittigen-Bern,
Tel. 0 31/9 24 75 99, Fax 9 21 90 08
- Zur Adresse des Hauptbüros in Dubai siehe „Urlaub in Dubai/Sonstiges".

Emiratisch-Deutsche Freundschaftsgesellschaft e.V.

Die Emiratisch-Deutsche Freundschaftsgesellschaft möchte **Kontakte und Kooperationen festigen,** so in den Bereichen Wirtschaft, Kultur, Bildung, und engagiert sich für den Erfahrungs- und Informationsaustausch zwischen beiden Ländern.

- **Emiratisch-Deutsche Freundschaftsgesellschaft e.V.**
Jägerstraße 63D, 10117 Berlin,
Tel. 0 30/20 64 10 23, Fax 20 64 10 25,
www.emirati-german-friendship-society.com

Internet

Spezielles zu Dubai

- **www.dubai-city.de**
Aktuell, vielfältig und informativ, dt.
- **www.dubai-report.de**
Nachrichten zu verschiedensten Themen, auch Reisetipps, dt.
- **www.dubai-portal.info**
Aktuelle und vielseitige Informationen, dt.
- **www.dubai.ae**
Government of Dubai, auch Touristeninfos, engl.
- **www.hallodubai.com**
Infos, Blog, Business-Forum, Reiseführer, Fotogalerie, dt.
- **www.dubaiforums.com**
Disskusionsforen der englischsprachigen Residenten, engl.
- **www.reiseziel-dubai.de**
Touristenthemen und interessante News, dt.
- **www.dubai-bilder.de**
Bildergalerie, dt.
- **www.dubaicityguide.com**
Ausführlich: Tourismus, Events und Unterhaltung, engl.
- **www.hello-dubai.com**
Magazin mit Touristeninformationen, engl.
- **www.godubai.com**
Alles Neue in Dubai, engl.

- **www.dubai.explocity.com**
Dubai Cityinfo und aktuelle Veranstaltungen, engl.
- **www.mydubaiconnection.com**
Online-Version der Gratismagazine „Connector" und „Discover Dubai", engl.
- **www.dubaifaqs.com**
Dubai FAQ Information Guide, engl.
- **www.dcb.ae**
Dubai Convention Bureau, Tourist- und Kongressinfos, engl.
- **www.dwtc.com**
Business-Infoseite des Dubai World Trade Centre, engl.
- **www.dubai.ae**
Offizielles E-Regierungsportal, engl.
- **www.dm.gov.ae**
Dubai Municipality, Stadtverwaltung, engl.
- **www.dubaipolice.gov.ae**
Dubaier Polizei, englisch.
- **www.frauenkreis-dubai.de**
Deutschsprachiger Frauenkreis Dubai, dt.
- **www.desertspeak.com**
Dubai-Forum, engl.
- **www.dubaiclassified.com**
Dubai-Kleinanzeigen, engl.
- **www.dubizzle.com**
Landesweite Kleinanzeigen, engl.
- **www.dnhg.org**
Dubai Natural History Group, für Naturfreunde, engl.

Emirate allgemein

- **www.theemiratesnetwork.com**
Netzwerk, engl.
- **www.ead.ae**
Environment Authority, engl.
- **www.eeg-uae.org**
Emirates Environmental Group, engl.
- **www.ecssr.ac.ae**
The Emirates Centre for Strategic Studies and Research; Statistik, engl.
- **www.etisalat.ae**
Telefongesellschaft Etisalat mit Infos und Telefonnummern, engl.
- **www.explorerpublishing.com**
Verlag Explorer Publishing mit vielen Infos, engl.
- **www.emiratespost.ae**
Emiratische Post, engl.
- **www.expatwoman.com**
Expatriat-Frauen-Site, engl.
- **www.liveworkexplore.com**
Wichtiges zum Leben, Arbeiten und Entdecken in Dubai und Abu Dhabi, engl.
- **www.classifiedsuae.com**
und **www.uaefreeclassifieds.com**
V.A.E.-Kleinanzeigen, engl.
- **www.yellowpages.ae**
Gelbe Seiten, Telefonverzeichnis, engl.
- **www.abudhabitourism.ae**
Abu Dhabi Tourism Authority, dt.
- **www.sharjahtourism.ae**
Sharjah Commerce and Tourism Development Authority, engl.
- **www.fujairah-tourism.gov.ae**
Fujairah Tourism Bureau, engl.
- **www.rasalkhaimahtourism.com**
Ras Al Khaimah Tourism Department, engl.

Business

- **www.discover-middleeast.com**
Deutsches Kultur- und Wirtschaftsmagazin, dt.
- **www.businesstraveller.com**
Magazin Business Traveller Middle East, engl.
- **www.meed.com**
Middle East Business Intelligence, Wochenmagazin, engl.
- **www.arabianbusiness.com**
Arabian Business, Monatsmagazin, engl.
- **www.tradearabia.com**
Trade Arabia News Information, engl.
- **www.ameinfo.com**
The ultimate Middle East Business Resource, engl.
- **www.vae.ahk.de**
Deutsch-emiratische Industrie- und Handelskammer, dt.
- **www.dubaichamber.com**
Dubai Chamber of Commerce and Industry, engl.
- **www.uaefreezones.com**
V.A.E.-Freihandelszonen, engl.
- **www.dxbcustoms.gov.ae**
Dubai Customs, engl.
- **www.dwtc.com**
Business-Infoseite des Dubai World Trade Centre, engl.

Nachrichten

- **www.khaleejtimes.com**
Khaleej Times, Tageszeitung, engl.
- **www.gulfnews.com**
Gulf News, Tageszeitung, engl.
- **www.gulftoday.ae**
The Gulf Today, Tageszeitung, engl.
- **www.thenational.ae**
The National, Tageszeitung, engl.
- **www.wam.ae**
Emirates News Agency, engl.
- **www.7days.ae**
7 Days, lokale Tagesnachrichten, engl.
- **www.xpress4me.com**
XPress, lokale Tageszeitung, engl.
- **www.middleeastdaily.com**
Middle East Daily, Zeitung, engl.
- **www.worldarab.com**
Nachrichtensammlung, engl.
- **www.middle-east-online.com/english**
Aktuelle Nachrichten, engl.
- **www.dpm.ae**
Dubai Photo Media, engl.

Veranstaltungsmagazine

- **www.timeoutdubai.com**
Veranstaltungen und Gastronomie in Dubai, engl.
- **www.dubaievents.ae**
Veranstaltungen in Dubai, engl.
- **www.platinumlist.ae**
Dubais Nachtleben abendaktuell, engl.
- **www.dubailook.com**
Forum zum Nightlife in Dubai, engl.

Stadtpläne und Landkarten

- Siehe „Urlaub in Dubai/Sonstiges".

Mobil auf dem Laufenden

Interessante und kostenfreie **Dubai-Apps** für Smartphone-User (z.B. in iTunes):

- **Definitely Dubai,** Tourismusinformationen
- **Dubai Metro,** Öffentlicher Nahverkehr
- **TimeOut Dubai,** Einkaufs-, Veranstaltungs- und Gastronomietipps
- **Emirates 24/7,** News zu Dubai und V.A.E.
- **AHLAN! HOT100,** Lifestyle

Klima und Reisezeit

Das Klima in Dubai ist **subtropisch und heiß. Sonnenschein und blauen Himmel** gibt es nahezu das ganze Jahr. Die Sonnenscheindauer liegt in den Wintermonaten bei durchschnittlich neun Stunden pro Tag. **Regen fällt sehr selten,** meist nur wenige Tage pro Jahr in den Wintermonaten.

Die Monate von **Oktober bis April** werden zum **Winter** gerechnet. Während dieser Zeit herrschen Tagestemperaturen zwischen 25 und 35 °C. In Küstennähe sorgt meist eine frische Meeresbrise für Kühlung. Die Luftfeuchtigkeit bewegt sich zwischen 30 und 40 Prozent.

Der von **Mai bis September** dauernde **Sommer** wird mit seinen Höchsttemperaturen von 35 bis 45 °C als unerträglich heiß empfunden. Doch nicht nur hohe Temperaturen, auch hohe Luftfeuchtigkeit bestimmt den Sommer. An der Küste kann sie Werte von über achtzig Prozent erreichen, was so manchem Kreislauf mehr zu schaffen macht als die Hitze.

Die **beste Reisezeit** fällt auf die Monate Oktober bis Mai, am angenehmsten ist es von **November bis März.**

Im **wüstenhaften Landesinneren** sind die Tagestemperaturen zwar höher als an der Küste, doch die Luftfeuchtigkeit ist niedriger, weshalb dieses Klima als angenehmer empfunden wird. Auch kühlt es nachts stärker ab.

Kamele in der Wüste
und im Hajar-Gebirge

dub12_001 Foto: dt

dub10_034 Foto: dt

Trostpflaster für Hitzeempfindliche: Nahezu alle Innenräume sind klimagekühlt; da Freizeitaktivitäten zur kühleren Abendstunde stattfinden, gibt es lange Öffnungszeiten.

Aktuelle Wetterhinweise

- **www.wetter24.de,** telefonische Wettervorhersage 09 00/1 16 40 00 (für Dubai den Code 466 wählen), auch Wetter-Apps

Reisekleidung

Kleider machen Leute – das gilt auch für Urlauber. Frauen sollten in Dubai auf kurze Hosen, Miniröcke, tiefe Dekolletés und eng anliegende, bauchnabelfreie T-Shirts verzichten (Anpassung an Kultur und Klima). Männer sind gut beraten, allzu kurze Shorts und Muskelshirts für Strand- und Poolbesuch aufzusparen. **Wegen der klimatischen Bedingungen** empfehlen sich leichte Naturfasern wie Baumwolle, Leinen, Hanf, Seide, Viskose oder Mikrofasern. Da viele Räume klimatisiert sind und es in den Wintermonaten auch am Abend etwas kühler werden kann, sollte man auch an eine leichte Jacke oder einen Pullover denken.

Schuhe sollten luftdurchlässig, leicht und bequem sein. Wer Ausflüge in die Wüste plant oder in den Bergen wandern möchte, muss das entsprechende gut passende und robuste Schuhwerk dabeihaben. Zum Baden an der Ostküste oder um Musandam (Korallen) oder Flussläufen (Steine) sind rutschsichere Badeschuhe empfehlenswert.

Badebekleidung ist **nur an Swimmingpools und Privatstränden** erlaubt. Keinesfalls darf man im Badeoutfit in strandnahe Dörfer oder durch die Hotellobby spazieren. Für Frauen ist oben ohne grundsätzlich verboten. Zur „richtigen" Kleidung siehe auch „Verhalten".

In manchen exquisiten Restaurants, Bars oder Nachtclubs herrscht eine **Kleiderordnung** (engl. *dress code*), die elegante (engl. *smart*) Kleidung vorschreibt; mit legerer, formloser Kleidung (engl. *casual*) wird man mitunter nur ungern oder gar nicht eingelassen. Generell am besten ist eine **elegant-legere Mischung** (engl. *smart-casual*). Bei Männern westlicher Herkunft heißt dies Jacket und Schlips, aber nicht unbedingt eine passende (schwarze) Anzughose. Für Frauen ist beispielsweise ein Kostüm smart-casual. In einigen Bars, Nachtclubs und Discos werden natürlich sexy gekleidete Frauen gern gesehen und mit sprichwörtlich „offenen Armen" empfangen ...

Wer sich mit traditionell emiratischen Gewändern kleidet, wird nach außen hin zwar nur belächelt, aber Einheimische können sich mitunter beleidigt fühlen.

Reiseorganisation

Ob es günstiger ist, seine Reise **pauschal** zu buchen **oder aus individuellen Einzelbausteinen** wie Flug (siehe „Flüge nach Dubai"), Hotel (siehe „Urlaub in Dubai/Unterkunft"), Ausflüge vor Ort (siehe „Urlaub in Dubai/Reisebüros und Tourveranstalter"), Mietwa-

Im Sommer nach Dubai?

Auf den ersten Blick mag es nicht allzu einladend erscheinen, während der heißen Sommermonate nach Dubai zu reisen, doch andererseits stellt das Emirat **eine der weltweit besten „heißen" Reisedestinationen** dar.

Wer einen stabilen Kreislauf besitzt und sich tagsüber nicht allzu viel im Freien aufhält, kann durchaus auch im Sommer nach Dubai reisen und dabei feststellen, dass dies sogar **Annehmlichkeiten und Vorzüge** mit sich bringt:

- In der Nebensaison (Mai bis Oktober) senken zahlreiche Hotels ihre Preise. Tipp: Nach „Summer-Package"-Angeboten fragen (inklusive Mahlzeiten, Sport- und Ausflugsangebote usw.).
- Auch viele lokale Tourveranstalter und Tauchschulen bieten attraktive Nebensaisonpreise.
- Bei Mietwagenagenturen hat man als einer der „seltenen" Kunden einen breiten Verhandlungsspielraum.
- Touristische Einrichtungen sind nicht so voll wie zur Hauptreisezeit.
- Wie immer sorgen in nahezu allen Innenräumen und Autos Klimaanlagen für angenehme Temperaturen.

Und noch ein paar **Anregungen für den „hot summer in the city"**:

- Ein ausgiebiges Mittagessen mit anschließender Siesta entspricht dem Tagesrhythmus der Einheimischen und hilft, Energie für lange Abendstunden zu tanken.
- Alle Aktivitäten, die draußen stattfinden (Sport, Stadtbesichtigungen, Sonnenbaden), sind auf die frühen Morgen- und späten Nachmittagsstunden zu legen. Golfer können im Flutlicht auch abends spielen.
- Alle Aktivitäten, die in geschlossenen (= klimatisierten) Räumen stattfinden (Stadtrundfahrt, Kaufhausbummel, Museumsbesuch), sollten auf die Mittagszeit gelegt werden.
- Schlittschuhlaufen, Wassersport oder der Besuch eines Wasserparks sind ebenfalls ideal zur Mittagszeit.
- Am späten Abend, wenn Geschäfte, Souqs und Einkaufszentren schließen, ins Nachtleben stürzen.
- Einen mehrtägigen Ausflug in die kühlere Bergoase Hatta unternehmen.
- An den Veranstaltungen des Dubai Summer Surprise Festival teilnehmen.

dub056 Foto: kk

gen (siehe „Urlaub in Dubai/Mietwagen") zusammenzustellen, ist eine Frage, die jeder für sich beantworten muss. Bei Pauschalreiseveranstaltern kann es erhebliche Preisunterschiede für dieselben Destinationen in derselben Hotelklasse geben.

Viele **Internetanbieter** haben Restplätze für Pauschalreisen von den gängigen Veranstaltern im Angebot, allerdings oft nicht preiswerter, sondern lediglich „Last Minute". Vor allem wenn man den Katalogpreis nicht kennt, hat man dann eventuell ein „Schnäppchen" gebucht, das doch nicht günstiger ist als im Katalog. Bei Preisangaben für Kinder sollte man achtgeben, denn manche Anbieter unterscheiden nach jüngeren und älteren Kindern (mit frei gestalteten Altersgrenzen).

Unabhängig von der Reiseart bieten Internetportale **Hilfestellung** mit Leistungsübersicht, Preisvergleich und Kundenbewertungen: www.ab-in-den-urlaub.de, www.expedia.de, www.pauschalreise-preisvergleich.de, www.reisepreise.de, www.swoodoo.com/de. Websites zum Hotelpreisvergleich siehe „Urlaub in Dubai/Unterkunft".

Wenn man bedenkt, wie viel Zeit die Sucherei in Anspruch nehmen kann, ist es häufig einfacher, sich an ein Reisebüro zu wenden, welches aus der Flut der Angebote die gewünschte Reise innerhalb des gegebenen Preislimits heraussucht. In Deutschland, Österreich und der Schweiz bieten **Hunderte von Veranstaltern** Reisen nach Dubai an. Die meisten haben auch andere sehenswerte Orte der Vereinigten Arabischen Emirate im Programm.

Reiseversicherungen

Vor Antritt der Reise ist der Abschluss einer **Auslandskrankenversicherung dringend zu empfehlen.** Eine Reisegepäck- oder Reiserücktrittsversicherung ist hingegen im Einzelfall auf Notwendigkeit hin zu prüfen.

Eine Privathaftpflichtversicherung hat man in der Regel schon. Diese ist jedoch oftmals in **„Reiseversicherungspaketen"** enthalten, wodurch man unnötig doppelt – aber nicht besser – versichert ist. Bei der Unfallversicherung, die man schon hat, sollte man prüfen, ob diese im Falle plötzlicher Arbeitsunfähigkeit aufgrund eines Unfalls im Urlaub zahlt.

Auch durch manche **Kreditkarten** oder **Automobilclubmitgliedschaft** ist man für bestimmte Fälle schon versichert. Das sollte man noch mal klären, bevor man sich unnötig doppelt versichert. Achtung: Die Versicherung über die Kreditkarte gilt immer nur für den Karteninhaber!

Bei Schweizern ist die private Krankenversicherung i.d.R. auch im Ausland gültig. Falls nicht, kann bei der gleichen Versicherung eine entsprechende Zusatzversicherung abgeschlossen werden. Aber Achtung: Ist man länger als sechs Monate verreist und hat sich korrekterweise bei der Einwohnerkontrolle abgemeldet, versichern einen die meisten Krankenkassen nicht mehr.

Tipp: Für alle abgeschlossenen Versicherungen die Notfallnummern notieren und mit der Policenummer gut aufheben! Bei Eintreten eines Notfalles sollte die Versicherungsgesellschaft unverzüglich telefonisch verständigt werden.

Auslandskrankenversicherung

Die Kosten für eine Behandlung in Dubai werden von den gesetzlichen Krankenversicherungen in Europa nicht übernommen, daher ist eine Auslandskrankenversicherung **unverzichtbar.** Diese sind z.B. in Deutschland für 10–20 Euro/Jahr (Jahrespolicen mit einem Versicherungsschutz für mehrere Reisen) auch sehr günstig, bedenkt man, dass man sonst schlimmstenfalls die kompletten Behandlungskosten zu zahlen hat.

Die Behandlungskosten beim Arzt sind in der Regel vorab bar zu zahlen. Ausführliche **Quittungen** (mit Datum, Namen, Bericht über Art und Umfang der Behandlung, Kosten der Behandlung und Medikamente) sind Voraussetzung, damit die Auslagen von der Versicherung erstattet werden.

Tipp: Vor besonders teuren Behandlungen sollte man sich von der Versicherung die Kostenübernahme per Fax o.Ä. bestätigen lassen.

Vorsicht: Die meisten Auslandskrankenversicherungen beziehen sich auf Urlaubsreisen, wer auf Geschäftsreise ist, sollte die Versicherungsbedingungen genau prüfen.

Bei der **Wahl der Versicherung** sollte man einige typische Leistungsunterschiede genau prüfen:

- **Reisedauer:** Bei den meisten Versicherern wird von einer maximalen Reisedauer von 43 bis 62 Tagen je Reise ausgegangen; bei einem längeren Aufenthalt wird auch die Versicherung teurer.
- **Rücktransport:** Wird in der Regel nur auf ärztliches Anraten übernommen. Im Todesfall werden unterschiedlich hohe Beträge für die Rücküberführung gezahlt.
- **Selbstbeteiligung:** Einige Versicherungen haben beispielsweise bei Zahnbehandlungen eine Selbstbeteiligung, andere zahlen 100%.
- **Nachleistungsfrist:** Kann man nicht wie geplant nach Hause reisen, sollte die Versicherung die Rechnungen noch eine Zeit lang weiterzahlen.
- **Altersgrenze:** Die Kosten sind nach Alter gestaffelt; die Altersgrenzen sind je nach Versicherer unterschiedlich.

dub037 Foto: kk

Frauen schwingen ihr Haar beim Na'asht-Tanz

- **Chronische Krankheiten:** Wird aufgrund einer Krankheit, die schon vor Urlaubsantritt bestand, eine Behandlung fällig, wird diese nur von wenigen Versicherungen gedeckt.

Reiserücktritts-kostenversicherung

Eine solche Versicherung lohnt sich vor allem, wenn man ein **„preiswertes" Flugticket** mit einer geringen Gültigkeitsdauer oder mit festen Reiseterminen gebucht hat, die nicht mehr geändert werden können. Denn sonst kann der Flugtermin für eine geringe Gebühr innerhalb der Gültigkeitsdauer beliebig oft verschoben werden, und man kann die Reise dann doch noch antreten.

Ob es sich lohnt, eine Rücktrittsversicherung für eine Flug-, Pauschal- oder Rundreise abzuschließen, hängt nicht zuletzt von der Höhe der **Stornogebühr** im Falle des Reiserücktritts ab. Wie hoch die Gebühr sein und wann sie fällig wird, sollte man bei Buchung der Reise genau klären.

In jedem Fall muss man eine solche Versicherung je nach Versicherer **binnen einer Woche nach Reisebuchung** abschließen, sonst ist es nicht mehr möglich, sich zu versichern. Bucht man weniger als 14 Tage vor Reiseantritt last minute, kann man diese Reise nicht versichern.

Bei der **Wahl der Versicherung** sollte man typische Leistungsunterschiede prüfen:

- **Gründe für Rücktritt:** Tod, schwerer Unfall oder Erkrankung, Impfunverträglichkeit, betriebsbedingte Kündigung, neuer Arbeitsplatz nach Arbeitslosigkeit, Schwangerschaft, Schaden an Eigentum durch Feuer u.Ä.; nicht gelten: Krieg, Unruhen, Streik etc.
- **Schadensgrenze:** Sollten 100% der Stornokosten, Reiseabbruchskosten sowie Umbuchungskosten übernehmen.
- **Selbstbeteiligung:** Bei Krankheit 20% oder mindestens 25 Euro.

Reisegepäckversicherung

Der Abschluss einer Reisegepäckversicherung **lohnt sich seltener,** da die Policen zu viele Einschränkungen enthalten. Überdies besteht die Gefahr der Doppeltversicherung, denn Einbruch, Raub und Beschädigung von Eigentum sind oft auch im Ausland durch die Hausratsversicherung gedeckt.

- **Verlorenes Gepäck:** Bei Flugreisen oft nur nach Kilopreis ersetzt, damit ist der teure Anzug dann wohl kaum gedeckt. Der Zeitwert wird nur nach Vorlage der Rechnung ersetzt.
- **Sorgfalt:** Wurde eine Wertsache nicht im Safe aufbewahrt, gibt es bei Diebstahl auch keinen Ersatz. Kameraausrüstung und Laptop dürfen beim Flug nicht als Gepäck eingecheckt worden sein. Gepäck im unbeaufsichtigt abgestellten Fahrzeug ist ebenfalls nicht versichert. Die Liste ist endlos ...
- **Höchstsumme:** Die Höchstsumme, für die man sich versichern kann, deckt meist nur einen Bruchteil der Wiederbeschaffungskosten für einen Laptop, die Kameraausrüstung etc.
- **Protokoll:** Ohne das detaillierte polizeiliche Protokoll oder die Verlustmeldung bei der Airline bekommt man nichts erstattet.

Sonstiges

Der Abschluss einer **Jahresversicherung** ist in der Regel kostengünstiger als mehrere Einzelversicherungen. Günstiger ist auch die **Versicherung als Familie** statt als Einzelpersonen. Hier sollte man nur die Definition von „Familie" genau prüfen.

dub10_002 Foto: dt

Die **Stiftung Warentest** in Deutschland und **Konsument.at** in Österreich testen regelmäßig verschiedene Versicherungsarten: www.test.de bzw. www.konsument.at.

Weitere Infos erhält man auch in Deutschland bei der **Verbraucherzentrale** (www.verbraucherzentrale.info) und in Österreich bei der **Arbeiterkammer** (www.arbeiterkammer.at).

Veranstalter: Pleite!

Jeder, der eine **Rund-** oder **Pauschalreise** bucht, hat das Recht darauf, sich zu vergewissern, dass der Veranstalter **gegen eine Insolvenz versichert** ist.

Spätestens bei der ersten (An-)Zahlung sollte der Veranstalter bzw. das Reisebüro dem Kunden deshalb einen **Sicherungsschein** aushändigen.

Wenn kein Sicherungsschein ausgehändigt wurde und man annehmen muss, das der Veranstalter nicht versichert ist, sollte man ermessen, wie wahrscheinlich eine Insolvenz bei diesem Unternehmen ist. Das **Risiko** ist bei namhaften Veranstaltern eher gering, bei sogenannten **Billigveranstaltern** jedoch durchaus möglich. Im Zweifelsfall erhält man bereits bezahlte Reiseleistungen nicht – beispielsweise den Rückflug ...

Rettungsflüge

Sollte man so schwer erkranken oder verletzt sein, dass man nicht in einem Krankenhaus in Dubai behandelt werden möchte oder kann, so besteht je nach Zustand des Patienten die Möglichkeit, sich mit einem Rettungsflug der unten aufgeführten Rettungsflugdienste **nach Hause fliegen** zu lassen.

Einkaufstempel BurJuman Centre

Hat man vor der Reise eine Auslandskrankenversicherung abgeschlossen und bescheinigt der behandelnde Arzt die Notwendigkeit eines Rettungsfluges, so trägt die Versicherungsgesellschaft die nicht ganz unerheblichen Kosten. Man kann aber auch Mitglied bei einem der **Rettungsflugdienste** werden, im Notfall zahlen diese dann die Aufwendungen.

- **Deutsche Rettungsflugwacht e.V.**
Rita-Maiburg-Straße 2, 70794 Filderstadt,
Tel. 07 11/7 00 70, Fax 70 07 23 49,
www.drf.de
- **Ärzteflugambulanz OAFA**
Albertgasse 1A, 1080 Wien,
Tel. 01/40 45 60, Fax 4 03 28 22,
www.oafa.at
- **Rettungsflugwacht REGA**
Postfach 14 14, 8058 Zürich-Flughafen,
Tel. 01/6 54 33 11, Fax 65 54 33 22,
www.rega.ch

dub040 Foto: kk

Arabische Schönheit in traditionellem Kleid, auf der Hand Henna-Malereien

Gesundheit

Wer nach Dubai reist, braucht **keine übermäßige Vorsorge** zu treffen. Chronisch Kranke, Herzrhythmuskranke, Reisende mit Bluthochdruck oder ansteckenden Infektionskrankheiten, Anämiekranke, Asthmatiker, ältere Menschen, Schwangere sowie Patienten, die in der Vergangenheit einen Herzinfarkt oder Schlaganfall erlitten haben, sollten mit ihrem Arzt sprechen.

Das Risiko, durch **Nahrungsaufnahme** zu erkranken, ist genauso niedrig wie zu Hause. Die größte Gefahr besteht wohl bei ungeschältem Obst, bei kalten bzw. lauwarm gehaltenen Speisen und bei nicht ausreichend erhitzten Meeresfrüchten wie Muscheln oder Austern. Um dem vorzubeugen, beachte man die knappe Regel: **„Koch es, brat es, schäl es oder vergiss es".**

Für Einreisende **aus Mitteleuropa ist keine Impfung vorgeschrieben** (zum empfohlenen Impfschutz siehe weiter unten).

Reiseapotheke

Hochwertige Medikamente sind in den vielen gut sortierten Apotheken Dubais erhältlich (siehe „Urlaub in Dubai/Notfälle"). Wer auf Nummer Sicher gehen will, kann **für unerwartete Notfälle** die Minimalausführung einer Reiseapotheke mitnehmen (siehe Info-Kasten „Reisecheckliste"). Reisende, die regelmäßig eine bestimmte Medizin einnehmen müssen, sollten einen entsprechenden Vorrat mit sich führen.

Hygiene

Die hygienischen **Zustände in Dubai** sind **vorzüglich.** Das gilt insbesondere für die großen Hotels und deren Restaurants. Auch die Restaurants außerhalb der Hotels sind meist tadellos sauber, sodass man dort beruhigt essen gehen kann. Sollte man in einfachen Gastarbeiterlokalen oder an Straßenimbissen essen, so gilt dies mit Abstrichen, obwohl es dort, verglichen mit ähnlichen Lokalen in anderen arabischen Ländern, immer noch sehr sauber ist.

Um die **Sauberkeit der Straßen und öffentlichen Toiletten** ist es meist **bestens** bestellt. Wer Müll achtlos auf die Straße und nicht in die vorgesehenen Abfallbehälter wirft, muss mit hohen Bußgeldern (500 Dh) rechnen.

Akklimatisation

Eine Reise in heiße Wüstenländer verlangt vom Körper/Kreislauf **langsame Anpassung.** Besonders in den ersten Tagen wird man viel schwitzen, denn der Körper versucht mit der Wasserverdunstung die Haut zu kühlen. Wichtig ist es, **viel** zu **trinken,** mindestens zwei bis zweieinhalb Liter täglich (Mineralwasser, Fruchtsäfte oder Tee).

Erkältung

Die mit Abstand häufigste Auslandserkrankung ist eine ganz gewöhnliche Erkältung. Gerade weil nahezu alle Gebäude in Dubai mit einer **Klimaanlage** (engl. *air condition,* Abk. ac) ausgestattet sind, sollte man sich bei einem längeren Innenaufenthalt mit einem Pullover oder einer leichten Jacke vor Unterkühlung schützen. Das Erkältungsrisiko wird dadurch erhöht, dass die **Temperaturunterschiede zwischen Draußen und Drinnen bis zu 20°C** betragen können und man meist verschwitzt die kühlen Innenräume betritt. Am besten niemals unter den direkten Luftstrom einer Klimaanlage setzen – erst recht nicht, wenn man verschwitzt ist – und keinesfalls darunter schlafen.

Durchfall

Ursache eines Durchfalls sind nicht zwangsläufig **Krankheitserreger** in der Nahrung – **reisebedingte Übermüdung,** Hektik, Zeitverschiebung, Verschiebung des Tag-Nacht-Rhythmus, **klimatische Änderungen** oder **ungewohnte Nahrungsmittel** spielen ebenfalls eine Rolle. Daher erkranken viele Menschen in den ersten Urlaubstagen.

Bezüglich der Nahrung schützt auch hier die Befolgung der goldenen Essregel: „Koch es, brat es, schäl es oder vergiss es“. **Leitungswasser** ist in Dubai durchaus genießbar und (auch in Form von Eiswürfeln) unbedenklich. Trotzdem ist es besser, **Mineralwasser** zu trinken, das überall erhältlich und meist auch gekühlt vorrätig ist (zu kalt konsumiert können Getränke allerdings auch zu Magenverstimmungen und Durchfall führen). Im Falle einer schweren Diarrhö sollte ein Arzt aufgesucht werden.

Zahnschmerzen

Es ist ratsam, seine Zähne vor einer Fernreise **vom heimischen Zahnarzt durchchecken** zu lassen, denn so kann man dentale Probleme schon im Vorfeld mit großer Wahrscheinlichkeit vermeiden. Kommt es dennoch zu Zahnschmerzen, kann man bedenkenlos einen der zahlreichen sehr guten und englischsprachigen Zahnärzte (engl. *dentist*) aufsuchen.

Reisekrankheit

Hierbei handelt es sich um eine harmlose Reizung des Gleichgewichtsorgans, das sich im Ohr befindet - die Folge ist Übelkeit. Meist tritt die Krankheit bei Reisen mit dem Flugzeug oder dem Schiff auf. Sie kann aber auch bei holprigen und kurvenreichen Autofahrten (z.B. durch Sanddünen) entstehen. Mit der Einnahme von Medikamenten kann man vorbeugen.

Sonnenschutz

Einen **Sonnenbrand** (engl. *lobster look*) sollte man nicht nur vermeiden, weil er schmerzt. Viel folgenreicher sind mögliche Spätschäden wie vorzeitige Hautalterung oder gar Hautkrebs, die durch übermäßige UV-Bestrahlung entstehen. Vermeiden kann man Sonnenbrand, indem man sich möglichst oft im Schatten aufhält, **Sonnencreme** mit UV-A- und UV-B-Filter, die fotostabil ist und mindestens LSF 15 hat, mehrmals täglich aufträgt und möglichst viel Haut bedeckt hält. Wer seine Haut bräunen möchte, sollte dies durch **überlegtes Sonnenbaden,** nicht durch „Rösten" in der prallen Sonne erreichen.

Keinesfalls sollte man sich in der Mittagszeit zu lange der Sonne aussetzen, denn bei zusätzlicher körperlicher Anstrengung und beengender Kleidung kann es leicht zum **Hitzekollaps** kommen. Wenn der unbedeckte Kopf zu viel Sonne abbekommt, kann ein **Sonnenstich** die Folge sein.

Skorpionstich

Skorpione kommen zwar in Wüstengebieten vor, doch **keine Angst:** Sie stechen Menschen nur, wenn sie sich angegriffen fühlen, zudem sind die meisten Skorpionarten harmlos. Bevorzugt **verstecken** sie **sich unter schattigen Steinen oder Baumstämmen,** sodass hier Vorsicht geboten ist. Aber auch in leer stehende Schuhe oder warme Schlafsäcke können sie kriechen, weshalb nach einer Übernachtung unter freiem Wüstenhimmel alle Sachen erst einmal vorsichtig auszuschütteln sind. Manchmal vergraben sich Skorpione im Sand, sodass ein barfüßiger Spaziergang durch die Dünen böse Folgen haben kann. Nach einem Skorpionstich ist schnell ein Arzt aufzusuchen.

Infos

- **Centrum für Reisemedizin**
  Hansaallee 229, 40549 Düsseldorf,
  Tel. 02 11/90 42 90, www.crm.de
- **Koordinationsstelle Reise- und Flugmedizin**
  Frachtstraße 10, 40474 Düsseldorf,
  Tel. 02 11/5 16 16 00,
  www.die-reisemedizin.de

Reise-Gesundheitsinformationen

Die nachstehenden Angaben dienen der Orientierung, was für eine geplante Reise in das Land an Gesundheitsvorsorgemaßnahmen zu berücksichtigen ist. Die Informationen wurden uns freundlicherweise vom Centrum für Reisemedizin zur Verfügung gestellt. Auf der Homepage **www.crm.de** werden diese Informationen stetig aktualisiert.

Klima

- **Subtropisches bis tropisches Wüstenklima mit sehr geringen Jahresniederschlägen** (meist im Winter); extreme Hitze und Schwüle von Mai bis Oktober (Tageshöchsttemperaturen über 45°C).

Impfschutz

- Es bestehen **keine Einreise-Impfvorschriften.**
- **Impfschutz:** Standardimpfungen nach dem deutschen Impfkalender, speziell Tetanus, Diphtherie und Hepatitis A. Ein Impfschutz gegen Hepatitis B ist zu erwägen bei Reisen durch das Landesinnere unter einfachen Bedingungen, bei Camping-Reisen, Langzeitaufenthalten und engerem Kontakt mit der einheimischen Bevölkerung, bei einer praktischen Tätigkeit im Gesundheits- oder Sozialwesen.

Wichtiger Hinweis: Welche Impfungen letztendlich vorzunehmen sind, ist abhängig vom aktuellen Infektionsrisiko vor Ort, von der Art und Dauer der geplanten Reise, vom Gesundheitszustand sowie dem eventuell noch vorhandenen Impfschutz des Reisenden.

Da im Einzelfall unterschiedlichste Aspekte zu berücksichtigen sind, empfiehlt es sich immer, etwa 4–6 Wochen vor der Reise eine persönliche Reise-Gesundheits-Beratung bei einem reisemedizinisch erfahrenen Arzt oder Apotheker in Anspruch zu nehmen.

Sonstige Hinweise

- **Das Land ist malariafrei.**
- Die **Einfuhr von Medikamenten** unterliegt in den V.A.E. besonders strengen Vorschriften und sollte möglichst unterbleiben. Das Mitführen von Arzneimitteln zum regelmäßigen persönlichen Gebrauch in der Originalverpackung kann gestattet werden, wenn eine ärztliche Bescheinigung (englisch) über den Verwendungszweck und für die Dauer des Aufenthaltes benötigte Menge vorliegt. Eine Garantie hierfür gibt es nicht, da die Einfuhr bestimmter Substanzen prinzipiell verboten ist. Man sollte sich bei Bedarf vor der Reise unbedingt beim Gesundheitsministerium der V.A.E. erkundigen (Ministry of Health, www.dcc.org.ae, Import of personal medicines via travelers to UAE, Travellers Guideline). Mit verstärkten Kontrollen auf **Drogen** ist an den Flughäfen zu rechnen, auf den Besitz auch nur geringster Mengen oder den nachweisbaren Konsum stehen hohe Haftstrafen ohne Ansehen der Person; das gilt auch für Transitreisende.
- **Für Arbeits- und Langzeitaufenthalte wird ein HIV-Test in englischer Sprache verlangt.**

Die Angaben wurden nach bestem Wissen und sorgfältiger Recherche zusammengestellt. Eine Gewähr oder Haftung kann nicht übernommen werden.

Rauchen

In Dubai herrscht in allen öffentlichen Einrichtungen – auch in öffentlichen Verkehrsmitteln und an deren Haltestellen – sowie **in Einkaufszentren, Restaurants und Cafés Rauchverbot!** Ausnahmen bilden spezielle Raucherräume sowie Außenterrassen. Während des Ramadan ist das Rauchen tagsüber überall in der Öffentlichkeit untersagt und könnte bestraft werden.

Zum Thema **Wasserpfeife** siehe Exkurs „Aprikosenqualm und Wasserblubbern – Shisha schmauchen".

Reisen mit Kindern

Dubai eignet sich fabelhaft für einen Familienurlaub. Die Menschen sind ausgesprochen kinderfreundlich. Fremde Kinder werden überall mit offenen Armen empfangen, Rücksichtnahme auf Kinder ist allgegenwärtig und völlig selbstverständlich. Man sollte immer bedenken, dass Emirater und viele Gastarbeiter, die in Dubai wohnen, meist mehrere Kinder haben und dass viele Bereiche kinderfreundlicher ausgestattet sind als bei uns.

In **Hotels** kann man sich ein **Zusatzbett** aufstellen lassen und zahlt lediglich einen Aufschlag auf den Doppelzimmerpreis. Je nach Hotel und Alter des Kindes kann dieser Service auch gratis sein. Kinderpools sind überall vorhanden, einige große Hotels bieten einen pädagogisch betreuten Spielclub.

In vielen **Restaurants** können Kinder verbilligt (oder sogar umsonst) essen, bekommen Geschenke oder ihre Getränke kostenlos aufgefüllt. In etlichen Restaurants stehen **spezielle Familienräume oder -bereiche** zur Verfügung. Die weit verbreiteten Fastfood-Restaurants und Food Courts in Einkaufszentren sind mit einem **Kinderspielbereich** ausgestattet.

In den vielen **öffentlichen Parks** gibt es immer eine Anzahl von **Spielgeräten** und für Frauen und Kinder reservierte Tage. Zudem existieren zahlreiche größere **Vergnügungsparks,** die einer Kirmes gleichen. Wenn es draußen zu heiß ist: Ebensolche Spielbereiche gibt es in allen großen Einkaufszentren, teilweise mit Betreuung. Große **Festivals** wie das Dubai Shopping Festival und das Dubai Summer Surprise bieten viele Veranstaltungen für Kinder und Familien an.

Die **Strände** fallen meist **flach** ins Wasser ab – ideal für (Klein-)kinder.

Alles was man braucht, wenn man mit Kindern verreist, **kann man in Dubai bekommen,** sodass nichts vorratsweise mitgebracht werden muss.

Bei Kindern ist besonders genau auf **Gesundheit und Sonnenschutz** zu achten. Eltern sollten darauf achten, dass ihre Kinder **genug trinken.** Auch das Risiko, dass sie sich beim ständigen Wechsel von Außenhitze und Kühle in klimatisierten Räumen erkälten, ist höher als bei Erwachsenen.

Flugreisen sind für Kleinkinder in der Regel unproblematisch. Da Säuglinge aufgrund der noch nicht komplett ausgebildeten Nebenhöhlen besonders empfindlich auf Druckveränderungen reagieren, sollte man ihnen etwas zum Kauen bzw. Nuckeln geben, dann gelingt der Druckausgleich besser. Kinder mit akuten Infektionskrankheiten wie einer Mittelohrentzündung oder Nasen-Rachen-Infektion dürfen nicht fliegen.

In jedem Falle sollten sich die Eltern von Säuglingen und Kleinkindern vor einer Fernreise von einem **Kinderarzt beraten** lassen. Wichtige Themen sind Impfungen, Flug und Reisemedikamente. Wegen des fast unerträglich feucht-heißen Klimas sollte man einen **Familien-Sommerurlaub** auf der Arabischen Halbinsel gut überdenken.

- Website speziell für Kinderaktivitäten in Dubai: **www.dubaikidz.biz**
- **TimeOut Dubai Kids:** Als Zeitschrift oder auf www.timeoutdubai.com/kids einsehbares Kinder-Veranstaltungsmagazin

Tipps für Aktivitäten mit Kindern

- **Entdeckungen in der Childrens City** (siehe „Urlaub in Dubai/Parks“)
- **Wasserrutschen im Aquaventure oder Wild Wadi** (siehe „Urlaub in Dubai/Wasserparks“)
- **Picknick im Park** (siehe „Urlaub in Dubai/Parks“)
- **Kamelreiten in der Wüste** (siehe „Urlaub in Dubai/Sport und Aktivitäten“)
- **Schneeballschlacht in Ski Dubai** (siehe „Urlaub in Dubai/Sport und Aktivitäten“)
- **Indoor-Vergnügen im Encounter Zone, Magic Planet, KidZania** (siehe „Urlaub in Dubai/Vergnügungsparks“)
- **Sandburgen bauen im Plantschen** (siehe „Urlaub in Dubai/Strandparks und Strände“)
- **Haie bestaunen im Dubai Aquarium** (siehe „Urlaub in Dubai/Sehenswertes an Dubias Inlandsseite“)

dub12_026 Foto: dt

Reisen mit Körperbehinderung

Körperbehinderte müssen in Dubai zwar mit einigen Hürden rechnen, aber verglichen mit anderen arabischen oder asiatischen Ländern sind diese bei weitem nicht so hoch. Dank diverser staatlicher Maßnahmen werden Behinderte im Allgemeinen akzeptiert und kaum diskriminiert. Zahlreiche technische und bauliche Einrichtungen erleichtern ihnen den Alltag, immer mehr Hotels und öffentliche Gebäude werden **behindertengerecht** ausgestattet. Dubais Flughäfen sind auf Körperbehinderte eingestellt, ebenso die großen Museen, Einkaufszentren, Parks, Kinos. Spezielle Metro- und Taxiserviceleistungen bietet die Roads and Traffic Authority (www.rta.ae) an. Auch persönliche Dienste werden offeriert, so an Flughäfen, in Hotels und Krankenhäusern.

Das staatliche Department Tourism and Commerce Marketing ist sehr darum bemüht, die Bewegungsfreiheit von Menschen mit Behinderung zu gewährleisten. **Informationen** für Körperbehinderte enthält die speziell für Rollstuhlfahrer konzipierte Broschüre „Simply Accessible".

Man sollte sich unbedingt vor Reiseantritt über die Ausstattung seines Hotels informieren, entweder über den Reiseveranstalter oder direkt beim Hotel. Bei Pauschalreisen sollte der Reiseveranstalter vor der Reise auch seinen emiratischen Tourveranstalter konkret informieren, um so Schwierigkeiten von vornherein auszuschließen.

Geld/Finanz

Währung und Gel

Die Landeswährung der Vereinigten Arabischen Emirate ist einheitlich und nennt sich **Dirham (Dh).** Ein Dirham entspricht **100 Fils.** Der Dirham ist frei konvertierbar. Der Wechselkurs ist an den amerikanischen Dollar gekoppelt. In den letzten Jahren erziehlte der Euro meist deutlich bessere Wechselkurse. Der Wechsel von Devisen ist in den zahlreich vorhandenen Banken oder Wechselstuben sehr einfach.

Wechselkurse (Stand: Juli 2012)

- 1 US$ = 0,80 Euro, 1 Euro = 1,25 US$
- **1 Euro = 4,61 Dirham (Dh)**
- 1 Dh = 0,21 Euro
- 1 SFr = 3,84 Dh
- 1 Dh = 0,26 SFr
- Aktuelle Wechselkurse und Umrechnungstabellen unter **www.oanda.com**

Vor der Abreise können Dirham in Dubai unter Inkaufnahme der üblichen Kursabweichungen in Devisen zurückgetauscht werden.

Zu Banken und Exchange-Offices siehe auch „Urlaub in Dubai/Geldwechsel", zur Reisekasse siehe Info-Kasten „Reisecheckliste".

Feste und Feiertage

Der **islamische arbeits- und schulfreie Tag** ist der **Freitag** (siehe „Öffnungszeiten"). Vor einer Geschäftsreise sollte man sich erkundigen, ob nicht gerade religiöse oder staatliche Feiertage sind, denn dies bedeutet, dass viele Menschen mehrere Tage Urlaub machen.

Muslimische Festtage

Sie richten sich nach der **islamischen Zeitrechnung** und fallen deshalb nach unserem Kalender jedes Jahr auf einen anderen Termin. Der islamische Kalender richtet sich anders als unser gregorianischer **nach dem Stand des Mondes** und nicht nach der Sonne. Ein Mondjahr hat rund 354,5 Tage und ist somit im Durchschnitt elf Tage kürzer als unser „Sonnenjahr". Ein Mondmonat hat 29 oder dreißig Tage.

Die **Anfangszeiten der islamischen Monate** rücken jedes Jahr etwa elf Tage nach vorne, entsprechend die religiösen Festtage. Ihre endgültigen Termine werden nach dem aktuellen, örtlichen Stand des Mondes ermittelt; dadurch können sie von Land zu Land unterschiedlich sein.

Voraussichtliche Daten der wichtigsten muslimischen Festtage

- **Al-Hijri** (Islamisches Neujahr)
15.11.2012, 04.11.2013, 25.10.2014
- **Maulid al-Nabi**
(Geburtstag des Propheten Mohammed)
24.01.2013, 13.01.2014, 02.01.2015
- **Lailat al-Miraj** (Himmelfahrt des Propheten)
06.06.2013, 26.05.2014, 15.05.2015
- **Eid al-Fitr**
(Fest zum Fastenbrechen nach Ramadan)
2 bis 3 Tage ab 19.08.2012, 08.08.2013, 28.07.2014
- **Eid al-Adha** (Großes Opferfest zur Pilgerfahrt nach Mekka)
3 bis 4 Tage ab 25.10.2012, 15.10.2013, 04.10.2014

Ramadan

Der Koran verbietet allen erwachsenen und gesunden Muslimen, **dass im Ramadan tagsüber gegessen, getrunken und geraucht wird.** Zugleich führen die Muslime in diesem Monat, in dem Muhammad seine erste Offenbarung von Allah erfuhr, ein besonders religiöses und besinnliches Leben.

Auch für **Touristen** bzw. Nicht-Muslime, die in dieser Zeit in Dubai sind (außer Kindern), gelten die Regeln, die verbieten, in der Öffentlichkeit zu essen, trinken oder rauchen (die Nichtbeachtung kommt streng genommen einer Straftat gleich). Was hinter den Türen des Hotelzimmers vorgeht, interessiert nicht. Auch tagsüber einzukaufen ist völlig in Ordnung, Lebensmittelläden und auch Obst- und Gemüsemärkte sind wie gewohnt geöffnet.

Alle **Straßenrestaurants** öffnen erst ab Sonnenuntergang, viele **Hotelrestaurants** haben jedoch tagsüber geöffnet. Manche besitzen einen mit Vorhängen abgetrennten Bereich, damit kein Fastender die Gaumenfreuden von außen sehen kann oder Appetit bekommt. Hier kann man wie gewohnt alles bekommen, was man begehrt, **Alkohol** allerdings (offiziell) nicht, abends mitunter schon. Spirituosen sind in der

dub2_8 Foto: kk

zimmereigenen Mini-Bar und evtl. über den Zimmerservice zu erhalten, der wie gewohnt einwandfrei funktioniert.

Discos und Nachtclubs sind während des Ramadan zum Teil geschlossen, die meisten **Bars** allerdings sind abends geöffnet und servieren auch Alkoholika, manche sperren ihre Tanzfläche ab oder verzichten auf Live-Musik. Bauchtanzshows fallen aus. **Kinos** zeigen Filme erst am Abend. Die genaue Handhabung hängt davon ab, wie konservativ/konsequent Regelungen umgesetzt werden.

Die **größte Einschränkung** besteht darin, **in der Öffentlichkeit nichts zu trinken,** auch wenn die Sonne noch so brennt und der Durst noch so groß ist.

Geschäftsleute sollten nicht vergessen, **Einladungen** zum Essen auf den Abend zu legen. Wer mit einer **organisierten Tour** unterwegs ist, wird nicht auf seinen Softdrink oder sein Picknick in einsamer Natur verzichten müssen.

Im Fastenmonat verläuft das öffentliche Leben tagsüber mit Einschränkungen. Es ist **ruhiger,** was von vielen als Vorteil empfunden wird. **Banken und Behörden haben nur vormittags geöffnet.** Die Öffnungs- und Bürozeiten von Staatsbetrieben beginnen meist eine Stunde später als sonst und enden auch früher. Privatfirmen haben nur teilweise verkürzte Arbeitstage.

Trotz mancherlei Entbehrungen hat der Ramadan auch **Vorteile:** Nahezu alle verlegen ihre **(Freizeit-)Aktivitäten auf den Abend** – die Nacht wird quasi zum Tag. Geschäfte und Souqs haben länger geöffnet, Restaurants schließen oft erst in den frühen Morgenstunden, und aus den Häusern strömen die leckersten Gerüche durch die Gassen.

Am Rande der belebtesten Straßen bieten kurz vor Sonnenuntergang kleine Imbiss-Stände **Leckereien zum Fastenbrechen** an, so etwa *sambousas* (kleine, dreieckige, mit Fleisch oder Gemüse gefüllte Teigtaschen), *felafel* (frittierte Kichererbsenbällchen) sowie Kuchen und andere zuckertriefende Süßigkeiten.

Nach Sonnenuntergang, wenn wieder gegessen und getrunken werden darf, haben zahlreiche Restaurants spezielle **Iftar-Büfetts** im Programm (ab 20 Dh in Straßenrestaurants, ab 70 Dh in Luxushotels), die unter dem Motto „all you can eat" stehen.

In den großen Hotels hat man extra Zelte, sog. **Ramadan-Cafés oder Iftartents,** aufgebaut und mit Teppichen, Kissen und bunten Stoffen gemütlich dekoriert. In ihnen werden fast die ganze Nacht Getränke, Datteln und Süßigkeiten serviert, Musik und Tanz sorgen für ausgelassene Stimmung. In manchen Einkaufszentren stehen ähnliche Zelte, in denen (nach Sonnenuntergang) Datteln, Süßigkeiten, Wasser und Kaffee spendiert werden. Manche Supermärkte oder Tankstellen empfangen Kunden zur Zeit des Fastenbrechens mit Datteln oder Mineralwasser.

In den V.A.E. ist der **29. Ramadan** ein arbeitsfreier Feiertag.

Am letzten Vollmond im Ramadan feiern Kinder **Hagg al-Laila** („Feier der Nacht"). Sie ziehen singend durch die Straßen und sammeln bei Verwandten oder Freunden und in Einkaufszentren Süßigkeiten, Obst und Nüsse – fast wie bei den uns bekannten Sankt-Martins-Zügen.

Das Schönste am Fasten ist das Fastenbrechen am Ende des Ramadan, das **Eid al-Fitr.** Das viertägige Fest gibt Anlass – ähnlich unserem Weihnachtsfest – zu ausgiebigem Schlemmen und Feiern. Die Feierlichkeiten beginnen nach dem Morgengebet mit dem Austausch von Geschenken. Insbesondere Kinder werden mit Gaben und Süßigkeiten überhäuft, alle ziehen schöne neue Kleider und *dishdashas* an, Familienmitglieder und Freunde werden besucht, die Großfamilie macht Urlaub am Strand, jeder wünscht dem anderen ein „Eid mubarak", ein „gesegnetes Fest". In den Emiraten sind dies auch die Tage, an denen die Herrscher die Palasttüren für die Öffentlichkeit öffnen. In langen Schlangen warten zahllose diplomatische Vertreter und Bürger darauf, den Potentaten ihre Glückwünsche zu überbringen.

Voraussichtliche Ramadan-Termine

- 1 Monat ab 09.07.2013, ab 28.06.2014, ab 17.06.2015; der endgültige Tag, an dem der 30-tägige Ramadan beginnt, wird kurz zuvor, **nach dem Erscheinen des Mondes nach Neumond,** bestimmt. Daher können die Termine in den einzelnen muslimischen Ländern durchaus um einen Tag variieren.

Christliche Feiertage

Bei einigen europäischen und amerikanischen Institutionen und Firmen sowie bei Botschaften und Konsulaten sind **Weihnachten und Ostern** arbeitsfreie Feiertage.

Staatliche Feiertage

Sie finden alljährlich zu den **feststehenden Zeiten** des gregorianischen Kalenders statt:

- **6. August:** Tag des Machtantritts des ersten Präsidenten der V.A.E., *H.H. Shaikh Zayed* (1966)
- **2. und 3. Dezember:** Nationalfeiertage, da am 02.12.1971 die V.A.E. gegründet wurden
- **1. Januar:** Neujahrstag (auch wenn das islamische Neujahr an einem anderen Tag beginnt)

Öffnungszeiten

In Dubai sollte man nicht vergessen, dass sich die Öffnungszeiten zum Teil an muslimische Gegebenheiten anpassen. Bei den Büro-, Geschäfts- und Öffnungszeiten ist bezüglich des arbeitsfreien Wochenendes eine **Zweiteilung zwischen Privat- und Regierungssektor** zu beachten: Alle Regierungsstellen und Staatsbetriebe haben Freitag und Samstag arbeitsfreies Wochenende, alle Privatfirmen können ihre Zeiten frei gestalten, die meisten haben freitags frei, manche bieten einen 7-Tage-Service. Geschäfte und Restaurants haben meist jeden Tag geöffnet.

Zur Zeit des wichtigen Gebetes am **Freitagmittag** haben viele (nicht alle!) Geschäfte, Geldwechsler, Imbisse, Straßenrestaurants, Internetshops etc. etwa zwischen 11.30 und 16 Uhr geschlossen. Manche öffnen freitags erst am Nachmittag. Im muslimischen Fastenmonat Ramadan gelten andere Öffnungszeiten (s.o.).

Geschäfte

Die allgemeine Öffnungszeit der meisten **Geschäfte und Boutiqen** auf der Straße und in den Einkaufszentren, der Läden in den **Souqs,** der **Apotheken** sowie der **Reisebüros, Tourveranstalter und Fluggesellschaften** ist Samstag bis Donnerstag **8 oder 9–13 Uhr und 16–20 Uhr.** Viele, so auch Geschäfte in den Malls, haben durchgehend oder abends bis 22 Uhr oder Mitternacht offen und manche auch freitags - wenn auch wegen des Freitagmittagsgebets eventuell mit langer Mittagspause oder erst ab dem Nachmittag. Einige Geschäfte oder Boutiquen, die außerhalb der Einkaufsstraßen oder Souqs in den Wohnvierteln liegen, öffnen nicht vor 10 Uhr.

Supermärkte haben meist jeden Tag ohne Unterbrechung von **8–22 Uhr,** manche sogar rund um die Uhr geöffnet. Auch viele **kleine Lebensmittelgeschäfte** (engl. *groceries*) haben mittags durchgehend und bis in den späten Abend hinein offen.

Staatliche Behörden

Staatliche Behörden, Firmen und Büros (auch Botschaften und Konsulate) haben **freitags und samstags geschlossen.** Ihre Öffnungszeiten sind Sonntag bis Donnerstag 7–13 (im Sommer) und 8–14 Uhr (im Winter).

Private Firmen

Privatfirmen können sich aussuchen, ob sie entsprechend dem muslimischen arbeitsfreien Tag (Freitag) oder gemäß dem staatlichen Wochenende (Samstag) schließen. Jede Firma definiert ihre arbeitsfreien Zeiten selbst, Faustregel: **Am Freitag haben viele geschlossen,** samstags arbeiten die meisten. An den Arbeitstagen gelten in der Regel die Bürozeiten **9–14 und 16–20 Uhr,** aber auch hier gilt Gestaltungsfreiheit, und manche arbeiten durch.

Zu den Öffnungszeiten von Banken und Wechselstuben, von Postämtern, Restaurants, Bars und Nachtclubs siehe „Urlaub in Dubai" in den entsprechenden Abschnitten.

Verhalten

Trotz aller Modernität ist Dubai ein **arabisch geprägtes und muslimisches Land.** Religion, Kultur, Gebräuche und Mentalität der Emirater (und die vieler anderer Einwohner) weichen stark von europäischen Maßstäben ab. Jedem Reisenden sollte klar sein, dass er sich in einem gewissen Rahmen den islamischen Sitten und Gebräuchen anpassen muss. Es wäre schön, wenn jeder Tourist das Verständnis entwickeln würde, dass ihn die Emirater als Gast willkommen heißen und er sich auch entsprechend verhält.

Was vielen Arabern unangenehm auffällt, ist die Hektik vieler Europäer. Araber (aber auch die vielen in Dubai lebenden Asiaten) haben eine **andere Auffassung von Zeit** als wir, denn „als Allah die Zeit schuf, schuf er sie reichlich". In allen Situationen ist es sinnvoll, **Ruhe** zu bewahren. Ungeduld oder gar Zorn führen zu nichts, höchstens zu Unverständnis.

Die nachfolgend aufgeführten Verhaltenstipps sollen **höfliches Benehmen** ermöglichen. Hält man sich nicht daran, so drücken die Einheimischen bestenfalls beide Augen zu und lassen den Gast nicht merken, dass er gerade (unbewusst) taktlos gehandelt hat.

dub_x14 Foto: kk

Glücklicher Kirmesgewinner

Bei manchen Verhaltensweisen gelten **andere Kulturstandards** und Empfindlichkeiten als in Mitteleuropa. Dubai will sich in Zukunft deutlich stärker für die Respektierung der islamischen Kultur und muslimischer Moralwerte einsetzen. So können „sexy" Bekleidung, Händchenhalten und der **Austausch von Zärtlichkeiten in der Öffentlichkeit** – dazu gehört alles, was über einen Begrüßungskuss auf die Wange hinausgeht – Anstoß erregen und ein Strafgeld oder sogar die Ausweisung aus dem Land nach sich ziehen. Öffentlich gezeigte Homosexualität wird hart bestraft.

Auch beim Fotografieren von Menschen sollte man umdenken, so ist das unerlaubte Ablichten von fremden Frauen verboten.

Schlimme Verstöße können ins Gefängnis führen; das Dubai Executive Council hat einen offiziellen **Benimmkodex** (The Dubai Code of Conduct) erlassen. Wenig Gnade findet respektloses Verhalten gegenüber der Regierung, dem Staat bzw. seinen Symbolen und gegenüber dem Islam. Ausweisung oder gar Gefängnis droht allen, die den Stinkefinger zeigen, vulgär fluchen oder im Tanga am Strand sonnenbaden. Wer außerhalb lizensierter Bars oder Restaurants **Alkohol** konsumiert oder offensichtlich betrunken durch die Stadt spaziert, kann ebenso verhaftet werden. Auch bei **Drogen** kennt man keine To-

dub059 Foto: kk

leranz: Drogendelikte können schwere strafrechtliche Folgen nach sich ziehen, auch die Todesstrafe wird ab und zu verhängt!

Gastfreundschaft und Einladungen

Gastfreundschaft begegnet Fremden überall. Spontane **Einladungen** zum Kaffee, Tee oder zu Datteln abzuschlagen, gilt als unhöflich, und die Begründung, keine Zeit zu haben, stößt auf Unverständnis (siehe oben). Je formeller eine Einladung ist und insbesondere bei Einladungen in ein Privathaus sollte man zunächt herausfinden, ob diese wirklich ernst gemeint ist oder eher eine gastlich-galante Floskel war. Dazu bedient man sich des arabischen Prinzips, erst dreimal höflichst abzulehnen. Wird die Einladung tatsächlich wiederholt, so war sie herzlich und ernst gemeint und sollte angenommen werden.

Kaffee- oder Teerunden dauern mindestens zwei, besser drei obligatorische Tässchen. Der traditionelle arabische Kaffee (arab. *qahwa*) wird in einer Schnabelkanne serviert, ist frisch geröstet, stark und mit diversen Gewürzen wie Kardamom, Ingwer oder Rosenwasser aufgebrüht. Möchte man nichts mehr trinken, so zeigt man dies, indem man seine leere Tasse mit einem dezenten Schwung aus dem Handgelenk hin- und herschwenkt. Unterlässt man diese Geste, so wird ständig nachgeschenkt.

„Als Allah die Zeit schuf, schuf er sie reichlich" – hier der Clock Tower in Deira

Nach der dritten Runde sollte man jedoch höflicherweise kundtun, dass man nichts mehr möchte.

Zur **Begrüßung** ist ein **Händedruck unüblich,** besonders bei Frauen. Am besten höflich und zurückhaltend beobachten, wie sich das Gegenüber und die evtl. anderen Anwesenden verhalten. Viele Araber führen bei der Begrüßung ihre rechte **Hand zum Herzen** und unterstreichen damit ihre Herzlichkeit; diese ausdrucksstarke Geste können auch Touristen zeigen. Die arabische Begrüßung ist eine **streng festgelegte Zeremonie,** in der man sich höflich nach der jeweiligen Gesundheit und dem Wohlbefinden der Familie (nie aber direkt nach dem der Frauen!) erkundigt. Auch am Telefon sollten diese Höflichkeiten nicht fehlen (stets „How are you" fragen). Besonders hoch angerechnet wird es, wenn man die wichtigsten **Begrüßungsformeln auf Arabisch** kann (siehe „Anhang/Sprache").

Die **linke Hand** gilt als **unrein,** da mit ihr die Reinigung auf der Toilette vollzogen wird. Daher sollte man es möglichst vermeiden, jemandem etwas mit links zu überreichen (insbesondere Essen, Geschenke, Geld und Zigaretten) oder mit der linken Hand Essen zum Mund zu führen. Araber könnten sonst schnell angeekelt oder beleidigt sein. Sehr übel wäre es, beim Speisen mit Fingern aus einer gemeinsamen Schüssel seine Linke zu nehmen. Linkshänder sollten ihnen bekannte Araber über ihre Veranlagung aufklären.

Bei **Gesprächen über Politik** ist **Zurückhaltung** geboten, ebenso bei Diskussionen über **religiöse Themen.**

dub05_293a Foto: kk

dub07_054 Foto: kk

Empfehlenswert ist es, sich als Christ auszugeben, auch wenn man eher atheistisch eingestellt ist – keiner Religion anzugehören, ist für Muslime unvorstellbar.

Wird man zum Essen **in ein Restaurant eingeladen,** so braucht man sich nicht unbedingt mit einem Geschenk zu bedanken. Die nächste Einladung sollte aber auf eigene Rechnung gehen, es sei denn, das Ansinnen wird höflich abgewehrt.

Bei **Einladungen in einen Privathaushalt** sollte man sich mit einem **Gastgeschenk** erkenntlich zeigen. Am besten sind Aufmerksamkeiten oder Süßigkeiten für die Kinder und Datteln von guter Qualität. Sollte man die Dame des Hauses noch nicht persönlich kennen, wäre ein Geschenk für sie unangebracht. Beim Betreten des Empfangsraumes (arab. *majlis*) werden die **Schuhe draußen ausgezogen.** In traditionell eingestellten Familien werden die Frauen in den Frauenbereich (arab. *harem*) geführt, während die Männer unter sich bleiben. Viele Gastgeber empfangen westliche Reisende aber auch ohne Trennung der Geschlechter. In jedem Fall wird zuerst arabischer **Kaffee** serviert. Handelt es sich um eine Einladung zum Essen, so wird danach eine Wasserschüssel zum Händewaschen und zum Abtrocknen eine Packung Papiertücher herumgereicht. Oft ist das Wasser mit Duftölen oder

Bild links: Moscheen sind Handy-freie Zonen; rechts: Anzeige der Gebetsrichtung

Rosenwasser parfümiert. Dann erst beginnt die eigentliche **Mahlzeit,** meist eine Reisplatte mit Lammfleisch, frischem Brot und verschiedenen kleinen Beilagen. Bei Hochzeiten, Geburten und religiösen Festen wird eine Reihe von Spezialitäten aufgetischt. Im Falle einer spontanen oder weniger formellen Einladung wird eine Auswahl an frischem, gekühltem Obst mit Süßigkeiten und Datteln serviert. Nach der Mahlzeit wäscht man sich erneut die Hände, und es wird wieder Kaffee ausgegeben. In Frauenrunden werden meist wertvolle **Parfüms und Duftöle** gereicht. Man tupft sich einige Tropfen an die Seite der Daumen, auf die Wangen, an den Schleier oder unter die Nase. Oft macht auch ein Weihrauchbrenner mit qualmendem Weihrauch, Sandelholz oder anderen Essenzen die Runde.

Beim Besuch bei Arabern zu Hause, wie auch in sonstigen Situationen, sollte man es **vermeiden, einzelne Sachen explizit zu loben:** Sätze wie „Das ist aber eine schöne Wanduhr" oder „Ihre Armbanduhr gefällt mir sehr" können dazu führen, dass Araber einem diesen Gegenstand im Bewusstsein ihrer Gastgeberpflichten schenken – auch wenn einem selbst das nie in den Sinn gekommen wäre. Eine solche Situation kann durchaus unangenehm sein, sie wird jedoch meist galant überspielt. Andernfalls: Erst dreimal ablehnen, danach erst wäre das Schenken ernst gemeint. Wer vorher etwas annimmt, hat zwar materiellen Wert gewonnen, ist aber deutlich im Ansehen gesunken, wenn nicht als Schnorrer durchgefallen. Es ist daher grundsätzlich besser, ein allgemeines Lob auszusprechen, etwa im Sinne von „Das Design Ihres Wohnzimmers gefällt mir sehr".

Da dem **Prinzip der Gegenseitigkeit** im arabischen Raum ein hoher Stellenwert zukommt, sollte man – wenn möglich – eine etwa gleichwertige Einladung als Dankeschön aussprechen – natürlich in der ernst gemeinten dreimaligen Form. Geht das nicht, kann man beispielsweise anbieten, dass sich der Sohn beim nächsten Auslandsbesuch doch melden und revanchieren könnte. Oder man sendet aus der Heimat ein kleines Präsent, etwas Typisches zum Beispiel.

Essen und Trinken

Beim Essen im Zusammensein mit Arabern sollte man darauf achten, möglichst **nicht die linke Hand zum Mund zu führen** (siehe oben).

Wird man zu einer **traditionellen Mahlzeit** eingeladen, so wird meist mit den Fingern von einer gemeinsamen Platte gegessen. Man macht dies am elegantesten, indem man aus der Speise (insbesondere Reis) einen mundgerechten Klumpen formt, ihn auf die Fingerspitzen der rechten Hand legt und mit dem Daumen in den Mund schiebt. Dass dabei die Hand klebrig wird, ist normal, ein verschmierter Mund wirkt dagegen nicht sehr elegant. **Brotstücke** werden bei Arabern als „Löffel" oder „Zange" verwendet. Sie dürfen nur einmal in das Essen getaucht werden und sind dann mit zu essen. Besonders in einfachen Beduinenhaushalten wird noch oft so gegessen.

Auch in **arabischen Restaurants** darf ungehemmt mit den Fingern gespeist werden, selbst in DeLuxe-Restaurants.

Zum muslimischen Fastenmonat Ramadan siehe „Feste und Feiertage", zu alkoholischen Getränken siehe Exkurs „Alkohol".

Kleidung

Im Gegensatz zu anderen Ländern des Mittleren Ostens fallen die Bekleidungssitten für Ausländer in Dubai wenig beengend aus. Wichtig ist, dass Männer und Frauen trotz der hohen Temperaturen das **muslimische Anstandsgefühl nicht verletzen,** indem sie in der Öffentlichkeit zu viel Haut zeigen. Schultern und Knie sollten stets bedeckt sein, was schon aus gesundheitlichen Gründen sinnvoll ist, denn körperbedeckende Kleidung schützt vor Sonnenbrand, den man bei der intensiven Sonneneinstrahlung und der durchschnittlichen Sonnenscheindauer von acht bis zehn Stunden am Tag sehr leicht bekommt.

Shorts bei Männern wirken in den Augen vieler Araber **lächerlich,** da sie diese als Unterhose tragen.

Für **Frauen** empfehlen sich **blickdichte und nicht zu tief ausgeschnittene Kleidungsstücke.** Damit zeigt man Anstand und wird entsprechend behandelt. Wer seine Körperrundungen zur Schau stellt, provoziert lüsterne Blicke und Kommentare.

An Dubais Stränden weisen Schilder darauf hin, dass **oben ohne untersagt** ist – dies gilt auch an Pools.

In **Bars und Nachtclubs** gilt eine lockere und „offenere" Kleiderordnung.

Handeln

Festpreise gelten für Lebensmittel und die Produktpalette **in Supermärkten** sowie in manchen Geschäften der Einkaufszentren. Sonst aber kann man die typisch arabische Möglichkeit, einen guten Preis zu erfeilschen, nahezu überall nutzen: in den Läden der Souqs, selbst in Goldgeschäften, in exklusiven Boutiquen, sogar in Läden, die ein großes Schild „fixed prices", „Festpreise", im Schaufenster aufgestellt haben.

Besonders beim Kauf von **Souvenirs** muss man **handeln,** es gehört einfach „dazu" und steigert das Ansehen des Käufers. Den Versuch zu feilschen, werden die Händler mit einem verschmitzten, aber einladenden Lächeln beantworten; wer allerdings keinen Preisnachlass anstrebt, dem wird nur selten einer eingeräumt. Handeln ist stets eine freundliche, keine aggressive Sache. Hilfreich sind **Fingerspitzengefühl und Redegewandtheit,** oberstes Gebot ist, dass es von einem einmal gemachten Angebot kein Zurück gibt. Die Zauberformel heißt „last price", Nachlässe bis zu 20% sind realistisch. **Übermäßige „Halsabschneiderei"** findet man in Dubai im Gegensatz zu manch anderem arabischen oder asiatischen Land nicht. Und überall kann man unbehelligt schauen, fragen, Preise vergleichen, ohne dass Händler gleich aufdringlich zum Kauf animieren.

Fotografieren

Beim Fotografieren (und Filmen) von Menschen ist **Höflichkeit oberstes Ge-**

dub224 Foto: kk

bot. Für Muslime, die den Koran streng interpretieren, ist die Abbildung von Menschen in jeglicher Form verboten. Es sollten **keine Großaufnahmen von Menschen** gemacht werden, **ohne sie gefragt zu haben.** Absagen sollten akzeptiert werden und einem nicht die Laune verderben. Dies gilt insbesondere gegenüber arabischen Frauen! Glauben Sie bitte nicht, sie in aller Heimlichkeit porträtieren zu können, es ist nicht nur absolut unhöflich, sondern per Gesetz verboten und beschwört mit hoher Wahrscheinlichkeit Ärger herauf.

Viele Araber sehen es mit dem **Bilderverbot** nicht so eng, und überall hängen schließlich die riesigen Porträts ihrer Herrscher. Immer wieder posieren Familien vor Brunnen oder in Parkanlagen, der Fotoapparat ist bei jedem Familienausflug obligatorisch. Inder und Pakistanis lassen sich oft auffallend gerne fotografieren.

Strikt vermieden werden sollte die **Ablichtung von militärischen Anlagen und Herrscherpalästen.** Auch **öffentliche Gebäude** wie Ministerien, Industrieanlagen, Verkehrseinrichtungen (Flughäfen) und alles, was mit der Erdöl- und Gasförderung zu tun hat, sind tabu.

Männer und Frauen

Männer sollten darauf achten, keine emiratische Frau in Verlegenheit zu bringen. Langes, offensichtliches Anstarren, Ansprechen oder gar absichtliches Berühren kann erheblichen Ärger

dub10_011 Foto: na

Die Erbauer des visionären Neu-Dubai

mit sich bringen, denn „mann" entehrt damit nicht „nur" die Frau, sondern – viel schlimmer – ihre gesamte Familie.

Touristinnen sollten darauf achten, arabische Männer nicht mit „offenen" oder allzu „einladenden" Blicken anzusehen, da das als „Anmache" interpretiert werden könnte.

Zärtlichkeiten, egal ob zwischen Mann und Frau oder gleichgeschlechtlich, sollten/dürfen in der Öffentlichkeit nicht ausgetauscht werden.

Frauen allein unterwegs

In den V.A.E. können Frauen relativ gut alleine herumreisen – wenn sie sich gewissen landesüblichen Sitten **anpassen.** Natürlich sollten sie sich körperbedeckt und gepflegt kleiden sowie zurückhaltend, aber durchaus selbstbewusst auftreten. Frau sollte sich aber immer bewusst sein, dass arabische, aber auch indische und pakistanische Frauen niemals ohne männliche Begleitung reisen würden und dass eine allein reisende Frau daher deren Gesellschaftsnormen sprengt.

Die beste Art für allein reisende Frauen, mobil zu sein, ist der eigene **Mietwagen.** Wer möchte, kann kann sich in einer der rosafarbenen **„Ladys only"-**

Frauentaxen – von Frauen – chauffieren lassen (siehe „Urlaub in Dubai/Öffentliche Verkehrsmittel"). In **Bussen** und in der **Metro** können (nicht müssen!) Frauen in eigenen Bereichen unter sich sein.

In Restaurants können Frauen ungestört im sogenannten **Familienbereich,** über den nahezu alle Restaurants verfügen, speisen.

Manche **Banken** haben „Ladys only"-Abteilungen. Wenn nicht, dann genießen Fauen das Vorrecht, sich in Warteschlangen in Banken, Postämtern oder Behörden vorne anstellen zu dürfen.

Allein reisende, europäisch aussehende Frauen haben vor allem in Dubais Stadtteil Deira und in den Souqs mitunter das **Problem, als Russin angesehen zu werden.** Der Tourismus und der Warenverkehr mit den Republiken der ehemaligen Sowjetunion boomen. Die Schattenseite: Viele Russinnen bzw. Osteuropäerinnen, aber auch Asiatinnen und Afrikanerinnen arbeiten als **Prostituierte.** Das ist zwar allen bekannt, doch es wird gerne verschwiegen. Werden Touristinnen mit Freudendamen verwechselt, kann es sein, dass ihnen lüsterne Männer zweideutige Avancen machen à la „Oh la la" oder „Hey Baby" oder einen Geldbetrag zurufen. Dies geschieht insbesondere beim Bummel durch „Rotlichtviertel" oder im Dunstkreis von Stundenhotels, doch beherzigt frau die obigen Ratschläge, so schränkt dies die Verwechslungsgefahr ein.

Das zweitgrößte Risiko, in eindeutig-zweideutiger Weise angesprochen zu werden, besteht **beim Baden oder Sonnen** außerhalb der Hotels und **beim Besuch einer Bar oder eines Nachtclubs,** wo sich frau in den Augen mancher Männer quasi wie auf einem Präsentierteller anbietet. An öffentlichen Stränden sollte frau – schon aus Respekt gegenüber dem muslimischen Anstandsgefühl – Schultern und Knie bedeckt halten.

Doch **Belästigungen beschränken sich** meist **auf Blick- und Wortebene,** nur im allerseltensten Ausnahmefall werden Frauen „begrabscht" oder gar bedrängt. Fazit: Dubai ist so sicher wie wohl kaum eine andere Stadt.

Literaturtipps

- *Kirstin Kabasci*
KulturSchock Kleine Golfstaaten/Oman. REISE KNOW-HOW Verlag; Hintergründe zu Kultur, Tradition, Geschichte, Gesellschaftswandel
- **Islam Verstehen:** Sympathie-Magazin vom Studienkreis für Tourismus und Entwicklung e.V., 82541 Münsig; handliches Heft
- *Peter Heine*
Kulturknigge für Nichtmuslime. Herder-Verlag; Informationen über Kulturelles und Wertvorstellungen
- *Felicia Englmann*
Arabersaison: Eine Reise hinter den Schleier der Golfstaaten. Scoventa Verlag; leicht leserliches Grundwissen über die Region und Knigge zum Umgang mit Golfarabern
- *Jens Bölscher*
Business-Knigge für deutsche Manager in Dubai: Verhaltensweisen verstehen und Geschäfte erfolgreich gestalten. Books on Demand, auch als Kindle eBook; Hintergründe zur arabischen Geschäftskultur

Strom

Die Stromspannung beträgt **220–250 Volt** bei 50 Hertz. Es treten keinerlei Probleme beim Betrieb von europäischen und japanischen Geräten auf.

Für den Anschluss benötigt man **englische, dreipolige Stecker.** Flache Eurostecker kann man in zwei der Pole einstecken, für Schukostecker braucht man allerdings einen **Adapter.** In den Hotels ist meist eine Steckdose damit ausgestattet, weitere Adapter erhält man auf Anfrage. Zudem sind sie für wenige Dirham in den Supermärkten Dubais erhältlich.

Medien

Rundfunk und Fernsehen

Nahezu alle **Hotelzimmer** sind **mit Fernseher und Radio** ausgestattet. Die Emirate Dubai, Abu Dhabi und Sharjah haben zum Teil mehrere Kanäle, die in allen Emiraten senden, jeweils in Arabisch und Englisch. In Dubai zu empfangende englischsprachige **Radiosender** sind Radio 1 (104,1 FM), Radio 2 (99,3 FM), Dubai 92 (92,0 FM) und Channel 4 (104,8 FM).

Der **englischsprachige Fernsehsender Channel One TV** ist mit seinen Serien, Dokumentationen, Spielfilmen und Nachrichten bei den europäischen Ausländern der populärste. In der gesamten arabischen Welt wohlbekannt ist **Al-Arabiyya,** neben dem qatarischen Sender Al-Djazira der zweitwichtigste überregionale arabische Nachrichtensender.

Neben den emiratischen Programmen kann man auch Satellitenkanäle aus Europa und Asien sowie aus arabischen Ländern einschalten, auch Sendungen in Französisch, Hindi, Urdu oder Bengali werden ausgestrahlt. Englischsprachige Nachrichtensendungen kommen regelmäßig, sowohl im Fernsehen als auch im Radio.

Zeitungen und Zeitschriften

- **Ausländische Zeitungen und Zeitschriften** werden in den großen Hotels, in Supermärkten und in Buchläden mit englischsprachiger Literatur verkauft.
- An **englischsprachigen Tageszeitungen** gibt es: **„Gulf News“**, **„The Gulf Today“**, **„The National“** und **„Khaleej Times“.** Sie werden überall von Straßenhändlern angeboten oder in Geschäften mit Zeitschriften und Lebensmitteln verkauft (3 Dh).
- **„7 Days“** und **„XPRESS“** sind **Gratis-Tageszeitungen,** die in Restaurants, Hotels, Einkaufszentren, an zentralen Plätzen und an Tankstellen ausliegen.
- Sehr empfehlenswert ist die alle zwei Monate neu erscheinende englischsprachige Zeitschrift **„liveworkexplore“,** die sich den Themen Leben, Arbeiten und Entdecken in Dubai (bzw. in den Emiraten insgesamt) widmet. Mit Veranstaltungskalender, Businessthemen, Sightseeing- und Ausflugstipps.
- Das wöchentlich erscheinende **Magazin „TimeOut Dubai“** bietet eine **Fülle von Tipps und Adressen** zu Gastronomie, Freizeit- und Sportmöglichkeiten sowie die Termine aller kulturellen und sportlichen Veranstaltungen, Ausstellungen und Messen. Hinzu kommen Infos zu Themenabenden und Promotions der großen Hotelrestaurants sowie die Veranstaltungen der Clubs.
- Ähnliches steht im **Veranstaltungsmagazin „What's on“,** das monatlich erscheint.

- **„Discover Dubai“** ist ein **Monatsmagazin für Touristen,** das in zahlreichen Hotels gratis ausliegt.
- **„Discover Me“** ist ein zweimonatlich in Dubai produziertes deutschsprachiges Kultur- und Wirtschaftsmagazin mit Themen zum gesamten Nahen Osten; nur in wenigen Buchläden oder Supermärkten erhältlich.
- Um Lifestyle geht es in **„Arabian Women“** sowie dem Pendant **„Arabian Man“.**
- Viel Werbung, aber auch viele Infos für Residenten finden sich im **Monatsmagazin „Connector“.**
- Auch **Business-Reisende** finden eine Auswahl an Magazinen, beispielsweise die Monatsmagazine „Arabian Business“, „Money Works“ oder „Business Traveller Middle East“.
- **Zeitungen und Zeitschriften online** siehe „Informationen“.

Sonstiges

- Neben zahlreichen Reiseführern informiert die in Deutschland erhältliche Hochglanz-Zeitschrift **„Arabia Magazin“** (www.dubai-media.com) viermal jährlich über Neuigkeiten in Dubai, den V.A.E. und den arabischen Nachbarländern.
- **Spezielle Literaturtipps** finden sich jeweils in den verschiedenen Buchkapiteln.
- Zu **Stadtführern und Karten** über Dubai siehe „Urlaub in Dubai/ Sonstiges“.

Zeitverschiebung

Die gesamten V.A.E. sind der mitteleuropäischen Zeit **in der Winterzeit um drei, während der Sommerzeit um zwei Stunden voraus.**

dub12_003 Foto: dt

Dubai – ein Paradies für Golfer

dub12_004 Foto: dt

Land und Leute

dub12_023 Foto: dt

dub12_024 Foto: dt

Im Heritage Village

Skyline der Jumeirah Beach Residences

Beim Pferderennen Dubai World Cup

Geografie

Der **Stadtstaat Dubai** ist mit einer Landesfläche von 4114 km² der **zweitgrößte Teilstaat der Vereinigten Arabischen Emirate** (Abk. V.A.E., arabisch *daulat al-imarat al-arabia al-muttahidah*). Das Gebiet der insgesamt sieben Emirate erstreckt sich im Nordosten der Arabischen Halbinsel entlang der Südwestküste des Golfes. Mit ca. 83.600 km² entspricht die Landesgröße etwa der Ausdehnung Österreichs.

Die restlichen sechs Föderationsstaaten heißen: **Abu Dhabi, Sharjah, Umm al-Quwain, Ras al-Khaimah, Ajman und Fujairah.** Das größte Emirat mit gleichnamiger **Hauptstadt ist Abu Dhabi,** das im Süden und Südwesten an Dubai grenzt. Dubais östlicher und nordöstlicher **Nachbar ist das Emirat Sharjah.**

Den größten Teil des emiratischen Binnenlandes bedecken flache **Wüstenflächen.** Im Süden dehnen sich die Dünen der Großen Arabischen Wüste „Rub al-Khali" („Leeres Viertel") aus. Im Osten verläuft die **Gebirgskette** (arab. *jebel*) des **Hajar,** ein im Tertiär entstandenes Faltengebirge, das auf dem Territorium der V.A.E. Höhen von bis zu 2000 m erreicht. Die Bergketten stauen die vom Golf von Oman kommenden Regenwolken, weshalb dort, und insbesondere an den Ostflanken, höhere Niederschlagsmengen als im Rest des Landes erreicht werden. An der Westseite des Jebel Hajar, an der Grenze zum Sultanat Oman, liegt die ebenfalls zu Dubai gehörende **Oase Hatta.**

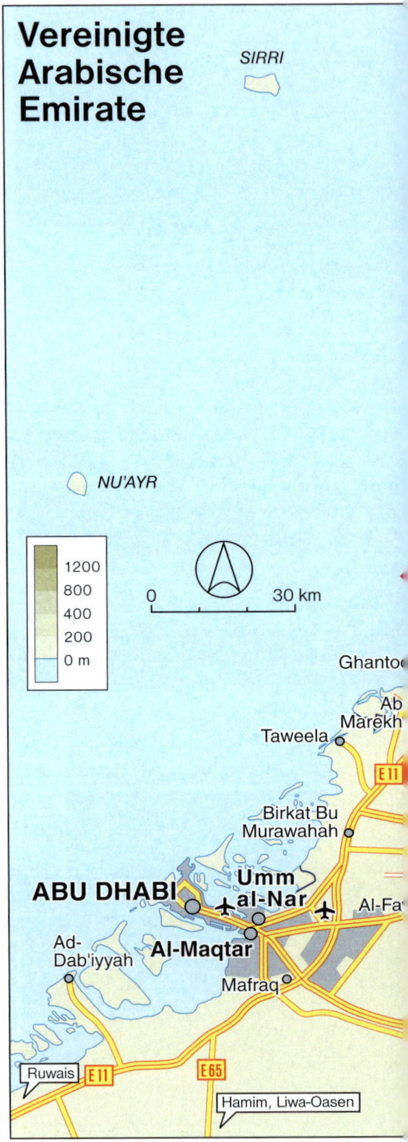

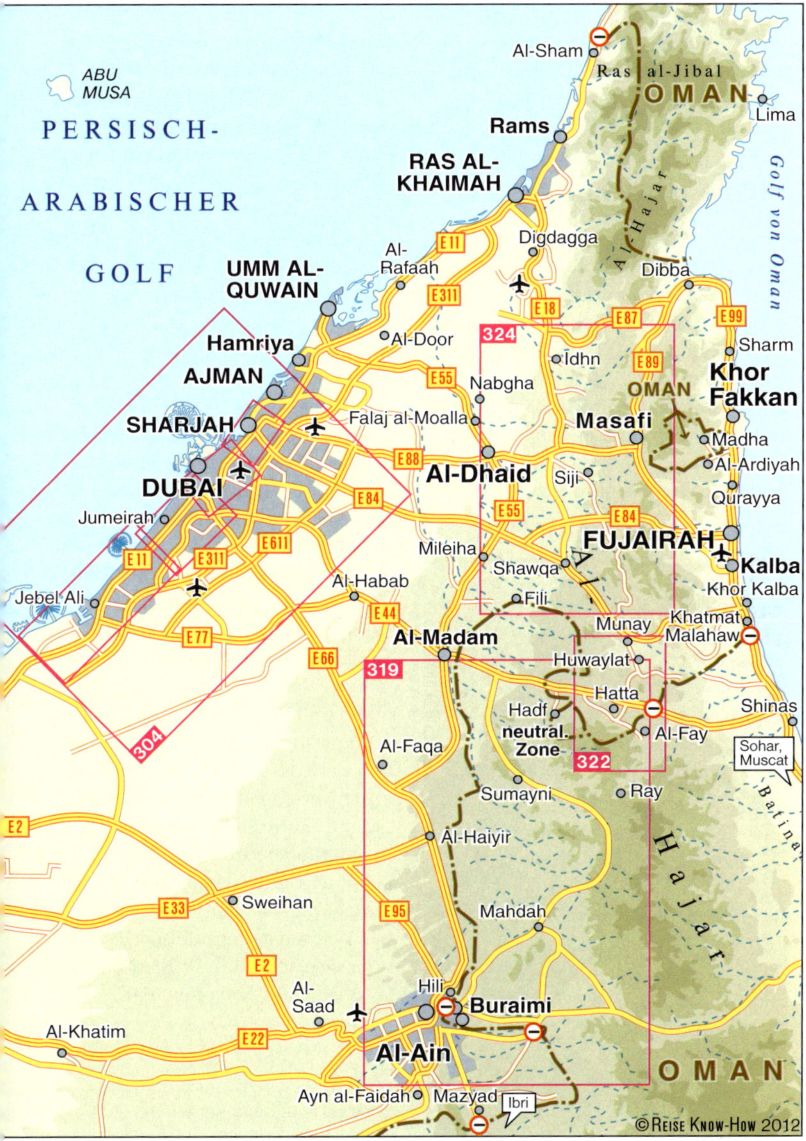
PERSISCH-
ARABISCHER
GOLF
ABU MUSA
Golf von Oman
Al-Sham
Ras al-Jibal
OMAN
Lima
Rams
RAS AL-KHAIMAH
Al Hajar
Digdagga
Dibba
Al-Rafaah
UMM AL-QUWAIN
E11
E311
E18
E87
E99
324
Al-Door
Idhn
E89
Sharm
Hamriya
AJMAN
E55
Nabgha
OMAN
Khor Fakkan
SHARJAH
Falaj al-Moalla
Masafi
Madha
E88
Al-Dhaid
Al-Ardiyah
DUBAI
Siji
E84
Qurayya
Jumeirah
E55
E84
E611
FUJAIRAH
E11
E311
Mileiha
Shawqa
Al-
Kalba
Al-Habab
Khor Kalba
Jebel Ali
Fili
E44
Munay
Khatmat Malahaw
Al-Madam
E77
E66
319
Huwaylat
Hatta
Hadf
Shinas
neutral. Zone
Al-Fay
Al-Faqa
304
322
Sohar, Muscat
Sumayni
Ray
Batina
E2
Al-Haiyir
Hajar
Sweihan
E33
E95
Mahdah
E2
Hili
Al-Saad
Buraimi
Al-Khatim
E22
Al-Ain
OMAN
Ayn al-Faidah
Mazyad
Ibri
©Reise Know-How 2012

Der größte Teil des Dubaier Territoriums erstreckt sich mit ca. 75 km natürlicher Küstenlänge allerdings entlang des Golfufers.

Flora und Fauna

Da Dubai ein Land ohne Dauerflüsse, Seen oder größere unterirdische Wasservorkommen ist, sichern sich zahlreiche Arten von **Trockenpflanzen** ihr Überleben durch Maßnahmen zum Wassersparen und große Saugfähigkeit. Selbst in Regionen, in denen es jahrelang nicht geregnet hat, sind sie anzutreffen. Nach einem Regenschauer sprießen aus dem so unfruchtbar wirkenden Wüstenboden sogleich Gräser und Blumen, die oft schon nach Stunden, spätestens aber Tagen wieder verdorren. Ihre Wurzeln, Knollen und Samen werden konserviert, um nach den nächsten Niederschlägen erneut auszuschlagen. Viele Pflanzenarten haben nur kleine Blattflächen, um der Verdunstung Einhalt zu gebieten.

Viele Pflanzen müssen nicht nur widerstandsfähig gegen Trockenheit, sondern auch gegen **Salz** sein, denn weite Gebiete weisen als Standortbedingung salzhaltiges Wasser und Erde auf.

Im Bereich der Stadtfläche von Dubai finden sich in den zahlreichen **Parkanlagen und Grünstreifen** entlang der Straßen Bäume und Blütensträucher aus aller Welt. Die meisten Bäume sind jedoch Palmen verschiedener Sorten.

Nur noch vereinzelt leben große **Wildtierarten** in den Emiraten. Stetige Siedlungserweiterungen, eine zunehmende landwirtschaftliche Erschließung und das Vordringen des Menschen selbst in entlegene Gebiete haben viele Tiere aus ihren Lebensräumen in schwer zugängliche Gegenden verdrängt. **Zahlreiche Arten** sind **vom Aussterben bedroht,** z.B. der arabische Leopard, die Streifenhyäne, der arabische Wolf, die arabische Ziege Tahr, das Wildschaf, der nubische Steinbock oder diverse in den Wüsten heimische Gazellen- und Antilopenarten.

dub318 Foto: kk

Reiche Fischgründe sorgen für ein breites Angebot auf den Märkten

Kleintiere wie Igel, Hasen, Kaninchen, Wanderratten, Fledermäuse, Stachelschweine, Mungos oder Mäuse sowie **Amphibien und Reptilien** findet man sehr häufig. Ebenfalls artenreich sind **Insekten und Spinnentiere,** von denen sich viele auf das Überleben in der Wüste spezialisiert haben.

Die V.A.E. besitzen **reiche Fischgründe,** bis zu 45 verschiedene Arten von Fischen und Krustentieren finden sich auf den Fischmärkten. **Meeresschildkröten** wie die Grünen Meeresschildkröten leben zwar in den Gewässern des Golfes, doch zum Brüten bevorzugen sie einsamere Küstenabschnitte im Indischen Ozean. Auch Pottwale, Delfine und die äußerst seltenen Seekühe (siehe Exkurs „Die Braut des Meeres"), die allesamt zu den **Meeressäugern** gehören, leben in den emiratischen Meeren.

Die Braut des Meeres

„Arous al-Bahr" – „Braut des Meeres" nennen Araber ein seltenes Tier, das in den Gewässern des Golfes lebt. „Dugong dugon" lautet der wissenschaftliche Name dieser indo-pazifischen **Seekuh-Art** (wissenschaftliche Ordnung: *Sirenia*), im allgemeinen Sprachgebrauch hat sich die Bezeichnung **„Dugong"** eingebürgert.

Fantasievolle Erzählungen von einsamen Seemännern verwandeln das scheue graue Tier in eine liebreizende Meerjungfer.

Der Persisch-Arabische Golf beherbergt die zweitgrößte Dugong-Population der Welt mit schätzungsweise **4000–5000 Tieren** – in Australien leben die meisten dieser Tiere.

Dugongs sind wie Wale, Delphine und Menschen Säugetiere. Mit den Menschen teilen sie weitere Gemeinsamkeiten im Bau des Skeletts (z.B. fünf Mittelhandknochen), sie sind ebenfalls Lungenatmer und gebären ihre Nachkommen lebend. Dugongs haben einen spindelförmigen, bis zu drei Meter langen Körper. Sie wiegen zwischen 400–600 Kilo und können über 70 Jahre alt werden.

Die Tiere verfügen über ein **ausgeprägtes Sozialverhalten.** Sie können Herden von bis zu Hundert Tieren formieren, kommen aber meist in kleineren Gruppen bis zu zehn Tieren vor und gehen auch einzeln auf die Futtersuche. Die Zusammenstellung wechselt oft, doch stets schwimmen kräftige Männchen am Beginn und an den Außenseiten der Herde. Sie verständigen sich untereinander mit Pfeifsignalen.

Dugongs sind ausschließlich **Pflanzenfresser.** Am liebsten weiden sie Seegras der Familien *Potomogetonaceae* und *Hydrocharitaceae* ab, die auf sandigem Grund in 2–5 Meter Wassertiefe wachsen. Entsprechend dem Nahrungsvorkommen leben Dugongs in Flachwasserzonen, selten tiefer als zehn Meter.

Die Tiere sind bedroht durch den Verlust ihrer Futtergründe, durch die Meeresverschmutzung, den steigenden Schiffsverkehr und die zunehmende Küstenverbauung. Die Einrichtung von Nationalparks unter Einbeziehung der Seegrasgebiete ist zum Überleben dieser scheuen Tiere unabdingbar. Diverse Naturschutzorganisationen versuchen sowohl weltweit als auch in den V.A.E., diese außergewöhnlichen Meeressäuger vor dem Aussterben zu bewahren.

Durchs Fernglas geschaut – Dubai für Vogelfreunde

Vogelfreunde kommen in der abwechslungsreichen Landschaft Dubais voll auf ihre Kosten: **Über 400 Vogelarten** sind verzeichnet, wovon allerdings nur etwa **80 heimisch** sind. Dennoch ist die Vielfalt überraschend, sind die Emirate doch ein kleines, überwiegend arides Land ohne große Seen und Wälder. Die meisten Vögel sind lediglich **Gäste** (Wintervögel oder Durchzügler), die hier einen Zwischenstop auf ihren jährlichen Flugrouten aus Skandinavien, Sibirien, Europa oder Zentralasien nach Indien oder Afrika und zurück einlegen (September/Oktober bzw. April/Mai) oder hier überwintern.

Endemische Arten gibt es zwar nicht, doch unter den Besuchern gibt es **zahlreiche seltene Spezies,** die man leichter als irgendwo sonst beobachten kann. Jedes Jahr werden neue Arten verzeichnet, zum einen seltene Durchzügler, aber auch solche, welche das Wüstenemirat als Brutplatz wählen.

So machen die in den Emiraten auf eine Zahl von etwa 200.000 geschätzten Schwarzgesichtsscharben-Kormorane über ein Viertel der angenommenen Weltpopulation aus und von den Schieferfalken (Blaufalken) findet sich in den V.A.E. die größte Brutkolonie der Golfregion.

In Dubai lassen sich nicht nur in entlegenen Landstrichen interessante oder seltene Vogelarten beobachten, sondern quasi direkt vor der Hoteltür finden. So liegt das bedeutendste Vogelschutzgebiet der arabischen Halbinsel, das **Dubai Wildlife and Waterbird Sanctuary,** im südlichen Teil der Dubaier Lagune nur wenige Kilometer vom Stadtzentrum entfernt und steht Besuchern offen (siehe „Urlaub in Dubai/Sehenswertes am Creek"). Das Gebiet ist eine bedeutende Brutstätte vieler Vogelarten. Wat- und Stelzvögel staksen durch das seichte Wasser und durchwühlen mit ihren langen Schnäbeln den schlammigen Grund nach Muscheln und Schnecken. Besonders eindrucksvoll sind die Großen Flamingos. Heute überwintert im Creek mit einer Zahl von bis zu 2000 Tieren die größte Flamingokolonie der Golfregion. Wenige hundert Meter vor der Küste wurden für verschiedene Vogelarten künstliche Brutinseln geschaffen. Zur Nahrungsaufnahme suchen sie den nahen Mangrovensumpf auf.

Viele Vogelarten haben die künstlichen Seen und Wiesen der Golfplätze Dubais als neue Heimat anerkannt. So sind die Flamingos in den Seen des Dubai Creek Golf and Yacht Clubs keine Attrappen, sondern geschätzte Gäste.

Auch in den **Wüsten- und Gebirgsregionen** des Binnenlandes lassen sich zahlreiche interessante Arten erspähen. Eine Exkursion dorthin dauert nur wenige Stunden und führt weitgehend über erstklassige Teerstraßen. Ein für alle Ornithologen interessanter und zudem komfortabler und stilvoller Treffpunkt ist das Hatta Fort Hotel, wo es schon im ausgedehnten Hotelgarten von diversen Arten wimmelt und in dessen näherer Umgebung sich zahlreiche Spezies aus dem umgebenden Oasengärten, Bergtälern und Wüstenebenen beobachten lassen.

Typische und interessante Vogelarten können an den aufgelisteten Orten beobachtet werden. Die Namensnennung erfolgt zuerst in Deutsch, dann in Latein und in Englisch. In Klammern folgt ihr Status in Dubai; die Bedeutung der Abkürzungen: Jv = Jahresvogel, brütend; Wv = Wintervogel; Sv = Sommervogel; SBv = Sommervogel, brütend; Dz = Durchzügler.

Khor Dubai

- **Großer Flamingo** – Phoenicopterus ruber – Greater Flamingo (Jv, Wv)
- **Schelladler** – Aquila clanga – Spotted Eagle (Wv)
- **Küstenreiher** – Egretta gularis – Reef Heron (Jv)
- **Sumpfläufer** – Limicola falcinellus – Broad-billed Sandpiper (Dz)
- **Terekwasserläufer** – Xenus cinereus – Terek Sandpiper (Dz, Wv)
- **Wüstenregenpfeifer** – Charadrius leschenaultii – Greater Sand Plover (Dz, Wv)
- **Seeregenpfeifer** – Charadius alexandrinus – Kentish Plover (Jv)
- **Reiherläufer** – Dromas ardeola – Crab Plover (DZ, Wv)
- **Löffler** – Platalea leucorodia – Spoonbill (Wv, Dz)
- **Rohrweihe** – Circus aerugiosus – Marsh Harrier (Wv)
- **Raubseeschwalbe** (Riesenseeschwalbe) – Sterna caspia – Caspian Tern (Sv, Wv)
- **Silberreiher** – Egretta alba – Great White Egret (Wv, Dz)
- **Graugans** – Anser anser – Greylag Goose (Wv)
- **Spießente** – Anas acuta – Pintail (Wv)
- **Teichhuhn** – Gallinula chlorophus – Morhen (Wv)
- **Fischmöwe** – Larus ichthyaethus – Great Black-headed Gull (Wv, Dz)
- **Lachmöwe** – Larus ridibundus – Black-headed Gull (Wv)
- **Dünnschnabelmöwe** – Larus genei – Slender-billed Gull (Jv)
- **Weißwangenseeschwalbe** – Stena repressa – White-cheeked Tern (SBv)
- **Rüppelseeschwalbe** – Sterna bengalensis – Lesser Crested Tern (SBv)

Parks und Gärten

- **Palmtaube** – Streptopelia senegalensis – Palm Dove (Jv)
- **Streifenprinie** – Prinia gracilis – Graceful Warbler (Jv)
- **Smaragdspint** – Merops orientalis – Little Green Bee-eater (Jv)

Mushrif Park

- **Streifenohreule** – Otus brucei – Bruce's Scops Owl (Jv)
- **Gelbkehlensperling** – Petronia xanthocollis – Yellow-throated Sparrow (Bv)
- **Hinduracke** – Coracias benghalenis – Indian Roller (Jv)
- **Hausrotschwanz** – Phoenicurus ochruros – Black Redstart (Wv)
- **Wiedehopf** – Upupa epos – Hoopoe (Dz, Jv)
- **Orpheusgrasmücke** – Sylyia hortensis – Orphean Warbler (Dz)

Emirates Golf Club

- **Großer Flamingo** – Phoenicopterus ruber – Greater Flamingo (Jv, Wv)
- **Isabellwürger** – Lanius isabellinus – Isabelline Shrike (Dz, Wv)
- **Braunbauch-Flughuh**n – Pterocles exustus – Chestnut-bellied Sandgrouse (Jv)

Jebel Ali

- **Schwarzgesichtsscharbe** – Phalacrocorax nigrogularis – Socotra Cormorant (Jv)
- **Grauer Frankolin** – Francolinus pondicerianus – Grey Francolin (Jv)
- **Weißstirnlerche** – Eremopterix nigriceps – Black-crowned Finch Lark (Jv)
- **Wüstenläuferlerche** – Alaemon alaudipes – Hoopoe Lark (Jv)
- **Weißohrbülbül** – Pycnonotus leucogenys – White-eared Bulbul (Jv)
- **Purpur Nektarvogel** – Nectarinia asiatica – Purple Sunbird (Jv)

Wüste zwischen Dubai und Hatta (Qarn Nazwa)

- **Uhu** – Bubo bubo – Eagle Owl (Jv)
- **Braunbauch-Flughuhn** – Pterocles exustus – Chestnut-bellied Sandgrouse (Jv)
- **Elsterschmätzer** – Oenanthe picata – Eastern pied Wheatear (Wv)
- **Rostbürzelsteinschmätzer** – Oenanthe xanthoprymna – Red-tailed Wheatear (Wv, Dz)
- **Wüstenschmätzer** – Oenanthe deserti – Desert Wheatear (Wv, Dz)
- **Wüstenläuferlerche** – Alaemon alaudipens – Hoppoe Lark (Jv)
- **Wüstengrasmücke** – Sylvia nana – Desert Warbler (Wv)
- **Wüstenläufer** – Cursorius cursor – Cream-coloured Courser (Jv)
- **Raubwürger** – Lanius excubitor – Great Grey Shrike (Dz, Jv)
- **Neuntöter** – Lanius Collurio – Red-blacked Shrike (Dz)
- **Raubwürger** – Lanius excubitor – Lesser grey Shrike (Dz, Jv)

Hajar-Berge

- **Wüstenfalke** – Falco pelegrinoides – Barbary Falcon (Jv)
- **Habichtsadler** – Hieraaetus fasciatus – Bonelli's Eagle (Jv)
- **Arabisches Wüstenhuhn** – Ammoperdix heyi – Desert Partridge (Jv)
- **Wüstenlerche** – Ammomanes deserti – Desert Lark (Jv)
- **Purpur Nektarvogel** – Nectarinia asiatica – Purple Sunbird (Jv)
- **Elsterschmätzer** – Oenanthe picata – Eastern-pied Wheatear (Wv)
- **Rostbürzelsteinschmätzer** – Oenanthe xanthoprymna – Red-tailed Wheatear (Wv, Dz)
- **Buschgrasmücke** – Sylvia minula – Desert Lesser Whitethroat (Wv)
- **Dorngrasmücke** – Sylvia communis – Whitethroat (Dz)
- **Mönchsgrasmücke** – Sylvia atricapilla – Blackcap (Dz)
- **Eichenlaubsänger** – Phylloscopus neglectus – Plain Leaf Warbler (Wv)
- **Wüstenprinie** – Scotocerca inquieta – Scrub Warbler (Jv)
- **Haussperling** – Passer domesticus – House Sparrow (Jv)
- **Fahlsperling** – Petronia brachydactyla – Pale Rock Sparrow (Dz)
- **Hausammer** – Emberiza striolata – House Bunting (Jv)
- **Wellenflughuhn** – Pterocles lichtensteinii – Lichtenstein's Sandgrouse (Jv)
- **Seidenwürger** – Hypocolius ampelinus – Grey Hypocolius (Dz)

Garten des Hatta Fort Hotels

- **Schwarzkopfsteinschmätzer** – Oenanthe alboniger – Hume's Wheatear (Jv)
- **Wiedehopf** – Upupa epos – Hoopoe (Dz, Jv)
- **Schafstelze** – Motacilla flava – Yellow Wagtail (Dz)
- **Raubwürger** – Lanius excubitor – Great Grey Shrike (Dz, Jv)
- **Streifenprinie** – Prinia gracilis – Graceful Warbler (Jv)
- **Smaragdspint** – Merops orientalis – Little Green Bee-eater (Jv)
- **Blauwangenspint** – Merops superciliosus – Blue-checked Bee-eater (Dz)
- **Hinduracke** – Coracias benghalenis – Indian Roller (Jv)
- **Palmtaube** – Streptopelia senegalensis – Palm Dove (Jv)
- **Zilpzalp** – Phylloscopus collybita – Chiffchaff (Wv)
- **Hausrotschwanz** – Phoenicurus ochruros – Black Redstart (Dz, Wv)
- **Blaumerle** – Monticola solitarius – Blue Rock Thrush (Wv)
- **Zwergtaucher** – Tachybaptus ruficollis – Little Grebe (Wv)
- **Haubenlerche** – Galerida cristata – Crested Lark (Jv)

Literaturtipps

- *Lars Svensson, Peter J. Grant:* **Der Kosmos Vogelführer: Alle Arten Europas, Nordafrikas und Vorderasiens.** Franckh-Kosmos Verlag
- *Simon Aspinall, Salim Javed, Hanne* und *Jens Eriksen:* **Birds of the United Arab Emirates.** Agency Abu Dhabi
- *Dave Robinson, Adrian Chapman:* **Birds of Southern Arabia.** Motivate Publishing
- *Richard Porter, Simon Aspinall, John Gale:* **Birds of the Middle East.** Princeton University Press
- *Lars Svensson, Killian Mullarney, Dan Zetterström, Peter J. Grant:* **Collins Bird Guide.** Harpercollins Publishers

Infos im Internet

- **www.uaebirding.com,** Emirates Bird Records Committee, Emiratisches Vogelbeobachtungs-Komitee, mit Rare Bird Reports (RBR) und Forum, Fotos, Dokumenten, geführten Vogelerkundungstouren
- **www.osme.org,** Ornithological Society of the Middle East, mit Infos zu den V.A.E. und anderen Ländern des Mittleren Ostens und dem Magazin „Sandgrouse"

dub10_033 Foto: dt

Literaturtipp

- **Arabian Wildlife Encyclopedia,** The essential guide to Arabia's wildlife heritage. Trident Press; umfassendes Nachschlagewerk mit Internet-Verlinkung

Infos im Internet

- **www.ead.ae**
Environment Agency Abu Dhabi, vielfältige Infos und interaktiver Küstenatlas
- **www.arkive.org/uae**
Unter „Juwels of the UAE" finden sich zahlreiche Videos und Fotos zur Tier- und Pflanzenwelt
- **www.uaeinteract.com**
Zahlreiche Infos, Videos, Index und Suchfunktion zum Tierleben; auch das Buch „The Emirates – A Natural History" steht als PDF zum Download bereit
- **www.arabianwildlife.com**
Homepage der Arabian Wildlife Encyclopedia mit zahlreichen Infos und Links
- **www.uae.panda.org**
World Wide Fund for Nature, UAE
- **www.dnhg.org,** Dubai Natural History Group; **www.enhg.org,** Emirates Natural History Group; **www.eeg-uae.org,** Emirates Environmental Group – Natur- und Umweltgruppen für Engagierte

Geschichte und Politik

Geschichte und Stadtentwicklung

Historisch findet der Siedlungsstandort Dubai erstmals **im vierten Jahrhundert v. Chr.** Erwähnung. Damals erkundete *Nearchus,* ein Kommandeur *Alexanders des Großen,* die Golfregion, worauf sich in und um das Dubaier Gebiet mehrere **griechische Siedlungen** entwickelten.

Ein wichtiges Datum in der Entwicklung Dubais zur Handelsmetropole war das Jahr **1479,** als die **Entdeckung des Seeweges nach Indien** den internationalen Seehandel aufblühen ließ.

Im frühen 16. Jahrhundert erreichten die **Portugiesen** die Region und besiegten das Königreich von Hormuz. Nach diversen Schlachten und der Zerstörung von Küstenstädten und wichtigen Häfen kontrollierten sie die gesamte arabische Küstenregion. Erst 1622 wurden sie vom iranischen Schah *Abbas* unter Mithilfe der britischen East India Company vertrieben.

Weitere hundert Jahre später brachen die jeweiligen Herrschaftsdynastien in Persien und in Oman zusammen, ein **politisches Vakuum** entstand. Nach einer kurzen Phase der holländischen Vorherrschaft übernahmen schließlich **Briten** die **Schutzherrschaft. 1820** schlossen sie mit den Shaikhs der Golfregion einen Vertrag ab, nach dem sie für deren Verteidigung und Außenpolitik zu sorgen hatten. Faktisch wurden die Emirate zu britischem **Protektoratsgebiet,** was die weltweite militärische und politische Dominanz der Briten noch stärker festigte.

Zu dieser Zeit siedelten sich 800 Angehörige des Al-Bu-Falah-Stammes, einer Untergruppe der in Abu Dhabi ansässigen Bani-Yas-Föderation, unter der Leitung von **Shaikh Maktoum bin Butti** entlang des Dubaier Creek in Deira an. Sie besetzten das Fort, und Shaikh Maktoum erklärte das bislang zu Abu Dhabi gehörende Dubai 1833 zu einem eigenständigen Shaikhtum, welches er bis 1852 regierte.

1835 vermittelten die Briten einen Waffenstillstand, der allerdings nur auf die Perlentauchsaison begrenzt war. Er wurde mehrmals verlängert und 1853 immerwährend auf die gesamte Küste ausgeweitet. So erhielt die Küste ihren Namen **„trucial coast", „Waffenstillstandsküste".** Das vorherrschende **Piratentum** wurde zurückgedrängt, der Seehandel blühte auf, wodurch der **Perlenhandel** zur Haupteinnahmequelle Dubais avancierte.

Doch **bis zum Ende des 18. Jahrhunderts** waren die damals kleinen Fischersiedlungen an der Golfküste verarmt. Das herrschende **Piratentum lähmte Handel** und wirtschaftliche Entwicklung. Viele Bewohner suchten ihr Glück jenseits der Meerenge an persischen Gestaden. Bereits **seit 1763** kontrollierten die **Qawasim** von Ras al-Khaimah Orte an der persischen Küste.

Bis zu seinem Tod 1874 konnte der Qasimi-Regent *Shaikh Khalifa bin Said* seine Vormachtstellung am oberen Golf halten, sein Nachfolger allerdings nicht. Mit Waffengewalt setzte die persische Regierung eigene Regenten und Handelsdirektoren ein. Die Folge waren neue **hohe Handelszölle,** welche eine **große Auswanderungswelle** in Bewegung setzten. Mit den Arabern zogen auch **persische, indische und baluchische Kaufleute** an die südliche Golfküste, in die Hafen- und Handelsstadt Dubai. Diese Migration hielt einige Jahrzehnte an.

Der in Dubai regierende **Shaikh Maktoum bin Hasher Al-Maktoum** (Amtszeit 1859–1886) gewährte den ausländischen Händlern Steuerfreiheit, wodurch sich **immer mehr Kaufleute** niederließen. 1903 gründeten die Briten in Dubai eine neue Schifffahrtsgesellschaft und wählten es (statt vormals Bandar Lingeh an der persischen Golfküste) zur neuen Zwischenstation für ihre Dampfschiffe auf dem Weg nach Indien. Zudem eröffneten sie **zahlreiche Handelsniederlassungen.** Reiche indische Kaufleute, die nach Dubai emigriert waren, beorderten jetzt ihre riesigen Handelsschiffe – von Indien kommend – direkt nach Dubai. Durch den Geschäftssinn der ansässigen Kaufleute

dub032 Foto: kk

Die Flaggen Dubais (links) und der V.A.E.

und durch die Ernennung der Stadt zum **Freihafen** im darauf folgenden Jahr erstarkte Dubai und entwickelte sich zur bis heute unumstrittenen Handelsmetropole der Golfregion. Auch **Schmuggelgeschäfte** dürften im Angesicht der hohen Zölle auf der gegenüberliegenden Golfseite nicht die Ausnahme gewesen sein.

Ende der 30er Jahre des 20. Jahrhunderts stammte ein Viertel der 20.000 Einwohner aus dem Ausland. Diese „Stadt der Kaufleute" lebte hauptsächlich vom **Gold- und Perlenhandel,** exportierte aber auch getrockneten Fisch und Muscheln. Importiert wurden vor allem Reis, Zucker und Gewürze aus Indien, Datteln aus Basra (Irak) sowie Holz aus Ostafrika. Als japanische Zuchtperlen in den 1930er Jahren den Markt überfluteten, blühte in Dubai der Goldhandel auf. Und als die Inder 1947 die Einfuhr von Gold verboten, entwickelte sich ein reger **Schmuggelverkehr nach Indien.** Dubai wurde zentraler Goldumschlagplatz. Barrengold und andere Edelmetalle durften (und dürfen auch heute noch) in beliebiger Menge zoll- und abgabefrei im- und exportiert werden. Zudem konnte ohne Schwierigkeiten in indischen Rupien bezahlt werden, da diese auch als Währung in Dubai gültig waren. Daher waren die Verluste im Perlengeschäft samt der nachfolgenden allgemeinen Wirtschaftsflaute sowie die Auswirkungen des Zweiten Weltkrieges in Form von Verteuerungen und Engpässen der aus Indien importierten Nahrungsmittel für Dubai nicht so einschneidend wie für andere Städte, in denen eine ungeahnte Verarmung einsetzte. Wie gehabt,

dub10_013 Foto: na

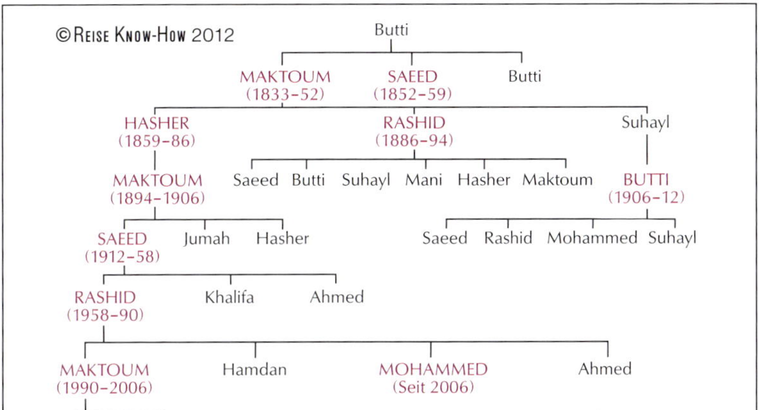

Stammbaum-Auszug und Herrscherzeiten der Al-Maktoum-Familie

war es vor allem der steuerfreie **Handel,** der die weitere Entwicklung vorantrieb, und – im Gegensatz zu Nachbarshaikhtümern – weniger das Öl.

Shaikh Saeed bin Maktoum Al-Maktoum, der 1912–1958 regierte und technischen Neuerungen sowie allem Modernen sehr positiv gegenüberstand, gab die erste Konzession für Festlandsölbohrungen 1937 an die Briten. Doch in dieser Zeit des Zweiten Weltkrieges blieben sie erfolglos. Erst 1966 stieß die Dubai Marine Areas Company auf Öl, aber nicht an Land, sondern „offshore" im Golf. Der nachfolgende Herrscher, **Shaikh Rashid bin Saeed Al-Maktoum** (Amtszeit 1958–1990), wählte persönlich einen Namen für Dubais **erstes Ölfeld** aus: **„Fateh" – „Glück".** Shaikh Rashid gilt als geistiger Vater des Dubaier Wirtschaftswunders. Dank seiner Weitsicht etablierte sich Dubai als wettbewerbsfähiger Wirtschafts- und Handelsplatz.

Allerdings litten der kulturelle Aufschwung und der Ausbau des Gesundheits- und Bildungssystems unter einer **Rezession.** Nach dem Zweiten Weltkrieg regulierte sich manches, doch diesen Entwicklungsschub hatte man dem zuvor gefundenen Öl sowie der Dynamik des amtierenden Shaikh Rashid zu verdanken. Er ließ das Land parzellieren und an die Bewohner verteilen. Zahlreiche öffentliche Bauvorhaben wurden aus seiner Privatschatulle finanziert.

1968 kündigten die **Briten** ihren **Rückzug** an, und nach der **Gründung der V.A.E. 1971** wurde Dubai das Handels- und Industriezentrum des Landes.

Die hohen Ölpreise erlaubten einen großzügigen Auf- und Ausbau der Stadt, an dem aber auch der private Sektor nicht unbeteiligt war. In den folgenden Jahren entstanden zahlreiche **wichtige infrastrukturelle Einrichtungen** und Großbauten. Lebten Ende der 1960er Jahre erst 59.000 Menschen in der Stadt, so waren es zur Jahrtausendwende über eine Million.

Anfang des dritten Millenniums erlebte Dubai einen immensen **Wirtschaftsaufschwung.** Viele internationale Firmen siedelten sich in Dubai an und profitierten von günstigen Handelsbedingungen. Am stärksten war das Wachstum in der Bau- und Immobilienbranche, rund ein Viertel des Bruttoinlandsproduktes stammte aus diesem Sektor. Überall entstanden **Neubauviertel,** die eine Atmosphäre exklusiver Wohn- und Lebensqualität propagierten und Investoren aus aller Welt anlockten. Dubai wurde zum Mekka der Immobilienspekulanten, die Stadt war der weltgrößte Betonverbauer, auf kaum einem anderen Flecken der Erde standen Baukräne dichter beisammen. Visionen wurden in Windeseile Wirklichkeit. Für Furore sorgten kostenintensive und fantasievolle Inselbauprojekte. Doch nicht nur Sand wird ins Wasser gepumpt, auch Wasser wird in den Sand geleitet: Auf einst nur von Staub bedeckten Wüstenarealen (insbesondere zwischen Shaikh Zayed Rd und Emirates Rd) entstanden neue Wohnviertel, umgeben von sattem Grün, durchzogen von plätscherndem Nass, bestückt mit Sport- und Freizeitanlagen, Restaurants und Einkaufszentren.

Da die Stadt in ihrer Boomzeit schneller als jede Projektion wuchs und eine Vielzahl prestigeträchtiger Immobilieninvestment-Großprojekte gleichzeitig geplant und in Angriff genommen wurden, gleicht Dubai heute einem bunten, stellenweise unfertigen **Flickenteppich.**

Diese **XXL-Expansionsstrategie** hat in den letzten Jahren durch die globale Wirtschaftsrezession deutliche Dämpfer erfahren. Tempo und Ausmaß des Städtewachstums haben sich verlangsamt, die Prioritäten zum Teil auch verschoben. Besonders deutlich wird dies an der Verkehrssituation. Dubais Straßen sind völlig überlastet, Stop and Go sowie Staus an der Tagesordnung. Lange Jahre stand der Ausbau des Straßennetzes im Vordergrund, inzwischen wendet man sich verstärkt dem öffentlichen Nahverkehr zu.

Infolge des Baubooms sind Wüstenboden wie auch Seeseite erschlossen. Dabei geht man gerne Viertel für Viertel vor und erschafft **künstliche Welten:** Hier ein Wohnviertel aus mediterranen Villen, dort eines umgeben von grünen Golfwiesen, daneben eine Landschaft aus Hochhaustürmen, im Landesinneren am Ufer eines künstlichen Sees oder Kanals, an der Küste auf einer aufgeschütteten Palmeninsel – in Dubai liebt man das Wohnen am Wasser.

Vieles in Dubai ist **monofunktional:** Es gibt Wohnbereiche, Hotelareale, Festivalviertel, Freizeitparks, Einkaufsmeilen, Sportstätten, Golfresorts, Krankenhausbezirke, Schulquartiere, Autohandelsflächen, Businessbuchten und Freihandelszonen für Industrie, Logistik und Medienschaffende. Auf der anderen Seite plant und baut man **multifunktional:** Wohnen, Business, Freizeitgestaltung, Shoppen und Speisen gehen oft Hand in Hand. So werden in der Festival City zwar relativ wenige Kulturevents veranstaltet, dafür gibt es eine Mall plus etliche Großgeschäfte sowie unzählige Restaurants an einer Kanal-Flaniermeile.

Mit der Krise kam ein **Umdenken im Umgang mit Naturressoucen:** Statt weiterhin Raubbau an der Natur zu betreiben, sind „grüne" Staatsprogramme und Initiativen entworfen worden, Umweltschutzauflagen müssen erfüllt werden. Immer mehr Immobilienprojekte machen sich **Umweltschutz,** Ressourcenschonung, Energieeffizienz und **Nachhaltigkeit** zur Maxime, auch autofreie Siedlungen und erschwinglicher Wohnraum werden geplant. Beispiele bieten die parkähnlich konzipierte Neubausiedlung Mohammed bin Rashid Gardens (www.mohammed-bin-rashid-gardens.com, siehe „Urlaub in Dubai/Sehenswertes auf Dubais Inlandsseite") und die künstlichen Inselwelten von Dubai Waterfront (www.dubaiwaterfront.ae, siehe „Urlaub in Dubai/Sehenswertes auf Dubais Seeseite").

Mit großem Tatendrang hat Dubai sich als Stadt des 21. Jahrhunderts manifestiert. Und Dubais **Dynamik** ist weiter aufstrebend: Bis zum Jahr 2017 wird ein Anstieg der Bevölkerung auf drei Millionen angestrebt, dazu sollen jedes Jahr 15 Millionen Hotelgäste kommen. Zur Erinnerung: Heute leben knapp zwei Millionen Menschen im Emirat.

Welche Konsequenzen die weltweite Finanzkrise für dieses stadtplanerische Kalkül bringt, wird spannend zu beobachten sein.

Infos im Internet

- **www.dubai.ae**
Dubai Government
- **www.dm.gov.ae**
Dubai Municipality, Stadtverwaltung

Literaturtipps

- *Noor Ali Rashid*
The UAE. Visions of Change. Motivate Publishing; historischer Bildband zur Geschichte der V.A.E.
- *Noor Ali Rashid*
Dubai. Life and Times. Motivate Publishing; Bildband zur Geschichte Dubais

dub093 Foto: kk

Der Staatsgründer der V.A.E., Shaikh Zayed, ziert ein Designerkleid

Land und Leute

Die arabische Namensfolge

Die für westliche Ohren oftmals verwirrende arabische Namensfolge fügt sich traditionell aus **drei bis sechs Elementen** zusammen. Sie geben zunächst Aufschluss über den eigenen Namen sowie den des Vaters und eventuell auch des Großvaters und Urgroßvaters. Diese Namenselemente werden verbunden: bei Söhnen durch „bin" oder „ibn" („Sohn des"), bei Töchtern durch „bint" („Tochter des").

Nach den **verwandtschaftlichen Verhältnissen** folgen **Angaben über die Herkunft.** Dies kann entweder eine Stadt, eine Familie oder aber – was häufiger ist – ein Herrschergeschlecht bzw. ein Stamm sein.

Neben der Abstammung und der Herkunft gibt die arabische Namensfolge auch Hinweise über den **gesellschaftlichen Rang:** Mitglieder der Herrscherdynastie werden mit „Seine Hoheit", engl. **„His Highness"** (engl. Abk. *H.H.*) betitelt. „Ihre Exzellenz", engl. **„His Excellency"** (engl. Abk. *H.E.*) werden hohe Regierungsbeamte genannt. „Shaikh" kann übersetzt werden mit „Ältester", „Verehrungswürdiger". Mit diesem Titel bezeichnet man Stammesälteste und -oberhäupter, Vorstände von Familienverbänden, Adelige und deren Söhne. **„Shaikh"** ist auch ein Würdentitel für Religionsgelehrte, die über geistige und rechtliche Autorität verfügen. Der Shaikh-Titel wird durch Erbfolge übertragen.

In voller Länge lautet der Name des Präsidenten der V.A.E. *His Highness Shaikh Khalifa bin Zayed bin Sultan Al-Nahyan Al-Bu Falah* (Seine Hoheit Stammesoberhaupt Khalifa, Sohn des Zayed, Enkel des Sultan, aus der Familie Al-Nahyan vom Stamm der Al-Bu Falah), verkürzt nur Shaikh Khalifa, also „Shaikh" plus Eigenname.

Spricht man einen titellosen Araber an, so benutzt man meist lediglich seinen Vornamen mit dem englischen Zusatz „Mister", **Ausländer** werden ebenfalls mit „Mister" und ihrem Vor- oder Familiennamen angesprochen (z.B. *Mr. Achim* bzw. *Mr. Müller*). Ausländische Frauen werden entsprechend mit „Mrs." oder „Ms." angesprochen.

Die **Namen arabischer Frauen** ändern sich nach ihrer Heirat nicht. Sie bleiben wie oben beschrieben „bint", „Tochter des", und werden auch so angesprochen. Ein Ehemann wird seine Angetraute meist „Tochter des" und nur selten als „seine Frau" bezeichnen. So heißt eine Angetraute von Shaikh Mohammed *Her Royal Highness Princess Haya Bint Al-Hussein.* Ein ehrenvoller Frauentitel ist „Umm", „Mutter des", gefolgt vom Vornamen ihres ältesten Sohnes („Umm Abdullah" ist also die Mutter von Abdullah, ihrem ältesten Sohn). Für Männer gibt es die entsprechende Bezeichnung: „Abu", „Vater des", die allerdings selten benutzt wird.

Araber, die ihre Pilgerfahrt zu den heiligen Stätten von Mekka unternommen haben, sind dem Titel nach zwar „Hajji", als Namenszusatz ist dieser in den Emiraten allerdings ungebräuchlich.

dub07_074 Foto: dt

H.H. Shaikh Mohammed bin Rashid Al-Maktoum – seit 2006 Dubais Herrscher

• *Julia Wheeler*
Telling Tales. An Oral History of Dubai. Explorer Publishing; 23 autobiografische Berichte zur Geschichte Dubais.
• *Laura Daglio, Oscar Bellini*
Visionäre Architektur: Die neuesten Bauprojekte auf der Arabischen Halbinsel. White Star Verlag; zeitgenössische Architektur auf der Arabischen Halbinsel
• *Kristina Bergmann, Christoph Neuschäffer, Henning Neuschäffer, Oliver Parche, Barbara Schumacher, Jan-Aslak Stannies*
Atlantica – Das Dubai-Projekt: Utopia im Wüstensand. Chronik Verlag; die facettenreiche Entwicklung Dubais und der V.A.E.

Regierung

Präsident der V.A.E. und Herrscher Abu Dhabis ist **H.H. Shaikh Khalifa bin Zayed Al-Nahyan,** dessen Amtszeit 2004 begann. *Shaikh Khalifa,* der zudem Oberbefehlshaber der emiratischen Streitkräfte ist, wurde 1948 in Al-Ain geboren. Politisch setzt er den Kurs seines 2004 verstorbenen Vaters *Shaikh Zayed bin Sultan Al-Nahyan* fort.

Shaikh Zayed war 38 Jahre lang Herrscher von Abu Dhabi und erster Präsident des 1971 gegründeten Föderationsstaates. Er initiierte die Gründung dieses Staatenbundes und war angesehen – nicht nur lokal, sondern auch international – als hervorragender Politiker, charismatische Leitfigur und weiser Visionär. Seine Weitsicht und sein Engagement haben aus dem einstmals vom Rest der Welt vergessenen Wüstenwinkel das gemacht, was er heute ist: ein wirtschaftlich boomender, weltoffener und wohlhabender Staat.

Vizepräsident und Premierminister der V.A.E. ist der Herrscher von Dubai, **H.H. General Shaikh Mohammed bin Rashid Al-Maktoum.** Kronprinz ist sein zweitältester Sohn *Hamdan.* Seit 1833 übt die Dynastie der *Al-Maktoum* in absolutistischer, aber keinesfalls nachteiliger Manier ihre Herrschaft über Dubai aus. Sowohl der Vater *(Shaikh Rashid bin Saeed Al-Maktoum)* als auch danach der Bruder *(Shaikh Maktoum bin Rashid Al-Maktoum)* von *Shaikh Mohammed* hatten das Sagen im Emirat und haben das moderne Dubai geschaffen. Die von 1990 bis 2006 dauernde Regentschaft von *Shaikh Maktoum bin Rashid Al-Maktoum* war geprägt von Freigebigkeit in allen Bereichen, sei es Politik, Wirtschaft, Kultur oder Bildung. Zahllose ehrgeizige und zukunftsweisende Projekte hat er ins Leben gerufen, stets waltete er mit Weitsicht. So setzte er durch, dass Dubais Wirtschaft vom Erdöl unabhängig sein soll. *Shaikh Mohammed* führt die Politik seines Vaters fort.

Die **einzelnen Emirate** verfügen über weitgehend **autonome Regierungen,** die sich aus den jeweiligen Shaikhs und ihren Familienmitgliedern zusammensetzen. Die Einzelemirate besitzen keine eigene Verfassung. Die Landesverfassung schreibt die Trennung von Exekutive, Legislative und Judikative vor und benennt fünf Verfassungsorgane.

Das höchste Verfassungsorgan und maßgeblich die Politik der Föderation bestimmend ist der aus den sieben Herrschern bestehende **Oberste Bundesrat.** Alle wichtigen Entscheidungen wie die Ratifizierung von Gesetzesvorlagen oder die Erstellung des Bundeshaushaltes benötigen die Zustimmung von mindestens fünf der sieben Herrscher (Abu Dhabi und Dubai haben ein

Vetorecht). Alle fünf Jahre oder nach dem Tod eines Präsidenten kommen die Regenten der sieben Emirate in Form dieses Rates zusammen und ernennen das Staatsoberhaupt.

Der **Nationale Bundesrat** hat dagegen nur beratende Funktion. Ein weiteres Verfassungsorgan ist der **Oberste Gerichtshof,** der unter anderem die Verfassungsmäßigkeit von Gesetzen prüft. In allen Verfassungsorganen besetzen Mitglieder der Herrscherfamilien wichtige Ämter.

Möglichkeiten der **politischen Partizipation** stehen der einheimischen Bevölkerung durch traditionell-stammespolitische Kommunikations- und Versammlungsformen (arab. *majlis*) offen, allen voran die Herrscherversammlung. Ausländer sind politisch nicht repräsentiert.

Literaturtipps

- *Noor Ali Rashid*
Sheikh Khalifa Life and Times. Motivate Publishing; Bildband vom „Royal Photographer" über den Präsidenten der V.A.E.
- *Noor Ali Rashid*
Sheikh Mohammed Life and Times. Motivate Publishing; Bildband zum öffentlichen und privaten Leben des Herrschers von Dubai

Infos im Internet

- **www.government.ae,** Emirates eGovernment, Regierung und Ministerien
- **www.uaeinteract.com,** Homepage des Department of External Information
- **www.dubai.ae,** Dubai Government
- **www.dm.gov.ae,** Dubaier Stadtverwaltung
- **www.sheikhmohammed.com,**
www.uaepm.ae, www.youtube.com
http://twitter.com/HHShkMohd
Homepages und Tweets von *Shaikh Mohammed,* bei Youtube hat er einen eigenen Kanal („Mohammed bin Rashid" eingeben)
- **www.princesshaya.net,** Website von Prinzessin *Haya,* einer der Ehefrauen von *Shaikh Mohammed*
- **www.uaepresident.ae,**
www.sheikhkhalifa.ae
Homepages des Präsidenten der V.A.E.
- **www.sheikhzayed.com,**
www.ourfatherzayed.ae
Websites zu Ehren des verstorbenen Staatsgründers *Shaikh Zayed*

Wirtschaft

Wachstumswillen

Darauf aufbauend, dass Dubais Naturhafen schon lange vor dem Öl ein wichtiger Warenumschlagplatz war, ist das Emirat zu einem wichtigen **Handels-, Industrie- und Dienstleistungszentrum** geworden. Die Stadt profitiert von ihrer zentralen Lage und guten Verbindungen sowohl zum indischen Subkontinent als auch in den Nahen Osten, nach Europa und Afrika. Dass das Lohnniveau vergleichsweise niedrig und der Dirham an den US-Dollar gekoppelt ist, sind weitere Standortvorteile. Zudem haben wirtschaftsfreundliche Politik und moderne Infrastruktur gute Rahmenbedingungen geschaffen. Mit Dubai und Abu Dhabi im Zentrum zeigte sich die Wirtschaft in den V.A.E. 2011 robust mit einem Wachstum von fast 5%.

Dubai besitzt zwar **Öl** (vier Ölfelder im Golf), allerdings bei Weitem nicht so viel wie Abu Dhabi (etwa 10% der OPEC-Produktion entfallen auf Abu Dhabi). Lediglich rund 5% des Bruttoinlandsproduktes von Dubai stammen aus dem Ölsektor.

Die Regierung von Dubai setzt daher schon lange auf ein **breit gefächertes Wirtschaftsfundament** und hat gezielt den Ausbau ölunabhängiger Wirtschaftsbereiche wie Handel, Finanzen, Industrie, Immobilien und Tourismus gefördert.

Ein Standbein der Wirtschaft ist der **Tourismus.** 2011 kamen rund 9,3 Millionen Gäste – der Finanzkrise zum Trotz stiegen die Besucherzahlen. Im touristischen Sektor werden rund 20% des Bruttoinlandsproduktes Dubais (und 30% der V.A.E.) erwirtschaftet. In Zukunft sollen nicht nur der Sonnen-, Strand- und Shopping-Fremdenverkehr samt Kreuzfahrt-Reiseverkehr intensiviert werden, auch kapitalkräftige Geschäftstouristen sollen Dubai in großer Zahl zu Messen, Konferenzen, Ausstellungen und zu einem vom Arbeitgeber spendierten Incentive-Urlaub besuchen. Dubais Kalkül: Im Jahr 2015 sollen 15 Millionen Besucher empfangen und die Hälfte des Bruttoinlandsproduktes durch den Fremdenverkehr erwirtschaftet werden. Entsprechend werden eifrig neue Hotels und ein zweiter Flughafen gebaut. Diese Rechnung Dubais geht auf, auch weil immer mehr Touristen die Länder des „Arabischen Frühlings" meiden und nach Dubai ausweichen. Übrigens nicht nur Touristen, sondern auch immer mehr internationale Firmen, die sich in Dubais Freihandelszonen ansiedeln, oder Superreiche, die ihr Kapital in Dubais Bankhäuser retten.

Interessant an Dubais **Handelsbilanz:** Nur weniger als ein Drittel aller Importe (die meisten Waren kommen aus China) wird in Dubai selbst verbraucht, der Rest wird reexportiert, Hauptabnehmer ist Iran. Dubais Hauptexportpartner ist Indien. Der Großteil des gesamten Handelsvolumens der V.A.E. wird über Dubai abgewickelt.

Freihandel bescherte Dubai in den ersten Jahren dieses Millenniums wirtschaftliche Wachstumsraten von bis zu 15%. Als ein Teil des Freihandelskonzepts dürfen ausländische Unternehmen in bestimmten Sonderzonen bei hundertprozentiger Eigentümerschaft agieren, für die meisten Produkte brauchen sie kaum Steuern und Zölle zu zahlen. So sollen **Kapital und Knowhow** aus aller Welt angelockt werden, um Forschung zu vertiefen, innovative Ideen zu verwirklichen, Schulungsmöglichkeiten zu schaffen und den Weg in die Ära nach dem Öl zu weisen. Die älteste und betriebsamste **Freihandelszone** ist die Jebel Ali Free Zone, weltweit erstmalig entstand mit der Internet City eine Freihandelszone für e-commerce, elektronischen Handel und Telekommunikation. Weitere Orte der gewinnbringenden Geschäftigkeit sind beispielsweise: Dubai Knowledge Village (Weiterbildung), Dubai Media City (Medien), Dubai Gold and Diamond Park (Gold und Diamanten), Dubai Maritime City (Marineindustrie), Dubai Healthcare City (Medizinzentrum), Dubai Textile Village (Textilherstellung), Dubai Metals and Commodities Centre (Metallerzeugnisse und Erdölprodukte).

Da der Freihandel einträglich funktionierte, wurde er vom Handels- und Industriesektor auch auf den privaten Immobilienbesitz ausgeweitet. In den Jahren vor der Krise bescherte „Freehold Private Property" der **Bau- und Immobilienbranche** einen Megaboom: Danach ist auch Ausländern in bestimmten Arealen Immobilieneigentum erlaubt. In Dubai versuchten viele, ihre Eigenheimträume, Investmentvorteile und Urlaubsfreuden unter einen Hut zu bringen. Dass für einen Großteil der geplanten Immobilien noch nicht einmal die Baugenehmigung erteilt war, schien niemanden zu verschrecken. So waren alle Villen der ersten Palmeninsel binnen weniger Wochen vom Reißbrett weg verkauft, und manche Hochhausapartments wurden noch vor dem ersten Spatenstich mehrfach gewinnbringend gehandelt. Überall – zu Lande und zu Wasser – wurde gebaut, die gesamte Golfregion profitierte von dieser Entwicklung. Doch der **Preis war** (und ist) **hoch:** Ganze Berge wurden um Dubai zur Errichtung von Inselwelten abgesprengt, manche Neubaugebiete glichen einem Kranenwald, Dubai war Großbaustelle, ein Eldorado für Steuerflüchtlinge, Geldwäscher, Baumagnaten, Stararchitekten und Immobilienspekulanten. Dubais Immobilienmarkt war lukrativ bis dubios, Glücksritter und Lügenbarone wussten Gutgläubigkeit und Geldgier zu nutzen – inzwischen haben staatliche Regulierungen und Aufsichtsinstanzen den Bau- und Immobilienmarkt bereinigt.

Die Situation wandelte sich mit der **Finanz- und Weltwirtschaftskrise.** Die Geldschwemme versandete für viele überraschend schnell. Die Krisen-Katerstimmung und das Immobilienüberangebot führten zum rapiden Preisverfall: Bis 2010 fielen die Dubaier Immobilienpreise bis zu 70% unter den Höchststand vom Herbst 2008. Kapital wurde knapp, der Leerstand auffallend hoch. Unzählige Bauarbeiter, vornehmlich vom indischen Subkontinent, wurden entlassen, aber auch viele Experten aus westlichen Ländern. Fehlspekulationen, Firmenpleiten, Bauverzögerungen oder -stopps und eine hohe Staatsverschuldung waren und sind weitere Folgen. Dennoch wird weiter gebaut (mitunter terminverzögert oder baukostenreduziert), denn es ist günstiger, vor dem Kollaps begonnene Bauprojekte fertigzustellen, als sie brachliegen zu lassen und klagende Immobilieneigner zu entschädigen.

Doch so wie bis zum Beginn der Weltwirtschaftskrise kaum jemand begriff, wie marode das globale Finanzsystem ist, so ahnten auch nur wenige, dass das vermeintlich so steinreiche Dubai in der Klemme steckt. Vorherrschend war das Bild einer unverwundbaren und über schlimmste Krisen hinweg wachsenden Volkswirtschaft, denn bis dahin hielt sich die hartnäckige Mär, man schwimme in Petrodollars. In punkto Wachstum hat Dubai sich selbst haushoch in den Himmel gehoben, doch der Stadt wurde auch viel angedichtet. Bauvorhaben der Superlative und exorbitante Investmentprojekte waren begleitet von einer **groß angelegten Selbstvermarktung,** und all das traf auf offene Ohren und Medienbegeisterung. Dabei wurden nicht nur Luxushotels sieben Sterne verliehen, sondern der Dubaier Wirtschaft auch unermesslicher Reichtum zugeschrieben.

dub12_006 Foto: dt

Die Lage war unklar: Manche sahen das Gespenst des Bankrotts über dem Reich der Investmentvillen schweben. Andere gaben sich der Hoffnung hin, dass der von den Auswüchsen des Spekulantentums und der Preistreiberei bereinigte Markt nach der Krise in neuem Glanz erstrahlen könne.

Derweil steht Dubai keinesfalls still. Das Emirat hat sich wieder auf seine klassischen Stärken konzentriert und setzt weiterhin auf **Expansion und Vielfalt** – jedoch nicht mehr in der nach Rekorden strebenden rasanten Manier der Vorkrisenzeit. Die Herrschenden geben sich zuversichtlich, entsprechend der Allegorie von *Shaikh Mohammed,* Dubai besitze nicht nur einen Obstbaum, sondern einen blühenden Garten. Verzichtbare Projekte, die bereits begonnen sind, werden kräftig abgespeckt und verzögert. Um Visionen ist es ruhig geworden, fertiggestellte Projekte werden schlagzeilenträchtig gelobt. Dubai rüstet quasi sein Fundament nach: Der Ausbau der innerstädtischen Infrastruktur, des Industriesektors und verschiedener ölunabhängiger Wirtschaftssektoren wird fortgesetzt. Mit der **Business Bay** will sich Dubai bis 2015 ein neues Highlight auf dem Weg in die Liga der führenden Handels- und Wirtschaftszentren erschaffen (www.businessbay.ae). Und mit dem fortschreitenden Auf-

Dubais Skyline mit dem Burj Khalifa im Mittelpunkt

bau von **Dubai World Central** möchte Dubai sich zu einem Luftfahrt- und Logistikzentrum entwickeln (www.dwc.ae, siehe auch „Urlaub in Dubai/Sehenswertes auf Dubais Inlandsseite").

Mit der globalen Finanz- und Wirtschaftskrise sind manche Vorzeigeprojekte weniger goldfunkelnd, sondern ungewöhnlich **umweltfreundlich-grün** koloriert. Umweltschutzauflagen, Ressourcenschonung, Energieeffizienz und Nachhaltigkeit sind zu Maximen mancher Projektplaner geworden. Trotzdem sind z.B. erneuerbare Energien beim Gros der heute in Bau befindlichen Gebäude kaum ein Thema – im sonnenüberfluteten Wüstenland fristen Solarkraftwerke ein einsames Schattendasein, stattdessen sind Atomkraftwerke geplant.

Literaturtipps

- *Elisabeth Blum, Peter Neitzke*
Dubai: Stadt aus dem Nichts. Ein Zwischenbericht über die derzeit größte Baustelle der Welt. Birkhäuser Verlag; Momentaufnahme mit Essays und Interviews, Plänen und Projekten
- *Tewe Pannier*
1001 Deal. Erfolgreich in Dubai – ein Blick hinter die Kulissen der Glitzerwelt am Golf. Börsenmedien Verlag; Mix aus Anekdoten und Hintergrundinformationen
- *Jim Krane*
City of Gold: Dubai and the Dream of Capitalism. Picador Verlag, auch Kindle eBook; Dubais Entwicklung bis zur aktuellen Weltwirtschaftskrise

Landwirtschaft und Bewässerung

Die natürlichen Voraussetzungen für eine landwirtschaftliche Nutzung Dubais sind aufgrund des **ariden Klimas** und der **Bodenbeschaffenheit ungünstig.** Für die Volkswirtschaft Dubais ist der landwirtschaftliche Sektor von nur untergeordneter Bedeutung. Keine 7000 Menschen arbeiten in diesem Wirtschaftszweig, ein **Großteil der Agrarerzeugnisse wird aus dem Ausland importiert.** Der Großteil der in Dubai produzierten Agrarprodukte ist Grünfutter für Tiere (ca. 80.000 Tonnen), es folgen Datteln (ca. 20.000 Tonnen) und Tomaten (ca. 2000 Tonnen). Die meisten Gemüse und Früchte werden für den lokalen Markt produziert, nur Datteln gehen auch in den Export.

Das größte **Problem** und den **höchsten Kostenfaktor** stellt die **Bewässerung** dar. Zwei Drittel des Brauchwassers liefern Meerwasserentsalzungsanlagen. Wegen des steigenden Wasserverbrauches (beispielsweise infolge der wachsenden Bevölkerungszahl und der fortschreitenden Begrünung von Parks und Strandabschnitten) ist der Bau weiterer Anlagen nötig.

Die **Bergregion** gehört zu den wenigen Gebieten, in denen **Ackerbau ohne künstliche Bewässerung** möglich ist, da die jährlichen Niederschlagsmengen dort Werte von bis zu 500 mm erreichen können. So finden sich dort Flussläufe, in denen das ganze Jahr über Wasser fließt. In der Oase Hatta wurde durch Restaurierungsarbeiten das **traditionelle Bewässerungssystem der aflaj** (arab. sg. *falaj,* dt. spalten, teilen) erhalten. Das Bauprinzip besteht darin, dass das Grundwasser aus den Bergen in unterirdischen Sickergalerien oder Stollen mit leichtem Gefälle talabwärts geleitet und am Ende in einer offenen Rinne in die Siedlung oder in die Gärten geleitet wird.

Erstmalig Erwähnung findet dieses Bewässerungssystem im 6. Jahrhundert v. Chr. **Im persischen Hochland entwickelt,** wurde es aller Wahrscheinlichkeit nach von dort eingeführt. Mittels der aflaj konnten die Oasenbauern ihre Gärten ständig bewässern, sodass sie nicht auf unregelmäßige Überflutungsbewässerung angewiesen waren. Viele aflaj-Systeme stammen noch aus vorislamischer Zeit und sind in den letzten Jahren sorgsam restauriert worden.

Manche Gärten werden auch aus **Brunnen** (arab. *bir*) bewässert, doch meist dienen sie dazu, die falaj-Bewässerung zu ergänzen oder im Notfall auszugleichen. Um ihren Wasserbedarf zu decken und unabhängig von Wasserrechten und Rotationszeiten zu sein, haben viele Garteneigner allerdings zusätzliche, **mit Motorpumpen** betriebene Brunnen installiert.

Mittels reichlicher und technisch ausgeklügelter Bewässerungssysteme kann man selbst dem Wüstensand landwirtschaftliche Produkte wie verschiedene Gemüsesorten und Futtergras entlocken. **„Desert Farming“** nennt man diese Art des Landbaus. Leider ist diese Anbaumethode sehr **personalaufwendig und kapitalintensiv.**

Islam

Die große Mehrheit der Emirater gehört dem Islam an. Auch viele ausländische Gastarbeiter sind Muslime, beispielsweise aus Nordafrika oder dem Nahen Osten, doch finden sich auch zahlreiche Hindus und Christen unter ihnen. Der gemeinsame muslimische Glaube ist den Einheimischen der **Mittelpunkt des Lebens.** Zudem fungiert der Islam als ein wichtiges **Bindeglied** zwischen Privilegierten und Zugereisten. Dubais Herrscher achten sehr ge-

dub102b Foto: kk

Minarett einer iranischen Moschee in Jumeirah

nau darauf, dass das islamische Fundament keine Risse bekommt. Unwillkommenes Gedankengut und fundamentalistische Ansätze würden von den ansonsten so liberal herrschenden *Al-Maktoums* im Keim erstickt.

Das arabische Wort für **„Islam"** kann als „Heilzustand", „vollständige Hingabe", **„Ergebung und Unterwerfung in den Willen Gottes"** übersetzt werden. „Muslim" bezeichnet jemanden, der den Islam ausübt, sich also Gott hingibt. Der Islam ist eine streng monotheistische Religion. Es gibt nur einen Gott, der im arabischen Allah genannt wird, der aber derselbe Gott ist, an den auch Christen und Juden glauben. Der Name „Allah" wird abgeleitet vom arabischen „Al-Illahu", dem „einzigen Gott".

Die **wichtigsten Glaubensgrundsätze des Islam** sind im **Koran** („Lesung", „Verkündigung") niedergeschrieben. Er ist ein heiliges Buch und in 114 Suren (Abschnitte) unterteilt. Der **Prophet Mohammed** empfing die Inhalte als Verkündungen Gottes (Sure 46, Vers 2; Sure 69, Vers 43) über einen Zeitraum von 23 Jahren und verbreitete sie weiter. Mohammed war nicht etwa derjenige, der die Lehren des Islam entwickelte, sondern er war ein **Gesandter Gottes** (Sure 33, Vers 40; Sure 46, Vers 7ff). Der Koran ist für Muslime das unverfälschte und unveränderliche Wort Gottes und besitzt absolute Autorität. Er basiert teilweise wörtlich auf dem Alten Testament, weshalb sich im Islam viele Grundideen der beiden anderen Buchreligionen, des Christentums und Judentums, finden.

Im **Koran** sind neben Glaubensaussagen, Erziehungsgrundsätzen, gesellschaftlicher Aufgabenteilung von Mann und Frau sowie Regelungen zum ethnischen Zusammenleben der Glaubensgemeinschaft auch das Staatsrecht samt gesetzlicher Bestimmungen festgeschrieben. Er enthält auch **konkrete Grundsätze für nahezu jede Lebenslage.** Bestimmt wird beispielsweise, was Muslime essen und trinken dürfen (z.B. kein Schweinefleisch und keinen Alkohol) und dass Männer maximal vier Ehefrauen haben dürfen (was zur Zeit des Propheten Mohammed eine Beschränkung war). Auch das Verbot des

Kalligrafie des Wortes „Allah"

Kalligrafie des Wortes „Mohammed"

Der Gebetsruf lautet:

„Allahu akbar. Allahu akbar. Gott ist allmächtig. Gott ist allmächtig.	الله أكبر. الله أكبر.
Ashhadu 'an la illaha illa Allah. Ich bezeuge, es gibt keinen Gott außer Gott.	أشهد أن لا إله إلا الله.
Ashhadu 'an Muhammad rasul Allah. Ich bezeuge, Muhammad ist der Gesandte Gottes.	أشهد أن محمدا رسول الله.
Haiya ala-s-salat! Auf zum Gebet!	حي على الصلاة.
Haiya ala-l-falah! Auf zum Erfolg!	حي على الفلاح.
Allahu akbar. Allahu akbar. Gott ist größer. Gott ist größer.	الله أكبر. الله أكبر.
La illaha illa Allah. Es gibt keinen Gott außer Gott."	لا إله إلا الله.

In der anbrechenden Morgendämmerung fügt der Muezzin dem Gebet noch die Zeile **„Das Gebet ist besser als der Schlaf"** ein.

Zinses und korrektes Verhalten sind festgeschrieben.

Neben dem Koran bildet die vorbildliche Lebenspraxis des Propheten Mohammed (**Sunna** = „Brauch", „Tradition") eine weitere wichtige Quelle des Glaubens und Anleitung zur richtigen Lebensführung. Die Sunna gilt Muslimen als gelebte Deutung der göttlichen Offenbarungen, weshalb Mohammeds Biografie niederschrieben wurde. Im 9./10. Jahrhundert wurden daraus sechs mehrbändige Sammlungen, die **Hadith** („Mitteilung"), zusammengestellt.

Die wichtigsten Elemente des muslimischen Glaubens und Handelns bilden die sogenannten **fünf Säulen des Islam.** Die erste Säule ist das **Glaubensbekenntnis:** „La ilaha illa Allah, Muhammad rasul Allah", „Es gibt keinen Gott außer dem einen Gott, Mohammed ist sein Gesandter". Die zweite Säule bildet das **Gebet.** Theoretisch sollte jeder Muslim fünfmal am Tag zu festgesetzten Zeiten beten. Das wichtigste ist das mit einer Predigt verbundene Gebet Freitag mittags. Den dritten Pfeiler bildet das **Fasten** im heiligen Monat Ramadan (Sure 2, Vers 183 bis 187, siehe auch „Reisevorbereitung/Feste und Feiertage"). Die **Almosensteuer** und die **Pilgerfahrt** zu den heiligen Stätten in und um Mekka bilden die vierte und fünfte Säule des Islam.

Die **Rechtsprechung** in den V.A.E. beruht zum Teil auf islamischen Grundsätzen (arab. **sharia**), die im Koran und den Hadithen wurzeln. Für Familien- und Erbschaftsangelegenheiten, aber auch für Bereiche des geschäftlichen Miteinanders gilt die Sharia, jedoch nur für Muslime, nicht für Gastarbeiter. Zivil- und Strafrecht folgen westlich orientierten Rechtsstandards.

Moscheebesuch

In Dubai kann man die **Jumeirah-Moschee** im Rahmen einer Führung besichtigen (siehe „Urlaub in Dubai/Sehenswertes auf Dubais Seeseite").

Literaturtipps

- *Rudi Paret*
Der Koran. Übersetzung. Kohlhammer Verlag; deutsche Fassung des Heiligen Buches
- *Rudi Paret*
Mohammed und der Koran. Kohlhammer Verlag; Geschichte und Verkündigung des arabischen Propheten
- *Kirstin Kabasci*
Islam erleben, Reise Know-How Verlag; leicht verständliche Islam-Informationen, besonders interessant für Touristen

Infos im Internet

- **www.islam.de**
Zentralrat der Muslime
- **www.islam-guide.com/de**
Wegweiser zum Verständnis des Islam
- **www.answering-islam.de**
Christen antworten Muslimen
- **www.iacad.gov.ae**
Government of Dubai, Islamic Affairs & Charitable Activities Department
- **www.koranuebersetzung.de**
Poetische Koran-Übersetzung

Gesellschaft

Who is Who?

In den V.A.E. leben rund **7,6 Millionen Menschen,** davon sind 88,5% nicht-emiratischer Herkunft und weniger als eine Million aus den Emiraten selber. Im Emirat Dubai leben rund zwei Millionen Menschen, der Ausländeranteil ist ähnlich hoch. Die Emirate sind eine multiethnische Gesellschaft und die Emirater Minderheit im eigenen Land. Doch Dubai ist kein Schmelztiegel der Kulturen, denn es gilt eine strenge sozioethnische Segregation.

Die **Bevölkerungszahl wächst** nicht nur stetig, sondern enorm schnell: Das Land hat mit über 6% eine der höchsten jährlichen Wachstumsraten der Welt. Diese Zahl verdankt sich dem massenhaften **Zuzug von Gastarbeitern** aus über sechzig Herkunftsländern. Auffällig auch, dass nur rund 25% aller Einwohner weiblichen Geschlechts sind; der Grund: Die meisten Gastarbeiter sind Männer, die solo in die Emirate kommen. Die Tatsache, dass rund 89% der Bevölkerung aus Gastarbeitern besteht, wird von vielen mit Sorge betrachtet. Sie fürchten **Überfremdung,** insbesondere wegen der zahlreichen Einwanderer vom indischen Subkontinent. Mahnende Stimmen fordern mehr Raum für arabische Kultur, Sprache, Lebensstil und Werte. Andererseits sieht sich Dubai gerne als kosmopolitische Schnittstelle von Orient, Asien und westlicher Welt.

Die **Gelassenheit und Toleranz** der Einheimischen gegenüber anderen Kulturen und Lebensweisen ist vergleichsweise groß – insbesondere wenn man manche Nachbarländer betrachtet. Diese Einstellung der Einheimischen wurzelt in der Gewissheit, das sie in Politik, Gesellschafts- und Wirtschaftsleben ohnehin die Führungspositionen einnehmen. Zudem ist Kritik an der islamischen Gesellschaftsordnung, der emiratischen Kultur, der Innenpolitik und insbesondere an der Herrscherfamilie verboten.

Mit **„Einheimischen"** (engl. **locals**) bezeichnet man die eigentlich ansässige Bevölkerung der Emirate, also die **Nachfahren und Angehörigen der schon seit Jahrhunderten hier lebenden Beduinenstämme.** Denjenigen, die in ihrer Ahnenfolge direkt mit jenen Beduinen verwandt sind, die im Jahr 1833 Dubai gründeten, geht es heute so gut wie wahrscheinlich nirgendwo sonst auf der Welt. Wer das Glück hat, dieser mayflower-Schicht anzugehören, ist ein gemachter Mann - nicht unbedingt wegen der eigenen Leistungen, sondern wegen der **Loyalität,** die im alten Stammesverband herrscht und an den finanziellen Erfolgen des Wirtschaftsbooms Anteil haben lässt. Führende - und überdurchschnittlich gut bezahlte - Posten aus den Bereichen Politik, Wirtschaft und Verwaltung sind stets in den Händen der locals. Doch viele sind trotz dieser finanziellen Anreize nicht bereit, Jobs anzunehmen. So fällt es insbesondere lokalen Firmen und Organisationen schwer, für die mittlere Managementebene einheimische Arbeitskräfte zu rekrutieren.

Emirater und Dubaianer sind **Staatsbürger der V.A.E.,** also Besitzer emiratischer Pässe. Dies sind nicht nur locals, sondern zusätzlich Angehörige anderer arabischer Länder wie Palästina, Ägypten, Jordanien, Syrien, Sudan oder Jemen. Sie arbeiten meist in gehobenen Berufen, z.B. als Lehrer, Arbeiter in der Ölindustrie oder als Angestellte in der Verwaltung.

Man muss Einheimische bzw. Emirater unterscheiden von den **Gastarbeitern,** die in der Mehrheit aus Indien, Pakistan, Thailand oder von den Philippinen stammen. Sie sind **keine Staatsbürger** und in ihrem Pass befindet sich lediglich ein Arbeitsvisum. Meist sind sie als Arbeiter im Baugewerbe, in der Ölindustrie oder im Servicebereich, z.B. als Gärtner, Haushaltshilfen oder Hotelpersonal, angestellt. Jedem wohlhabenden local-Haushalt steht mindestens ein Dienstmädchen, ein Gärtner, ein Koch und ein Chauffeur zu Diensten. Ohne dieses Heer von Gastarbeitern würde der Dienstleistungs- und Bausektor zusammenbrechen, denn kein local würde solch einen Job annehmen. Ohne die Hilfe der vielen Gastarbeiter wäre es auch nicht möglich gewesen, dem unglaublichen Entwicklungsboom Dubais, für den andere Städte hundert Jahre und mehr gebraucht haben, in nur wenigen Jahrzehnten nachzukommen.

Den Luxus, das Konsumparadies erleben die Gastarbeiter zumeist nur als **Zaungäste.** Sie bleiben einige Jahre und kehren dann heim zu ihren Familien, die nur bei einem Mindestverdienstnachweis nachreisen dürfen. Aufgrund des hohen Angebotes an Arbeitskräften verdienen sie vergleichsweise wenig, und jeder Dirham wird gespart und an die Familie überwiesen. Die Miete ist meist im Lohn inbegriffen und der Wohnraum vom Arbeitgeber organisiert: entweder im Diensttrakt oder zusammen mit mehreren Landsleuten in einem kleinem Apartment oder kaserniert in Gemeinschaftswohnquartieren. Gastarbeiter leben in einer regelrechten

dub105 Foto: kk

Parallelgesellschaft, unterhalten kaum Kontakte zur einheimischen Bevölkerung (bzw. die nicht zu ihnen) und haben ihre eigenen Orte der Begegnung und Freizeitgestaltung. Die Emirate haben strenge Gesetze erlassen: Gastarbeiter dürfen nicht ohne Erlaubnis ihre Arbeitsstelle wechseln, und ohne gültigen Arbeitsvertrag verliert ihre Aufenthaltsgenehmigung die Gültigkeit. Nur die wenigsten Ausländer sind eingebürgert, in ihrem Pass befindet sich lediglich ein Arbeitsvisum.

Auch **viele Westeuropäer und Nordamerikaner** (engl. *expatriates, residents,* dt. Residenten) leben in Dubai. Sie arbeiten als gut bezahlte Ingenieure, Berater und Experten in allen wichtigen Wirtschaftsbereichen sowie in Verwaltung, im Erziehungs- und Bankenwesen oder als Kaufleute. Viele Briten genießen eine Sonderstellung als Regierungsberater.

Eine immer größer werdende Zahl von Gastarbeitern – egal aus welcher sozialen Schicht – sieht Dubai heutzutage nur noch als **temporären Arbeitsort** an. Hatte Dubai in den 1990ern den Ruf eines komfortablen, ruhigen und aufstrebenden Wüstenwinkels, so wandelte sich das Bild immer mehr zu dem eines Eldorados des schnellen Geldes. Immer mehr Menschen kamen auf der Suche nach einem leichten und sonnigen Leben voller Wohlstand in die boomende und inzwischen prominente Golfmetropole. Dubai wurde zu einem Sammelbecken der Glückssucher, doch viele übersahen, dass nicht Illusionen, sondern starke Nerven, viel Geduld, geschäftliche Beziehungen plus Startkapital nötig sind, um in der Stadt Fuß zu fassen und Erfolg zu haben. Viele hatten das harte Geschäftsleben und den Konkurrenzkampf bald satt und kehrten dem noch dazu sehr teuren Dubai den Rücken zu.

In den letzten Jahren wurden als Folge der **globalen Rezession** mit den Einbrüchen im Bauinvestment bzw. dem Absturz vieler Unternehmen unzählige Gastarbeiter entlassen und nach Hause geschickt. Dies trifft viele: Billiglohnarbeiter, Fachkräfte und Finanzmanager. Insbesondere die Baubranche ist betroffen, vom indischen Maurer über den deutschen Zulieferer bis zum japanischen Architekten. Skeptiker rechnen mit weiteren Krisenfolgen, Optimisten hoffen, dass ein „Gesundschrumpfen" Dubai guttut und die Lage sich bald bessert.

Gesellschaftsstrukturen

Alle **locals** sind beduinischer Herkunft und der Tradition entsprechend in ein strenges gesellschaftliches System von **Stammes- und Familienzugehörigkeit** eingebunden. **Grundlage der Beduinengesellschaft ist die Gruppe,** nicht das Individuum. Die Loyalität gegenüber Stamm und Familie ist seit jeher ein wichtiger Wert, dessen Ablehnung zum Verlust der Ehre und zu sozialer Ausgrenzung führt.

Über allem steht die **muslimische Gesellschaftsordnung,** die auf dem **Koran** (heiliges Buch der Muslime mit den Prophezeiungen Gottes), der **Sunna** (Sammlung von überlieferten Aussagen und Taten des Propheten Mohammed) und der **Sharia** (islamische Gesellschafts- und Rechtslehre) basiert.

Dem Koran, der muslimischen Gesellschaftsordnung sowie den emiratischen Staatsgesetzen nach ist es legal, dass Männer bis zu **vier Frauen heiraten.** Jedoch nur unter der Voraussetzung, dass sie alle respektvoll und gleich behandelt werden (Koran Sure 4, Vers 129). Diese Gleichbehandlung meint sowohl finanzielle als auch emotionale Zuwendungen. Vier Ehefrauen haben aber die wenigsten Männer, *Shaikh Mohammed* hat beispielsweise zwei.

Kennzeichnend für das Zusammenleben ist das Leben in der **Großfamilie** und eine **Trennung der Lebensbereiche von Männern und Frauen.** Dabei werden nach alter Tradition die innerfamiliären und häuslichen Dinge von den Frauen und die außerhäuslichen Angelegenheiten vom Familienvorstand, meist dem ältesten Vater, geregelt.

In den Händen der **Männer** liegt die Aufgabe, sich um das Wohlergehen der Familie sowie um die Angelegenheiten der Gemeinde und des Stammes zu kümmern. Sie besitzen dadurch zwar Privilegien, haben aber auch **Verantwortung** und müssen **vielen Verpflichtungen** nachkommen.

Emiratische **Frauen** treten seltener in der Öffentlichkeit auf, wahren Distanz und bleiben lieber unter sich. Sie haben **viel Einfluss** und eine starke Position, die weit über die Rolle der Hausfrau und Mutter hinausgeht. Die größte Autorität und Ehre wird alten Frauen mit vielen Söhnen sowie Schwiegermüttern zugesprochen. Ihre Ratschläge sind gefragt, ihren Worten wird Folge geleistet. In der weiblichen Familiengesellschaft (arab. *harem*) haben sie die zentrale Rolle inne. Viele Frauen haben ein hohes Bildungsniveau, und viele sind berufstätig, bis hinauf zur Ministerialebene. Frauen bzw. Frauennetzwerke haben maßgeblich Anteil an der Liberalisierung des Landes.

In den Emiraten stehen **Frauen und Männern** die **gleichen Bildungsmöglichkeiten** offen. Das Angebot ist vielfältig und auf hohem Niveau. Der Frauenanteil an Fachschulen und Universitäten ist zum Teil höher als der der Männer. Daneben hat es sich etabliert, dass viele Familien für die Frauen einen Privatlehrer (etwa zum Erlernen einer

Fremdsprache) einstellen. Die meisten local-Frauen widmen sich trotz einer fundierten Ausbildung nach ihrer Heirat einzig dem Familienleben. Wegen der festen Familienbande gibt es für einheimische Frauen kaum die Notwendigkeit, finanzielle Unabhängigkeit zu erlangen. Auch fehlen attraktive Arbeitsplätze, viele Arbeitgeber scheuen sich aufgrund fehlender Erfahrungen und kultureller Einschränkungen, einheimische Frauen anzustellen. So sind es meist Frauen ägyptischer, syrischer oder palestinensischer Herkunft, die voll im Berufsleben stehen. Dennoch sind emiratische Frauen in den Behörden, im Wirtschafts- und Bildungsbereich präsent, in den Medien behandeln sie mutig Tabuthemen, und in der Politik haben sie es als Staatsministerin oder Parlamentarierin geschafft.

Bei alledem ist auch zu beachten, dass die Situation der Frauen in der Großstadt deutlich anders ist als auf dem Land, wo es meist erheblich konservativer zugeht.

Traditionelle Lebensweise

Bis zum Beginn der 1950er Jahre waren sowohl die Küstengebiete als auch das Hinterland nur spärlich besiedelt. **Wichtigste traditionelle Existenzgrundlage** war die **Viehhaltung.** Den natürlichen Gegebenheiten der Wüste optimal angepasst haben sich die **Beduinen,** die ursprünglichen Bewohner der arabischen Halbinsel, mit ihrer mobilen Viehhaltung. Dabei war das **Kamel** das wichtigste Tier. Die Bewohner gebirgsnaher Regionen bevorzugten die Haltung großer Ziegen- und Schafherden. In begrenztem Maße bauten sie auch **Getreide** an, doch selbst dort, wo die Äcker im Winter bewässert werden konnten, musste das Land wegen der großen Hitze im Sommer oft brach liegen. Einen besseren Ertrag sicherte die Bewirtschaftung der familieneigenen **Dattelgärten.**

Die meisten Beduinenfamilien lebten nicht allein von der Viehzucht, sondern zudem noch von anderen Wirtschaftsformen wie dem Dattelanbau in eigenen Gärten, dem Fischfang oder der Perlenfischerei. Daher waren **die wenigsten Vollnomaden,** sondern besaßen einen oder mehrere Wohnsitze. Nahezu alle Angehörigen waren regelmäßig oder sporadisch an **saisonalen Wanderungen** zwischen dem Landesinneren und der Küste beteiligt. **Tauschhandel** spielte eine wichtige Rolle, um Waren zu bekommen, die man selber nicht erwirtschaftete.

Die traditionelle **Fischerei** beschränkte sich auf die küstennahen Zonen. Als Boote nutzten die Fischer aus Indien importierte Einbäume aus Holz und lokal aus Palmzweigen hergestellte shasha-Boote oder größere Holzschiffe (siehe Exkurs „Dhaus – jahrhundertealte Schiffsbautradition"). Als sich ab den 1950er Jahren im Zuge der Elektrifizierung auch Kühlanlagen etablierten, erfuhr die Branche eine wesentliche Veränderung. Nun konnte auch bei extremen Sommertemperaturen gefischt werden. Diese Zeit bedeutete für die Fischer in früheren Jahren unfreiwillige Untätigkeit, welche von vielen mit der Perlenfischerei überbrückt wurde.

Während die bislang genannten Wirtschaftsformen die Produktion von Nahrungsmitteln – meist zur Selbstversorgung – sicherten, bot die allsommerliche **Perlentaucherei** (arab. *ghaus*) eine willkommene **Möglichkeit des Ersatzverdienstes** während der sommerlichen Fischereiflaute und eine zuverlässige Gelegenheit, **Bargeld** zu erwerben (siehe auch Exkurs „Traditionelle Perlenfischerei").

Händler und Seeleute waren diejenigen, die am meisten von dem Perlengeschäft profitierten. Und obwohl die Perlentaucherei ein jahrhundertealtes und traditionsreiches Gewerbe war, führte der wirtschaftliche Boom des Perlenhandels gegen **Ende des 19., Anfang des 20. Jahrhunderts** dazu, dass **Lohnarbeit** in die egalitäre Beduinengesellschaft Einzug hielt und sie in ihren Grundwerten veränderte. Jedoch waren nicht alle in gleichem Maße von dieser Entwicklung betroffen. Denn es gab zum einen solche, die kaum am Perlengeschäft beteiligt waren und sich nicht permanent in einer Küstensiedlung niedergelassen hatten, und zum andere solche, die zwar Boote besaßen, aber nach dem Niedergang dieses Wirtschaftszweiges dennoch in der Lage waren, von mobiler Viehzucht und Dattelpalmnutzung zu leben.

Literaturtipps

- *Frauke Heard-Bey*
Die Vereinigten Arabischen Emirate zwischen Vorgestern und Übermorgen: Die Gesellschaft eines Golf-Staates im Wandel. Olms Verlag; gut leserliches, wissenschaftlich fundiertes Buch zur traditionellen und modernen Gesellschaft

- *Wilfred Thesiger*
Die Brunnen der Wüste. Verschiedene Verlage; 1959 geschriebene Erzählung des britischen Forschungsreisenden

Moderne Zeiten

Tribale und religiöse Gesellschaftsnormen sind von großer Bedeutung, und ihre Einhaltung wird – neben der Loyalität zum Staat und dem alle Einheimischen verbindenden **Nationalbewusstsein** – als „oberste Bürgerpflicht" angesehen. In Dubai wird der Besucher schnell feststellen, dass traditionell-arabisches Leben und moderner Lifestyle, dass beduinisches Selbst- und globales Sendungsbewusstsein Teile der Lebenskultur sind. Das Wertschätzen von alten Bräuchen und Tugenden steht im Kontrast zu der besonderen **Dynamik,** die sich im modernen Lebensstil, der vielgestaltigen Stadtplanung sowie der breit gefächerten Wirtschaftsorientierung manifestiert.

Man hat erkannt, dass man die alten Lebensweisen nicht vollständig aufzugeben braucht und dass Fortschritt nicht zwangsläufig mit dem totalen Verlust der **kulturellen Identität** einhergehen muss. So nehmen die Emirater die unumgänglichen und für sie nützlichen Errungenschaften des Fortschritts an und bewahren bewusst ihre kulturelle Eigenart und ihren Lebensrhythmus. So hat mancher reiche Wüstensohn im Innenhof seiner Villa am Stadtrand ein Beduinenzelt aufgebaut. Traditionelle Kleidungselemente wie die dishdasha oder Ledersandalen werden genauso selbstverständlich getragen wie Jeans oder Designeranzug. Ähnlich innig mu-

Traditionelle Perlenfischerei

Seit Jahrhunderten gehen die Menschen in der Golfregion der Perlentaucherei nach, schon aus frühgeschichtlicher Zeit sind Überlieferungen bekannt. Entsprechend lange werden Perlen als Schmuckstücke geschätzt, doch zum **Ende des 19. und zu Beginn des 20. Jahrhunderts** florierte der Perlenhandel wie nie zuvor. In den 20er Jahren wurden führende Juweliere in Paris und New York zu wichtigen Direktabnehmern der Golfperlen, welche am begehrtesten und wertvollsten waren. Dubai und weitere kleine Küstenansiedlungen der Golfregion, die teilweise noch nicht einmal permanent bewohnt waren, entwickelten sich zu **aufstrebenden Küstenorten**. Märkte und Häfen entstanden, Kaufleute siedelten sich an und der Export der Perlen stieg stetig an.

In einer Tiefe von ca. zwei bis 36 Metern sind der Golfküste zahlreiche **Muschelbänke** (arab. *fasht)* vorgelagert. Qualitativ hochwertige Perlen (arab. *lu'lu')* findet man in tiefen Gewässern mit felsigem Untergrund und starkem Wellengang. Die untere Golfregion ist – im Gegensatz zur iranischen – reich gesegnet mit Perlenbänken.

Eine **Perle** entsteht dadurch, dass ein Fremdkörper (z.B. Sandkorn) durch die Kiemen in eine Muschel eindringt. Zum Schutz bildet sie eine Hautfalte um den Fremdkörper und produziert darin Perlmutt, das zusammen mit einer Hornsubstanz in einer Zeitspanne von etwa zehn Jahren schichtweise zu einer Perle heranwächst.

Die Muschelbänke zählten in Vergangenheit nicht zu den Besitztümern einzelner Shaikhtümer, sondern konnten von jedem arabischen Schiff angelaufen werden. Die Schiffe eines Hafens, die alle unter der Obrigkeit eines Shaikhs standen und somit konkurrenzlos arbeiteten, brachen gemeinsam zur selben Zeit zu den Muschelbänken auf. Ein vom Shaikh ernannter Verwalter war für die Bekanntgabe des Datums und die Koordination der Abfahrt zuständig. Die **Tauchsaison** dauerte etwa 120 Tage, von Anfang Juni bis Ende September (arab. *ghaus al-kabir*). Doch einige Mannschaften starteten vierzig Tage früher zur ghaus al-barid, der „kalten Taucherei", sogenannt, weil Strömungen das Meerwasser zu dieser Jahreszeit kühlen. Keinem Boot war es erlaubt, zum Hafen zurückzukehren, bevor nicht alle anderen zur Heimfahrt fertig waren. Die Anfangs- und Enddaten der Saison unterschieden sich von Shaikhtum zu Shaikhtum und von Jahr zu Jahr.

Austernfelder können zwar eine Größe von 100 km² und mehr erreichen. Da sie aber im Laufe der Jahre wandern, müssen sie immer wieder neu geortet werden. Hatte eines der Boote ein Perlenfeld gefunden, so benachrichtigte es stets auch andere. Nachdem alle Schiffe ihr Ziel erreicht hatten, blieben sie meist die ganze Saison über an Ort und Stelle und verließen die Perlenfelder nur, um Trinkwasser oder Lebensmittel einzukaufen.

Während der Monate auf See bildete die im Schnitt zwanzig Mann starke **Crew** eine enge Einheit, in der Kooperation nicht nur dem wirtschaftlichen Erfolg diente, sondern auch das Überleben sicherte. Der Kapitän (arab. *nukhada*) war neben der Koordinaton seiner Mannschaft auch für die Wahl der Tauchgründe und die Vermarktung des schillernden Schatzes verantwortlich. Zur Crew gehörten Taucher (arab. *ghawas*), „Zieher" (arab. *saib*), Muschelöffner (arab. *fallika*) sowie ein Koch und „Mann für alles" (arab. *walaid*). Auf großen Schiffen begleitete sie noch ein mutawwa', ein Sänger, der auch die Funktion eines Vorbeters hatte.

Das Leben während der Tauchsaison war entbehrungsreich, hart und gefährlich – vor allem für die **Taucher.** Große Hitze, hohe Luftfeuchtigkeit, Salzwasser, Krankheiten (insbesondere Augenkrankheiten), Haiangriffe und giftige Quallen schädigten ihre Gesundheit. Sie hatten zudem ihr nicht allzu üppiges Gehalt im Voraus erhalten und mussten stets mit dem Risiko leben, dass die Saison mit schlechten Fangergebnissen endete und sie einen Teil des Lohnes zurückzuzahlen hatten. Viele der Taucher waren beim Kapitän verschuldet und mussten ohne Lohn arbeiten, manche schafften es trotz harter Schufterei nicht, zu Lebzeiten ihre Schulden zu begleichen, sodass noch ihre Söhne sie abtragen mussten. Ein Arbeitstag begann bei Sonnenaufgang und dauerte – mit Unterbrechungen zu den Gebetszeiten und einer kurzen Mittagspause – bis kurz vor Sonnenuntergang. Die Mahlzeiten bestanden meist aus getrockneten Datteln, Tee und Kaffee, nur Abends gab es zusätzlich Reis und Fisch.

Zu jedem Taucher gehörte ein saib, der den Taucher zwischen den Tauchgängen an die Wasseroberfläche ziehen musste, denn sein Körper war mit einem großen Stein beschwert. Die meisten Taucher waren nur mit einer kurzen Hose bekleidet, die wenigen, die es sich leisten konnten, hatten einen Anzug aus Segeltuch, der die Haut vor scharfkantigen Korallen und giftigen Quallen schützte. Lederhandschuhe oder Lederbänder gehörten ebenfalls zur Arbeitskleidung. Die Ohren wurden mit Wachs, die Nase mit einer Klammer aus Horn oder Holz (arab. *fatam*) geschlossen und die Augen zum Schutz mit Öl eingerieben. Zum Sammeln der Muscheln hatte der Taucher einen Korb (arab. *diyyin*) um die Hüfte gehängt. Pro Tauchgang wurden etwa zehn Muscheln gesammelt, zwischen sechzig und hundert Mal begaben sich die Taucher jeden Tag unter Wasser.

Die Muscheln wurden am nächsten Morgen unter den wachsamen Augen des Kapitäns geöffnet. Er sammelte die Perlen ein, prüfte mittels eines Siebes oder eines Gewichtes die Größe und bewertete jedes Stück ausgiebig nach Größe, Farbnuance und Glanz. Verkauft wurden sie an Zwischenhändler, welche während der Saison die Boote aufsuchten.

Das **Ende des Dubaier Perlenhandels** kam in den 1930er Jahren. Die Weltwirtschaftskrise, der Zweite Weltkrieg und indische Importsanktionen brachten den Perlenabsatz ins Stocken. Die verbleibenden Märkte konnten Japaner und Australier mit preiswerteren Zuchtperlen für sich gewinnen.

Tipps:

- Das **Dubai Museum** vermittelt einen anschaulichen Einblick in die traditionelle Perlentaucherei (siehe „Urlaub in Dubai/Sehenswertes in Bur Dubai")
- **Perlentauchen** vor der Küste Jumeirahs kann man mit The Pavilion Dive Centre ab dem Jumeirah Beach Hotel (siehe „Urlaub in Dubai/Sport und Aktivitäten"); auch wer nicht selber abtauchen möchte, kann den Dhau-Ausflug mitmachen und an Bord zusehen

tet das Verhältnis von Gebetskette und Mobiltelefon an. In der **Architektur** Dubais bemühen sich Architekten in zunehmendem Maße um eine Verbindung von modernen Materialien mit traditionellen Stilelementen. Gute Beispiele dafür sind die Clubhäuser des Emirates Golf Club und des Dubai Creek Golf and Yacht Club sowie das Jumeirah Beach Hotel, das Burj Al Arab und das Madiant Jumreirah Hotelresort.

Insbesondere **im öffentlichen Leben** der modernen Stadtumgebung dominiert eine eher **westliche Lebensweise,** wohingegen in kleinen Dörfern mehr traditionelle Bezüge ins Auge fallen. **Traditionelle Gewohnheiten** werden vor allem **im familiären Bereich** gewahrt, was keinesfalls heißt, dass sie der heutigen Zeit unangemessen sind. So leben viele Einheimische wie eh und je mobil. Viele besitzen nicht nur eine Stadtwohnung in Dubai, sondern auch einen Dattelgarten, ein Anwesen auf dem Land und ein Wüstencamp mit Viehbestand. Lange Wochenenden und Ferien werden meist außerhalb der Stadt im Rahmen der gesamten Familie verbracht.

Der familiäre Bereich wird von den Einheimischen als **Privatsphäre** behandelt, über die man nicht spricht und in die Fremde nur sehr selten Einlass finden. Getreu dem Motto „My home is my castle“ schützen hohe Mauern und getönte Glasscheiben vor ungeliebten Blicken.

Anders dagegen im **von Reichtum und materieller Verwestlichung geprägten öffentlichen Leben.** Hier gehört es zum guten Ruf, sich und sein Vermögen zur Schau zu stellen. Autos, Villen, Yachten, Pferde, Juwelen etc. können sich *locals* leisten, ohne den Zwängen der Lohnarbeit zu unterliegen, denn alle sind beteiligt an den Staatseinnahmen. So erhält jeder Einheimische sein eigenes Land, bei der Hochzeit winken ein Haus und mehrere zigtausend Dirham als Hochzeitsgeschenk. Außerdem freut er sich über Steuerfreiheit, freie Schulbildung und Krankenversorgung, soziale Leistungen sowie niedrige Lebenshaltungskosten. Die Maktoum-Familie regiert nach dem Grundsatz „Leben und leben lassen“. So sind die zahllosen Angehörigen der Herrscherfamilie an den nicht unerheblichen Staatseinnahmen beteiligt.

Der **Kult um das Automobil** ist eine markante Form des Modern Life: Superreiche Shaikhs thronen hinter den getönten Scheiben edler Limousinen, vornehmlich solcher mit dem Stuttgarter Stern auf dem Kühler. Dubais PS-verliebte Jeunesse dorée bevorzugt leistungsstarke Landcruiser oder nimmersatte Hummer.

Prachtentfaltung ist auch ein **stadtplanerisches Interesse,** wie die zahllosen mit Spiegelglas verkleideten Hochhäuser, die üppig grünen Parkanlagen, die Prachtboulevards und die renovierten Souqs bezeugen.

Traditionelles Essen des Sheikh Mohammed Centre for Cultural Understanding

dub12_007 Foto: dt

Jagd – Beiz im Boomtown

Die Jagd gehörte zum **Lebensalltag der Beduinen,** denn so vermochten sie ihren kargen Speiseplan zu bereichern. Sowohl die Beizjagd, d.h. die Jagd mit Greifvögeln, als auch die Jagd mit Windhunden haben sich bis in die heutige Zeit als eine Verbindung zum ehemaligen Wüstenleben erhalten.

Im Nahen Osten lassen sich die **Ursprünge** der Beizjagd anhand von assyrischen Reliefzeichnungen bis ins 8. vorchristliche Jahrhundert zurückverfolgen. Seit dem 5. Jahrhundert ist Falknerei im arabischen Raum verbreitet und in derselben Zeit, in der der Islam seine stärkste Ausbreitung erfuhr, gewann auch die Jagd mit Falken, Habichten oder Adlern an Popularität. Auch im persischen und mongolischen Reich zog man so zur Jagd. In den Fürsten- und Zarenhöfen mittel- und osteuropäischer Breiten etablierte sich die Beizvogeljagd im frühen Mittelalter. Das berühmteste europäische Schriftstück zur Beizvogeljagd namens „De arte venandi cum avibus" („Die Kunst mit den Falken zu jagen") wurde im 13. Jahrhundert von Kaiser *Friedrich II. von Hohenstaufen* verfasst. Weltweit stellte das Halten von Beizvögeln bis zum Beginn des 20. Jahrhunderts das Privileg der Könige und Aristokratie dar.

Heute sind Jagdfalken nicht nur in finanzieller Hinsicht wertvoll, sie sind hoch angesehene und heiß geliebte Tiere. Viele Emirater betrachten ihre Falken als ein Familienmitglied und lassen ihnen eine ähnlich große **Fürsorge** zukommen wie ihren Kindern.

In der gesamten Golfregion hat sich die **Jagd mit Falken** durchgesetzt. Weibliche Tiere werden bevorzugt, denn sie sind größer und stärker als Männchen. Falkner in Dubai schwören auf Ger- und Wanderfalken (lat. *Falco rusticolus* bzw. *Falco peregrinus*), auch Kreuzungen (Hybriden) zwischen einem Ger-Muttertier und einem Wanderfalken-Männchen sind populär. Die Heimat der Gerfalken liegt in den arktischen Breiten Eurasiens und Nordamerikas. Wanderfalken sind mit 18 Rassen weltweit heimisch – mit Ausnahme von Neuseeland, Island und der russischen Steppe. Die Jagdfalken in Dubai stammen aus der Zucht mit zahmen Elterntieren aus den USA und Europa.

Da alle Greifvögel, also auch Falken, nicht gezähmt werden können, verbringen die Falkner zu Beginn der Jagdsaison, die auf die Wintermonate beschränkt ist, sehr viel Zeit mit ihren Schützlingen. In Dubai ist es ein ungeschriebenes Gesetz, dass Falken in alle öffentlichen Gebäude und Hotels mitgenommen werden dürfen. Während dieser Zeit sollen sich die Vögel an die streichelnden Hände und an die Stimme des Menschen gewöhnen. Nach und nach fassen die Vögel Vertrauen zum Falkner und der fremden Umgebung. Um die sensiblen Tiere vor der Unruhe und Hektik der Umgebung zu schützen und zu beruhigen, haben sie eine aus Leder handgearbeitete Haube (arab. *burqa*) über dem Kopf gestülpt. Die burqa wird nur während der Fütterung – und später auch beim Trainings- und Jagdflug – abgenommen. Zu Hause und während der Trainingspausen sitzt das Tier mit verbundenen Augen auf einem transportablen Holzständer oder in den Boden steckbaren Pflock (arab. *wakr*). Unterwegs werden die Falken auf dem Unterarm des Falkners getragen, der durch einen aus dickem Stoff bestehenden Muff (arab. *mangala*) gegen Verletzungen durch die scharfen Krallen geschützt ist. Auch zur Fütterung nimmt das Tier auf dem Arm des Falkners Platz. Um sich an die Handfütterung zu gewöhnen, wird es immer wieder mit kleinen Fleischhappen verköstigt.

Draußen, in der Wüste, wird der Falke dazu trainiert, gemäß seinem natürlichen Jagdinstinkt eine spezielle Beute zu erlegen. Zur Prägung auf das zukünftige Beutetier werden künstliche Köder, bestehend aus an einem Seil angebundenen Fleischstücken mit aufgesteckten Federn (Federspiel), über den Boden gezogen und durch die Luft gewirbelt. Zu Beginn dieser Ausbildungsphase ist der Falke an seinen Läufen festgebunden, doch später fliegt er frei, schlägt seine Beute und lässt sich, nachdem er sich mehr oder weniger an der Beute satt gefressen hat, wieder auf den Arm nehmen. Ein satter Vogel wird nicht so einfach auf den Arm zurückkehren, denn die Motivation, Futter aus der Hand des Falkners zu enthalten, entfällt bzw. wird vom Tier ignoriert.

Bis auf wenige Ausnahmen tragen alle Tiere einen Mini-Funksender, damit sie, falls sie entflogen sind, wiedergefunden werden können.

Für den Fall, dass ein Vogel durch den Kampf mit seiner Beute verletzt oder erkrankt ist, gibt es diverse Falkenkliniken der Al-Maktoum-Familie, in der jeder Dubaii sein Tier kostenlos behandeln lassen kann. Am häufigsten sind Ballenentzündungen, die sich die Tiere zuziehen, weil nach tagelangem Sitzen durch Risse in den Fußballen Bakterien ins Gewebe eingedrungen sind. Auch Pilzinfektionen der Lunge und Lungenwürmer sind ein häufiges Problem. In den beim Beuteschlagen lädierten Stoß (Schwanz) eines Falken können mittels eines Klebeverfahrens neue Federn eingepasst werden.

Neben dem Falken sowie Kamel und Pferd gibt es ein weiteres Tier, dem Araber eine große Verehrung entgegenbringen. Es handelt sich um **eine der ältesten Hunderassen der Welt,** die bereits auf 7000 Jahre alten Felsmalereien dargestellt ist. Eigentlich betrachten Araber Hunde als „unreine" Tiere, doch eine Rasse, die **Saluqis,** genießt eine Sonderstellung. Die schlanken langbeinigen Windhunde erlangten ihre Popularität in der Vergangenheit dadurch, dass sie als Jagdhunde eingesetzt werden konnten. Und im Koran wird diese Jagdform als „legitim" beschrieben (Sure 5, Vers 4). Im Sprint kann ein Saluqi eine Geschwindigkeit von über 60 km/h erreichen, womit er schneller ist als eine Gazelle. Ältere Emirater erinnern sich an ihre Jugend, als sie mit Saluqis zur Jagd gegangen sind. Es konnten sich allerdings nur vergleichsweise wohlhabende Beduinen einen solchen Gefährten leisten, denn sie mussten mit Fleisch gefüttert werden und das war bei dem nomadischen Speiseplan, der vorwiegend aus Milch und Datteln bestand, Luxus. Bei der Jagd auf Kleintiere und Vögel ergänzen sich die Fähigkeiten von Falke und Saluqi gegenseitig. Heute wird diese edle Hunderasse vorwiegend aus Liebhaberei und zu Schauzwecken gehalten.

An so manchem Wochenende gehen reiche Shaikhs mit Falken und Hunden auf die Jagd. Im Gegensatz zu früher tun sie dies nicht aus existenzieller Notwendigkeit, sondern aus Spaß, Luxusliebe und zur Pflege des Traditionsbewusstseins. Es ist ein spannendes Spektakel, an dem nicht die Größe der Beute zählt, sondern sportliche Aspekte wie die Grazie und die Geschwindigkeit des Verfolgens und die Kunstfertigkeit des Kills. Statt auf Kamelen zu reiten, fahren heutige Generationen mit vollklimatisierten Geländewagen in die Wüste. Letztendlich bringen sie auch die eigens zur Jagd gezüchteten Beutetiere, wie z.B. diverse Vogelarten oder Hasen mit, denn seit 1976 herrschen in den Emiraten strenge Jagdverbote. Oder begüterte Shaikhs packen ihren gesamten Tross an Falken, Hunden, Gehilfen und Geländewagen in ihre Privatflugzeuge und fliegen auf die andere Seite des Golfes in die reichen Jagdgründe Pakistans.

- **Jagdfalken-Vorführungen** bieten die Wüstenresorts Al Maha und Bab Al Shams.
- **Shaheen Xtreme Falconry,** Tel. 4 35 65 50, www.shaheenxtreme.com; Vorführungen, Safaris, Falknerei-Nachmittage sowie Schnupperkurse
- **Falcon Heritage and Sports Centre:** im Stadtteil Meydan (Meydan Rd nahe der Pferderennbahn) gelegenes Falkenzentrum mit Museum (geöffnet So bis Do 7.30–14.30 Uhr), Klinik und Spezialgeschäften rund um den Falkensport
- **Literaturtipp:** *Dr. David Remple, Christian Gross,* **Falconery and Birds of Prey in the Gulf.** Motivate Publishing London, Abu Dhabi, Dubai, ca. 50 Dh

Natürlich haben sich auch **Frauen** Bereiche dieses modernen Lebens erobert und verweilen nicht nur im Haushalt – der ohnehin vom Dienstpersonal versorgt wird. Gemeinsam bummeln sie durch Einkaufszentren, treffen sich in Eiscafés, besuchen Modenschauen, Ausstellungen, Konzerte, Kinos, Parks, Strandbäder, Schönheitssalons, Handarbeits- oder Kochkurse. Viele öffentliche Einrichtungen haben spezielle „Frauentage" eingerichtet, nicht etwa aus Diskriminierung, sondern um Frauen ein „unter sich sein" zuzugestehen.

Die in Dubai lebenden Expatriates und die angereisten europäischen Touristen schätzen vor allem die **vielfältige Wunderwelt des Entertainments.** So kann man sich neben den zahlreichen Sportveranstaltungen bei Open-Air-Konzerten vergnügen, bei Besuchen von englischsprachigen Kinofilmen oder beim Nightlife in Bars, Nachtclubs, Diskos, Jazzclubs und Irish Pubs. Nicht zu vergessen die kulinarischen Höhepunkte bei den schier unendlichen Special Events und Büfetts in den Restaurants. In den Nachtclubs der Hotels geht es bei arabischem Bauchtanz, russischem Ballet, senegalesischer Folklore, spanischem Flamenco und irischer Folkmusik besonders international zu. Im Winterhalbjahr halten **europäische Kulturableger** verstärkt Einzug: der Festtagsschmaus findet zum Sound von „I'm dreaming of a white christmas" unter einem teuer importierten und lamettabehangenen Tannenbaum in den großen Hotels statt, Kaufhäuser und Supermärkte verwandeln sich in bunte Weihnachtsbasare, zum New Years Eve erhellen Feuerwerken den Himmel, zu Halloween verkleidet man sich mit Hexenmaske, zum Oktoberfest wird die Lederhose angezogen, zum Karneval die rote Pappnase aufgesetzt ...

Es lohnt, die Augen für die verschiedenen Formen der Symbiose von traditioneller Lebensart und Moderne offen zu halten. Dank dieses Phänomens können Urlauber sowohl die **Annehmlichkeiten einer modernen Infrastruktur und vielfältigen Freizeitindustrie** genießen als auch auf **Entdeckungstour nach Traditionellem** gehen.

dub12_009 Foto: dt

Unterhaltungsprogramm in der Dubai Mall

Kultur

Traditionelle Bekleidung

Traditionelle Kleidung hat in Dubai nichts mit altmodischer Tracht zu tun, die nur zu besonderen Anlässen getragen wird. Traditionelle Kleidung ist **Alltagskleidung,** zum einen überaus **bequem und praktisch,** zum anderen aber vor allem ein **Zeichen des tief verwurzelten Nationalstolzes.**

Männermode

Das unverkennbare Kleidungsstück nahezu jedes einheimischen Mannes ist die **dishdasha,** ein schneeweißes, lose fallendes, **knöchellanges Gewand,** das stets langärmlig und gerade geschnitten ist. Auch bei wichtigen Geschäftsterminen und selbst bei Staatsgesprächen wird ein emiratischer Mann nie auf seine dishdasha verzichten, es sei denn, er reist ins Ausland, wo ein maßgeschneiderter Anzug obligat ist.

Traditionelle **Accessoires** sind **dünne Kamelstecken** aus gebogenem Bambus (arab. *assa*), allerdings werden sie nur von Beduinen oder zu feierlichen Anlässen und Tänzen getragen. In den zurückliegenden kriegerischen Zeiten wurde ein **Krummdolch** (arab. *khanjar*) in einer silber beschlagenen Scheide oder ein doppelschneidiges **Schwert** (arab. *saif*) um die Hüfte geschnallt oder ein **Vorderladergewehr** (arab. *buftilah*) geschultert. Viele Männer tragen mit Steinen eingefasste **Fingerringe;** einst waren sie aus Silber, heute sind sie meist aus Gold gefertigt. Tradition ist es auch, eine **Gebetskette** (arab. *misbah*) mit sich zu führen. Je nach gesellschaftlichem Status sind **Marken-Armbanduhren** und **Mobiltelefone** eine Art „Pflichtbekleidung".

Ein Blick hinter die Maske

Emiratische **Frauen** zeigen sich der Tradition und Religion entsprechend körperbedeckt. In der Öffentlichkeit soll Kleidung ein Zeichen von Anstand, Standesbewusstsein, Keuschheit und Religiosität sein.

Das symbolische Musterstück dazu bildet die **abaya,** ein schwarzer bodenlanger **Umhang.** Aber auch wenn viele local-Frauen sich in diesen undurchsichtigen Überhang hüllen, so geht es unter dieser „Tarnkappe" nicht unbedingt schwarz, sondern recht bunt zu. Die abaya soll zudem die darunter getragenen wertvollen Stoffe vor Staub und Schmutz schützen.

Bei älteren einheimischen Frauen und bei Beduinen ist das Tragen einer **Gesichtsmaske,** der **burqa,** weit verbreitet. Dient der Schleier in erster Linie dazu, für die angeblich im Koran (Sure 24, Vers 31) geforderte Gesichtsverhüllung der Frau zu sorgen, so wird die burqa eher aus anderen Gründen getragen. Der Hauptgrund ist, dass die empfindliche Gesichtshaut vor der prallen Sonne, dem Staub und den Sandstürmen geschützt werden soll, weshalb die Masken der Beduinen besonders groß sind. Die burqas der Frauen in den Städten fallen wesentlich kleiner aus. Sie bestehen oft nur aus zwei schmalen Streifen – einem über den Augenbrauen und einem über dem Mund –, die

Kunst & Kultur in Dubai

Lange galt Dubai in Sachen Kunst, insbesondere zeitgenössischer Art, als **Terra incognita** – das Emirat machte mehr mit spektakulären Bauvorhaben als mit Kulturprojekten von sich reden. Doch vor allem seit Abu Dhabi mit kulturellen Marken erster Güte wie Guggenheim und Louvre Aufmerksamkeit erregt, verschreibt sich auch Dubai verstärkt der Kunst und Kultur.

Dabei stand der Vorwurf im Raum, Dubai würde sich – wie so vieles – auch Kunst nur kaufen. Das mag mitunter stimmen, doch was niemand kaufen kann, ist **Kunstverständnis** – und das **hält allmählich Einzug im Emirat.** Eine vielleicht noch bescheidene, aber schon vielfältige Kunstszene erwacht. Für eine einstmals nahezu kunstleere Stadt, die quasi über Nacht zu einer Metropole explodierte, ist das Entdecken, Herausbilden und Bewahren einer eigenen kulturellen und Kunstidentität ein schwieriger, gleichwohl interessanter Prozess.

Doch in Zeiten der Wirtschaftskrise hat Dubai Wichtigeres im Sinn – Planungen und Bauarbeiten wurden **auf Eis gelegt,** denn der (stagnierende bis rückläufige) Verkauf von Wohneigentum ist die finanzielle Basis zur Errichtung von Kunst- und Kulturstätten. Das junge Kunsterwachen scheint erst einmal „on hold" zu sein.

Khor Dubai heißt das ehrgeizigste Kulturprojekt, und wie gewohnt soll es gigantisch werden (www.dubaiculture.ae). *Shaikh Mohammed* ist der Ideengeber hinter dem Projekt, das seinen Ausgangspunkt symbolträchtig am rekonstruierten Palast seines Urgroßvaters *Shaikh Saeed* haben soll. Von Shindagha aus, dem ältesten Teil der Stadt, soll sich Khor Dubai als hochkarätige **Kunst- und Kulturzone ca. 20 km am Creek entlang** bis zur neu geschaffenen Business Bay an der künstlichen Verlängerung des Creek erstrecken. Etliche Museen, Theater, Galerien, Bibliotheken sowie Kultur- und Kunstinstitute sind geplant.

Khor Dubai soll zum einen der heimischen Kunst, Kultur und Wissenschaft verpflichtet sein; als erstes wird z.B. ein dem Propheten *Mohammed* gewidmetes Museum gebaut. Andererseits sollen auch die multikulturelle Dimension Dubais und globale Kunstbewegungen sowohl althergebrachte Traditionen wie zeitgenössische Strömungen reflektiert werden.

Ebenfalls in den Startlöchern steht das **Culture Village** gegenüber der Dubai Festival City. Hier scheint emiratische Kunst und Kultur als Bühnenbild des Bauinvestments zu fungieren. So werden hochpreisige Investmentvillen im Windturmhaus-Stil errichtet und durch Einkaufsstraßen, Restaurants und Hotels ergänzt. Ein Souq, ein Marinemuseum, Kulturzentren und Kunstschulen sollen das Viertel aufpeppen (www.dubaipropertiesgroup.ae). Ob dies als „kunstschaffend" oder „kulturfördernd" einzuordnen ist, ist umstritten.

Literaturtipp:

- *Michael Schindhelm* und *Aurore Belkin:* **Dubai Speed: Eine Erfahrung.** Deutscher Taschenbuch Verlag. Persönliche und pointierte Betrachtungen des ehemaligen deutschen Kulturmanagers von Dubai

mit einem Querstreben auf der Nase verbunden sind. Diese Maske dient als ein Zeichen der Tradition und Ehrbarkeit; sie zeigt außerdem an, dass die Frau verheiratet ist.

Musik und Tanz

Die vielfältigen traditionellen Lebensweisen und die Tatsache, dass an der Golfküste seit Menschengedenken fremde kulturelle Einflüsse Fuß fassen konnten, haben dazu geführt, dass sich eine **vielfältige Variationsbreite** an musikalischen und tänzerischen Ausdrucksformen entwickeln konnte.

Gesang, Musik und Tanz waren nicht daraufbeschränkt, zu unterhalten, sondern drückten vor allem die verschiedenen Lebensformen aus. Den meisten Musik- und Tanzstilen kam auch eine wichtige **soziale Funktion** zu, denn so bereitete die Stammesgemeinschaft z.B. eine **Hochzeit** oder einen **Kriegszug** vor, oder Familienangehörige feierten die unversehrte **Heimkehr** nach einer langen Reise. Musik- und Tanzstücke konnten – und können – auch einen **zeremoniellen Charakter** haben. Durch den Rhythmus bestimmter Lieder und Musikstücke fiel harte Gemeinschaftsarbeit leichter.

Ein gutes Beispiel dafür bietet die **Musik der Perlenfischer** (arab. *al-nahamat*). Für jeden Arbeitsgang und für verschiedene Zeitpunkte der Reise gab es **spezielle Liedformen,** die in Rhythmus und Stimmung **dem jeweiligen Anlass angepasst** waren: zum Lichten des Ankers, zum Einholen der Segel, zum Auftauchen nach dem Tauchgang, zur Heimkehr. Die Gesänge bestanden aus langen Rhythmuszyklen und waren von indischen und afrikanischen Elementen beeinflusst.

Musik, Gesang und Tanz der Beduinen dagegen haben kurze, sich ständig wiederholende Takt- und Bewegungselemente als Charakteristikum. Man unterscheidet zwei Hauptstile: die lyrischen *khammari* und die kämpferische *ardah*. Am bekanntesten ist der **ayyalah al-ardah,** ein alter zeremonieller Kriegstanz: Dabei stehen 20–30 traditionell gekleidete und mit Kamelstecken oder Schwertern „bewaffnete" Männer in mehreren Reihen gegenüber. Einander auffordernd schwingen sie ihre Schwerter oder Stecken, wiegen sich im Trommeltakt einen Schritt vor und wieder zurück und singen unter der Anleitung eines Vorsingers kriegerische Weisen. Manchmal sind sie auch mit Gewehren geschmückt und feuern gemeinsam in die Luft. **Auch Frauen** nehmen am Geschehen teil: Sie haben sich – in ihren prächtigsten Kleidern und reich geschmückt – in einer Reihe zum **na'asht** aufgestellt und schwingen ihr schwarzes, meist taillenlanges Haar.

Die Kunst der schönen Worte

Arabische **Poesie** und Dichtkunst haben eine **lange Tradition.** In vergangenen Zeiten kam der lyrischen Ausdrucksweise eine weitaus größere Bedeutung zu als heute. Geschichten, Gedichte, Parabeln, Fabeln, Liebeserklärungen, Legenden, Weisheiten und Sprüche wurden in poetischer Form verfasst und von Generation zu Gene-

dub12_008 Foto: dt

ration **mündlich überliefert.** Würdenträger, Stammesführer und Dorfverwalter unterhielten sich mit ihrem Gegenüber in poetischer Form. Stammesgrenzen, Weidegebiete, Wasserstellen, Karawanenwege, Friedensvereinbarungen und familiäre Verwandtschaftsverhältnisse wurden in dichterischer Form dokumentiert oder in Versform beschrieben. Eine alte Tradition ist das **Verfassen von Rätseln,** aus denen sich im Unterschied zu gängigen deutschen Rätselaufgaben zahlreiche Fragen und Antworten ergründen lassen.

Kunstvoller Türgriff im Bastakiya-Viertel

Heute verbinden sich in der Dichtkunst **altarabische und beduinische Elemente** mit der allmächtigen **Populärkultur;** Stellung wird bezogen zu Themen, die sich von der Stammesidentität über den gesellschaftlichen Wertewandel bis hin zum Computerzeitalter erstrecken.

Dass die Kunst der schönen Worte in der arabischen Gesellschaft ein **hohes Ansehen** hat, liegt daran, dass man bildreiche Verse und rhythmische Feinheiten mit der arabischen Sprache wie mit kaum einer anderen auszudrücken vermag und dass der **Koran** ein poetisches Meisterwerk ist. Sein **literarischer Rang** gilt als Beleg seines göttlichen Charakters. Eine Übersetzung wird nie dem arabischen Text gleichwertig, sowohl in religiöser als auch in literarischer Hinsicht.

Mit Leidenschaft der Poesie verschrieben ist der Herrscher Dubais, **Shaikh Mohammed.** Er wuchs unter Poeten auf, lernte viele arabische Verse auswendig und verfasst selber Gedichte. Jedes Jahr kreiert er für seine interessierten Bürger ein dichterisches Rätsel. Derjenige, der es löst, wird mit hoheitlicher Anerkennung sowie einem beachtlichen Gewinn belohnt. Doch das Ganze ist nicht einfach, denn auch die Lösung muss in Versform verfasst sein, die zudem dieselbe Stuktur aufweisen muss wie die Rätselfrage.

Literaturtipp

- *Mohammed bin Rashid Al-Maktoum* und *Leslie Tramontini*
In der Wüste findet nur der Kluge den Weg. Carl Hanser Verlag; vom Herrscher Dubais verfasste Gedichte in deutscher Übersetzung

Silberschmuck

Viele Araber messen Silber eine **mystische Bedeutung** zu und glauben, es würde seinen Träger vor dem sogenannten „bösen Blick" schützen. Als **Talisman** oder Amulett soll es schlechte Einflüsse fernhalten, Glück und Gesundheit bringen – verstärkt wird diese Kraft durch das Einarbeiten von „magischen" Materialien wie Zähnen, Münzen, Quarz, Edelsteinen oder Korallen.

Bis vor wenigen Jahren noch besaß Silber auch eine wichtige materielle Funktion. Der Besitz des Edelmetalles bedeutete **Reichtum und Absicherung** und stellte den größten Teil des Vermögens dar. Nicht zu vergessen ist die wichtige **soziale Rolle,** die wertvoller Schmuck und Juwelen in der arabischen Gesellschaft bis heute spielen. Edle Geschmeide stellen einen Großteil des **Brautgeldes** dar und sichern die Frau im Falle des Todes ihres Mannes oder nach einer Scheidung ab.

An **traditionellen Schmuckstücken** gibt es Halsketten, Armreifen, Fußspangen, Schnallen, Broschen, Haaranhänger, Ohr-, Finger-, Nasen- und Zehenringe sowie Kappen und Spangen für den Kopfschmuck. Auch Schnabelkannen, Rosenwassersprinkler, Weihrauchbrenner, Kajal-Behälter und kleine Dosen werden aus Silber geschmiedet und mit filigranen Mustern verziert.

Nicht mehr getragen wird heute der omanische **Krummdolch,** der **khanjar.** Zu Zeiten der alten Shaikhtümer trugen ihn die Beduinen. Sie nutzten den Dolch nicht nur als Ziergegenstand oder Statussymbol, sondern auch als Waffe, die wegen ihrer scharfen, gebogenen Klinge sehr wirksam eingesetzt werden konnte. Die Ausstattung und die Art der Verzierung von Klinge, Griff, Scheide und Gürtel gab Aufschluss über das Ansehen und die Herkunft seines Trägers. Die Klinge eines guten Dolches sollte aus Vollstahl gefertigt sein. Der Griff besteht heute aus Tierknochen oder Horn, manchmal auch aus Holz, früher wurden viele aus Rhinohorn gefertigt. An den meisten Griffen kann man wegen des üppigen Silberbeschlags aber nichts mehr von diesen Materialien sehen.

Durch den in den letzten Jahrzehnten aufgekommenen Wohlstand ist Silber allerdings immer mehr aus der Mode gekommen und durch Gold ersetzt worden. Nur wenige Einheimische tragen noch Silberschmuck, und so wird er heute **in unzähligen Souvenirgeschäften** verkauft.

Infos im Internet

- **www.dubaiculture.ae**
Dubai Culture and Arts Authority
- **www.cultures.ae**
Sheikh Mohammed Centre for Cultural Understanding

Literatur- und Hörbuchtipp

- *Kirstin Kabasci*
KulturSchock Kleine Golfstaaten/Oman. Reise Know-How Verlag; informatives Taschenbuch zu Kultur, Traditionen, Geschichte, Religion, Gesellschaft

dub10_003 Foto: dt

Urlaub in Dubai

dub188 Foto: kk

dub12_010 Foto: dt

Der Stadtteil Dubai Marina

Familienspaß beim virtuellen Motorradrennen

Im Foyer des Atlantis The Palm Hotel

Orientierung

Dubai hat viele Gesichter. In ihren alten Stadtvierteln zeigt die Stadt Spuren ihres historischen Wachstums – so waren die Stadtteile Bur Dubai und Deira im 19. Jahrhundert von einer Stadtmauer umgeben, Forts und Wehrtürme schützten diese Gebiete damals. Stellenweise sind historische Strukturen sichtbar, renoviert oder rekonstruiert. Um sie herum verteilen sich Quartiere, die im 20. Jahrhundert errichtet wurden. Das feucht-schwüle Klima trägt dazu bei, dass vieles schnell verfällt, der Zahn der Zeit nagt unermüdlich. In den alten Arealen wird ständig abgerissen, ausgebessert und erweitert. Baulücken werden mit Hochhäusern ausgefüllt, Straßen von Hochstraßen überbrückt oder mit Metrolinien untergraben.

Rundherum entstehen Stadtteile für das 21. Jahrhundert, typischerweise als **„Stadt in der Stadt"** angelegt und mit Bürotürmen oder Villenvierteln versehen. In Dubai werden immer neue Visionen, Superlative und Wahrzeichen geschaffen. Die Meinungen darüber, ob dies Dubais besonderen Reiz ausmacht oder ob diese stadtplanerische Strategie überstrapaziert wurde, gehen auseinander. Im Zuge der Wirtschaftskrise zeigt sich Dubai immer öfter kleinspuriger.

Das Augenfälligste am Stadtbild von Dubais historischem Zentrum ist der **Creek,** ein **natürlicher Meeresarm,** der sich weit in die ehemalige Wüste windet und das dicht bebaute Areal zweiteilt. Beide Seiten lohnen eine Erkundung. Anders als in neueren Vierteln kann man am Creek-Ufer entlang sowie in den Souq-Arealen von Deira und Bur Dubai sogar recht gut spazieren gehen – eine Seltenheit in Dubai. Den Creek überwinden können Fußgänger bestens per Boot (siehe „Sehenswertes am Creek") und weniger schön, aber durchaus praktisch durch den Shindagha-Tunnel nahe der Creek-Mündung. Die Al-Maktoum Bridge, die weiter stadtauswärts gelegene Floating Bridge, die Al-Garhoud Bridge sowie die Business Bay Bridge sind wichtige Autoverbindungen über den Creek. Weitere Brücken sind in Planung, so eine Shindagha-Brücke und den Creek einwärts eine 667 m lange Bogenbrücke mit sechs Autospuren plus einer Metrolinie.

Auf der **nördlichen Seite** des Creek bildet der historisch gewachsene **Stadtteil Deira** einen Teil des Stadtzentrums. Das „Kernstück" von Deira ist die **Landspitze Al-Ras,** die dem Mündungsverlauf des Creek seine markante Biegung verleiht. Die Uferstraße entlang des Golfes, deren markantestes Gebäude das Hyatt Regency Hotel mit seinem Drehturm darstellt, wird **Corniche Rd** genannt. Im Zuge des Baus der vor der Uferpromenade gelegenen dritten Palmeninsel soll dieses Areal umfassend ausgebaut werden. In Deira sollte man es nicht versäumen, durch den ursprünglichen Souq, vor allem durch den

Der Strand von Jumeirah vor dem Villenstadtteil und den Hochhäusern der Shaikh Zayed Road

Goldsouq, und auf der mit traditionellen Holzschiffen gesäumten Uferpromenade des Creek zu bummeln.

Wichtige Straßen in Deira sind die Uferstraßen: die Baniyas Rd entlang des Creek und die Al-Khaleej Rd paralell zum Golfufer. Mitten durch Deira laufen die Naif Rd, die Rigga Rd und die Al-Maktoum Rd. Auf letztgenannter Straße sind der monumentale Uhrturm (engl. *clocktower*), der Union Square sowie der Baniyas-Platz zentrale Orientierungspunkte. Bekannte **Bezirke** auf der Deira-Seite sind: Naif (um die Naif Rd), Hamriya (am Golfufer), Al-Rigga (rund um die Rigga Rd), Al-Muraqqabat (rund um die westliche Al-Rasheed Rd), Hor al-Anz (rund um die östliche Al-Rasheed Rd). An Deira angrenzend sind Al-Garhoud (zwischen Dubai International Airport und Creek) und Dubai Festival City (creekeinwärts jenseits der Business Bay Bridge).

Südlich der Lagune dehnt sich der zweite wichtige Teil des alten Stadtzentrums aus: **Bur Dubai.** Eines der ältesten Gebäude der Stadt steht hier: das Fort. 1787 erbaut, beherbergte es lange Jahre den Herrschersitz, heute ist es ein hypermodernes Museum. In Anbingung an diesen historischen Bau steht der Regierungspalast (arab. *diwan*). Das Fort ist das einzige historische Gebäude in Bur Dubai. Andere Häuser, die alt aussehen, sind wiederaufgebaut worden und bieten Touristen Einblicke in die Vergangenheit, zu erleben in den beiden Volkskundevierteln **Bastakiya** –

dub07_107 Foto: mm

ein Wohnviertel mit markanten Windturmhäusern – und **Shindagha** mit verschiedenen Wohngebäuden und einem rekonstruierten Herrscherpalast.

Wichtige **Stadtteile** um Bur Dubai heißen Al-Mankhool (um die Al-Mankhool Rd), Al-Karama (zwischen Trade Centre Rd und Zabeel Rd) und Oud Metha (um die Oud Metha Rd). Zentrale **Verkehrsschneisen** sind die Al-Khaleej Rd, die Mankhool Rd, die Trade Center Rd, die Zabeel Rd und die Umm Hureir Rd. Von Bedeutung ist auch die Khalid ibn al-Waleed Rd, die wegen der zahlreichen ansässigen Geldinstitute sogenannte „Bankenstraße", die Bur Dubai vom Rashid-Hafen bis zur Al-Maktoum-Brücke durchschneidet.

Südlich des Zentrums dehnt sich der **Stadtteil Jumeirah** entlang der ehemals natürlichen Küstenlinie des Golfes aus. Noch vor wenigen Jahren ein kleines Fischerdorf vor den Toren Dubais, liegt Jumeirah heute geografisch gesehen mittendrin, und der Lifestylefaktor hier ist hoch. Das Rückgrat ist die Jumeirah Rd, die sich vom Stadtteil Satwa (mit der Einkaufsstraße 2nd of December Rd als Mittelpunkt) nach Süden zieht und in die Al-Sufouh Rd übergeht. In Jumeirah stehen zahlreiche elegante Villen, viele originelle Geschäfte, Restaurants und Cafés haben eröffnet, und hier reihen sich die luxuriösen Strandhotels aneinander. Touristisch interessant sind die Strände, die stilvoll dekorierte Jumeirah-Moschee und zahlreiche Einkaufszentren. Doch die Kehrseite der Glitzermedaille sind Großbaustellen: Neue Hotels sowie diverse künstliche Inseln sind im Entstehen.

Meist wird Jumeirah als Synonym für alle Strandbereiche zwischen Zentrum und Jebel Ali gebraucht. Sicherlich hat auch die Namensgebung der künstlichen Palmeninsel Palm Jumeirah zu dieser Prominenz beigetragen. Doch dabei werden einige Stadtteilnamen unter den Tisch gekehrt. So **Umm Suqeim und Al-Sufouh,** die im Süden von Jumeirah am Meeresufer liegen, auch Al-Wasl, wenige Blocks im Landesinneren. Palm Jumeirah, die mittlere der drei Palmeninseln, war als erste große **künstliche Insel** Dubais fertiggestellt. Dubai hat zu seiner Bauboomzeit begonnen, an diesem Küstenstück schöne neue Welten zu schaffen und vom Griff nach den Sternen zu träumen. Baulich manifestiert sich das in den Kunstinseln von The World und den Planungen zu The Universe, die mit ihrer Form den Globus bzw. das Universum wiedergeben. Doch die Krise ließ so manches – im wahrsten Sinne des Wortes – versanden. Die Erschaffung der Jumeirah-Palmeninsel ist vollendet, sie wird derzeit bebaut, doch wann weitere Inselpläne realisiert werden, ist ungewiss.

An der Küste südlich von Palm Jumeirah schließt sich die noble Hochhauszone **Dubai Marina** an. Hotels und Apartments sind vertikal geschachtelt und stehen dicht an dicht. Dubai Marina hat einen eigenen Yachthafen und liegt auf einer lang gezogenen Insel zwischen Strand und künstlichem Meereskanal.

Ist die Rede von **Jebel Ali,** so in den seltensten Fällen vom kleinen gleichnamigen Ort ca. 40 km südlich des Zentrums an der Schnellstraße nach Abu

Dhaus – jahrhundertealte Schiffsbautradition

Die traditionellen arabischen Holzdhaus sind **einer der ältesten Schiffstypen,** die seit Jahrhunderten von geschickten Seefahrern und berühmten Navigatoren über die Weltmeere gefahren wurden. Von den Küsten der Arabischen Halbinsel segelten arabische Seeleute bereits im achten Jahrhundert allen Stürmen, Piraten und sonstigen Gefahren zum Trotz bis nach China. Diese frühen Dhaus wurden **ohne jegliches Metall,** also auch ohne Nägel, konstruiert. Die Planken wurden mit in Öl eingeweichten und gedrehten Kokosnussfasersträngen regelrecht „zusammengenäht". Ein in dieser Bauweise genähtes Schiff hatte den Vorteil, dass es flexibler war, Stöße gegen Riffe geschmeidig abfing und nicht auseinanderbrechen konnte.

Vom Beginn des 16. bis zum Ende des 17. Jahrhunderts brachten die **Portugiesen,** die als Kolonialmacht diverse Stützpunkte entlang der Golfküste kontrollierten, neue Einflüsse in den arabischen Bootsbau, die im Laufe der Jahre weiterentwickelt und „arabisiert" wurden. Zu der Zeit, als die Perlenindustrie ihren wirtschaftlichen Höhepunkt erreichte, war der Bootsbau die bedeutendste Industrie des südlichen Golfes.

Bis in unser Jahrhundert dienten die Holzdhaus dem gesamten Warentransport im Golf sowie der Perlentaucherei. Auch heute noch werden sie für den Seehandel und zum Fischfang benutzt.

Der **Ausdruck „Dhau"** stammt ursprünglich nicht aus dem Arabischen, sondern ist ein von Europäern benutzter Sammelbegriff für verschiedene traditionell-arabische Holzschifftypen, den aber auch viele Araber in ihren Wortschatz aufgenommen haben.

An einer mittelgroßen Dhau bauen sechs Schiffsleute – sie stammen meist vom indischen Subkontinent – ungefähr drei Monate. **Augenmaß und Formgefühl** sind die wichtigsten Voraussetzungen für einen Bootsbauer, denn gezeichnete Pläne gibt es nicht.

Dubai hat in Jaddaf und Hamriya Dhauwerften, auf denen man sich den Bau vor Ort ansehen kann. Ebenfalls eindrucksvoll sind die traditionellen Bootsrennen, bei denen Ruderboote bzw. unter Segel stehende Dhaus gegeneinander antreten. Das Innere eines solchen Holzschiffes und die dortige Atmosphäre kann man bei einem gemütlichen Essen in einem der zahlreichen Dhaurestaurants begutachten und „genießen".

dub048 Foto: kk

dub07_194 Foto: mm

Dhabi. Meist meint Jebel Ali den Hafen mit Freihandelszone und Industriegebiet (siehe „Land und Leute/Wirtschaft"). Das Areal um Jebel Ali wird massiv ausgebaut, beispielsweise mit der Jebel Ali-Palmeninsel, der Inselwelt von Dubai Waterfront sowie dem Giga-Stadtteil **Dubai World Central** inklusive weltgrößtem Flughafen Al-Maktoum. Vom Meer ins Landesinnere soll der rund 70 km lange Arabian Canal neue Areale erschließen.

Deira – vom Creek umspülte Halbinsel Al-Ras (rechts: Ansicht um 1940)

Ein paar Blocks weiter im Landesinneren führt die autobahnähnliche **Shaikh Zayed Rd (E11)** an Jumeirah und Dubai Marina vorbei nach Jebel Ali (und weiter nach Abu Dhabi). Dieser Streifen Dubais kann – im wahrsten Sinne des Wortes – als aufstrebend charakterisiert werden. **New Dubai** wird dieses Gebiet entsprechend genannt. Einst symbolisierte das World Trade Centre am Anfang der Shaikh Zayed Rd Dubais Weg an die Spitze, doch heute führt das Gebäude ein Schattendasein. Entlang der Shaikh Zayed Rd reihen sich Dutzende glasverspiegelte Apartment-, Hotel- und Bürohochhäuser aneinander – jüngster Clou sind die Jumeirah Lake Towers. Einkaufszentren übertreffen sich in ihren riesenhaften Dimensionen, Spezial-Freihandelszonen wie Internet City, Media City, Knowledge Village, Investment Park oder Business Bay locken Investoren an, und ein klotziges Eingangstor weist den Weg zur Dubai International Financial City.

Noch ein Stück weiter im Landesinneren, zwischen der Shaikh Zayed Rd und der Al-Khail Rd (E44), liegen die Stadtteile **Zabeel, Al-Quoz** und **Al Barsha.** Jenseits davon dehnen sich diverse neue und vornehme Wohngebiete aus, so etwa Emirates Hills, The Meadows, The Lakes, Jumeirah Islands oder Desert Springs Village. All das – und überhaupt alles in der Stadt – wird überragt vom **Burj Khalifa,** 2010 eingeweiht und mit 828 m bzw. 189 Stockwerken der höchste Wolkenkratzer der Welt. Zu seinen Füßen duckt sich **Downtown Dubai** samt **The Old Town** als neuer Stadtteil. Im Schatten des Burj sorgen Seen und Parkanlagen für natürliche Lichtblicke inmitten des urbanen Overkill. Die weltweit größte Mall, The Dubai Mall, verspricht, alle erdenklichen Konsumwünsche zu erfüllen.

Und nochmals weiter Richtung Wüste, zwischen Al-Khail Rd und der Emirates Rd (E311), einer von Abu Dhabi bis in die nördlichen Emirate verlaufenden Schnellstraße, liegen der alte Stadtteil **Nad al-Sheba** sowie die **Neubaugebiete** Meydan City und Mohammed bin Rashid Gardens. Diese Straße soll 2014 als Autobahn bis Abu Dhabi ausgebaut sein.

Es ist unübersehbar: Dubai dehnt sich immer weiter ins Landesinnere aus. Noch liegt die **Emirates Rd** jenseits der dichten Bebauung, aber es sind zahlreiche neue Projekte in Planung/Bau, so auch weite Teile von **Dubailand,** dem weltweit größten Freizeitpark, samt der dazugehörigen Falcon City of Wonders, den Arabian Ranches, der Dubai Sports City, der Dubai Golf City sowie dem Dubai Investment Park.

Im Nordosten Dubais liegt **Sharjah** – die beiden Städte sind in den letzten Jahren quasi zusammengewachsen. Ab der Al-Maktoum-Brücke führt die **Al-Ittihad Rd (E11)** durch die Innenstadt dorthin – Verkehrsstau und Nervenzusammenbruch höchst wahrscheinlich. Auch über die Umgehungsstraße Emirates Rd E311 kann man Sharjah erreichen, aber auch hier gilt: Nur im Stop-and-Go-Modus geht's voran. Es entstehen immer mehr **Zubringer- und Umgehungsstraßen,** so die Dubai Bypass Rd (E611). In den nächsten Jahren hofft man durch den Ausbau weiterer Metrolinien und auch durch den Bau einer inneremiratischen Eisenbahn den Straßenverkehr zu entlasten.

dub10_014 Foto: dt

PERSISCH-ARABISCHER GOLF
Free Fun Beach
Bu Qtair Beach
Umm Suqeim Park
Umm Suqeim Beach
Wild Wadi
1 km
© Reise Know-How 2012
UMM SUQEIM
Jumeirah Rd
Umm Al-Sheif St.
Al-Manara St.
Al-Tharya St.
Al-Wasl Rd
(Iranian Hospital Rd)
Al-Sufouh Rd
Umm Suqeim St.
Sheikh-Zayed Rd
E11
Interchange No 3
Interchange No 4
Noor Islamic Bank
First Gulf Bank
Mall of the Emirates
Sharaf-DG
Ski Dubai
Jebel Ali, Abu Dhabi
AL-QUOZ
Al-Quoz Industrial Area
AL-BARSHA
Al-Khail Rd
E44
MOHAMMED BIN RASHID GARDENS (im Bau)
Anschluss siehe Seite 116/117
Dubai
Jumeirah
Jebel Ali
N
O
P
Q
R
S
59
60
61
62
63
Einkaufszentren
A Al-Hana Centre
B Al-Dhiyafah Centre
C Dune Centre
D Jumeirah Emirates Towers Boulevard
E Palm Strip Centre
F Magrudy Centre, Jumeirah Centre, Jumeirah Plaza
G Century Mall
H The Village
I Jumeirah Beach Centre
J Mercato Mall
K Town Centre
L Dubai Mall
M Souk Al Bahar
N Sunset Mall
O Saga World
P Times Square Centre
Q Gold and Diamond Park
R Mall of the Emirates
S Souq Madinat Jumeirah

Dubai Süd
Anschluss siehe Umschlagklappe vorne
Dubai Dry Dock
Jumeirah Beach
Mercato Beach
Jumeirah Beach Park
Jumeirah Rd
Al-Mina Rd
Mankhool Rd
2nd of December Rd
Satwa
Jumeirah Moschee
Al-Wasl Rd
Al-Satwa Rd
(Iranian Hospital Rd)
Al-Urouba St.
Al-Athar St.
Al-Hadiqa St.
Majlis al-Ghuraifah
Safa Park
AL-WASL
JUMEIRAH
SATWA
Al-Safa St.
Sheikh-Zayed Rd
Defence R/A
Interchange No 1
Interchange No 2
Burj Khalifa/Dubai Mall
Business Bay
DOWNTOWN DUBAI
BUSINESS BAY
THE OLD TOWN
Burj Khalifa
Financial Centre
Dubai Int. Financial Centre
Emirates Towers
World Trade Centre
Int. Exhibition Centre
Dubai World Trade Centre
Trade Centre R/A
Al Jafiliya
Dubai Zentrum
Sharjah
ZABEEL
2nd Zabeel Rd
Zabeel Technology Theme Park
Doha Rd
Al-Khail Rd
Oud Metha Rd
Kamelrennbahn
Al-Quoz Pond Park
Dubai Wildlife and Waterbird Sanctuary
Bu Kidra R/A
Meydan Rd.
Meydan Racecourse
Golf Course
MEYDAN CITY (im Bau)
NAD AL-SHIBA
Nad Al-Shiba Rd
Al-Ain Rd
Al-Ain
Ras Al-Khor Rd
Ras al-Khor Industrial Area
Hatta
E11
E44
E66
E311

Dubai-Sightseeing

Organisierte Stadtrundfahrten bieten neben den unten genannten Veranstaltern auch lokale Tourveranstalter an (siehe „Reisebüros und Tourveranstalter“).

Stadtrundfahrt im Doppeldeckerbus

Extra für Touristen fahren oben offene Doppeldeckerbusse, die an zahlreichen Sehenswürdigkeiten stoppen. Jeder, der mitfahren möchte, kann an einer beliebigen Station zusteigen und das Ticket lösen, eine Buchung im Voraus ist nicht nötig (für große Gruppen jedoch ratsam). Unterwegs kann man getreu dem Motto **„hop on, hop off“** nach Belieben an den vielen Stationen aus- und einsteigen. Ein englischsprachiger Reiseleiter ist an Bord (Deutsch vom Tonband). Zudem kann man auf einer rund zweistündigen Abendtour ohne Ausstieg mitfahren. Als Startziel für Unentschlossene empfehlenswert ist das BurJuman Centre, denn hier fahren beide Veranstalter entlang (zudem ist dort das Büro von Wonder Bus, siehe unten).

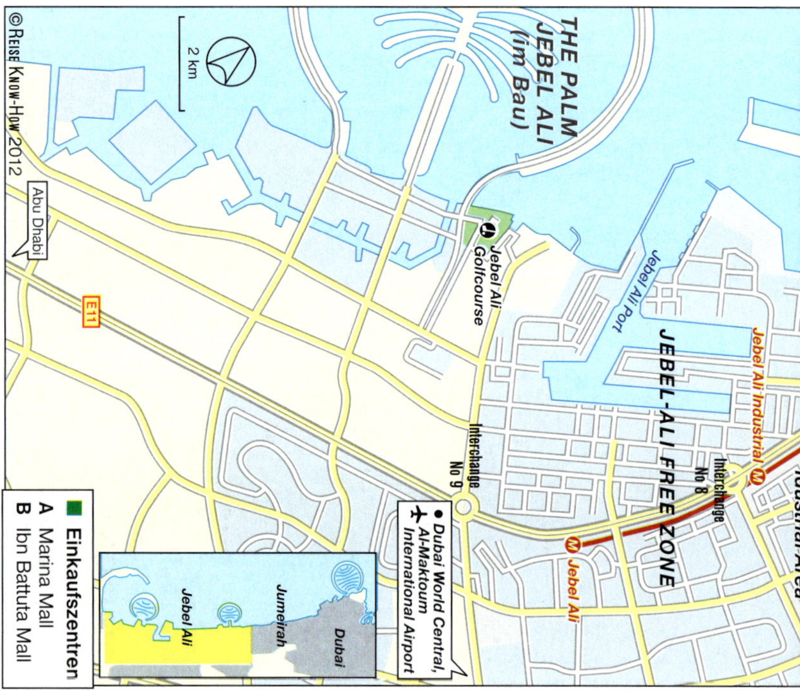

The Big Bus Company

Jeden Tag werden **zwei Routen** bedient: Red Route (ohne Stopp 105 Min.) und Blue Route (165 Min.). Die Busrundfahrt beinhaltet freien Eintritt ins Dubai Museum, ins Shaikh-Saeed-Haus, eine Wasserbusfahrt, eine Dhau-Cruise sowie Einkaufs- und Restaurantrabatte.

Ticketkauf im Bus, via Internet, in vielen Hotels, am Dubai International Airport und in den Einkaufszentren Deira City Centre, Wafi Mall, Mall of the Emirates, BurJuman Centre, Souq Madinat Jumeirah und in der Dubai Festival City. Zwischen der Festival City und der Wafi Mall besteht ein Shuttlebusservice.

- **www.bigbustours.com**, Tel. 3 40 77 09; Fahrscheine sind wahlweise 24 oder 48 Std. gültig, 24-Stunden-Ticket: Erwachsene 60 $, Kinder 27 $, Familien 147 $ (Onlinepreise)
- **Red Route:** Deira City Centre – BurJuman – Al-Karama – Wafi Mall – Bur Dubai Creek – Al-Fahidi Fort (Dubai Museum) – Bur Dubai Souq – Sheikh Saeed Al-Maktoum House – Goldsouq – Abra Station Deira – Deira City Centre
- **Blue Route:** Wafi Mall – BurJuman Centre – Jumeirah-Moschee – Jumeirah Beach Park – Jumeirah Beach – Souq Madinat Jumeirah – Atlantis The Palm – Mall of the Emirates – The Dubai Mall – Wafi Mall

dub07_114 Foto: kk

Easy Tour Dubai

Es gibt eine **orange Route,** sie dauert inklusive diverser Besichtigungs- und Fotostopps 4 Stunden und beinhaltet Eintritt ins Dubai Museum und Zoo, Erfrischungsgetränke sowie Gutscheine für Einkaufs- und Restaurantrabatte.

- **www.easytour.ae,** Tel. 3 31 13 99; Onlinepreis 24-Stunden-Ticket: Erwachsene 35 $, Kinder 17 $, Familien 90 $
- **Routenverlauf:** BurJuman – Dubai Museum – Old Souq – Jumeirah-Moschee – Dubai Zoo – Mercato Mall – Jumeirah Public Beach – Wild Wadi – Burj Al Arab – Atlantis the Palm – Dubai Mall – Burj Khalifa – Emirates Towers – Dubai International Financial Centre – Al-Garhoud Bridge – Deira City Centre – Bur Dubai Creek – Bastakiya – BurJuman. Start ab BurJuman täglich um 9 und 14.30 Uhr.

Preiswert, luftig und ohne Stau – Abra-Fahrt auf dem Creek

Bur Dubai und Creek im Amphibienbus

Einzigartig am Golf: **Sowohl an Land als auch über den Creek** führen die Stadtrundfahrten mit dem auffälligen und technisch ausgeklügelten Amphibienfahrzeug von Wonder Bus. Der erste und der letzte Teil der Tour führen ganz „normal" durch Bur Dubai, doch zwischendrin geht es über eine Rampe hinein in den Creek; rund die Hälfte der 1½-stündigen Tour führt über's Wasser.

Start und Ende der Tour ist am Einkaufszentrum BurJuman in Bur Dubai. Ticketverkauf durch viele Hotels und Reiseveranstalter, zudem online oder vor dem Start im Wonder-Bus-Tours-Büro im BurJuman-Einkaufszentrum. Es starten drei bis vier Touren täglich; die genauen Abfahrtszeiten sind vom Wasserstand im Creek abhängig und telefonisch zu erfragen.

- **Wonder Bus Tours,** www.wonderbusdubai.net, Tel. 3 59 56 56; Preise: Erwachsene 145 Dh, Kinder 95 Dh

Bootsfahrten durch den Creek

Zu verschiedenen Möglichkeiten der Creek-Stadtbesichtigung siehe im folgenden Abschnitt „Sehenswertes am Creek".

Rundflüge mit Hubschrauber

Dubai-Boomtown einschließlich seiner künstlichen Inselwelten aus der Luft – Buchungen übernehmen die meisten der lokalen Tourveranstalter sowie:

- **Aerogulf Services,** Tel. 2 20 03 31, www.aerogulfservices.com
- **Mohebi Aviation,** Tel. 3 53 44 44, www.mohebi.com

Sehenswertes am Creek

Seit Jahrhunderten ist die 12 km lange geschwungene **Lagune** die **Lebensader Dubais.** Das Leben der Einheimischen war schon immer zum Meer hin ausgerichtet. Der Fischreichtum des Golfes bot ihnen die Nahrungsgrundlage, die strategisch günstige Lage des Ortes am Eingang zur Arabischen Halbinsel war die Basis für Handelsgeschäfte. In der Lagune fanden Fischerboote und Handelsschiffe sicheren Schutz vor der rauen See des Golfes.

Anfahrt mit öffentlichen Verkehrsmitteln

- Um per **Bus** nah an den Creek-Altstadtbereich heranzukommen, empfiehlt sich z.B. die im Stadtteil Deira gelegene Bus Station Gold Souq oder die Bus Station Al Ghubaiba in Bur Dubai.

Vorschlag für einen Halbtages-Spaziergang durch Deira und Bur Dubai

1. In Deira im Goldsouq starten.
2. Vormittags kann man dem Deira-Fischmarkt einen Kurzbesuch abstatten.
3. In Deira/Al-Ras zum Heritage House und zur Al-Ahmadiyah-Schule spazieren, beide besichtigen.
4. Spaziergang weiter durch den Deira-Souq und den Gewürz-Souq.
5. Ab der Abra Station Deira Al Sabkha per Boot nach Bur Dubai übersetzen.
6. Pause im Bait al Wakeel, einem Restaurant/Café mit Creek-Terrasse.
7. Durch den Bur Dubai-Stoffsouq und den Elektromarkt spazieren.
8. Das Bur Dubai Museum im Al-Fahidi Fort besichtigen.
9. Spaziergang durch das Bastakiya-Viertel, bei Bedarf Pause in einem dortigen Windturmhaus-Café.
10. Am Bur Dubaier Creek-Ufer entlang ins Shindagha-Volkskunde-Viertel gehen und die dortigen traditionellen Häuser besichtigen.
11. Danach als Ausklang am Shindagha-Creek-Ufer essen oder eine Wasserpfeife schmauchen und zum Creek-Ufer des Shindagha-Volkskunde-Viertels zurückfahren.

- Per **Metro** (Green Line) bieten sich die Stationen Al Ras in Deira bzw. Al Ghubaiba in Bur Dubai an (Bus- und Metrostationen liegen dicht beieinander).
- Auch per **Wassertaxi** kann man ankommen, beispielsweise aus den küstennahen Neustadtbereichen, die folgenden sieben Stationen liegen im Altstadtareal (creekeinwärts aufgelistet): Shandagha, Bur Dubai, Al Fahidi, Deira Old Souq, Al Sabkha, Baniyas, Al Seef. An manchen dieser Stationen legen weitere Wassertransportmittel wie Wasserbusse oder Abra-Boote an, diese eignen sich zum schnellen Überqueren des Creek (siehe unten und „Öffentliche Verkehrsmittel").
- Über den Creek kommt man zudem durch den **Shindagha-Autotunnel** (hässlich, aber nützlich).

Dhaus am Creek-Ufer

An beiden Seiten des Creek liegen **traditionelle Dhaus** vor Anker. Dabei handelt es sich um **große, bauchige Holzschiffe,** die aus dem Iran, Indien, Pakistan, Bahrain, Oman, Djibouti, Somalia, Kenia, Sri Lanka und Singapur kommen. Wie seit Jahrhunderten spielt der Dhauhandel trotz der Existenz moderner Containerschiffe auch heute noch eine bedeutende Rolle. Bei einem Spaziergang an der Promenade an den Kais von Deira (engl. *wharfage*), wo besonders viele der Holzschiffe vor Anker liegen, kann man an den Namen der unzähligen großen und kleinen Dhaus oft erkennen, woher die Boote samt ihrer Besatzung stammen. In den frühen Morgen- oder späten Abendstunden sind die Seefahrer eifrig mit dem Ein- und Ausladen beschäftigt. Die Waren werden mit großen Sackkarren direkt weiter in den nahe gelegenen Souq transportiert.

Abras und Wasserbusse

Abras sind kleine hölzerne Motorboote, die Passagiere **zwischen den Ufern der Lagune von Dubai** transportieren. Zudem verkehren die geschlossenen, klimatisierten und behindertenfreundlichen Wasserbusse der Roads and Transport Authority (RTA). Alle Boote fahren zwischen den frühen Morgen- und späten Abendstunden (auf einer Abra-Route sogar rund um die Uhr) alle paar Minuten ab und kosten 1 Dh (Abra) bzw. 2 Dh (Wasserbus) pro Person und Strecke (die 5–7 Min. dauert).

An- bzw. Ablegestellen

- **Abra Station Deira Old Souq** (Deira Baniyas Rd, am Ende der Old Baladiya St.; auch Watertaxi Station)
- **Abra & Waterbus Station Deira Al Sabkha** (Deira am Ende der Al Sabkha Rd; auch Watertaxi Station)
- **Waterbus Station Deira Baniyas** (Deira Baniyas Rd, zwischen Stadtverwaltung und Hotel Sheraton; auch Watertaxi Station)
- **Abra Station Bur Dubai** (Bur Dubai, an der Bank of Baroda; auch Watertaxi Station)
- **Abra & Waterbus Station Bur Dubai Old Souq** (Bur Dubai Old Souq, an der Grand Mosque)
- **Waterbus Station Al Seef** (Bur Dubai, creekeinwärts, Al Seef Rd; auch Watertaxi & Ferry Station)
- **Weitere Stationen sind in Planung** (Shindagha und Bastakiya)

Routen

- Als **nördlichste Verbindung** verkehren **Abras** zwischen der **Deira Old Souq Station** und der **Bur Dubai Station.** Als weitere Linie fahren Abras von der **Deira Al Sabkha Station** zur **Bur Dubai Old Souq Station,** diese liegt etwas weiter creekeinwärts als die Bur Dubai Station. Zudem kann man ab der Bur Dubai Old Souq Station per Wasserbus zur Baniyas Station fahren.

- Die **Deira Al Sabkha Station** liegt an der Baniyas Rd gegenüber der Al Sabkha Rd. Ab hier bestehen neben der oben genannten Abra-Linie nach Bur Dubai zur Old Souq Station auch Verbindungen per Wasserbus zur creekeinwärts gelegenen **Al Seef Station.** Zwischen der Deira Al Sabkha Station und einer ebenfalls auf der Deira-Seite weiter creekeinwärts gelegenen Station, der **Deira Baniyas Station,** fahren Wasserbusse.
- **Am südlichsten** verkehren **Wasserbusse** zwischen Deira Baniyas Station und Al Seef Station in Bur Dubai. Somit sind die drei Stationen Al Seef und Deira Baniyas sowie Deira Al Sabkha über zwei Wasserbusrouten miteinander verbunden.
- **Nachts** verkehren nur Abra-Boote zwischen Al Sabkha Station und Dubai Old Souq Station.

- Für individuelle Fahrten kann man ein **Wassertaxi** wählen, die klimatisierten Boote schippern zu neun Stationen im Creek (sowie zu zwölf weiteren in den Küstengewässern sowie nach Palm Jumeirah).
- Wer sich für eine **Rundfahrt** ein Boot chartern möchte, der kann auch dafür ein Wassertaxi mieten, Kostenpunkt pro Boot und Stunde 400 Dh. Außerdem per Motor-Abra für ca. 100 Dh pro Stunde und Boot sowie mit einer Ruder-Abra für nur 30 Dh pro Stunde und Boot.

- **Details** zu allen Möglichkeiten siehe „Öffentliche Verkehrsmittel"
- **Infos:** Tel. 8 00/90 90, www.rta.ae

Creek-Cruise

Auf einer Dhau, einem traditionellen hölzernen Segelschiff, kann man eine interessante **Stadt- und Creekbesichtigung** unternehmen. Die Rundfahrten werden zu verschiedenen Zeiten offeriert, meist mit Verpflegung in Form von Büfett oder Barbeque, teils ohne. Die meisten Dhaus starten ihre etwa zweistündige **Dinner-Cruise** abends zwischen 20 und 20.30 Uhr, einige bieten auch Cruises zur Mittagszeit ab 13/13.30 Uhr an. Die Preise inkl. Mahlzeit variieren zwischen 250 und 500 Dh, eine Dhautour ohne Essen gibt es schon ab 45 Dh. Man kann mittags oder abends einfach entlang des Creek bummeln und sich eine Dhau aussuchen; Vorbestellungen sind – außer für große Gruppen – meist nicht nötig. Auch die Tourveranstalter in Dubai bieten Dhau-Cruises an.

Das **individuelle Chartern einer Dhau** ist bei den unten genannten Veranstaltern sowie beim Al-Boom Tourist Village (siehe „Sehenswertes in Bur Dubai") und bei lokalen Tourveranstaltern (siehe „Reisebüros und Tourveranstalter") möglich.

Veranstalter am Deira-Ufer

Zwischen den Hotels Radisson Blu und Sheraton Dubai Creek Hotel and Towers stehen diverse Veranstalter mit ihren Dhaus zu einer Creek-Rundfahrt bereit, u.a.:

- **Al-Mansour/Radisson Blu Hotel:** täglich um 20 Uhr Dinner-Creek-Cruises in traditionellem Dhau-Holzboot mit Büfett, 185 Dh, Tel. 2 22 71 71, www.radissonblu.de
- **Cruises Dubai:** Dinner-Cruises im Creek um 20.30 Uhr, 99 Dh, oder vor Dubais Küste (Details siehe „Dubai Marina"), vorherige Buchung erwünscht, Tel. 0 50/8 71 72 00, www.cruisesdubai.net

Veranstalter am Bur-Dubai-Ufer

Am Creek Walkway (bei der British Embassy auf Höhe der Trade Centre Rd) ankern zahllose weitere Dhaus, die zumeist abends ablegen.

- **TourDubai:** fährt täglich ab dem Creek Walkway einstündige Sightseeing-Dhau-Touren (ohne Mahlzeiten) um 11.30, 13.30, 14.30, 15.30 und 17.30 Uhr, 45 Dh, auch zweistündige Dinner-Cruises ab 20.30 Uhr, Tel. 3 36 84 07, www.tour-dubai.com

- **Bateaux Dubai:** täglich luxuriöse Rundfahrten im 56 Meter langen, rundum verglasten Flussschiff, Abfahrt vom Creek Walkway, mit Nachmittagstee (45 Min., 75 Dh) oder erlesenem Abendessen und Live-Musik, Tel. 3 99 49 94, www.bateauxdubai.com
- **On Verra 6:** luxuriöser 25-Meter-Katamaran, Touren am Samstagnachmittag durch den Creek und entlang der Küste (12.30–18 Uhr, 180 Dh), Abfahrt vom Creek Walkway, auch Wochenend-Parties (DJ-Sound, Cocktails und Tanz auf dem Bootsdeck, Do 21.30–2 Uhr und Fr 12.20–18 Uhr, 300 Dh) und Privatcharter (mit oder ohne DJ), Tel. 0 50/5 86 97 46, www.lycatamaran.com
- Weiter creekeinwärts startet vom **Al-Boom Tourist Village** allabendlich um 20 Uhr eine Dhau zum Dinner-Cruise, Tel. 3 24 14 44, 3 24 30 00, www.alboom.ae
- Ab der Al Seef Abra Station in Deira und einer Wasserbusstation am Diving Village in Shindagha kann man auch mit einem **Wasserbus** der Roads and Transport Authority (RTA) zu einer **Creek-Rundfahrt** starten. Abfahrt tagsüber stündlich, 25 Dh, ca. 45 Min., Ticketverkauf an den Abra-Stationen.

Rundfahrt auf dem Creek

Fährt man hinter dem **Sheraton Dubai Creek Hotel and Towers** ab und konzentriert sich zunächst auf die rechte Uferseite des **Stadtteiles Deira,** so sieht man rechts neben dem Sheraton Hotel das Hauptgebäude der **National Bank of Dubai** – unverkennbar durch seine segelartige Form und die messingfarbene Glasfläche – und das ebenfalls verspiegelte Hochhaus der **Industrie- und Handelskammer** mit seiner dreieckigen Grundfläche.

Vom Ufer zurückgesetzt fällt das mit einem riesigen „Golfball" gekrönte Hauptgebäude der staatlichen **Telekommunikationsgesellschaft Etisalat** auf. Neben ihm thront der **Dubai Creek Tower** mit seiner Glasfassade und einem runden Dachaufbau. Fährt man weiter creekauswärts Richtung Mündung, liegen am Uferstreifen unzählige Holzschiffe vor Anker. Diese **Dhaus** stehen auch weiter creekeinwärts an den Kaianlagen.

Weiter creekauswärts gefahren und den Blick auf die Deira-Seite gerichtet, folgen an Bauwerken das zwar hohe, aber architektonisch unspektakuläre Gebäude der **Arab Bank for Investment and Foreign Trade** und das auffällige, postmoderne Gebäude der **Dubaier Stadtverwaltung** (engl. *municipality*). Das gegenüberstehende Denkmal – ein Kamel mit Schachbrett und einem Turm – soll an die Schach-Olympiade von 1986 erinnern. Es folgen das **Radisson Blu Hotel** und der mit Spiegelglas verkleidete **Twin Tower Complex,** ein Einkaufszentrum mit Büros und Apartments (siehe „Einkaufszentren und Malls"). Stets betriebsam ist es an den beiden **Abra-Anlegestellen,** hinter denen sich das **Souqgebiet von Deira** mit seinen vielen Geschäften ausdehnt. An der Abra-Anlegestelle Al Sabkha Rd steht das Gebäude der **Emirates Bank International Limited,** dessen goldene Glasfassade im Sonnenlicht glitzert.

Man umrundet nun die in den Creek hineinragende **Halbinsel Al-Ras,** auf der der Kernbereich des Souqs von Deira zu finden ist. Hinter dem großen weißen Parkhaus-Gebäude verlaufen die gedeckten Gassen der **Gewürz- und Haushaltswaren-Souqs.** Hier findet sich auch einer der diversen Eingänge in die Hauptgasse (Sikkat al-Khail Street) des weiter im Landesinneren verlaufenden **Goldmarktes.** Auf der weiteren Fahrt wird dieser umrundet, bis man am großen Gebäude des **Gold Centre,** eines Einkaufszentrums ausschließlich mit Juwelierläden, die Mündung des Creek fast erreicht hat. Unweit von hier verläuft der **Shindagha-Autotunnel** unter dem Wasser.

Die meisten Dhau-Touren drehen nun um und fahren creekeinwärts zurück. Wendet man von nun an seinen Blick auf den rechter Hand gelegenen **Stadtteil Bur Dubai,** so sieht man zunächst den nahe am Ufer stehenden Komplex des **Heritage- and Diving Village,** dessen Besichtigung sehr zu empfehlen ist. Auffällig sind die **Windtürme,** die im traditionellen Stil rekonstruiert wurden. Ebenfalls mit Windtürmen versehen und rekonstruiert sind die südlich folgenden Häuser, u.a. die des *Shaikh Obaid* und des *Shaikh Saeed,* das als **Museum** eingerichtet ist. Einst stand das Ensemble mitten in Shindagha, einem der ältesten Stadtteile Dubais. Es war jedoch so baufällig, dass man es Ende der 1980er Jahre nahezu komplett abgerissen hat. Auf der dem offenen Meer hin zugewandten Seite von Shindagha liegt der **Rashid-Hafen,** dessen Verladekräne im Hintergrund die traditionellen Windtürme überragen.

Im Anschluss dehnt sich der **Bur Dubai Souq** aus, in dem sich vor allem Stoffe und Elektrogeräte finden. Hinter der **Abra-Anlegestelle Bur Dubai Old Souq** erstreckt sich ein eingezäunter Bereich mit Regierungsgebäuden, **Diwan** genannt. Kurz dahinter steht das **Bastakiya-Viertel** mit seinen rekonstruierten **Windturmhäusern.** Blickt man noch einmal zurück auf den Diwan, so erkennt man, dass in ihm die typischen Bastakiya-Windturmhäuser imitiert wurden. Inmitten der strahlend weißen Re-

dub133 Foto: kk

Kontraste am Creek – alte Holzdhaus vor moderner Stadtsilhouette

gierungsgebäude steht die **Große Moschee,** unverkennbar durch ihr schlankes, 70 Meter hohes Minarett und den riesigen Gebetsraum, der von 54 Kuppeln gekrönt ist. Der **Creek Walkway** verläuft am Ufer entlang bis zur Waterbus & Watertaxi & Ferry Station Al Seef. An diesem Uferstreifen stehen diverse Boote zur Creek-Cruise bereit. Es folgt das gartengleiche Gelände der britischen Botschaft, weitere diplomatische Vertretungen finden sich landeinwärts in Bur Dubai. Ebenfalls auf dieser Seite steht ein Wohnpalast von *Shaikh Mohammed* (Fotografieren verboten). Kurz vor der Al-Maktoum-Brücke liegen der **Gerichtskomplex** und das **Rashid-Krankenhaus.** Hier drehen die Rundfahrt-Boote wieder um.

Würde man jenseits der **Al-Maktoum-Brücke** sowie der provisorischen Floating Bridge weiter durch den Creek schippern, so folgt auf der linken Seite im **Stadtteil Al-Garhoud** das landeinwärts stehende **Einkaufszentrum City Centre.** Dann passiert man den Yachthafen des **Dubai Creek Golf and Yacht Club.** Direkt am Wasser steht das futuristisch anmutende Clubhaus des Marineclubs, das in seiner Form einem Boot nachempfunden wurde. Augenfällig ist die Dachkonstruktion, die den aufgeblähten Segeln eines riesigen Schiffes gleicht. Für eine Wüstenstadt einmalig ist das gepflegte Grün des 80 Hektar großen Golfplatzes.

Auch die gegenüberliegende Uferseite ist mit Rasen begrünt, denn hier erstreckt sich das riesige Areal des **Creek Park** samt dem Dubai Dolphinarium. Eine Seilbahn verbindet beide Parkseiten. Am südlichen Parkende, kurz vor der **Al-Garhoud-Brücke,** befindet sich der **Familien-Vergnügungspark Wonder-Land** mit dem Wasserpark Splash Land. Direkt an der Al-Garhoud-Brücke liegt das **Al-Boom-Tourist Village.**

Würde man von hier aus weiter den Creek entlangschippern, ginge es zunächst unter den Brücken Al-Garhoud sowie Business Bay hindurch. Auf der linken (östlichen) Uferseite dehnt sich die **Dubai Festival City** aus, gegenüber soll das **Culture Village** entstehen – beide Stadtteile sind festlichen Events bzw. der Kultur verschrieben. Dahinter überquert die **Business Bay Bridge** den Creek. In der Mitte des Meeresarms werden die Wohnwelten des Wasser-Viertels The Lagoons errichtet. Hier soll zukünftig die Brücke Sheikh Rashid bin Saeed Crossing (Auto- und Metroübergang) den Creek überspannen.

Das (derzeitige) **Ende des Creek** ist zu einem Naturschutzgebiet erklärt worden (siehe „Ras al-Khor"). Es ist geplant, den Creek weiter auszubaggern und so zu vergrößern. Er soll das Areal der Business Bay durchziehen und am Burj Khalifa sowie dem Safa Park vorbei bis ans Meer reichen.

Creek- und Küsten-Bootsrundfahrt

Wasserfähren bieten touristische Rundfahrten durch den Creek und entlang der Küstengewässer an. Somit kann man Alt- und Neu-Dubai bequem und staufrei vom Wasser aus besichtigen.

Ab Al Seef fahren die klimagekühlten und behindertengerecht ausgestatteten

Boote quer durch den Creek zwischen den Stadtteilen Deira und Bur Dubai hindurch. Dann biegen sie nach Südwesten ab und schippern vorbei am Rashid-Hafen zwischen der Küstenlinie von Jumeirah und dem Inselprojekt The World bis kurz vor das berühmte Luxushotel Burj Al Arab sowie retour. Näheres siehe „Öffentliche Verkehrsmittel".

Dubai Festival City

Lifestyle in Dubai heißt vor allem „shopping", „dining", „entertaining" – und das lässt sich perfekt in der Festival City ausleben. Auf 3,8 km Länge vor reizvoller Uferkulisse am Creek gelegen, kann man in diesem Veranstaltungsstadtteil seine Freizeit genießen. Den 50.000 (größtenteils noch gesuchten) Einwohnern versprechen die Immobilienmakler eine hohe Lebensqualität, auch unterhalb des Luxuspreisniveaus. Die Festival-Stadt gliedert sich in die **Distrikte Marsa Al-Khor, Festival Centre und Al Badia,** ihre Wahrzeichen sind das runde Becken des Yachthafens, die angegliederte Creek-Promenade einschließlich des **Canal Walk,** eines 400 m langen **künstlichen Kanals,** auf dem traditionelle Wassertaxis die Besucher umsonst zu ihrem Ziel schippern (nur spätnachmittags und abends). Beispielsweise zu einem der rund 40 Restaurants entlang des Ufers oder in eines der vielen Geschäfte (mehr dazu siehe „Einkaufszentren und Malls" bzw. „Orte mit vielfältigem Gastronomieangebot").

Ein ganz besonderes Restaurant sei in der Festival City empfohlen: Das **Al-Fanar Restaurant and Café** bietet die seltene Gelegenheit, emiratische Speisen zu moderaten Preisen zu genießen! Man kann entweder draußen am Wasserkanal oder drinnen sitzen, alles ist originell und liebevoll im nostalgischen Stil der Emirate vor dem Ölzeitalter dekoriert – samt Karawanenkamelen (aus Plastik). Am einfachsten zu finden, wenn man von Marks & Spencer zum Hinterausgang Richtung Canal Walk geht und glaubt, an einem kleinen Museum zu stehen. Geöffnet: Sa bis Do 12–24 Uhr, Fr 14–24 Uhr, www.alfanarrestaurant.com, Tel. 2 32 99 66.

Festival Centre und Festival Square sind die Herzstücke des Stadtteils: zum einen ein **Veranstaltungszentrum,** in dem Konzerte und Kulturevents abgehalten werden, zum anderen ein **Einkaufsparadies,** in dem 600 Geschäfte um die Gunst der Kunden buhlen. Selbstverständlich gibt es drinnen zahlreiche Restaurants, Bistros, Essensstände und Cafés. Kulinarische Vielfalt und pittoreske Stadtansichten bietet der **Marina Restaurant Pavilion** (siehe „Orte mit vielfältigem Gastronomieangebot"). Zur Übernachtung stehen Hotels wie InterContinental oder Crowne Plaza bereit, Golfer können auf den Greens von Al Badia ihrer Passion nachgehen. Innerhalb der Festival City verkehrt ein Shuttlebus.

Zu erreichen ist die Festival City am einfachsten über die Brücken Business Bay oder Al-Garhoud.

- **Anfahrt mit öffentlichen Verkehrsmitteln:** Watertaxi Station Dubai Festival City
- **Infos:** www.dubaifestivalcity.com, Tel. 8 00/ 3 32 22

Ras al-Khor

Das südlichste Ende des Creek wurde – der Einzirkelung durch Schnellstraßen zum Trotz – als **Wildpark und Vogelschutzgebiet** deklariert **(Ras al-Khor Wildlife Sanctuary).** Auf diesem ca. 6 km² großen Areal können Hobby-Ornithologen von Aussichtstürmen aus Vögel beobachten. 67 Spezies haben sich hier angesiedelt, in den Wintermonaten überwintern zahlreiche Zugvögel. Das Uferareal steht voller Mangroven (lat. *Avicennia marina*) und bietet nicht nur sichere Brutplätze, sondern vor allem ein reiches Nahrungsangebot, unter anderem für Flamingos.

- **Anfahrt:** über die Ras al-Khor St. (E44) oder die Oud Metha Rd (E66); entlang beider Straßen Beobachtungsstationen (engl. *bird watch hides*)
- **Eintritt:** frei, für Einzelbesucher und Familien Besuch ohne Anmeldung möglich, **geöffnet:** Sa bis Do 9–16 Uhr
- **Infos:** www.wildlife.ae, Tel. 6 06 68 22

Sehenswertes in Deira

Anfahrt mit öffentlichen Verkehrsmitteln

- Die im Altstadtareal von Deira gelegenen Sehenswürdigkeiten liegen nahe beieinander und lassen sich miteinander kombiniert zu Fuß erkunden. Zur direkten Anfahrt mit öffentlichen Verkehrsmitteln empfiehlt es sich, per **Bus** zur Bus Station Gold Souq bzw. per **Metro** zur Green Line Metro Station Al Ras zu fahren (diese beiden Bus- und Metrostationen liegen in Gehnähe zueinander). Außerdem liegen die Green-Line-Metrostationen Palm Deira und Baniyas Square in Deira; auch die Metro Station Union, an der sich Green Line und Red Line kreuzen.
- Auch per **Wassertaxi** kann man ankommen, beispielsweise aus den küstennahen Neustadtbereichen, die folgenden Stationen liegen im Altstadtbereich am Deira-Creekufer (creekeinwärts aufgelistet): Deira Old Souq, Al Sabkha, Baniyas. An diesen Stationen legen weitere Wassertransportmittel wie Wasserbusse oder Abra-Boote an, diese eignen sich zum schnellen Überqueren des Creek (siehe „Sehenswertes am Creek" und „Öffentliche Verkehrsmittel").

Deira Souq

Der Souq von Deira dehnt sich **auf der Halbinsel Al-Ras** aus – genau genommen ist die ganze Landspitze ein einziges riesiges Souqgebiet. Die Stadtverwaltung Dubais hat an vielen Stellen Restaurierungen der alten Gebäude vornehmen lassen.

Gold Souq

In der mitten in Deira gelegenen Hauptgasse des Goldmarktes, der mit einem Schatten spendenden Dach überspannten **Sikkat al-Khail St.,** ist wahrhaftig alles, was glänzt, aus (purem) Gold. In den Schaufenstern und Vitrinen der über **300 Läden** wird der Betrachter durch die funkelnde Auslagen aus Gold und Juwelen regelrecht geblendet. Immer wieder kann man Araberinnen beobachten, die sich ihren Schmuck gleich pfundweise einpacken lassen. Während Europäer **Gold** eher aus ästhetischen Gründen kaufen, ist es **für Araberinnen eine wichtige Wertanlage.** Goldschmuck stellt den größten Teil des Brautpreises, der von der Familie des Bräutigams an die Eltern der

Braut und an sie persönlich gezahlt wird. Viele Schmuckstücke sind im Stil des alten **traditionellen Beduinenschmucks** gestaltet und beschützen die Trägerin z.B. vor dem „Bösen Blick". Andere Stücke sind mit indischen Elementen verziert, denn unter den Goldkäufern sind auch viele Inder. Das Angebot berücksichtigt natürlich auch den Geschmack der Europäer, die schlichte und kleinere Preziosen bevorzugen.

Bei Europäern am beliebtesten sind 14- und 18-karätige **Schmuckstücke,** unter Indern erfreut sich 22-karätiger Schmuck größter Wertschätzung, wohingegen Araber 21 oder pure 24 Karat bevorzugen. Mit dem nötigen „Kleingeld" können Sie auch **Goldbarren** oder **Bullion-Münzen** aus 24-karätigem Gold kaufen, die in allen Gewichtsabstufungen erhältlich sind. Als Normmaß gilt der **Zehn-Tola-Barren,** der 116,64 Gramm entspricht und eine alte indische Gewichtseinheit ist.

Der **Preis** der Schmuckstücke richtet sich nach dem karatabhängigen aktuellen **Goldwert und Gewicht.** Die Kunstfertigkeit der Verzierung ist nicht maßgeblich, lediglich ein sehr geringer Aufschlag muss dafür gezahlt werden. Aktuelle Goldpreise stehen in den lokalen Tageszeitungen.

Wer lieber **in klimatisierten Gebäuden** Juwelen und goldene Schmuckstücke bewundern oder einkaufen möchte, der findet an der Al-Khor St., unweit der Bus Station Gold Souq südlich des Shindagha-Tunnels gleich drei „goldige" **Einkaufszentren: Gold Land, Gold Centre, Al-Raas Centre** und **Gold House.** Auch in den **Shopping Malls** in den neuen Stadtteilen Dubais gibt es meist mehr als einen Juwelier mit erlesenen Auslagen – üppig dekoriert ist der Goldmarkt in der Dubai Mall. In dem an der Shaikh Zayed Rd gelegenen **Gold and Diamond Park** sind 90 Schmuckläden beheimatet.

Souvenir-Tipps: Im Goldsouq gravieren zahlreiche Verkäufer Namen in lateinischen oder arabischen Lettern in Goldschmuck ein. Einige Händler kaufen auch alten Schmuck auf bzw. verrechnen seinen Ankaufspreis mit neu erworbenen Schmuckstücken.

Wer kein Interesse an edlem Geschmeide hat, der findet um den Goldsouq herum zahllose Läden mit **Bekleidung und Souvenirs.** Etliche verkaufen jedoch nur Großmengen (engl. *wholesale*).

Naif Souq

Folgt man der Sikkat al-Khail St., der Hauptgasse im Goldsouq, ostwärts, so ändert diese jenseits der Kreuzung mit der Al Sabkha Rd ihren Namen in **Naif Rd.** Auf der Höhe der in einem rekonstruierten Fort eingerichteten Naif-Polizeistation dehnt sich der Naif Souq aus. In den Gassen finden vor allem Frauen ein großes Angebot an preiswerter **Bekleidung,** Handtaschen, Haarschmuck und Schuhen.

Naif Museum

In der Naif Rd kann man sich im **Naif Fort,** dem ersten Quartier und Ausbildungszentrum der Polizei Dubais aus dem Jahr 1939, über die **Geschichte der Dubaier Polizei** informieren. Im ehemaligen Gefängnisturm wurde eine

dub149b Foto: kk

1001 Gewürze im Souq

Ausstellung eingerichtet. Auch der Werdegang von *Shaikh Mohammed* wird dokumentiert.

● **Geöffnet:** Sa bis Do 8–19.30 Uhr, Fr 14.30–19.30 Uhr, Tel. 2 26 02 86

Gewürzsouq

Ein Erlebnis der besonderen Art verspricht ein Bummel durch die gedeckten Gassen des Gewürzmarktes, der sich in Deira **zwischen der Old Baladiya St., der Al-Ras St. und der am Creek entlanglaufenden Baniyas Rd** ausdehnt.

Die Gerüche der verschiedensten **Gewürze** ziehen durch die Gassen. Pfeffer, Paprika, Curry, Cumin, Koriander, Kardamom, Kurkuma, Ingwer, Gewürznelken, Muskatnüsse, getrocknete Fische, Kräuter, Chillischoten, Knoblauch und Limonen – alles wird in riesigen Säcken oder Kisten offeriert.

Es finden sich auch unzählige **Kräuter und Naturheilmittel,** gegen jedes Zipperlein hat man hier das passende Kraut parat. Sowohl als Heilmittel, aber in erster Linie als Duftstoff wird **Weihrauch** verwandt. Wohlriechende Dufthölzer und Räuchermischungen werden ebenfalls angeboten. Dazwischen steht immer wieder **Hennapulver,** mit dem sich arabische und indische Frauen die Hände und Füße verschönern.

Auch Reis, Nüsse, Rosinen, Kaffeebohnen, verschiedenste Teesorten sowie kostspieligen echten Safran kann man kaufen.

Municipality Museum

Am östlichen Ende der Hauptgasse des Gewürzsouqs, an der Old Baladiya St., steht das Haus, das **bis 1964** als **Dubais Rathaus** diente. Im Gebäude informiert eine kleine Ausstellung der Stadtverwaltung über die Geschichte der Stadtverwaltung. Die heutige Administration hat ihr deutlich größeres Hauptgebäude immer noch am Creek von Deira, jedoch weiter creekeinwärts (zwischen dem Radisson Blu Hotel und dem Sheraton Dubai Creek Hotel and Towers).

● **Geöffnet:** Sa bis Do 7.30–15 Uhr, Tel. 3 45 36 36

Frischmärkte

Ein Souq für Obst, Gemüse, Fleisch und Fisch ist in einer großen Halle **östlich des Shindagha-Tunnels in Deira** untergebracht (samt kleinem **Fischereimuseum Fisherman's House,** täglich geöffnet von 8–13 und 16–21 Uhr, Ein-

Der Souq – Orient pur

In der arabischen Gesellschaft hatte der **Warenhandel** schon in vorislamischer Zeit einen hohen Stellenwert. In nahezu allen Winkeln des arabischen Raumes verdingten sich arabische Kaufleute im **Fernhandel.** Auf den verzweigten Handelswegen wurden die edelsten Güter, darunter Gold, Seide, Gewürze, Weihrauch, Elfenbein, Teppiche und Pelze, transportiert.

Entsprechend wichtig waren – und sind – die Märkte. Das **traditionelle Marktviertel** (arab. *souq*) ist in nahezu allen arabischen Ländern das Zentrum des lokalen Handels. Hier erlebt der Besucher „Orient pur", mit all seinen wechselnden Eindrücken.

Wie die Stadt selbst, so ist auch der Markt Dubais **durch den Creek zweigeteilt,** sodass es einen **Deira Souq** und einen **Dubai Souq** gibt. Das Bummeln und Stöbern in den Souqgassen wird durch das (scheinbare) Durcheinander, die ständig wechselnden Gerüche und die vielen Menschen aus aller Welt zu einem echt orientalischen Erlebnis.

In den engen, verwinkelten Gassen findet man ein **vielfältiges Warensortiment,** das von Zahnstochern über Bekleidung bis hin zu edlen Juwelen reicht. Der Großteil entfällt auf preiswerte Textilien, Stoffe, Schuhe, Taschen, Haushaltswaren, Uhren und Elektroartikel.

Handeln ist im Souq ausdrücklich erwünscht und sollte immer Teil des Einkaufes sein. Meist ist es schnell möglich, sich gegenseitig auf einen Preisnachlass von etwa einem Viertel bis zu einem Drittel des Ausgangspreises zu einigen.

Viele der **Händler** in Deira stammen aus Indien oder Pakistan, in Bur Dubai haben sich im Laufe der Zeit überwiegend persische Kaufleute angesiedelt. Die eindeutige Mehrheit der Käufer kommt aus Russland und den GUS-Staaten, um durch massenhafte Einkäufe ihre heimischen Schwarzmärkte zu beliefern.

Neben Geschäften gibt es auch zahlreiche **kleine Restaurants,** Imbisse und Cafeterias mit Softdrinks und frischen Fruchtsäften. Die vielen im Souq ansässigen **Exchangestuben** bieten durchgängig bessere Kurse als die Banken – und insbesondere als die Wechselschalter in den Hotels.

Die meisten Geschäfte des Souq **öffnen** am frühen Morgen, sind über Mittag geschlossen und haben danach erst wieder ab etwa 16 Uhr bis zum Abend geöffnet.

tritt frei), ein zweiter im vollklimatisierten Shindagha-Market **südwestlich des Shaikh-Saeed-Hauses** zwischen der Station Al Ghubaiba und dem Port Rashid **in Bur Dubai.**

Das **Angebot** ist **vielfältig,** farbenprächtig und vor allem frisch. Ein Besuch lohnt insbesondere am Vormittag, wenn die Verkaufstische förmlich überquellen.

Historische Gebäude

Al-Ras ist der Name der vom Creek umspülten und in Nachbarschaft zum Souq gelegenen **Halbinsel im Stadtteil Deira.** Hier stehen diverse historische Baudenkmäler, deren **Renovierung** sich die Stadtverwaltung angenommen hat. Dabei werden nur traditionelle Materialien wie **Korallen- und Muschelstein, Sandelholz und Gips** verwendet. Baustil und Design der Zierornamente im Mauerwerk und auf den Holztüren folgen althergebrachten Mustern. Die genannten Gebäude befinden sich in der **Al-Ahmadiyah St.** (einer südlichen Parallelstraße der Al-Khor St.), die die Halbinsel Al-Ras von Südwesten nach Nordosten durchzieht. Schwer vorstellbar, dass die Al-Ahmadiyah St. noch in den 1950er Jahren direkt am Meer lag.

- Der **Eintritt** in alle historischen Häuser ist frei.

Heritage House

Dieses **„Volkskundehaus"** ist ein **schönes Beispiel traditioneller Architektur.** Das renovierte und teilweise auch neu aufgebaute Gebäude wurde mit alten Gegenständen und Puppen als **kleines Museum** eingerichtet.

Der **Haupteingang** liegt im Norden **an der Al-Ahmadiyah St.** mitten in Al-Ras – noch in den 1950ern Jahren war hier Meer! Hinter dem Eingang liegt eine große **Empfangshalle** mit Zugang zum **Versammlungsraum** (arab. *majlis*), in dem reine Männerrunden stattfanden – der Versammlungsraum der Frauen liegt im nordöstlichen Gebäudeteil. Vom Haupteingang führt ein schmaler Gang nach links in den Innenhof und zu einem Seiteneingang.

Das **Herzstück** ist der **große Innenhof** (arab. *al-housh*), um den die Wohnräume der Hausbesitzer und Hausangestellten sowie die Küche und Vorratsräume angeordnet sind. Vom Hof sind auch der typische **Windturm** (arab. *bajeel*) und die zwei Verandas (arab. *lewaan*) zu sehen. Die um den Hof laufende, arkadengesäumte Veranda verhindert effektiv eine direkte Sonneneinstrahlung in die Zimmer.

Sehenswert ist auch die über dem Eingang gelegene **2. Etage,** einst ein von allen Seiten winddurchfluteter Versammlungs- und Schlafraum, der sich der **Ausstellung traditioneller Spiele** widmet.

Die ältesten Räume der Hauses stammen vom Ende des 19. Jahrhunderts. Ursprünglich war es ein kleines Haus mit nur zwei festen Zimmern und Palmwedelanbauten um den Innenhof, um 1910 wurde es von seinem damaligen Besitzer, einem wohlhabenden Perlenhändler, umfangreich erweitert.

Durch seine **detaillierte Einrichtung** lohnt eine Besichtigung, um sich in Gedanken einige Jahrzehnte zurückzuversetzen. **Englischsprachige Schrifttafeln** und **Touch-Screen-Computer** informieren über die Historie und Restaurierung dieses und weiterer Gebäude.

• **Geöffnet:** Sa bis Do 8–19.30 Uhr, Fr 15–19.30 Uhr, Tel. 2 26 02 86

Al-Ahmadiyah School

Die Medressa („Schule") wurde **1912** von *Shaikh Ahmed bin Dalmouk* **gegründet** und nach ihm benannt. Auf die **erste reguläre Lehranstalt des Emirates** konnten in erster Linie Händler ihre Söhne zu einer fundierten Ausbildung schicken. Damit trat die Schule an die Stelle indischer Eliteschulen.

An der Al-Ahmadiyah wurden **Arabisch, Islamwissenschaft und Mathematik** gelehrt. Viele Prominente drückten hier die Schulbank, so auch *H.H. Shaikh Rashid bin Saeed Al-Maktoum,* der spätere Herrscher des Emirats. Zur Zeit der Perlendepression in den 1930er Jahren musste die Al-Ahmadiyah – wie die meisten einheimischen Schulen – den Lehrbetrieb einstellen. Doch sie war die einzige Schule, die wieder eröffnet wurde und die Wirtschaftskrise des Zweiten Weltkriegs überlebte. 1965 war das Gebäude zu klein geworden, sodass der Unterricht in neue Räume verlegt wurde.

Nach langem Dornröschenschlaf und langsamen Verfall wurde das Gebäude **restauriert** und als ein **Bildungsmuseum** eingerichtet. Um einen kleinen Innenhof liegen auf zwei Etagen die ehemaligen Klassenräume. Der **Innenhof** mit seinen weißen Stukkaturen und den Bögengängen ist sehr schön anzusehen. Drumherum sind alte, eingerichtete **Klassenzimmer,** historische Fotografien und Dokumente zu besichtigen. Englischsprachige Texte und nach Belieben zuschaltbare Filme informieren über die Hintergründe.

• **Geöffnet:** Sa bis Do 8–19.30 Uhr, Fr 15–19.30 Uhr, Tel. 2 26 02 86

dub150 Foto: kk

Al-Ahmadiyah-Bogen mit Stuckornamenten

Bin Juman House

Neben dem Heritage House und der Al-Ahmadiyah School liegt das Bait bin Juman, das „Haus des bin Juman". Dieses **historische Haus** einer bekannten Dubaier Kaufmannsfamilie wurde Ende des 19. Jahrhunderts erbaut. In den letzten Jahren aufwendig restauriert, ist es jedoch nicht zu besichtigen.

Bin-Dalmouk-Moschee

Dieses um 1930 erbaute Gotteshaus im Osten der Al-Ahmadiyah-Schule ist mit seinen vergitterten Fenstern und der **schlichten rechteckigen Grundform** nur bei genauem Hinsehen und nach Erkennen der Gebetsecke (arab. *mihrab*) als Moschee zu definieren. Der eigentliche Name ist Bin Lootah, doch die Menschen nennen sie Dalmouk-Moschee **(Zutritt nur für Muslime).**

Palm Deira und Deira Corniche

Rund um das Hyatt Hotel, zwischen Shindagha-Tunnel und Hamriya-Hafen, wird die **Uferpromenade** Deiras formschön neu gestaltet. Strände, Parks, Hotels, Büro- und Geschäftsgebäude, Apartments, Sport-, Einkaufs- und Freizeiteinrichtungen sowie Museen sollen die City in Zukunft attraktiver machen. Auch eine **Palmeninsel** gehört zu den Ausbauplänen. Die Deira-Palme soll mit über 12,5 km Länge und 7,3 km Breite die größte und letzte der Dubaier Palmeninsel-Trilogie sein. Derzeit gibt es sie erst als Masterplan, Landaufschüttungen haben begonnen.

- **Infos:** www.nakheel.com, www.thepalm.ae

Sehenswertes in Bur Dubai

Anfahrt mit öffentlichen Verkehrsmitteln

- Die im Altstadtareal von Bur Dubai gelegenen Sehenswürdigkeiten liegen nahe beieinander und lassen sich miteinander kombiniert zu Fuß erkunden. Zur direkten Anfahrt mit öffentlichen Verkehrsmitteln empfiehlt es sich, per **Bus** oder **Metro** (Green Line) zu der in Bur Dubai gelegenen Al Ghubaiba Station zu fahren (Bus- und Metrostation liegen nebeneinander). Auch die Metro-Green-Line-Stationen Al Fahidi und Khalid bin Al Waleed liegen in Bur Dubai, an letztgenannter kreuzen sich Green Line und Red Line.
- Auch per **Wassertaxi** kann man ankommen, beispielsweise aus den küstennahen Neustadtbereichen, die folgenden Stationen liegen am Bur-Dubai-Creekufer (creekeinwärts aufgelistet): Shandagha, Bur Dubai, Al Fahidi, Al Seef. An manchen dieser Stationen legen weitere Wassertransportmittel wie Wasserbusse oder Abra-Boote an, diese eignen sich zum schnellen Überqueren des Creek (siehe „Sehenswertes am Creek" und „Öffentliche Verkehrsmittel").

Bur Dubai Souq

Auch das Souqgebiet von Bur Dubai wurde umfangreich renoviert. Manche Gassen sind mit hölzernen Bogengängen überdacht und Häuser **im traditionellen Stil** mit Korallenstein sowie zum Teil mit Windtürmen **restauriert.**

Stoffsouq

Zwischen dem Al-Fahidi-Fort/Dubai-Museum (s.u.) und dem Creek liegt der **farbenprächtige Stoffmarkt** Bur Dubais. Die Schaufenster der Geschäfte konkurrieren um die bunteste Auslage,

dub10_005 Foto: dt

Im Stoffsouq von Bur Dubai

unter den Vordächern und vor den Eingängen flattern indische Seidensaris und Kaschmirschals, im Innern der Läden stapeln sich dicke Stoffballen in allen Farben, Mustern und Qualitäten.

Elektrosouq

Die **Al-Fahidi St.** und einige ihrer Seitenstraßen sind spezialisiert auf den Verkauf von HiFi-Geräten, Unterhaltungselektronik, elektronischen Haushaltsgeräten, Handys, Armbanduhren sowie Fotozubehör. Das Angebot ist groß, es gibt sowohl „Billigschrott" als auch qualitativ hochwertige Markenprodukte und technische Neuheiten. Die Handelsspanne kann hoch sein, viele Artikel sind preiswerter als in Deutschland (handeln!).

Bait al-Wakeel

Zwischen der Abra & Watertaxi Station Bur Dubai und der Abra & Waterbus Station Bur Dubai Old Souq liegt das renovierte Bait al-Wakeel am Creek-Ufer. Im Jahr **1935** von *H.H. Shaikh Rashid bin Saeed Al-Maktoum* **erbaut,** war es einst das **erste Handelshaus Dubais.** In vergangenen Zeiten wurde es von einer Schifffahrtsgesellschaft genutzt, heute beherbergt es ein **Café/ Restaurant** mit arabischer Kost, Grillspeisen und Fischgerichten. Sehr schön – und bei Touristen beliebt – ist die über (!) dem Creek gelegene Terrasse; wer nicht speisen möchte, kann hier auch eine Wasserpfeife, einen Kaffee oder einen Fruchtsaft genießen. Nicht zu überbieten ist die Aussicht auf den Creek mit den hin- und herschippernden Abra-Booten und den hölzernen Frachtdhaus vor dem Dubaier Häuserwirrwarr.

- **Geöffnet:** tägl. 12–24 Uhr, Tel. 3 53 05 30.

Dubai Museum im Al-Fahidi Fort

1787 wurde das imposante Al-Fahidi Fort erbaut, das heute das **bedeutendste historische Gebäude Dubais** ist. Bis 1896, als *H.H. Shaikh Maktoum bin Hasher Al-Maktoum* in das Palastgebäude an den Creek (den heute rekonstruierten Palast des *Shaikh Saeed*) umzog, wurde es als Herrschersitz genutzt. Zudem diente die Festung zur Bewachung und Verteidigung der Stadt sowie als Waffenlager und Gefängnis.

Seit 1971 ist das Fort **Sitz des Dubai Museum.** In seinen historischen Räumen werden die Geschichte des Gebäudes sowie Hintergründe und Dokumente zur traditionsreichen Vergangenheit gezeigt. In das mobile Sommerhaus (arab. *al-areesh*) früherer Beduinen ist der Eintritt gestattet. Für Kühlung sorgte ein Windturm, dessen Wände aus einem mit Leinentüchern bespannten Holzgerüst bestehen.

Im südwestlichen Wehrturm (dem ältesten) befindet sich der Eingang in einen unterirdischen Museumsteil, der trefflich als **„multimediales Reich der Sinne“** beschrieben werden kann. Viele raffinierte Film-, Ton- und Lichteffekte, Hologramme und sogar Gerüche sorgen dafür, dass dieser Teil des Museums „lebt“. In einem Rundgang wird man durch die Dubaier Geschichte und Kultur geführt. Krönung sind die vielen wirklichkeitsnahen Darstellungen mit Puppen und ausgestopften Tieren.

- **Geöffnet:** Sa bis Do 8.30–20.30 Uhr, Fr 14.30–20.30 Uhr; **Eintritt:** 3 Dh; Tel. 3 53 18 62.

Bastakiya-Viertel

Mitten im Trubel Bur Dubais öffnet sich eine kleine Oase der Ruhe, eines der wenigen Areale, in dem Spazierengehen Spaß macht. Das wenige hundert Meter **östlich des Forts** gelegene Bastakiya-Viertel ist eines der ältesten Dubais. Die meisten Gebäude und Wohnhäuser wurden Anfang des 20. Jahrhunderts von wohlhabenden Kaufmannsfamilien, die ihre Wurzeln im Irak hatten, errichtet. Als Baustoff dienten lokal verfügbare Baumaterialien wie Korallenstein, Muschelkalk und Lehm. Viele Gebäude besitzen einen noch vollständig erhaltenen, aber nicht mehr in Betrieb befindlichen **Windturm.** Die bis zu 15 m hohen Türme (arab. *bajeel*) leiten frischen Wind in die Häuser und warme Luft nach oben ab. Typisch für die Häuser ist auch, dass sie um einen Innenhof (arab. *hawi*) herum erbaut sind. Die Stadtverwaltung ließ das gesamte Viertel mit traditionellen Baustoffen **restaurieren** und bemüht sich um die Konservierung der zuvor verfallenen Gebäude. Zudem wurde die historische

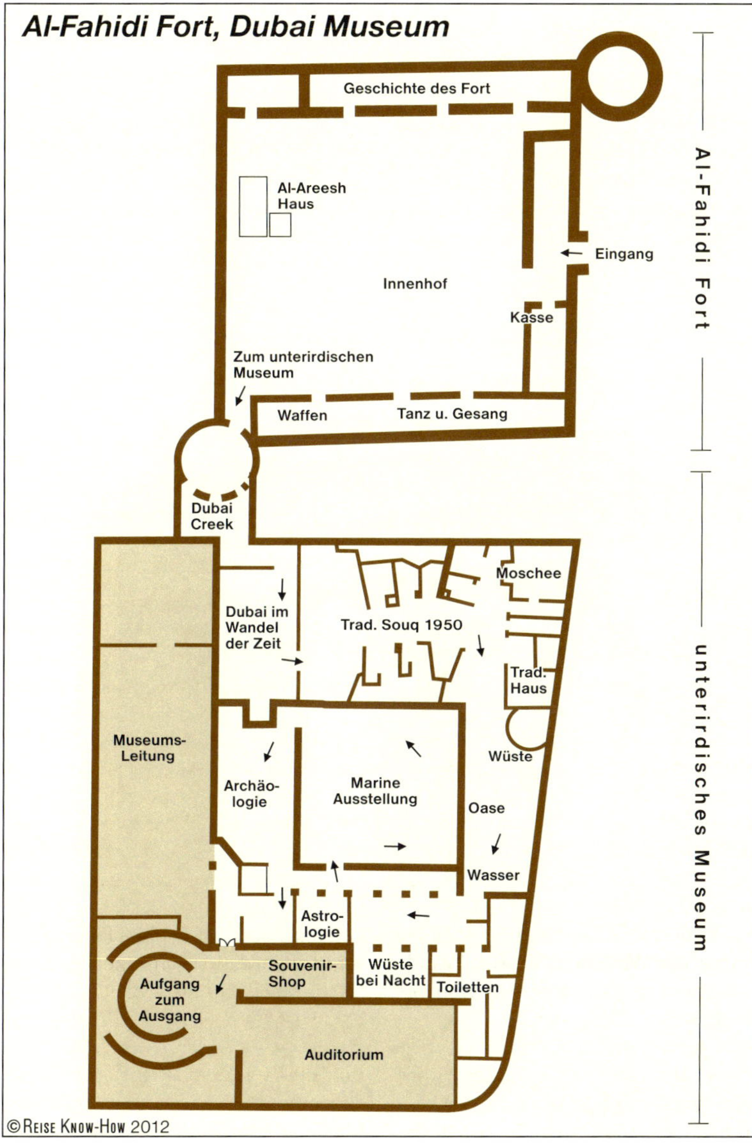
Al-Fahidi Fort, Dubai Museum
Geschichte des Fort
Al-Areesh Haus
Innenhof
Eingang
Kasse
Zum unterirdischen Museum
Waffen
Tanz u. Gesang
Dubai Creek
Al-Fahidi Fort
unterirdisches Museum
Moschee
Dubai im Wandel der Zeit
Trad. Souq 1950
Trad. Haus
Museums-Leitung
Wüste
Archäo-logie
Marine Ausstellung
Oase
Wasser
Astro-logie
Souvenir-Shop
Wüste bei Nacht
Toiletten
Aufgang zum Ausgang
Auditorium
© Reise Know-How 2012

Die kühle Brise – Windtürme

Die Technik, Häuser mit Windtürmen (arab. *barjeel*) zu erbauen, spielte in vergangenen Zeiten, als Ventilatoren und Klimaanlagen noch nicht bekannt waren, eine bedeutende Rolle in der Golfregion. Die barjeel sind nach allen vier Seiten geöffnet, um jede noch so laue Brise einfangen und in das Haus leiten zu können. Im Inneren trennt eine X-förmige Mauer die einzelnen Öffnungen voneinander. Dadurch wird verhindert, dass der Wind geradewegs durch den Turm durchzieht. Diese Konstruktion ermöglicht es auch, dass auf der einen Seite kühle Luft ein- und auf der anderen warme Luft ausströmt. Im Winter konnte der Turm mit Brettern verschlossen werden

Der Ursprung der Windtürme liegt im Südiran; in Dubai wurden die Barjeel zu Beginn dieses Jahrhunderts von den aus Persien zugewanderten reichen Händlern „eingeführt". Heute sorgen elektronische Klimaanlagen für Kühlung, sodass die Barjeel meist funktionslos und nur noch als Taubenschlag attraktiv sind.

dub371b Foto: kk

Siedlung mit original nachgebauten Häusern erweitert.

Schlendert man in Bastakiya durch die schattigen Gassen, bekommt man einen **Eindruck vom alten Dubai.** In den Windturmhäusern sind Kunstgalerien, Restaurants, Museen sowie Architektur- und Kulturorganisationen untergebracht, hier kann man sich die Häuser von innen ansehen – lohnenswert ist der Ausblick von einer Dachterrasse. In einigen der Häuser haben sich Shops oder Galerien eingerichtet, in denen man traditionelles Handwerk, Antiquitäten oder Andenken kaufen kann.

Gemütliche **Cafés** in schattigen Innenhöfen bieten das Basta Arts Café und das Local House (beide an der Al-Fahidi St.). Zu einer Pause in einem Innenhofcafé laden ebenso die **Boutique-Hotels** Orient und XVA (samt Geschenkshop und Kunstgalerie, siehe „Kunst und Kultur") ein, zudem kann man in beiden gemütlich und stilvoll in einem Windturmhaus übernachten (siehe „Unterkunft"). Ein schickes **Restaurant** der gehobenen Preisklasse verbirgt sich hinter Bastakiyah Nights (Creek-Ufer). Eine stadtbekannte Kunstgalerie mit wechselnden Ausstellungen ist die **Majlis-Galerie** (Al-Fahidi St.). Liebhaber von historischen Münzen oder Briefmarken kommen im **Coins House** bzw. im gegenüber gelegenen **Philately House** auf ihre Kosten (am Creek-Ufer neben der Moschee). Auch das der Völker- und Kulturverständigung verschriebene Shaikh Mohammed Centre for Cultural Understanding hat hier ein Haus, in dem man sich über die angebotenen Aktivitäten und Veranstaltungen informieren kann (am Al-Fahidi Verkehrskreisel, siehe „Sonstiges").

Mitten im Viertel steht ein Stück der alten **Stadtmauer.** Dubai hatte einst zwei Schutzmauern: Die ältere schützte ab 1800 die Altstadt Bur Dubais, das Fort und die große Moschee; sie bestand aus Korallenstein und Gips, war ca. 600 m lang und 2,5 m breit. Eine zweite Mauer wurde um 1850 in Deira erbaut. Beide wurden bei Stadterweiterungen zerstört.

Creek Walkway

Das Creek-Ufer **südlich des Bastakiya-Viertels** wird von den Einheimischen als **Flaniermeile** genutzt, insbesondere abends. Die **Aussicht** auf die spiegelglasschimmernde Skyline von Deira ist imposant, Bänke und Schattensegel laden zum Verweilen ein. Am Ufer reihen sich zahllose **traditionelle Dhau-Boote** aneinander. Die meisten bieten zur Abendzeit Creek-Rundfahrten mit Dinner an, manche auch Lunch-Cruises (siehe „Sehenswertes am Creek").

Ab der Al Seef Station bringen einen **RTA-Wasserbusse** ohne Verkehrsstau hinüber zur Deira-Seite. Auch **RTA-Wassertaxis** schippern ab hier zu weiteren Anlegestellen am Creekufer und an der Golfküste, auch Dubai Ferry startet hier zu einer Rundfahrt (Details siehe „Öffentliche Verkehrsmittel").

Shindagha: Kultur- und Volkskunde-Viertel

An der Creekmündung in Bur Dubais Norden hat die Stadtverwaltung den

Boden des historischen, aber wegen seiner Baufälligkeit anfangs der 1970er Jahre abgerissenen Stadtteils Shindagha zu einer „historischen Zone" erklärt (Shindagha Historical Zone) und sich dem **Wiederaufbau von traditionellen Gebäuden** gewidmet. Auch in Zukunft sollen weitere traditionelle Häuser rekonstruiert werden und Ausstellungen beherbergen.

Während der Tageshitze ist das Gelände wenig besucht, ab dem späten Nachmittag kommen immer mehr Besucher, denn das **gesamte Creek-Ufer bis hinunter zum Souq von Bur Dubai** eignet sich hervorragend zum gemächlichen **Promenieren.** Es gibt gemütliche Cafés/Restaurants, in denen man entweder drinnen oder draußen unmittelbar am Creek-Ufer etwas essen oder trinken kann (keine Alkoholika). Auch Wasserpfeifen stehen bereit.

• Am Heritage Village kann man im **Al-Bandar Seafood Restaurant** (geöffnet 12–1 Uhr, Tel. 3 93 90 01, www.alkoufa.com) Fischgerichte, arabische und internationale Speisen genießen; vor dem Diving Village liegt das **Kan Zaman,** in dem arabische und emiratische Gerichte angeboten werden (geöffnet 17–1 Uhr, Tel. 3 93 99 13, www.alkoufa.com). Ebenfalls arabische Kost sowie Grillspeisen, Meeresfrüchte und Wasserpfeifen gibt es im **Al-Areesh Restaurant** (geöffnet 12–24 Uhr, Tel. 3 93 11 13).

Shaikh Saeed House (Museum of Historical Photos and Documents)

Prunkstück der Shindagha Historical Zone ist der **rekonstruierte Palast von H.H. Shaikh Saeed Al-Maktoum,** dem einstigem Machthaber Dubais und dem Urgroßvater des heutigen Herrschers. Der ursprünglich aus dem Jahre 1896 stammende und im Laufe der Zeit verfallene Gebäudekern wurde mit den traditionellen Materialien Korallenstein, Gips und Kalk wiederaufgebaut. Der letzte Hausherr *Shaikh Saeed* lebte bis zu seinem Tod 1958 in diesem Palast am Eingang des Creek. Durch diese Lage hatte der Herrscher alle ein- und auslaufenden Schiffe im Blick, eine stetige Meeresbrise sorgte für angenehme Kühlung. Vier **Windtürme** leiteten die Frischluft ins Palastinnere, ebenso die zahlreichen mit Stuck verzierten Fensteraussparungen. Das riesige zweistöckige Gebäude hat drei offene Innenhöfe. Es lohnt sich, über die Außentreppen auf die Flachdächer zu steigen und die Aussicht über den Creek einmal so zu erleben.

In den Räumen werden **historische Fotos** zur Geschichte und zum Wiederaufbau des Palastes, zum traditionellen Leben auf See und in der Wüste sowie zur Stadtentwicklung Dubais präsentiert. Künstlerisch sehr ansprechend und historisch aufschlussreich sind die Fotografien der Al-Maktoum-Familie. **Alte Münzen, historische Dokumente und Landkarten** sowie seltene Briefmarken runden die Ausstellung ab.

• **Geöffnet:** Sa bis Do 8.30–20.30 Uhr, Fr 15–20.30 Uhr; **Eintritt:** 2 Dh; Tel. 3 93 71 39

House of Camel und House of Horse

Diese beiden nebeneinander gelegenen rekonstruierten Häuser widmen sich den beiden liebsten Beduinentieren: dem Kamel und dem Pferd.

dub161 Foto: kk

Das **House of Camel,** ursprünglich Anfang der 1940er von *Shaikh Rashid bin Saeed Al-Maktoum* erbaut, war ein Kamel- und Pferdestall. Die um einen Innenhof gruppierten Räume informieren über Historie, Anatomie und Aufzucht des Kamels. Im Raum der Rennkamele kann man auf lebensgroßen Plastikkamelen Platz nehmen und diese per Knopfdruck zum Laufen bringen.

Das **House of Horse** widmet sich dem Araberpferd und informiert von wichtigen Ahnenlinien über die Zucht bis zu Poesie und Geschichte.

● **Geöffnet:** Sa bis Do 8.30–20.30 Uhr, Fr 16.30–20.30 Uhr; **Eintritt:** frei

House of Traditional Architecture und Sheikh Obaid Bin Thani House

Den historischen Wert der traditionellen Architektur veranschaulichen diese ursprünglich zu Beginn des letzten Jahrhunderts erbauten, doch zwischenzeitlich abgerissenen und wiederaufgebauten Häuser.

Im **Haus des Shaikh Juma Al Maktoum** ist eine Ausstellung eingerichtet. Vorgestellt werden regionale Bauformen und -materialien sowie Dekorationsstile. Deutlich wird die Rolle traditioneller Ornamentik, denn dem Koran getreu wird auf die Abbildung von Menschen und Tieren verzichtet. Zur Dekoration dienen arabeske oder abstrakte Muster und auch **Kalligrafien** mit religiösem Hintergrund. **Ornamentik** findet sich häufig in Form von Gipsverkleidungen (Oberfenster, Windtür-

Fenster am Shaikh Saeed House

me) und als Holzschnitzerei (Türen, Balkone), aber auch als Malerei (Deckenbalken) oder Glaserei (Oberlichter). Im Haus werden auch Techniken und Materialien zur **Konservierung** historischer Gebäude thematisiert.

Auch das benachbarte **Haus des Shaikh Obaid bin Thani** ist in dieser Bauform rekonstruiert worden. Zwei Etagen reihen sich um einen Innenhof, überdachte Arkadengänge und ein mächtiger Pippal-Baum spenden Schatten. Das 1916 erbaute Gebäude wurde durch die damals noch lukrativen Einnahmen des Perlenhandels finanziert.

- **Geöffnet:** Sa bis Do 8.30–20.30 Uhr, Fr 14.30–20.30 Uhr; **Eintritt:** frei

Heritage Village und Diving Village

Neben dem Shaikh Saeed House in Shindagha stehen das Heritage Village („Volkskundedorf") und das Diving Village („Tauchdorf").

Der in rekonstruierten Windturmhäusern um einen großen Innenhof herum erbaute Komplex des **Heritage Village** bietet Gelegenheit, die emiratische **Kultur, Geschichte und Tradition** kennen zu lernen. Originalgetreu nachgebaut sind diverse Marktstände, eine Silberschmiede, ein Dattelhändler, Süßwarenverkäufer, Gewürzläden usw. Zudem kann man eingerichtete Steinhäuser aus der Bergregion und Beduinenzelte aus verwebter Ziegen- und Schafswolle betreten. Das Heritage Village dient zeitweise auch als Ausstellungs- und Verkaufsort für **traditionelles Kunsthandwerk, Antiquarisches und Souvenirs.** In einem Innenhof wurde das sogenannte **UAE Village** eingerichtet. Aus allen Landesteilen sind soziale Entwicklungszentren und Frauenverbände vertreten. Frauen aus minderbemittelten Familien stellen traditionelles Handwerk her, das ausgestellt wird und käuflich er-

Kalligrafie

Die Kalligrafie, die **Schönschreibkunst,** schafft eine formvollendete Verbindung von Wort und Bild. Durch sie wachsen aus Buchstaben nicht nur elegante und verschlungene Formen, denn der eigentliche Kernpunkt ist der Inhalt des Textes, der meist einen religiösen oder philosophischen Kontext hat. Kalligrafen schöpfen aus den Buchstaben **fantasievolle Muster** sowie Tiere oder traditionelle Gegenstände. Das Innere der Moscheen, insbesondere die nach Mekka gerichtete Gebetsnische, ist mit langen kalligrafischen Schriftbändern sowie ausladenden Arabesken oder Ornamenten ausgeschmückt.

Kalligrafie der arabischen Worte „Der Heilige Koran"

worben werden kann. Der Erlös kommt den Frauen direkt zugute.

Das benachbarte **Diving Village** widmet sich der **maritimen Historie** Dubais. So finden sich allerlei Ausstellungs- und Verkaufsstücke zur Fischerei und Perlentaucherei, nachgebaute Schiffsmodelle sowie Dhaus in Originalgröße.

Zu feierlichen Anlässen und während des Dubai Shopping Festivals finden in beiden Anlagen **folkloristische Veranstaltungen** (Tänze, Konzerte, Theateraufführungen, Kunstausstellungen, Kinderspiele etc.) statt, hinzu kommen Verkaufsstände und Imbissbuden.

- **Geöffnet:** Sa bis Do 8.30–22 Uhr, Fr 8.30–11.30 und 16.30–22 Uhr; **Eintritt** frei; Tel. 3 93 71 51

Al-Boom Tourist Village

Dieses gastronomische Touristendorf liegt weiter creekeinwärts **an der Al-Garhoud-Brücke** und beherbergt das im Hüttenstil errichtete **Restaurant Al-Dhaleez,** in dem arabische und internationale Speisen sowie Fisch- und Grillgerichte serviert und auch Büfetts aufgebaut werden. Das **Maharaja** bietet indische Speisen mit Creek-Panorama. Beide geöffnet 11–16 und 19–24 Uhr.

Auf einer fest verankerten Original-Dhau kann man im **Mumtaz-Restaurant** Fisch und Meeresfrüchte essen und die Aussicht genießen (20–22 Uhr).

Alkoholika gibt es im Al-Boom Village und auf dessen Schiffen nicht.

- **Infos:** Tel. 3 24 14 44, 3 24 30 00, www.alboom.ae
- **Anfahrt mit öffentlichen Verkehrsmitteln:** Watertaxi Station Al Boom Tourist Village

Sehenswertes auf Dubais Seeseite

Anfahrt mit öffentlichen Verkehrsmitteln

- Die kilometerlang gezogene Küstenlinie der Stadtteile Jumeirah, Umm Suqeim und Al-Sufouh kann man beispielsweise über die Bus Station Satwa (östliche Al-Satwa Rd) erreichen. Von dort gibt es diverse **Buslinien** entlang der Küstenstraßen Jumeirah Rd bzw. der Al-Sufouh Rd bzw. durch die angrenzenden Viertel.
- Per **Wassertaxi** werden folgende Stationen angefahren (stadtauswärts aufgelistet): Jumeirah Open Beach, Jumeirah Beach Park, Jumeirah Beach Hotel, One & Only Royal Mirage, Mina Syahi.
- Die **Metro Red Line** verläuft weit im Landesinneren, ohne Umstieg in ein anderes Verkehrsmittel nützt sie wenig.
- Ab 2014 kann man in Al-Sufouh auch in die **Al Sufouh Tram** einsteigen, eine ca. 14 km lange Straßenbahn von Madinat Jumeirah bis Dubai Marina und Media City. Die Tram soll an die Metro Red Line angeschlossen werden, zudem an die über Palm Jumeirah fahrende Palm Monorail.

Jumeirah, Umm Suqeim und Al-Sufouh

Weite Teile Dubais liegen am Ufer des Golfs – **von der Creekmündung bis zu Palm Jumeirah** sind es rund 24 km. Im alltäglichen Sprachgebrauch wird die gesamte Küstenlinie als Jumeirah bezeichnet – ganz in Vergessenheit geraten scheinen Umm Suqeim und Al-Sufouh. Strandvillen und -hotels reihen sich aneinander, und Strände laden zu Sport, Spiel, Spaziergang oder Sonnenbad ein. In den Parks kann man die Seele baumeln lassen – prima als Kombination von beidem der Jumeirah-Strandpark. Entlang der zentralen Verkehrsachse, der Jumeirah Beach Rd bzw. ihrer Verlängerung Al-Sufouh Rd, finden sich Geschäfte und Boutiquen, Restaurants und Cafés, Kliniken und Schulen.

Übrigens haben sich zwei **Schreibweisen** des Stadtteils Jumeirah eingespielt: Jumeira ohne h entspricht der offiziellen englischen Umschrift der Dubaier Stadtverwaltung, Jumeirah mit h haben zahlreiche Hotels, Cafés und Schulen als Eigennamen gewählt (und wird in diesem Buch bevorzugt).

Madinat Jumeirah

„Jumeirah-Stadt" ist die passende Übersetzung dieses **riesigen Hotelresorts,** das geografisch genau gesehen im Stadtteil Al-Sufouh liegt. Zwischen Meeresstrand, Garten und Wasserkanälen gelegen, bestimmen die vielen Winddtürme das Erscheinungsbild dieser außergewöhnlichen Anlage.

Unbedingt sehenswert ist **Souq Madinat Jumeirah:** Als Neuinterpretation eines traditionellen arabischen Marktviertels passt er ganz zum Stil des Resorts, das durch und durch emiratisch designt ist. Viele der insgesamt 95 Läden verkaufen Souvenirs, Antiquitäten und Handwerksartikel. Es finden sich auch Friseure und Hennamalerei. Alles reiht sich an enge, gedeckte Gassen; die hohe, von Holzsäulen getragene Konstruktion des Souqs (mit Klimaanlage) und das farbenfrohe Warensortiment vermitteln ein wirklich orientalisches Flair.

Wer diesen Souq besucht, sollte sich Zeit nehmen, um sich in einem der 20 gemütlichen **Cafés** oder interessanten **Restaurants** niederzulassen, viele herrlich im Garten oder an Wasserkanälen gelegen mit Aussicht auf unzählige Windtürme (siehe „Orte mit vielfältigem Gastronomieangebot"). Auch Bars und Nachtclubs gibt es im Souqgebiet. Die vielen verwinkelten **Terrassen,** insbesondere die Dachterrassen, gehören zu den schönsten der Stadt! Auch ein Amphitheater und ein Theater sind Teil des Souq Madinat Jumeirah.

Madinat Jumeirah ist von **Wasserkanälen und Grünanlagen** durchzogen. Besucher können an einer geführten Bootstour teilnehmen, sie starten zwischen 16 und 23 Uhr alle 20 Minuten (50 Dh pro Person). Nähere Informationen zum Hotelresort und zur Gastronomie stehen in den entsprechenden Kapiteln.

Zur Übernachtung im Resort siehe Info-Kasten „Madinat Jumeirah".

- **Lage:** am südlichen Strand von Umm Suqeim
- **Infos:** www.jumeirah.com, Tel. 3 66 88 88
- **Anfahrt mit öffentlichen Verkehrsmitteln:** Watertaxi Station Jumeirah Beach Hotel

The World

Da kaum ein Flecken des natürlichen Meeresufers Dubais unbebaut ist, wird im großen Stil neues Land gewonnen. So versucht Dubai sein Wachstumsstreben und die Sehnsucht nach Leben am Wasser zu befriedigen. Dubais neue Markenzeichen sind künstliche Inseln in fantasievoller Formgebung. Der technische Aufwand ist immens, der Eingriff in die Natur massiv. Es fällt schwer sich vorzustellen, dass Dubais ursprüngliche Küstenlinie von knapp 60 km bald auf 1000 km angewachsen sein soll ...

Allein mit **The World** sind 232 km neuer Strand entstanden. The World besteht aus 300 künstlichen Inseln, die sich ihrem Namen entspreched zu einer Weltkarte formieren. 9 x 7 km misst dieser riesige Insel-Atlas. Nur Boote, Hubschrauber, Wasserflugzeuge und Mini-U-Boote können das Neuland erreichen. Die Landgewinnung ist seit 2008 abgeschlossen. Der Großteil der Inseln ist verkauft und wartet auf seine Bebauung. Die Landbesitzer können ihr Land so gestalten, wie sie möchten. Jeder kann nach Gutdünken Privatrefugien, Yachthäfen, Hotel- oder Restaurantinseln realisieren. Der Bauträger sichert die Versorgung mit Strom und Wasser und stellt vier wichtige Knotenpunkte mit Gemeinschaftseinrichtungen wie Einkaufszentren, Restaurants, Parks, Freizeiteinrichtungen, Polizei- und Medizinstationen und Fähranlegestellen.

Mitte 2012 waren alle Inseln unbebaut – alle mit Ausnahme eines kleinen Eilands namens **Lebanon.** Hier hat ein privater Strandclub, **The Royal Island Beach Club,** eröffnet. Es gibt den Strand, Pool und Restaurant sowie private Chalets zur Tagesnutzung. Wohl an keinem Strandflecken Dubais kann man den Stress der Stadt weiter hinter sich lassen als hier. Freitagabends wird hier eine Strandparty veranstaltet, samstags ein Beach-Brunch. Bislang kann man nur per Wasserflugzeug, Yacht oder Jetski anreisen, in Zukunft sollen Wassertaxis ab Jumeirah die Anfahrt übernehmen.

- **Infos:** www.royalislandbeachclub.ae, Tel. 8 83 23 50

Doch die Welt ist für Dubai nicht genug: **The Universe** heißt ein Projekt, bei dem die Entwickler davon träumen, Sonne, Mond und Planeten im Meer zu verewigen.

- **Infos:** www.nakheel.com, www.theworld.ae

Palm Jumeirah

Diese **2008 eingeweihte** und kleinste der drei künstlichen Dubaier Palmeninseln breitet sich im Süden von Jumeirah aus. 94 Millionen Kubikmeter Sand und 7 Millionen Tonnen Gestein mussten zu ihrer Erschaffung aufgeschüttet, verdichtet und bebaut werden. Würde man dieses Material zu einer zwei Meter hohen und einen halben Meter dicken Mauer aufschichten, dann würde diese dreimal die Erde umrunden. Den Palmeninseln gemeinsam ist nicht nur der Riesenpalmen-Grundriss, sondern auch der sie umgebende Wellenbrecher-Halbkreis, der vor der Gewalt des Meeres schützen soll.

Auf dieser vordersten Meeresfront der Jumeirah-Palme sollen **30 Luxushotels** ihre Pforten öffnen. Die opulenteste, raffinierteste und schon eröffnete Resortanlage ist das Atlantis (siehe Info-Kasten „Wunder trifft Wasser – Erlebnisdestination Atlantis“).

Palm Jumeirah ist vergleichsweise bescheiden dimensioniert: Länge des Wellenbrecherrings 11 km, Durchmesser der Palme 6 km, 16 Palmwedel, Uferlinie 78 km. Auf dem 3 km langen und 450 m breiten Palmstrunk soll eine **Freizeitstadt** mit Apartmenthochhäusern, Sportstätten und Einkaufseinrichtungen entstehen.

Mitte 2012 war die Jumeirah-Palme auf ihren Palmwedeln mit unzähligen **Eigenheimen** bebaut, alle am Strand, viele mit eigener Bootsanlegestelle samt Pool. Der Zugang zu den Palmwedeln ist nur Anwohnern möglich. Auf dem Wellenbrecherkranz stehen Luxushotels, auf dem Stamm vornehmlich Apartmenthochhäuser. Ende 2013 soll am Stammende vor dem Atlantis Hotel ein Gastronomie- und Einkaufsviertel – **The Pointe** – eröffnen. 120 Gastrobetriebe und 75 Geschäfte reihen sich an Flanierwegen auf. Ebenfalls in den Startlöchern stehen die **Palm Mall** sowie die **Hotels** Fairmont, Royal Amwaj, Mövenpick, Waldorf Astoria, Habtoor Island Resort, Jumeirah Al Fattan Palm Resort und ein weiteres Kempinski. Auch soll die Einschienenbahn Palm Monorail weitere Stationen bekommen.

Über diese Gigapalme gehen die Meinungen auseinander: Manche halten sie für ein Zeichen des Größenwahns, andere sehen darin eine großartige Bauleistung, die strandgesäumten Wohnraum geschaffen hat – was deutlich attraktiver ist, als in einem der Villen- und Apartmentviertel in Dubais wüstenhaftem Umland zu wohnen.

- **Infos:** www.nakheel.com, www.palmjumeirah.ae, www.thepalm.ae
- **Anfahrt mit öffentlichen Verkehrsmitteln:** Über den Stamm der Palmeninsel fährt die Einschienenbahn **Palm Monorail,** die ab 2014 über die Al Sufouh Tram an die Metro Red Line angebunden werden soll; per **Wassertaxi** kommt zu den Stationen One & Only The Palm und Atlantis.

Bereits eröffnete Resorts auf Palm Jumeirah

Immer mehr Hotelresorts eröffnen auf Palm Jumeirah. Jedoch bringt die Unterkunft in diesen funkelnagelneuen und luxuriösen Strandresorts eine teilweise etwas abgeschiedene Lage mit sich: Viel los ist auf Palm Jumeirah noch nicht, und ins alte Stadtzentrum muss man lange Fahrten in Kauf nehmen. Andererseits liegt Dubai Marina (siehe unten) quasi nebenan. Inwieweit man dies als Vor- oder Nachteil empfindet, sollte jeder vor der Hotelbuchung überdenken.

Mitte 2012 waren in Betrieb:

- **Atlantis The Palm**
  Siehe „Unterkunft“
- **Jumeirah Zabeel Saray**
  www.jumeirah.com
- **One & Only The Palm**
  www.oneandonlythepalm.com
- **Kempinski Hotel & Residences**
  www.kempinski.com
- **Rixos The Palm Dubai**
  www.rixos.com

Dubai Marina

Dieses **moderne Strandviertel** liegt am Fuße des Stammes von Palm Jumeirah, in guter Nachbarschaft zu zahlreichen Strandhotels. Die Dubai Marina versteht sich als **Einkaufs-, Gastronomie- und Flanierareal.** Ein rund 4 km langer künstlicher Kanal windet sich um das Gebiet, in dem rund 200 Hochhäuser dicht an dicht in den Himmel ragen und das in Broschüren als „luxuriös“ und „schick“ angepriesen wird. 100.000 Menschen können hier wohnen.

Ihrem Anspruch gemäß hat die Dubai Marina einen eigenen **Yachthafen.** Etliche **Hotels** finden sich hier (z.B. Grosvenor House, Habtoor Grand Beach Resort and Spa, Le Royal Meridien Beach Resort and Spa, Amwaj Rotana Jumeirah Beach), darunter viele Strandresorts. Zwischen den Hotelstränden gibt es auch öffentliche Strandstücke (siehe „Strandparks und Strände").

Zwei Flaniermeilen bereichern das Hochhausgebirge: der **Marina Walk** (wenn vollendet, 11 km rund um den Marina-Kanal, derzeit nur im Osten auf Höhe der Metrostation baufertig) und der **Jumeirah Beach Residence Walk** – kurz JBR Walk (ca. 1,7 km an der Küsten-Promenade). Fußmüde können sich einen Pedal-Buggy mieten und das Areal erkunden (außen an der Marina Mall).

An beiden Walks wechseln sich **Restaurants, Geschäfte und Cafés** ab. In den kühleren Wintermonaten postieren sich an beiden Spazierwegen Marktstände mit Souvenirs, Bekleidung, Acessoirs etc. und bereichern das Viertel mit Outdoor-Shopping, zudem lädt die **Marina Mall** zum Indoor-Shopping ein (siehe „Einkaufszentren und Malls").

Highlights hochpreisiger Weltklassekochkunst bieten die Restaurants des **Gourmet Tower** beim Yachthafen (in naher Zukunft). Weitere Hinweise zum Gastronomieangebot siehe „Orte mit vielfältigem Gastronomieangebot".

- **Anfahrt mit öffentlichen Verkehrsmitteln:** Red Line Metro Station Dubai Marina & Jumeirah Lake Towers; Watertaxi Station Dubai Marina
- Diverse Anbieter bieten **Dhaufahrten** entlang der Dubai Marina und der Jumeirah-Küste (teilweise auch durch den Creek) an, tagsüber Sightseeing-Cruises oder abendliche Dinner-Cruises, Abfahrt Dubai Marina Promenade West hinter dem Lotus Marina Hotel, beispielsweise:
  - **Rikks Cruises:** täglich einstündige Sightseeing-Cruises (10.30, 13.30, 16, 18, 20 Uhr, 35 Dh), jeden Abend auch Dinner-Cruises mit Büffet (Dubai-Marina-Route 20.30–22.30 Uhr, 300 Dh, oder Dubai-Creek-Route), www.rikks.net, Tel. 3 57 22 00
  - **Cruises Dubai:** täglich einstündige Sightseeing-Cruises (10.30, 13.30, 16, 18 Uhr, 100 Dh), jeden Abend zweistündige Dinner-Cruises mit Büffet und Bauchtanz (ab 20.30 Uhr, 150 Dh), außerdem Creek-Cruises, vorherige Buchung erwünscht, Tel. 0 50/8 71 72 00, www.cruisesdubai.net

Palm Jebel Ali und Dubai Waterfront

An der Grenze zum Emirat Abu Dhabi wird eifrig neues Land gewonnen, denn in Zukunft sollen knapp zwei Millionen Menschen in diesem Areal leben. Hier werden Sehnsüchte nach „Leben am Wasser" befriedigt und Dubais neues Motto „Grün ist Trumpf" umgesetzt. Die Ferne zur Innenstadt wird aufgewogen durch die **Nähe zu Dubais neuen Wirtschaftszentren** wie der Jebel-Ali-Freihandelszone und dem Transport- und Logistikzentrum Dubai World Central samt dem in Zukunft größten Flughafen der Welt Al-Maktoum.

Ein **gigantisches Küstenbauprojekt** wird umgesetzt: Palm Jebel Ali, eine weitere Palmeninsel, die von Süden sichelförmig halb umrundet werden soll von Dubai Waterfront. Als erstes hat **Heritage Island** eröffnet: Auf dieser ca. 1 km langen und 500 m breiten Volkskunde-Insel können Ausflügler die Kul-

Wunder trifft Wasser – Erlebnisdestination Atlantis

Hotel Atlantis The Palm

Dieses Ferienresort ist 2250 Tonnen Marmor schwer, **46 Hektar** riesig und besticht durch seine Lage auf dem Scheitelpunkt des Wellenbrecherrings von Palm Jumeirah. Wie das antike Atlantis – so es denn existiert hat – ragt auch dieses übermorgenländische Atlantis aus dem Wasser auf. Dank dieses exponierten Standorts ist Atlantis zu einer Ikone der Stadt avanciert. Und dank des Luxusniveaus zu einer Top-Adresse unter all den anderen Sterne-Hotels.

Atlantis ist nicht nur Namensgeber, sondern auch das immer wiederkehrende Motiv der Resortanlage. **Mythos und Meereswelt** treffen aufeinander, hier wurden fantasievolle Aquarienwelten und künstliche Ausgrabungsstätten geschaffen. Die größte ist die Ambassador Lagoon, mit 11 Millionen Litern Wasser.

Überall werden maritime und mythische Farben, Formen und Themen kombiniert. Das **verspielt-fantastische Ambiente** zeigt sich schon beim Betreten des Hotels in Gestalt der 18 m hohen und bis ins Detail filigran-ausgefeilten Glasskulptur in Form einer Koralle. Und jenseits aller Kunst und Künstlichkeit bietet Atlantis 65.000 Meerestieren einen echten Lebensraum, der nach neuesten zoologischen Erkenntnissen eingerichtet wurde und gepflegt wird.

Das korallenfarbene Gebäude ist einem **mystischen Wasserschloss** nachempfunden, die zwei höchsten Türme, die Royal Towers, flankieren einen mächtigen Torbogen und sind mit einer Brücke verbunden.

In luftiger Höhe liegt die edelste Suite des Hauses, die **Bridge Suite.** Wer hier einzieht, gönnt sich 924 m² Wohlfühlwohnfläche, eine einmalige Aussicht, einen goldüberzogenen Esstisch und private Riesenterrassen.

Ganz unten weitere besondere Gästezimmer: Die **Lost Chamber Suites** ermöglichen durch deckenhohe Glaswände Einblicke in die Unterwasserwelt der Ambassador Lagoon. Kleine und große Fische ziehen ihre Runden durch antike Wasserkulissen, und man kann Auge zu Auge mit ihnen schlafen gehen, um dann im Traum als Kapitän *Nemo* selber durch diese perfekte Illusion eines Unterwasserreiches zu navigieren.

Ein paar **Zahlen:** 1539 Zimmer und Suiten hat der Luxustempel. 3000 Bedienstete kümmern sich um das Wohl der Gäste, allein über 500 von ihnen sind für kulinarische Wünsche zuständig und lassen Gaumen in 17 **Restaurants** frohlocken. Besonders bizarr: Im Ossiano werden Seafood-Spezialitäten vor Panoramascheiben mit Blickkontakt zu den Fischen der Aquarienwelt der Ambassador-Lagune serviert.

Zudem bieten **Lounges und Bars** Besonderheiten, so Nasimi Beach, eine trendy Strandbar, in der man tagsüber in Cabañas entspannen und abends zu DJ-Sound oder Live-Musik feiern kann.

Selbstredend verfügt das Hotel über einen **Wellnessbereich** mit Anwendungen und Behandlungen aus allen Teilen der Welt. Auch das Konferenzzentrum, die Einkaufspromenade, die Strand-, Sport-, Fitness- und Spielmöglichkeiten. Apropos Strand: Er ist 1,4 km lang!

Doch wer glaubt, Atlantis sei nur eine Nobelherberge der Extraklasse, der irrt. Denn die Anlage bietet Besuchern – auch Nicht-Hotelgästen – drei weitere Attraktionen: Aquaventure, Dolphin Bay und Lost Chambers. Für den Besuch aller drei Einrichtungen sollte man sich einen ganzen Tag Zeit nehmen.

- **Hotelausstattung:** G, B, W, F, R, N, P
- **Tel.** 4 26 00 00, Fax 4 26 01 00, www.atlantisthepalm.com

Aquaventure

Aquaventure ist der **größte Wasservergnügungspark der Region,** dessen 2,3 km langer, verschlungener Wasserweg die Besucher nicht nur über Rutschen, durch Stromschnellen und Wellenbecken führt, sondern auch unter (!) Haie. Beispielsweise saust man von der nahezu senkrechten **Riesenrutsche Leap of Faith** (27,5 m hoch, 60 m lang) von der Spitze einer mesopotamischen Tempelpyramide in fast freiem Fall in einem durchsichtigen Acryltunnel hinab unter eine Haifischlagune. Nicht nur die Haie bringen das Adrenalin zum Brodeln, auch die Geschwindigkeit, die auf dieser Rutsche erreicht wird. Insgesamt sieben Wasserrutschen starten von der Tempelspitze. Auch Shark Attack führt durch eine Röhre hinab ins Haifischbassin, jedoch mit weniger Speed.

Im Park, der viele altorientalische Stilelemente aufweist, sind alle Wasserwege miteinander verbunden, auch der Strand ist mit einbezogen, und alles ist eingebettet in eine tropische Parklandschaft. **Familien mit Kindern** finden im Splashers einen kindgerechten Wasserspielplatz mit Rutschen, Wasserfällen, Fontänen und vielem mehr.

• **Geöffnet:** täglich 10 Uhr bis Sonnenuntergang; **Tagesticket:** Erwachsene 200 Dh, Kinder 165 Dh, inkl. Zugang zu einem privaten Gästestrand; für Gäste des Atlantis The Palm freier Eintritt; **Tel.** 4 26 00 00

Lost Chambers

In den Lost Chambers, den „versunkenen Kammern", kann man die neu geschaffene **Ausgrabungsstätte des legendären Atlantis** erkunden. In einem Labyrinth führt der Weg durch gläserne Unterwasserbecken und -tunnel, vorbei an bunten Fischschwärmen, versunkenen Ruinen, vergessenen Artefakten und verschollenen Manuskripten. Teufelsrochen schweben an Hieroglyphen vorbei, Muränen gucken hinter Schatztruhen hervor, Feuerquallen schweben umher. Mehr als 160 Spezialisten widmen sich der Erforschung und dem Erhalt des maritimen Ökosystems.

Tipp: Im Untergeschoss des East Tower kann man – ohne Eintritt zu bezahlen – durchs Besucherfenster blicken.

• **Geöffnet:** täglich 8–21 Uhr; **Eintritt:** Erwachsene 100 Dh, Kinder 70 Dh; für Gäste des Atlantis The Palm freier Eintritt; **Tel.** 4 26 00 00

Dolphin Bay

In der Dolphin Bay können Träume wahr werden. In dieser von einem **Tropengarten** umgebenen **Meereslagune** bietet sich die seltene Gelegenheit, **mit einem Delfin** zu **schwimmen.** Diese Begegnung unterliegt strengen Regeln und findet unter Anleitung statt, wobei die Bedürfnisse der Tiere an erster Stelle stehen. Trainer informieren ausführlich über die Lebensweise dieser Meeressäuger, die Einnahmen kommen Meeresschutzzwecken zugute. 90 Minuten dauert die Stippvisite bei den Delfinen, davon 30 Minuten im Wasser. Tauchern wird die Möglichkeit geboten, mit einem Delfin zu tauchen. Wer nicht ins Wasser möchte, kann ein 10-minütiges Fotoshooting mit einem Delfin buchen oder die Tiere vom Strand der Dolphin Bay aus beobachten.

Die Dolphin Bay unterhält eine Meeressäuger-Klinik sowie ein Rettungs- und Pflegezentrum für gestrandete Tiere.

• **Geöffnet:** täglich 10 Uhr bis Sonnenuntergang; **Eintritt:** Schwimmen mit Delfinen Erwachsene und Kinder 890 Dh; Observer Pass Erwachsene 300 Dh, Kinder 265 Dh; Dolphin Photo Fun 325 Dh; Rabatte für Atlantis-Hotelgäste; jeweils inkl. Zugang zu einem privaten Gästestrand und ins Aquaventure; **Tel.** 4 26 10 30

tur der Emirate kennen lernen. Die Insel führt zurück in eine Zeit vor 200 Jahren und vermittelt einen Eindruck vom harten Leben der Fischer und Beduinen damals. Nicht nur Touristen sollen informiert werden, vor allem auch junge Emirater. Touristen werden vor dem Inselbesuch in tradtitionelle Kleidung gehüllt, für 250 Dh kann man – wenn man möchte – den ganzen Tag in der alten Zeit verbringen oder auch nur für einen Rundgang. Falkenjagd, Tanz, Fischerei, Perlentaucherei, Kamelzucht, Handwerk sind nur einige der vorgestellten Themen.

Palm Jebel Ali ist die mittlere der Dubaier Palmeninseln-Trilogie. Die Bauarbeiten sind in vollem Gange, ca. 30% der Insellandgewinnung waren Mitte 2012 geschafft. Auch hier stehen Wohn- und Freizeitbedürfnisse im Vordergrund. Knapp 300.000 Menschen wollen die Projektentwickler auf diese Insel locken und versprechen ihnen eine Stadt in der Stadt mit sämtlichen Einrichtungen des Alltagslebens. Die Jebel-Ali-Palme setzt sich aus verschiedenen Inseln, einem Stamm mit 16 Palmwedeln und einem vierteiligen Wellenbrecherring zusammen. Die Palme hat zusätzlich einen mittleren Ring, der aus 504 auf Stelzen erbauten Häusern im Wasser besteht. Diese Pfahlbauten sollen deutlich erschwinglicher sein als andere Immobilien auf der Palmeninsel. Von oben betrachtet formieren sich die Inseln zu einem von *Shaikh Mohammed* kreierten arabischen Vers, auf Deutsch übersetzt lautet er: „Lernt von der Weisheit der klugen Menschen, nicht jeder, der reitet, ist ein Jockey. Es bedarf eines Visionärs, um auf Wasser zu schreiben, angesehene Männer wachsen durch große Herausforderungen." Eine aktuelle Herausforderung ist es, die Auswirkungen der globalen Finanzkrise zu meistern. Denn insbesondere Dubai Waterfront scheint auf sehr seichtem Finanzgrund zu stehen.

Bei Vollendung sollen Palm Jebel Ali und Dubai Waterfront doppelt so groß sein wie Hong Kong – Dubai wird sich dann **weitere 70 km Küstenlinie** geschaffen haben. Die weltbesten Architekten wollen das Neuland erschließen mit einer Vielzahl an Apartments, Villen, Strandhäusern, Geschäften, Einkaufszentren, Bürotürmen, Freizeiteinrichtungen, Kulturstätten, Handels- und Industrieflächen. Touristen sollen die Qual der Wahl unter 150 Hotels und Resorts haben. Die Wasserfront wird durchzogen von zahlreichen **Kanälen und Wasserstraßen.** Luxus ist wieder einmal Trumpf, doch auch bezahlbarer Wohnraum für 60.000 Bauarbeiter soll im Stadtteil Omran geschaffen werden. Die wahre Sensation aber ist, dass Dubai Waterfront eine **ökologische Vorzeigestadt** werden soll. Der Bauträger Nakheel verspricht ein Konzept, das komplett ökologischen Nachhaltigkeitsprinzipien verpfichtet ist. Es soll ein schattiger Stadtteil entstehen, in dem sich Fußgänger wohlfühlen und in Kombination mit einem attraktiven Angebot

Abra im Abendlicht

an öffentlichen Verkehrsmitteln ihr Auto gerne stehen lassen. Dubai Waterfront besteht aus funktional unterschiedlichen Distrikten, sowohl auf Inseln wie auch am Festland, und geht am Ufer über in den 75 km langen Arabischen Kanal.

Dieser **Arabian Canal** ist ein weiteres spektakuläres Bauprojekt: Er wird der weltweit längste von Menschenhand geschaffene Kanal sein. Von Dubai Waterfront und Palm Jebel Ali ausgehend, vorbei am neuen Flughafen und am Freihafen, soll der ca. 150 m breite Kanal an der Dubai Marina wieder mit dem Meer verbunden werden. Die Ufer sollen Parklandschaften, Eigenheime, Flanierboulevards, Yachthäfen, Restaurants und Geschäfte säumen.

- **Infos:** www.nakheel.com, www.thepalm.ae, www.dubaiwaterfront.ae, www.limitless.ae

Bootstouren entlang der Golfküste

Bootstouren, Yacht-Cruises

In Dubai ansässige Tourveranstalter (siehe „Reisebüros und Tourveranstalter") sowie Marine Clubs und Yachtcharterfirmen (siehe „Sport und Aktivitäten") veranstalten Bootstouren und Yacht-Cruises an der Jumeirah-Küste, vorbei an den Strandhotels, dem Luxushotel Burj Al Arab und den künstlichen Inseln. Zudem bietet Nakheel, Bauträger der Palmen- und Weltinseln, Bootstouren ab Palm Jumeirah entlang der Eilande von The World an (siehe oben).

dub12_027 Foto: dt

Dubai-Ferry-Rundfahrt

Eine besondere Besichtigungsmöglichkeit bietet sich mit RTA Dubai Ferry: Die Fähre schippert ab der Ferry Station Marina Mall klimagekühlt durch den Kanal der Dubai Marina und entlang der Küstengewässer zu The Palm Jumeirah bis vor das Atlantis Hotel und zurück. Details siehe „Öffentliche Verkehrsmittel".

Dhau-Dinner-Cruises

Ab der Dubai Marina starten diverse Veranstalter abendliche Dinner-Cruises **in einem traditionellen Dhau-Holzschiff,** Abfahrt Dubai Marina Promenade West hinter dem Lotus Marina Hotel. Rikks Cruises bietet zweistündige Dinner-Cruises mit Büffet, eine Mittags-Sightseeingtour mit Büffet sowie einstündige Sightseeing-Cruises ohne Essen. Details siehe „Dubai Marina".

Jumeirah-Moschee

Die **am Beginn der Jumeirah Rd,** Ecke Al-Diyafah Rd (sie heißt neuerdings 2nd of December Rd) stehende Al-Jumeirah-Moschee ist die **größte und schönste der Stadt.** Mit ihren zwei schlanken Minaretten und der Gebetshalle mit fünf Kuppeln ist sie ein **anschauliches Beispiel moderner islamischer Architektur.** Abends, wenn zahlreiche Scheinwerfer das Gebäude anleuchten, erstrahlt die elfenbeinfarbene Fassade in einem breiten Spektrum von Beige- und Gelbtönen.

dub10_004 Foto: dt

Der Eintritt in die 1975 erbaute Moschee ist **Nicht-Muslimen nur im Rahmen einer Führung** gestattet; sie wird angeboten vom „Shaikh Mohammed Centre for Cultural Understanding", jeden Dienstag-, Donnerstag-, Samstag- und Sonntagvormittag um 10 Uhr (wer möchte kann sich vorher anmelden unter Tel. 3 53 66 66). Eine solche Führung ist sehr empfehlenswert, denn sie vermittelt nicht nur Einblicke in das **bonbonbunte, stuckverzierte Innere** der Moschee, sondern es werden auch die wesentlichen Grundzüge des islamischen Glaubens erläutert. Klasse: Jeder bekommt seine persönlichen Fragen zum Islam und zur Kultur der Vereinigten Arabischen Emirate beantwortet.

Beim Besuch der Moschee sollten Männer und Frauen **angemessen gekleidet** sein: Knie und Schultern bitte bedecken, Frauen sollten ein Kopftuch tragen. Beim Betreten des Gebetsraumes sind die Schuhe auszuziehen.

Majlis al-Ghuraifah

Hier bekommt man einen guten Eindruck davon, wie anders das Leben in Dubai nur eine Generation zuvor gewesen sein muss. Das historische Haus Majlis al-Ghuraifah steht **südlich des Jumeirah Beach Park** in einer Seitenstraße der Jumeirah Rd und ist ausgeschildert; es ist ein schönes Beispiel dafür, wie sehr sich das Leben in Dubai in nur 60 Jahren gewandelt hat. Als *H.H. Shaikh Rashid bin Saeed Al-Maktoum* das Gebäude **1955 als Versammlungsort errichten** ließ, stand es noch in einer kleinen Fischersiedlung aus Palmwedelhütten inmitten von Dattelpalmen, die von einer hier entspringenden Quelle versorgt wurden. Das Gebäude hat zwei Stockwerke und besteht aus Korallenstein und Gips. Eine von Säulen gestützte Veranda bildet das Parterre, in der 1. Etage befindet sich ein Versammlungsraum (arab. *majlis*), der besichtigt werden kann. Einst traf der Herrscher hier Gäste, auch seine Bürger empfing er regelmäßig, um sich ihre Anliegen anzuhören.

Des Weiteren steht auf dem Gelände ein aus Palmwedeln und -ästen errichtetes **Windturmhaus** (arab. *al-areesh*), und durch den jungen Garten plätschert ein **traditioneller Bewässerungskanal** (arab. *falaj*).

- **Geöffnet:** Sa bis Do 8.30–13.30, 15.30–20 Uhr, Fr 15.30–20 Uhr; **Eintritt:** 1 Dh; Tel. 3 94 63 43.

Besichtigung mit Führung möglich – Jumeirah-Moschee

Sehenswertes auf Dubais Inlandsseite

Burj Khalifa und Downtown Dubai

Ein himmelhoch aufragendes Wahrzeichen der neuen Stadt ist der Burj Khalifa, der „Turm Khalifas", also der Turm des Präsidenten der V.A.E. Dieser Wolkenkratzer ist eine Stadt über der Stadt mit Apartments, Büros, Gastronomiebetrieben, Sport- und Freizeitstätten, Einkaufszentren und Hotels. 35.000 Menschen wohnen in dieser multifunktionalen **„City in the Sky"**. Noch nie zuvor wurden so viel Beton gen Himmel gepumpt und so große Mengen Stahl und Glas auf so engem Raum verbaut. Auch recycelter Stahl aus dem abgebrochenen Berliner Palast der Republik fand Verwendung.

Der asymmetrische Turm – er soll die Form einer Wüstenlilie wiedergeben – ragt **828 m hoch** in den Himmel und ist das höchste Gebäude der Welt. So unglaublich die Höhe, so außergewöhnlich die Konstruktion. Neueste Bautechniken ergänzen sich und sorgen für Stabilität bei extremen Sommertemperaturen und sogar Bodenbewegungen. Der Rekordturm pendelt an seiner Spitze nur einen Meter hin und her. An diesem Monument haben Stararchitekten und Meisterbauer ihr Bestes zusammengetragen – der Burj symbolisiert die Schaffenskraft globaler Zusammenarbeit. Und das Selbstbewusstsein der herrschaftlichen Al-Maktoum-Bauherren-Familie – auch in Krisenzeiten geht es aufwärts, dem Firmament entgegen, koste es, was es wolle.

Auf **Etage 124** bietet eine **Aussichtsterrasse** die wohl beeindruckendste Stadtansicht: einen Weitblick auf die Millionenmetropole und den Nahblick auf das architektonische Konglomerat aus sachlichem Einkaufskoloss und verschnörkeltem Old Town.

Eines der Hotels im Burj ist das **Armani Hotel.** In diesem ersten Stardesignerhotel der Region hat der prominente italienische Modeschöpfer *Giorgio Armani* die komplette Inneneinrichtung entworfen, so auch die Apartments der Armani Residences.

Zu Füßen des Himmelsstürmers wurde der **Burj Park** angelegt, die gezirkelten Grünflächen grenzen an einen riesigen künstlichen See, in dem die **Dubai Fountain** wechselnde Wasser-, Licht- und Klangspektakel der Extraklasse zeigt. 100.000 Liter Wasser werden bis zu 150 m in die Höhe geschossen (18–23 Uhr alle halbe Stunde). Drumherum liegt das **Neubauareal Downtown Dubai.** Die Dimensionen in Zahlen: 320.000 Häuser beherbergen 750.000 Menschen! Zu diesem Stadtteil gehören die Viertel The Old Town, The Old Town Island, Burj Khalifa Boulevard sowie The Dubai Mall und der Souq Al Bahar (siehe „Einkaufszentren und Malls").

The Old Town ist anders als der Name suggeriert ein neuer Stadtteil, jedoch im Stil traditionell arabischer Formengebung mit schmalen Gassen und schattigen Bogengängen. Dubais neue „Alt"stadt möchte dörfliche Atmosphäre versprühen, und so sind Apartment- und Bürohäuser niedrig gehalten. **The Old Town Island** ist ein (halb) von Wasser umspülter Bereich, der neu-alte **Souq Al Bahar,** der „Meeressouq", bietet rund 100 stilvoll-orientalische Shops (siehe „Einkaufszentren und Malls"). 22 Restaurants, Cafés und Lounges laden zur Einkehr ein, in vielen kann man prima draußen sitzen: am Brunnen bzw. Seeufer, in Innenhöfen oder mit freiem Wolkenkratzer-Blick (siehe „Orte mit vielfältigem Gastronomieangebot").

Das Luxushotel The Palace – The Old Town (siehe „Unterkunft") passt sich perfekt in The Old Town Island ein. Weitere Luxushotels im Viertel sind The Adress Downtown Dubai, Al Manzil und Qamardeen.

Auch die weltgrößte Mall, die **Dubai Mall,** dehnt sich hier aus (siehe „Einkaufszentren und Malls" sowie „Orte mit vielfältigem Gastronomieangebot"). **The Business Hub** ist das Geschäftszentrum im Schatten des Burj. Der mit Hochhäusern bestandene, sechsspurige und 3 km lange **Emaar Boulevard** legt sich um den Distrikt. Landschaftsarchitekten bezeichnen ihn als „Allee" und „Smaragdkette", Freiluftcafés und -restaurants sollen Piazza-Flair versprühen. Am Boulevard findet sich **The Pavilion Downtown Dubai,** ein Treffpunkt von und für Kunstinteressierte und Künstler. Neben den Kunstgalerien interessant sind das Restaurant, die Espresso-Bar und das Wasserpfeifen-Café. Mehr zu The Pavilion und zur Dubaier Kunstszene siehe „Kunst und Kultur".

2020 sollen die Bautätigkeiten in Downtown Dubai abgeschlossen sein.

- **Segway-Touren:** Downtown Dubai kann man mit einem Segway, einem elektronisch betriebenen, sich selbst balancierenden Einpersonenroller, besichtigen. i-Segway, der autorisierte Segway-Repräsentant im Mittleren Osten, bietet geführte Touren an: Tel. 2 95 50 49, 0 56/1 46 40 93, www.i-segway.com, Start am Segway Experience Center, Emaar Boulevard neben The Pavilion, Di bis So 10–19 Uhr, 30 Min. kosten pro Person 150 Dh, Mindestalter 9 Jahre, Abfahrtszeiten je nach Buchungslage, keine Touren in den Sommermonaten. In Zukunft werden vermutlich etliche weitere Stadtteile dazukommen oder weitere Anbieter Segway-Touren anbieten.
- **Aussichtsterrasse Burj Khalifa:** Der Burj Khalifa bietet von seiner Aussichtsterrasse im 124. Stock in 454 m Höhe die beste Aussicht auf die Stadt; die Aufzugsfahrt dem Himmel entgegen dauert nur 1 Minute; Zugang: Dubai Mall, Lower Ground Level, At the Top Besucherzentrum, Preis Vorverkaufsticket: 100 Dh, Direktticket: 400 Dh, geöffnet: 10–24 Uhr, Tel. 800/28 84 38 67, www.burjkhalifa.ae
- **Infos Downtown Dubai:** www.emaar.com, www.theoldtown.ae
- **Anfahrt mit öffentlichen Verkehrsmitteln:** Metro Red Line Station Burj Khalifa/Dubai Mall

Meydan City

Meydan heißt übersetzt **„Treffpunkt",** und in diesem Sinne entsteht nahe dem Ende des Dubai Creek, zwischen Business Bay, Ras al-Khor und den (ebenfalls in Bau befindlichen) Mohammed bin Rashid Gardens, ein weiterer Prestige-Stadtteil. Meydan City wird propagiert als Business-, Freizeit-, Lifestyle- und Pferdesport-Distrikt und soll sich auf einem sechs Millionen Quadratmeter großen **Areal aus vier unterschiedlich konzipierten Bezirken** zusammenfügen: Racecourse, Horizons, Metropolis und Godolphin Parks.

Herzstück ist die **Meydan-Pferderennbahn,** deren 1,6 km lange Tribüne 60.000 Zuschauer fasst. Hier findet das weltweit höchstdotierte Pferderennen, der Dubai World Cup, statt (siehe Exkurs „Dubai World Cup – Wüstenspektakel der Weltklasse"). Dazu passend gibt es Stallungen samt Trainings- und Aufzuchteinrichtungen, Goldophin-Galerie und Museum. Das am Westflügel der Tribüne angegliederte **5-Sterne-Hotel The Meydan** bietet direkten Ausblick auf die Rennbahn (www.themeydan.com). Eine Besonderheit ist das integrierte **IMAX-Kino,** das Dokumentarfilme rund um den Pferderennsport sowie aktuelle Blockbuster in kristallklarer Hyper-Auflösung zeigt. Zudem gibt es einen Meydan Museum and Gallery Complex. Das zentrale Thema der Meydan City, der **Pferderennsport,** ist eine Herzensangelegenheit der Herrscherfamilie, deren Ideen die Basis für diese gigantische Anlage bilden. Dubai gilt als Mekka für Liebhaber edler und millionenteurer Vollblüter aus aller Welt.

Das **Horizons-Areal** bietet einen Mix aus eher niedriggeschossigen Büros, Geschäftsarkaden, Restaurants sowie familiengerechten Apartmentanlagen, durchzogen von schiffbaren Kanälen.

Ein ähnliches Angebot ist für **Metropolis** geplant, jedoch in Form von Hochhäusern. Da sich nur schleppend Investoren für Metropolis finden, ist die Zukunft ungewiss.

Der 4 km lange **Goldophin Canal** soll vom Creek zur Meydan City führen und Besuchern die Möglichkeit geben, per Yacht anzureisen und von der Yacht aus bei Pferderennen zuzusehen – angetaut werden kann in der stadtteileigenen Marina. Großflächige Uferbereiche sollen in Gestalt der **Meydan Goldophin Parks** begrünt werden. Markantes Markenzeichen der Parkanlagen soll der **Goldophin Gateway Tower** sein, der in seiner luftigen Mitte die Silhouette eines Pferdekopfes nachbildet.

Bereits eröffnet sind die Pferderennbahn, der Golfplatz (siehe „Sport und Aktivitäten") und ein Hotel.

- **Infos:** www.meydan.ae

Mohammed bin Rashid Gardens

Dubai hat einen neuen Mega-Masterplan. Angrenzend an Downtown Dubai, zwischen Al-Khail Rd und Emirates Rd E311, entsteht in den nächsten Jahren ein 75 km² großer **grüner Stadtteil** – besser gesagt eine eigene Stadt in der Stadt. Mehr Grünflächen, als London und New York zusammen aufweisen, sollen aus dem Wüstenboden erschaffen werden. Viele Seen soll es geben, lange Kanäle sollen das Areal durchziehen. Auch ein 42 km langer schiffbarer **Grand Canal,** der über die Business Bay mit dem Creek verbunden sein wird und zudem mit einer westlichen Anbindung an der Jumeirah-Küste ins Meer mündet. 200.000 Menschen sollen bis 2026 in dieser Oasenstadt Lebensraum und Arbeit finden. Neben Wohnanlagen sind Bildungs-, Finanz-, Handels-, Freizeit- und Tourismuseinrichtungen geplant.

Dabei wird auf **Nachhaltigkeit** Wert gelegt. Alle Häuser sollen niedrige Wasser- und Energieverbrauchswerte aufweisen. Eine ausgeklügelte Wasseraufbereitung soll Brauchwasser erzeugen – das zur Bewässerung der Grünanlagen reichlich benötigt wird – und der Trinkwasserverbrauch minimiert werden. Eine energieeffiziente Gebäudeausstattung verspricht, Verbrauchswerte niedrig zu halten. Solartechnik wird den Warmwasserbedarf decken und Räume kühlen. Nachhaltigkeit heißt auch kurze Wege: Die Bewohner sollen die Wege des alltäglichen Lebens überwiegend zu Fuß beschreiten können.

Die Stadt soll mit verschiedenen Verkehrsmitteln erreicht werden: mit der Metro, einer Vielzahl an Buslinien sowie mit Solar-Wassertaxis. Versorgungsgüter sollen über die Kanäle geliefert werden. Nachhaltigkeit soll auch die naturnahe, variantenreiche Gestaltung neuer Lebensräume für Wildtiere und Pflanzen gewährleisten. Traditionelle Kulturwurzeln sollen mit den Anforderungen eines modernen Arabien verschmelzen: Straßenverläufe, Grün- und Wasserflächen werden nach dem Vorbild altarabischer Wasserbaukunst als Bögen und Ornamentschnörkel angelegt.

Eine Besonderheit werden **vier themenbezogene Zentren** sein. Im „Zentrum der Menschlichkeit" werden gemeinnützige Einrichtungen untergebracht, im „Zentrum der Weisheit" Bibliotheken, Wissensparks, Forschungsinstitute und Lehrstätten. Im „Zentrum des Handels" darf sich die nächste Generation der lokalen Business- und Bankierselite tummeln. Ein Wildtierpark, ein Zoo, ein botanischer Garten, ein Naturheilkundezentrum formieren sich zum „Zentrum der Natur".

Das Ganze trägt nicht nur den Namen des Landesvaters, *Shaikh Mohammed* ist auch der Initiator des Vorzeigeprojekts.

- **Infos:** www.mohammed-bin-rashid-gardens.com

Dubailand

Entlang der Emirates Rd E611 ist Dubailand, der **weltweit größte Freizeitpark,** noch in Planung bzw. von Baustopp betroffen bzw. in Bau. Finanzierungsschwierigkeiten haben dieses Projekt in Mitleidenschaft gezogen, bei vielen Attraktionen ist unklar, wie, wann oder ob es weitergeht. Doch manche Einzelattraktionen sind schon in Betrieb (siehe „Vergnügungsparks").

- **Infos:** www.dubailand.ae

Dubai World Central

Nicht sehenswert, aber wieder einmal mega und daher bald unübersehbar: Im Landesinneren der Jebel-Ali-Freihandelszone erbaut sich Dubai sein Manifest als international unumgehbares **Zentrum für Luftfahrt und Logistik.** Bis 2050 entsteht Dubai World Central (DWC) als 140 km² große Stadt in der Stadt. Ein Teil davon ist der **Al-Maktoum International Airport,** der als weltgrößter Flughafen konzipiert ist. Zudem soll DWC Logistik-, Technologie-, Luftfahrtindustrie- sowie Messezone werden. In die angegliederte **Residential City** sollen 900.000 Menschen einziehen.

Für Urlauber interessant werden **Freizeit- und Tourismuseinrichtungen** wie die Golf City, die Einkaufsmöglichkeiten in der Commercial City sowie die 25 Hotels, die zwischen 3- und 5-Sternekomfort bieten werden.

- **Infos:** www.dwc.ae

Wüstenausflug und Arabischer Abend

Nahezu alle in Dubai ansässigen Tourveranstalter (siehe „Reisebüros und Tourveranstalter") haben Ausflüge im Programm, welche in die wogenden Sanddünen führen. Während jeder **Desert Safari** heißt es durch die Dünen düsen. Viele bieten einen kurzen Kamelritt oder Sandski an, manche Quadrunden.

Sehr empfehlenswert sind **abendliche Ausflüge,** die in ein in den Sanddünen gelegenes **Beduinencamp** führen. Gäste können sich hier bei Musik und Tanz, Speis' und Trank auf einem Lager aus Teppichen und Kissen entspannen und den Sternenhimmel betrachten. Meist werden Grillgerichte zubereitet, Bauchtanzshows, Hennamalerei und Kamelritte sind weitere Bestandteile der Ausflüge.

Eine ähnliche Gelegenheit bietet das zum Wüstenresort Bab Al Shams gehörende **Wüstenrestaurant Al-Hadheerah.** Unter 1001 Sternen kann man im Freien mit Blick auf Lagerfeuer und Dünen dinieren. Kamele, Falken, Pferde, Bauchtanz und arabische Musik runden den Wüstenabend ab.

Einkaufszentren und Malls

Wie wäre es mit einem Einkaufsmarathon? Kein Problem, denn Dubai ist ein **Konsumparadies** ohnegleichen. Das allgegenwärtige Motto lautet **„Do buy" – „Kaufen Sie!".** Durch dieses Wortspiel ist ein passender Spitzname für die Stadt entstanden.

Die zahlreichen Einkaufszentren und Malls westlichen Stils repräsentieren viele Aspekte, auf die Dubai so stolz ist: internationale **Warenvielfalt** und **Kaufkraft,** gepflegte, **elegante Atmosphäre,** großzügige, **moderne Architektur** sowie Sauberkeit und Sicherheit. In diesen klimatisierten Wunderwelten findet ein Großteil des öffentlichen Lebens der Einheimischen statt, sie sind wichtige Begegnungsstätten. Kein Wunder also, dass Konsumtempel der Extraklasse wie Pilze aus dem Boden schießen.

Auch wenn Dubai nicht wirklich billig ist, so finden sich doch Schnäppchen. Von wenigen Ausnahmen abgesehen – z.B. bei Lebensmitteln, in Supermärkten und einigen wenigen Läden – kann man nach einem **Discount** fragen. Dies gilt insbesondere in den Souqs (siehe „Sehenswertes in Deira", „Sehenswertes in Bur Dubai"), aber auch in exklusiven Boutiquen, Juwelierläden oder Elektrogeschäften.

In allen großen Einkaufszentren erlauben **Cafés, Spezialitätenrestaurants, Schnellimbisse und preiswerte Restaurants** Verschnaufpausen. Wer kulinarische Auswahl liebt, der wird von den sogenannten **„Food Courts",** den „Speisebereichen", begeistert sein. Hier kann man sich eine preiswerte Mahlzeit von verschiedenen **Snack-Bars mit Schnell-Gerichten** aus unterschiedlichen Ländern zusammenstellen und entweder mitnehmen (engl. *take away*) oder an den bereitgestellten Tischen verspeisen.

In fast allen großen Einkaufszentren eröffnen **Internet-Cafés** den Zugang zum World Wide Web. Meist finden sich auch **Serviceeinrichtungen** wie Postschalter, Reinigungen, Apotheken, Schuster etc. Geldwechselbüros und Bankautomaten sichern den Geldnachschub. Und nahezu alle größeren Einkaufszentren besitzen **Kinderspielgelände oder Unterhaltungszentren,** zum Teil mit Aufsichtspersonal. Hauseigene **Parkplätze** stehen meist zur freien Verfügung. Die Großen dieser urbanen Wunderwelten verfügen gar über diverse **Freizeiteinrichtungen** wie Kinos, Theater, Eislaufbahnen – oder sogar eine Skihalle!

Die Geschäfte in den größten und beliebten Malls Dubais sind sieben Tage die Woche **von morgens bis spätabends durchgehend geöffnet,** meist 10–22 Uhr, Do, Fr, Sa oft bis 24 Uhr. In diesen klimatisierten Einkaufstempeln kann man gut der Mittagshitze entfliehen. In kleineren Einkaufszentren schließen die Geschäfte mittags um 13 oder 14 Uhr, nachmittags haben sie wieder ab 16.30 oder 17 Uhr bis abends zwischen 21 und 24 Uhr geöffnet, freitags sind manche vormittags und mittags geschlossen. Gegen Abend strömen zahlreiche Emirater zum Bummeln und Shoppen durch die Einkaufspassagen.

Typisch Dubai: Man kann in neu gebauten, **auf Alt und Orientalisch getrimmten „Souqs"** shoppen gehen. In diesen schönen Scheinwelten ist nichts historisch gewachsen, und hier findet sich wenig für den alltäglichen Bedarf. Dafür kann man durch klimatisierte Gassen bummeln und aus der vollen Vielfalt kunterbunter Souvenirs aus allen Winkeln der orientalischen Welt schöpfen. Solche neumodischen Souvenirsouqs heißen Souq Madinat Jumeirah (in der Madinat-Jumeirah-Hotelstadt), Souq Al Bahar (zwischen The Dubai Mall und Burj Khalifa), Trade Routes (im Festival Centre), Arabian Souq (Mall of the Emirates), Arabian Treasures (Deira City Centre) sowie Khan Murjan (in der Wafi Mall). Die Preise können vergleichsweise hoch sein, trotz Handeln (preiswertere Souvenirbezirke sind die Souqs in Bur Dubai, Deira und Al-Karama).

dub10_016 Foto: kk

Shopping im Souq Bur Dubai

Viele der großen und beliebten Einkaufszentren bieten einen **kostenfreien Shuttle-Busservice** und fahren Kunden zu zentralen Plätzen Dubais sowie in manche großen Hotels.

Neben den im Folgenden aufgelisteten größten und populärsten Einkaufszentren gibt es **im gesamten Stadtgebiet** weitere, kleinere. Und außerdem verfügen diverse große Hotels über hauseigene Einkaufspassagen, meist finden sich dort exklusive Boutiquen. Preiswerter einkaufen lässt es sich in großen Supermärkten und Hypermärkten, die über Lebensmittel hinaus eine große Warenvielfalt bieten.

The Dubai Mall und Souq Al Bahar

In Downtown Dubai wurde inmitten des auf Alt getrimmten Neubaubezirks The Old Town und in direkter Nachbarschaft zum Burj Khalifa **eine der spektakulärsten Malls der Welt** eröffnet: **The Dubai Mall.** Rund 1200 Outlets erstrecken sich über vier Etagen. Auch die Warenhäuser Lafayette, Debenhams, Marks & Spencer sowie Bloomingdales finden sich hier. Im detailverliebt und aufwendig dekorierten Gold Souq funkelt es aus über 220 Geschäften. Die Fashion Avenue bietet über 70 Geschäfte mit namhafter Designerware. The Grove versammelt Sportgeschäfte und Cafés unter einem - je nach Wetter - offenen Dach.

The Dubai Mall vereint **über 150 Restaurants, Cafés, Eisdielen** und einen Food Court für alle Preisklassen und Geschmacksvorlieben (siehe „Orte mit vielfältigem Gastronomieangebot").

Doch die Dubai Mall ist auch eine Erlebniswelt: Im **Dubai Aquarium** kann man Haien, Rochen und sonstigen bunten Fischen zusehen, wie sie ihre Runden drehen, der Blick von außen ist gratis. Durch dieses Riesenaquarium führt ein knapp 50 m langer Unterwassertunnel - 25 Dh kostet der Eintritt, um sich unter die Fischschwärme zu mischen. Im angegliederten Unterwasserzoo des **Discovery Centre** tummeln sich Pinguine, Seehunde, Otter, Wasserratten, Seesterne - Eintritt inkl. Aquarium 50 Dh (www.thedubaiaquarium.com).

Spaß nicht unter, sondern auf Wasser in seiner gefrorenen Form bietet die **Eislaufbahn,** auf der man Schlittschuh laufen kann (www.dubaiicerink.com). **Sega Republic** ist eine abwechslungsreiche Vergnügungshalle für Kinder, Jugendliche und Junggebliebene mit Speed-, Sport-, Adventure-, Cyberpop and Redemption Game Zone inklusive Riesen-Achterbahn. In **KidZania** können Kinder in einer Mini-Kinderstadt alle möglichen Erwachsenenberufe spielen. Der **Reel Cinema Complex** bietet Amusement in 22 Kinos.

Und da all dies nicht genug zu sein scheint, wird The Dubai Mall bereits mit neuen Einkaufs- und Entertainment-Einrichtungen erweitert.

Wer in stilvoll-orientalischem Ambiente shoppen möchte, kann das Mall-Gebäude verlassen, über eine Brücke einen See überqueren und zum **Souq Al Bahar** bummeln. Auf zwei Etagen bieten ca. 100 Geschäfte Markenmode, Kunst, Handwerk, Antiquitäten und Souvenirs in orientalisch gestylten und säulenbestandenen Souq-Gassen. 22 Restaurants, Cafés und Lounges laden zum Shop-Stopp ein (siehe „Orte mit vielfältigem Gastronomieangebot").

Vor der Mall erstreckt sich ein künstlicher **See,** in dessen Mitte die Dubai Fountain für Staunen sorgt (siehe „Sehenswertes auf Dubais Inlandsseite"), daran angrenzend ist der Lake Park.

Von der Dubai Mall kann man hoch hinaus: Das Besucherzentrum **At the Top** bietet Zugang zur Aussichtsterrasse im 124. Stock des nebenan gelegenen Burj Khalifa (siehe „Sehenswertes auf Dubais Inlandsseite").

- **Lage:** Downtown Dubai, am Burj Khalifa, Shaikh Zayed Rd, am Interchange 1/Exit 51
- **Infos The Dubai Mall:** Tel. 8 00/3 82 24 62 55, www.thedubaimall.com
- **Infos Souq Al Bahar:** Tel. 3 62 70 11, www.soukalbahar.ae
- **Anfahrt mit öffentlichen Verkehrsmitteln:** Metro Station Red Line Burj Khalifa/Dubai Mall

Mall of the Emirates und Ski Dubai

Gigantisch: Mit über 223.000 m² eine der größten Dubaier Malls, ein Lifestyle-Ziel erster Güte ganz im Zeichen konsumorientierter Freizeitgestaltung.

520 Einzelhandelsgeschäfte bieten alle erdenklichen Waren vom Gemälde zur Gabel, von der Armbanduhr zur Zahnpasta, von Haute Couture bis zum Jogginganzug. Sowohl internationale als auch nationale Markennamen finden sich in über 200 Modeboutiquen. Zudem gibt es 85 **Restaurants, Imbisse und Cafés** (siehe „Orte mit vielfältigem Gastronomieangebot").

Auch ein **Arabian Souq** genannter Bereich mit Antiquitäten, Handarbeiten, Andenken und Teppichen aus arabischen Ländern wurde gestaltet, ca. 50 Geschäfte finden sich hier.

Die Shoppingmeile wird gekrönt von **Glasdächern und Kuppeln,** darunter geben zahlreiche **Brücken und Balkone** reizvolle Blicke auf die verschiedenen Ebenen frei. Licht- und Raumeffekte sind raffiniert gestaltet und vermitteln eine moderne Eleganz.

Kurios, aber typisch für das Wüstenemirat: Der Mall angegliedert ist ein **Indoor-Skiresort.** Am Westende der Mall kann man dem eisigen Treiben durch eine Glaswand zusehen (siehe Info-Kasten „Der größte Kühlschrank der Welt"). Zum Gesamtkomplex gehören ferner das **Dubai Community Theatre and Arts Centre,** das **Cinestar-Multiplexkino,** das riesige **Unterhaltungszentrum Magic Planet,** ein Carrefour Hypermarket und zwei Hotels.

- **Lage:** Shaikh Zayed Rd E11, am Interchange 4/Exit 39
- **Infos:** www.malloftheemirates.com, Tel. 4 09 90 00
- **Anfahrt mit öffentlichen Verkehrsmitteln:** Metro Red Line Station Mall of the Emirates

Hypermarkt gesucht?

- **Carrefour:** z.B. Shindagha, Century Mall, Deira City Centre, Mall of the Emirates; Tel. 3 93 93 95, www.carrefouruae.com
- **Choithram:** z.B. Al-Karama, Bur Dubai, Jumeirah, Umm Suqeim, JBR Walk; Tel. 3 52 69 46, www.choithram.com
- **Géant:** Ibn Battuta Mall, Tel. 3 68 58 58, www.geant-uae.com
- **HyperPanda:** Dubai Festival City; Tel. 2 32 55 66, www.panda.com.sa
- **Lulu:** z.B. Al-Barsha, neben Mall of the Emirates; Deira, Muteena St.; Al-Qusais, neben dem Stadion; Al-Karama, im Souq; Tel. 2 98 88 50, www.luluhypermarket.com
- **Spinney's:** z.B. Umm Suqeim, Al-Ghurair Centre, Al-Qusais, Dubai Marina, Dubai Festival City, Mercato Mall, Mazaya Centre, Souq Al Bahar, BurJuman; Tel. 3 94 16 57, www.spinneys-uae.com

Ibn Battuta Mall

In dieser Mall kann Shopping zur Nebensache werden, denn wer sie betritt, begibt sich auf eine farbenfrohe **Reise durch Raum und Zeit.** Die riesige Mall ist dem berühmten arabischen Weltreisenden *Ibn Battuta* gewidmet, der im 14. Jahrhundert über 30 Jahre lang viele Länder bereiste. Die Mall besticht durch ihr detailliert-orientalisches Dekor. Sie ist unterteilt in sechs Entdeckerwelten („Courts"), die alle im entsprechenden Landesstil ausgestaltet sind: Andalusien, Tunesien, Ägypten, Persien, Indien, China.

Beeindruckende **Ausstellungsstücke** vermitteln Informationen zu *Ibn Battuta* und seinen Reisen und geben ein Bild von den Errungenschaften vergangener Zeiten, etwa aus Seefahrt oder Astrologie. Erwähnt seien der Nachbau von *Ibn Battutas* Holzschiff (in Originalgröße, von Wasserspielen in Szene gesetzt, im China Court) oder die technisch ausgefeilte Elefantenuhr (im Persian Court).

275 Geschäfte verteilen sich auf sechs Zonen. Wer Hunger hat, ist im Restaurant- oder im Food Court gut aufgehoben (30 Restaurants), wer gerne draußen sitzt, kann dies in den Restaurants des Chinese Garden tun oder eines der 16 Restaurants des Tunesia Court wählen. Als Supermarkt ist Géant angegliedert. Für Unterhaltung nach dem Shoppen steht das hauseigene IMAX-Kino bereit.

Mit einem **In-Mall-Shuttle** können Fußlahme für 5 Dh die 1,3 km vom einen Ende zum anderen fahrend zurücklegen.

- **Lage:** Shaikh Zayed Rd E11 zwischen Interchange 5 und 6/Exit 27
- **Infos:** www.ibnbattutamall.com, Tel. 3 62 19 00
- **Anfahrt mit öffentlichen Verkehrsmitteln:** Metro Red Line Station Ibn Battuta

Deira City Centre

370 Geschäfte weist dieses Traditionshaus auf, viele davon Modeboutiquen. Dank ihrer zentralen Lage ist diese Mall eine der meistfrequentierten der Stadt.

dub10_015 Foto: na

Elefantenuhr in der Ibn Battuta Mall

Der **Jewelery Court** bietet eine breite Auswahl an Gold- und Juwelenschmuck. Die **Bin Hendi Avenue** ist ein moderner zweigeschossiger Bereich, wo vornehmlich Geschäfte für Fashion und Accessoires, aber auch Restaurants und Cafés mit innovativen Ideen die Kunden anziehen. Wer die arabische Produktpalette schätzt, findet Gefallen an **Arabian Treasures,** einem eigenen Bereich mit kunstvollen Antiquitäten, handgeknüpften Teppichen und orientalischen Geschenkartikeln.

Im Ostflügel der 1. Etage findet sich das **Freizeitzentrum Magic Planet Indoor.** In dieser kunterbunten Einrichtung ist auch ein riesiger **Food Court** mit Fast Food untergebracht. Im City Centre laden 55 Restaurants zu vielfältigen kulinarischen Exkursionen ein. Dem Komplex angegliedert sind ein Carrefour-Supermarkt, Hotels, ein Kinozentrum sowie Apartments und Büros.

- **Lage:** Stadtteil Al-Garhoud, Ecke Al-Garhoud Rd und Baniyas Rd
- **Infos:** www.deiracitycentre.com, Tel. 2 95 44 86
- **Anfahrt mit öffentlichen Verkehrsmitteln:** Metro Red Line Station Deira City Centre

Festival Centre

Die creekeinwärts im Stadtteil Al-Garhoud gelegene **Dubai Festival City** bietet in ihrem Einkaufszentrum Festival Centre Warenvielfalt in rund 600 Geschäften und 100 Gastronomiebetrieben. Die pittoreske Lage am Wasser zieht zahlreiche Besucher an.

Trade Routes, im Zentrum des Festival Centre, ist ein neo-orientalischer Markt. Hier kann man aus einem breiten Sortiment an Souvenirs, Handwerksarbeiten und Teppichen wählen. Doch auch wer nichts kaufen möchte, wird beeindruckt sein von der Vielfalt des Sortiments in den Einkaufsgassen und dem edel anmutenden Ambiente der zwischendrin liegenden kuppelgekrönten, marmorverkleideten Innenhöfe. Der **Gold Marketplace** ist ebenfalls wie ein Souq gestaltet, in rund 60 Geschäften funkeln goldene Geschmeide und Juwelenschmuck. Zum Einkaufszentrum gehört auch ein Kinokomplex. Bei Residenten beliebt sind die Großgeschäfte des angrenzenden **Power Centre,** so der Panda Hypermarket, das Plug-Ins für Unterhaltungselektronik, das Möbelhaus Ikea und der ACE Outdoorladen.

In der Festival City (siehe „Sehenswertes am Creek“) finden viele **Kulturevents und Konzerte** statt, beispielsweise jeden ersten Freitag im Monat der Arte Market für Kunst und Kunsthandwerk (nachmittags und abends, www.arte.ae, Tel. 3 41 80 20). Zum Relaxen und Plauschen nimmt man in einem der vielen **Cafés** oder **Restaurants** am Canal Walk Platz oder begibt sich in den nahe gelegenen Marina Restaurant Pavilion am Yachthafen (siehe „Orte mit vielfältigem Gastronomieangebot“). Hotels bieten Übernachtungsmöglichkeiten.

- **Lage:** Stadtteil Al-Garhoud in der Dubai Festival City
- **Infos:** www.festivalcentre.com, Tel. 8 00/332 32
- **Anfahrt mit öffentlichen Verkehrsmitteln:** Watertaxi Station Dubai Festival City

BurJuman Centre

Im BurJuman Centre in Bur Dubai ist die Dichte an **exklusiven Geschäften und Boutiquen** besonders hoch. Auf **drei Shopping-Etagen** buhlen über 300 schicke Shops mit einer Vielzahl von Luxusmarken um die Gunst der Kunden.

Ein besonderes Flair „versprühen" die **vielen Brunnen.** Für Hungrige anziehend: **40 Speisestätten!** Zwei Food Courts bieten schnelle, preiswerte Mahlzeiten und die Restaurants feine, raffinierte Kost. Im Pavilion Garden kann man klasse auf einer Gartendachterrasse schmausen. **Für Kinder** interessant: die Planet-Sega-Spielzonen Fun World, Fun City und das Toby Adventureland.

Für Touristen dienlich ist der **Informationsschalter des DTCM** (siehe „Sonstiges"). Am BurJuman starten Wonder Bus und The Big Bus ihre **Stadtrundfahrten** (siehe „Dubai-Sightseeing").

- **Lage:** Bur Dubai, Khalid ibn al-Waleed Rd, Ecke Trade Centre Rd
- **Infos:** www.burjuman.com, Tel. 3 52 02 22
- **Anfahrt mit öffentlichen Verkehrsmitteln:** Red & Green Line Metro Station Khaleed Bin Al Waleed

Al-Ghurair Centre

Das **älteste Einkaufszentrum Dubais** bietet mit **über 200 Geschäften** eine große Auswahl. Die meisten Waren haben mittleres Preisniveau. Im Gegensatz zu den anderen Einkaufszentren ist Al-Ghurair dafür bekannt, dass man hier gut handeln kann. Der Einkaufsbereich ist groß und verschachtelt.

Auch ein **Kinokomplex, Kids Club, Food Court** sowie **Restaurants** sind vorhanden.

- **Lage:** Al-Rigga, Umer ibn al-Khattab Rd, Ecke Rigga Rd
- **Infos:** www.alghuraircentre.com, Tel. 2 05 53 09
- **Anfahrt mit öffentlichen Verkehrsmitteln:** Red & Green Line Metro Station Union

Lamcy Plaza

Weniger sehenswert, aber nützlich. Auf vier Etagen finden sich im Gegensatz zu anderen Einkaufszentren Dubais keine einzelnen Geschäfte, sondern **offene Abteilungen und Verkaufsstände** – so wirkt die Lamcy Plaza wie ein **großes Warenhaus.** Zur Lamcy Plaza gehören auch ein Supermarkt, ein Food Court, mehrere Kinos und ein Spielezentrum für Kinder.

- **Lage:** Stadtteil Oud Metha, Al-Qutaeyat Rd, ab der Shaikh Zayed Rd ausgeschildert
- **Infos:** www.lamcyplaza.com, Tel. 3 35 99 99

Wafi Mall und Souq Khan Murjan

Unter den lichtdurchfluteten, in Pyramidenform gestalteten Glasdächern der **Wafi Mall** finden sich **über 350 Geschäfte und Boutiquen** mit vorwiegend exklusivem Warenangebot. Wafi ist ein Magnet für markenorientierte und modehungrige Shoppingfreaks und bietet eine große Auswahl mit altorientalischem Flair.

Khan Murjan ist ein interessanter Souq-Bereich im altorientalischen Dekor des späten 14. Jahrhunderts, in dem man Kunsthandwerk und Souvenirs aus allen Winkeln der arabischen und persischen Welt einkaufen kann. Sehr schön ist die detailgetreue arabische Architektur mit ihrer üppigen Dekorierung. Khan Murjan versteht sich auch als **kulturelles und historisches Zentrum** des traditionellen islamischen Kunsthandwerks. Authentizität wird groß geschrieben, bei der Architektur und auch beim Warensortiment. Von Andalusien bis Afghanistan reicht das Angebot der **240 Händler und Handwerker.** In dem zum Himmel offenen Innenhof findet sich das gemütliche **Restaurant Khan Murjan** (geöffnet 11–22 Uhr, abends Live-Musik, Tel. 3 27 97 95), das arabische Speisen verschiedenster Herkunft anbietet und traditionell zubereitet, beispielsweise auf dem Holzkohlegrill. Der arabisch dekorierte Innenhof ist genau der passende Ort zum Rauchen einer Wasserpfeife (siehe Info-Kasten „Aprikosenqualm und Wasserblubbern – Shisha schmauchen").

Zur Mall gehören auch **30 Restaurants und Cafés,** viele fallen durch ihr raffiniertes Angebot auf (siehe „Orte mit vielfältigem Gastronomieangebot"). Auch Bars und Clubs mit Alkoholausschank bietet Wafi. Im **Food Court** kann man schnell und preiswert satt werden. Zur Mall gehören auch mehrere Restaurants und Cafés. Im 3. Stock zieht die **Encounter Zone,** ein ausgefeilter Hightech-Vergnügungspark, Kinder und Erwachsene in ihren Bann.

Angegliedert an die Mall ist **Pyramids,** ein im Pyramiden-Stil errichteter und mit Pharaonen-Dekor verzierter Freizeitclub samt **Cleopatra's Spa.** Auch der in einer großen Erdkugel untergebrachte **Planet Hollywood** sowie ein Carrefour-Supermarkt gehören zur Wafi Mall.

Unterkunft bietet das **5-Sterne-Hotel Raffles Dubai,** das die Form einer Pyramide hat und neben 240 Zimmern auch 91 Shops sowie neun Bewirtungsstätten, eine Spa und einen botanischen Garten sein Eigen nennt. Die **Wafi Residence** birgt Luxusapartments.

- **Lage:** Stadtteil Umm Hureir, nordwestlich der Al-Garhoud-Brücke über die Shaikh-Zayed-Schnellstraße nach Abu Dhabi (E11/Exit 56) oder vom Creek Park aus zu erreichen
- **Infos:** www.wafi.com, Tel. 3 24 45 55
- **Anfahrt mit öffentlichen Verkehrsmitteln:** Metro Green Line Station Dubai Healthcare City

Jumeirah Emirates Towers Boulevard

Die beiden Türme der Jumeirah Emirates Towers stehen – anders als ihr Name suggeriert – nicht im Stadtteil Jumeirah, sondern in Satwa, am Beginn des Shaikh Zayed Highway (E11). Der Büroturm misst 350 Meter, der kleinere Hotelturm 305 Meter.

Der chrom- und glasfunkelnde **Jumeirah Emirates Towers Boulevard** hat breite Flanierwege und einen großen überdachten Innenhof. Er beherbergt 50 Geschäfte, es sind überwiegend vornehme Modeboutiquen, die stolze Preise verlangen. Trendy und schick präsentieren sich die Restaurants, Cafés, Lounges und Bars (siehe „Orte mit vielfältigem Gastronomieangebot").

•**Lage:** Unübersehbar am Beginn des Shaikh Zayed Highway (E11)
•**Infos:** www.boulevarddubai.com, www.jumeirah.com, Tel. 3 19 89 99
•**Anfahrt mit öffentlichen Verkehrsmitteln:** Metro Red Line Station Emirates Towers

Twin Towers

Mit ihrer markanten Silhouette prägen die **18-stöckigen Zwillingstürme** die Skyline des Creek in Deira. Sie sind eine Art Fluchtpunkt für diejenigen, die im Trubel von Deira einen klimagekühlten Rastplatz suchen. Die unteren Etagen beherbergen ein **dreigeschossiges Einkaufszentrum** mit ca. 50 Geschäften und Boutiquen, die überwiegend Markenware bieten. Auch ein **Food Court** sowie die **Gourmet Terraces** mit Lagunenblick und Gelegenheit zum Draußensitzen gehören dazu – das Preisniveau ist mittel (Tipp: Apple Café & Restaurant bietet all dies sowie Shishas, geöffnet 12–22 Uhr, Tel. 2 27 44 46). Die restlichen Etagen bestehen aus Apartments und Büros.

•**Lage:** Deira, am Creek, Baniyas Rd
•**Infos:** www.dubaishoppingmalls.com, Tel. 2 24 92 22
•**Tipp:** Pause einlegen und eine Wasserpfeife schmauchen auf Außenterrasse mit schöner Aussicht über den Creek
•**Anfahrt mit öffentlichen Verkehrsmitteln:** Red & Green Line Metro Station Union, Watertaxi & Waterbus Station Baniyas

Dragon Mart

„Made in China" – so lautet das Motto in diesem „Drachenmarkt". Auf über einem Kilometer Länge werden in **3950 Geschäften (!)** ausschließlich Waren aus China gehandelt. Von Baumaterial bis zur Baumwollsocke findet sich hier ein zwar qualitativ weniger gutes, aber dafür umso preiswerteres und riesiges Sortiment. Sowohl Groß- als auch Einzelkunden können einkaufen. Auch Food Court, Entertainment-Zone, Kinos sowie weitere Warenhäuser inklusive Hypermarket gehören zum Dragon Mart. Auch **Dienstleistungen** werden angeboten: So haben sich Tourismusunternehmen, Kurierdienste und internationale Handelsfirmen angesiedelt.

Der Dragon Mart gehört zur **International City,** einem Neu-Dubaier Stadtteil, der für 120.000 Einwohner konzipiert ist und Nachbauten historischer Baudenkmäler aus verschiedenen Kulturen vereint. Unter anderem soll Pekings Verbotene Stadt nachgebildet werden.

•**Lage:** Der Dragon Mart ist Teil der International City, gelegen an der nach Hatta führenden E44 (nahe der Emirates Road E311)
•**Infos:** www.dragonmart.ae, www.internationalcity.ae, Tel. 4 28 56 65

Dubai Outlet Mall

Einkaufszentrum, in dem ausschließlich **Outlet-Markenware** verkauft wird: Bekleidung, Sportartikel, Spielzeug, Elektronik – rund 800 Marken in 240 Geschäften. Die Mall ist **Teil der Dubai Outlet City.** Auch Food Court sowie Restaurants und Cafés, Freizeiteinrichtungen, ein Kinderspielzentrum, Apartments, Büros, Ausstellungs- und Konferenzräume gehören dazu. Die Outlet Mall ist der erste Teil einer noch zu realisierenden Outlet City.

- **Lage:** an der Straße nach Al-Ain bzw. Hatta (E66) an der Kreuzung mit der Dubai Bypass Rd (E611)
- **Infos:** www.dubaioutletmall.com, Tel. 4 23 46 66

Gold and Diamond Park

Exklusiv edlen Geschmeiden verschrieben hat sich der Gold and Diamond Park. **90 renommierte Juweliergeschäfte** beherbergt der Komplex, daneben knapp 120 Schmuckherstellungsbetriebe. Hier kann man sich seine Lieblingsschmuckstücke nach Maß anfertigen oder alte Stücke umgestalten lassen und dabei zusehen. Ein Innenhof bietet Cafés und Restaurants.

- **Lage:** Shaikh Zayed Road (E11) am Interchange 4/Exit 39
- **Infos:** www.goldanddiamondpark.com, Tel. 3 62 77 77
- **Anfahrt mit öffentlichen Verkehrsmitteln:** Metro Red Line Station First Gulf Bank

Al-Karama Souq

Im vorwiegend von Indern bewohnten Stadtteil Al-Karama gibt es eine **Vielzahl an preiswerten Geschäften** und kleinen Einkaufszentren, so im Al-Karama Souq an der Rückseite der Zabeel Rd (größtenteils zwischen Street 16 und 20). Hier werden hauptsächlich Billigbekleidung, Schuhe sowie Ledertaschen und Koffer verkauft. Die zahlreichen Souvenirhändler bieten viel Kitsch feil. Überall gilt: Handeln ist ein Muss!

- **Lage:** am einfachsten erreicht man dieses Souqgebiet über die Zabeel Rd (E11) oder die Khaleed Ibn al-Waleed Rd
- **Anfahrt mit öffentlichen Verkehrsmitteln:** Metro Red Line Station Al Karama

Satwa-Geschäftszentrum

In der Al-Satwa Rd – sie verläuft parallel zur Jumeirah Rd im Stadtteil Satwa – finden sich vorwiegend Waren des täglichen Bedarfs. Doch das eigentliche Geschäftszentrum Al Satwas ist die **Al-Diyafah Rd,** die neuerdings 2nd of December Rd heißt und die ab der Jumeirah Rd zum Trade Centre führt. Hier finden sich Boutiquen, Antiquitätenläden, Cafés, Fast-Food-Restaurants und die Einkaufszentren **Dune Centre** (Tel. 3 45 50 42) und **Al-Diyafah Centre** (Tel. 3 45 49 55). In der Querstraße **Al-Mankhool Rd** liegt das **Al-Hana Centre** (Tel. 3 98 17 77). Das Warenangebot ist für diesen Stadtteil typisch multikulturell arabisch, asiatisch und europäisch. Ähnlich vielfältig ist das Angebot an **Imbissen und Restaurants** der mittleren Preisklasse.

- **Lage:** am einfachsten erreicht man Satwa ab dem Beginn der Jumeirah Rd oder der Shaikh Zayed Rd (Exit 55).
- **Anfahrt mit öffentlichen Verkehrsmitteln:** Bus Station Satwa

Dubai Duty Free

Der rund um die Uhr geöffnete Duty-Free-Komplex des **Dubai International Airport** im Stadtteil Al-Garhoud rangiert unter den größten und preiswertesten zollfreien Flughafenmärkten der Welt. Bereits bei über fünfzig Gelegenheiten ist der Duty Free von Dubai zum weltweit besten zollfreien Shop der

Welt prämiert worden. Man kann nicht nur vor dem Abflug, sondern bereits bei der Ankunft und auch im Transit shoppen, die Verkaufsfläche beträgt 24.000 m². Regelmäßig finden Verlosungen statt, bei denen man eine vergleichsweise hohe Chance hat, Gewinner eines Luxusautos oder Millionär zu werden - auch online kann man Lose erwerben.

- **Infos:** www.dubaidutyfree.com, Tel. 2 16 24 53

Times Square Centre

Dieses familienorientierte und übersichtliche Einkaufszentrum hat **50 Geschäfte,** die Alltagswaren auf mittlerem Preisniveau verkaufen, zudem einen Food Court und Cafés. Im wahrsten Sinne des Wortes „cool" ist die **Chill Out Lounge,** in der man Drinks bei -6 Grad aus Eisgläsern genießen kann, während man noch überlegt, im Eisstuhl Platz zu nehmen. Jeden zweiten Freitag im Monat wird nachmittags der **Arte Souq** für Kunst- und Kunsthandwerk veranstaltet (www.arte.ae, Tel. 3 41 80 20).

- **Lage:** Al-Quoz, Shaikh Zayed Rd (E11) Exit 43/Interchange 3
- **Infos:** www.timessquarecenter.ae, Tel. 3 41 80 20

Einkaufszentren in Jumeirah

Entlang der Jumeirah Rd im Strandstadtteil Jumeirah liegen **mehrere** kleinere oder mittelgroße **Einkaufszentren** nebeneinander. Sowohl Luxusartikel als auch Waren des täglichen Bedarfs werden verkauft, diverse Cafés und Restaurants laden zu Speis' und Trank ein.

Das gegenüber der Jumeirah-Moschee gelegene arkadengesäumte **Palm Strip** (Tel. 3 46 14 62) besteht aus Geschäften mit Modebekleidung, Wohnaccessoirs und Haushaltswaren.

Kurz hinter der Jumeirah-Moschee folgen weitere, quasi nebeneinander liegende Einkaufszentren: das **Magrudy Centre** (Tel. 3 44 41 92), das **Jumeirah Centre** (Tel. 3 49 97 02), die pinkfarbene **Jumeirah Plaza** (Tel. 3 49 71 11) und die **Century Plaza** (Tel. 2 96 61 88) sowie schräg gegenüber das bei westlichen Residenten beliebte **The Village** (Tel. 3 44 77 14).

Etwas weiter stadtauswärts, auch an der Jumeirah Rd., liegt landeinwärts das **Beach Centre** (Tel. 3 44 70 77).

Und noch etwas weiter südwestlich präsentiert sich die **Mercato Mall** mit ihren 120 Geschäften. Bonbonfarben und im mediterranen Renaissance-Stil (Tel. 3 44 41 61, www.mercatoshoppingmall.com).

Nahebei folgt das **Town Centre** (Tel. 3 44 01 11, www.towncentrejumeirah.com), recht hübsch mit großem Café und künstlichem Wasserfall drinnen. Wer lieber draußen sitzt, kann dies auf einer großen Terrasse tun.

Etwas weiter stadtauswärts bietet die **Sunset Mall** vornehmlich Mode-Markenware, das zweigeschossige gläserne Gebäude steht an der Seeseite der Jumeirah Rd (Tel. 3 30 73 33, www.sun-

Klein, aber fein – die Mercato Mall in Jumeirah

setmall.ae). **Saga World** ist eine Mall speziell für edle arabische Antiquitäten, Kunsthandwerk, Bekleidung, Wohnaccessoirs und Teppiche (Tel. 3 95 90 71, www.sagaworldonline.com).

Am Ende der Jumeirah Rd, am Übergang zur Al-Sufouh Rd, ist der **Souq Madinat Jumeirah** im Hotelresort Madinat Jumeirah nicht nur das größte, sondern vor allem das interessanteste Einkaufsareal Jumeirahs (siehe auch „Sehenswertes auf Dubais Seeseite").

Souq Madinat Jumeirah

Dieser sehr sehenswerte Souq ist Teil des riesigen, von Wasserkanälen und Grünanlagen durchzogenen **Hotelresorts Madinat Jumeirah.** Es ist in Anlehnung an traditionelle arabische Souqviertel gestaltet und bietet **klimagekühlte Gassen mit 95 Geschäfen,** die zumeist Souvenirs, Antiquitäten, Handwerksartikel, Bekleidung, Accessoires, Schmuck, Wohnungsdekoration und Feinkost im Sortiment haben. Die Preise sind höher als im „echten" Souq, aber das herrliche Ambiente ist diesen Aufpreis wert. Im Souq sind alle – also auch Nicht-Hotelgäste – willkommen.

Nähere Informationen siehe „Sehenswertes auf Dubais Seeseite", „Orte mit vielfältigem Gastronomieangebot" und Info-Kasten „Madinat Jumeirah".

- **Lage:** im Hotelresort Madinat Jumeirah am südlichen Strand von Umm Suqeim
- **Infos:** www.jumeirah.com, Tel. 3 66 88 88
- **Anfahrt mit öffentlichen Verkehrsmitteln:** Watertaxi Station Jumeirah Beach Hotel

dub10_018 Foto: dt

Dubai Marina Mall und Märkte

Im Hochhaus-Apartment-Stadtteil Dubai Marina werden **Lifestyle und Leisure-Shopping** groß geschrieben, entsprechende Einkaufsgelegenheiten gibt es hier.

In der **Marina Mall** mit ihren rund 130 Geschäften stellen Modeboutiquen das Gros des Angebots. Etwas Besonderes ist die kreisrunde und geräumige Bauweise mit pittoresken Wasseraussichten (Tel. 4 36 10 20, www.dubaimarinamall.com). Die Mall bietet Hungrigen einen Food Court sowie diverse Restauraunts (siehe „Orte mit vielfältigem Gastronomieangebot").

In den kühleren Wintermonaten laden zwei Märkte zum Shoppen ein: An der Kanalpromenade Marina Walk (im Osten des Marina-Kanals auf Höhe der Red Line Metro Station Marina Mall) wird Mittwoch bis Samstag der **Marina Market** veranstaltet; rund 50 Marktstände bieten eher hochpreisige Modekleidung, Schmuck, Geschenke, Souvenirs, Spielzeug und Handarbeiten an (November bis April, Mi bis Sa 10–22 Uhr, www.marinamarket.ae). Zwischendrin kann man auch in klimagekühlten Modeboutiquen und Sportartikelläden stöbern oder in einem der vielen Cafés und Bistros pausieren.

Am Strandboulevard Jumeirah Beach Residence (JBR) Walk, genauer gesagt zwischen den Hotels Hilton und Sheraton, findet in den kühleren Wintermonaten der **Covent Garden Market** statt. Ähnlich wie auf dem Marina Market werden vorwiegend Kleidung, Accessoires, Dekowaren, Kunsthandwerk, Spielzeug etc. angeboten (Oktober bis Mai, Mi/Do 17–23 Uhr, Fr/Sa 10–21 Uhr, www.coventgardenmarket.ae). Entlang des JBR Walk wechseln sich wieder einmal Edel-Geschäfte, Cafés und In-Restaurants ab.

- **Lage:** Dubai Marina, zwischen Palm Jumeirah und Jebel Ali, Interchange 5/Exit 29 ab Shaikh Zayed Rd
- **Anfahrt mit öffentlichen Verkehrsmitteln:** Metro Red Line Station Dubai Marina & Jumeirah Lakes Towers, Watertaxi Station Dubai Marina

Souvenirs

Es gibt unzählige Artikel, die man als Andenken mit nach Hause nehmen kann. Leider sind die wenigsten original emiratisch, meist handelt es sich um **Importwaren.** Auch nahezu alle traditionellen Gegenstände, die heute kaum noch benutzt werden, sind importiert. Zumeist wurden sie in Oman, im Jemen, im Iran oder in Indien gefertigt. Um den Goldsouq in Deira herum finden sich diverse Läden, die solch traditionelle Gegenstände als **preisgünstige Souvenirs** verkaufen. Zudem gibt es in allen großen Einkaufszentren und in manchen Hotels Souvenirgeschäfte oder auch **Antiquitätenläden;** letztere führen ein exklusives Warenangebot.

Das Logo vom Dubai Shopping Festival lädt zum Schaufensterbummel ein

Ein **großes Angebot** an Souvenirs in neumodisch-orientalischer Marktatmosphäre haben der Souq Madinat Jumeirah, der nachgebaute Souq im Hotelresort Madinat Jumeirah, Khan Murjan in der Wafi Mall sowie der Souq Arabian Treasures des Deira City Centre. Die allerletzte Gelegenheit zum Shoppen bietet der Dubai Duty Free am Dubai International Airport.

Vorsicht: In so manchen Souqgebieten, aber auch in Einkaufszentren und Supermärkten sind **Imitate** bekannter Markenartikel in Umlauf (engl. *fake, copy*). Vielerlei wird gefälscht – nicht nur Markenkleidung und Modeaccessoires, sondern auch Zigaretten, DVDs, Elektronik, Software, Parfums, Makeup etc. Nicht nur, dass diese Kopien zumeist eine deutlich schlechere Qualität aufweisen als ihre echten Vorbilder, auch ist die Einfuhr in die Länder der EU verboten – solche Imitate können beschlagnahmt werden, was die Händler mitunter auch offen zugeben.

- **Krummdolche**
Viele verschiedene Versionen, Schaft teilweise aufwendig mit Silberschmiedearbeit verziert; dazu gehört auch ein mit Silberfäden handbestickter Gürtel, womit der Dolch traditionell um die Hüfte getragen wird.
- **Weihrauchverbrenner**
Aus Ton oder Silber.
- **Weihrauch**
Je heller, desto besser die Qualität, da der Weihrauch dann umso weniger verunreinigt ist; zu kaufen abgepackt in den Supermärkten oder lose im Gewürzsouq; das Harz wird in tönernen oder silbernen Brenngefäßen auf glühender Kohle verbrannt.
- **Kaffeekannen**
Mit dem markanten Schnabelausguss.

dub12_012 Foto: dt

dub10_019 Foto: dt

- **Kleine Dolche oder Messer**
Schaft mit Silber verziert.
- **Alte Vorderlader-Gewehre**
Aus den Zeiten alter Beduinentradition.
- **Traditioneller Silberschmuck**
Halsketten, Armreifen, Finger-, Ohr- und Zehringe, Gürtel, Haarschmuck, Fußreifen etc.
- **Silberdosen und Kajal-Behälter**
In verschiedenen Größen und Formen.
- **Handgeknüpfte Teppiche**
Importware aus dem Iran, Afghanistan und Pakistan, am preiswertesten sind Wollteppiche aus Afghanistan und Baluchistan, am teuersten persische Seidenteppiche, große Auswahl im Deira Tower (siehe „Einkaufszentren und Malls“).
- **Antike Holztruhen**
Wie sie früher von den Beduinen benutzt wurden.
- **Kunstgegenstände aus Messing**
Tabletts, Wandteller, Kaffeekannen.
- **Holzschränkchen, Kisten und Figuren**
Vielfältiges Angebot, zumeist indische Massenware, trotzdem oft originell.
- **Parfüm, individuell gemischte Duftöle und Räuchermischungen**
In unzähligen Parfümerien und Kosmetikläden in den Souqs oder Einkaufszentren und Malls sind knapp 100 Duftnuancen erhältlich, 100 ml ab 5 Dh; zum Verbrennen gedachte traditionelle Duftmischungen beinhalten Mischungen aus Sandelholz, Weihrauch, Myrrhe, Moschus, Rosenblättern, Ölen und Blüten und werden in tönernen Weihrauchbrennern auf glühender Kohle verbrannt.
- **Wasserpfeifen**
Auch für Nichtraucher einen Versuch wert, denn der aromatische Rauch wird wassergekühlt und dadurch deutlich milder.
- **Wasserpfeifentabak**
Den klebrigen Tabak gibt es entweder „pur“ oder auch aromatisiert mit Erdbeer-, Aprikose-, Kirsch-, Bananengeschmack im Souq und in Supermärkten.
- **Orientalische Gewürze**
Sich einfach durch die Vielfalt in den Gewürzsouqs schnuppern oder abgepackt im Supermarkt.

- **Datteln**

In den Souqs und Lebensmittelläden in vielen Qualitäts- und Preisstufen.

- Ein Souvenir besonderer Art bietet sich für Frauen an. Sie können in einem **Hennastudio** ihre Hände oder Füße mit Mustern aus diesem absolut hautverträglichen Naturfarbstoff bemalen lassen. Einfache Muster kosten pro Handseite ab 10 Dh und halten etwa drei Wochen. Auch in den Wüstencamps mancher lokalen Tourveranstalter bieten Hennakünstlerinnen ihre Dienste (gratis) an.

- **Gold- und Juwelenschmuck**

Große und preiswerte Auswahl im Goldsouq und im Duty Free am Dubai International Airport, exklusive Stücke in den Juwelierläden großer Hotels oder in Einkaufszentren.

- **Designerbekleidung, Haute-Couture, Markenledertaschen und exklusive Schuhe**

In Boutiqen, Einkaufszentren, Malls und im Duty Free.

- **Stoffe**

In den Souqs von Deira und Bur Dubai sind alle Qualitätsstufen zu finden, vorwiegend vom indischen Subkontinent; auch in den Einkaufszentren sind Stoffläden vorhanden.

- **Traditionelle Kleidung**

Viele Frauen finden Gefallen an den farbenfrohen Kleidern, die mit aufwendigen Stickereien und Applikationen versehen sind. Arabische wie auch indische Modelle finden sich in vielen Varianten in den Souq-Arealen von Deira und Bur Dubai.

- **Maßgeschneiderte Anzüge oder sonstige Kleidungsstücke**

Schneiderstuben gibt es überall, am einfachsten passendes Musterstück mitnehmen.

- **Armbanduhren**

Von der Billiguhr bis hin zum exklusiven Schweizer oder italienischen Markenprodukt für mehrere tausend Euro.

Goldschmuck steht ganz oben in der Rangliste der beliebtesten Souvenirs

- **Elektroartikel und Fotozubehör**

Große Auswahl im Bur Dubai Souq; nicht vergessen: nach weltweiter Garantiekarte und Ersatzteilservice fragen und prüfen, ob Stromspannung und Stecker, mit denen das Gerät betrieben wird, der heimischen Norm entsprechen!

- **Bildbände**

Erhältlich in großen Buchläden mit englischsprachiger Literatur.

- **Sandfläschchen**

Kleine oder größere Flaschen gefüllt mit buntem Sand, in dem Bilder „gemalt" sind; beliebt: sieben Sandsorten aus den sieben Emiraten.

- **Souvenirkitsch**

Burj Al Arab in Schneekugeln, „I love Dubai" auf T-Shirts, eine Palmeninsel im Aschenbecher, güldene Tierfiguren, hölzerne Schatullen, mit Strass besetzte Döschen, mit Blechmünzen klimpernde Bauchtanzgürtel, ornamentbestickte Kissenhüllen und vieles mehr gibt es in den Souvenirgeschäften in den Souqs von Deira, Bur Dubai und Al-Karama.

- **Kamelkitsch**

Ein beliebtes Souvenirmotiv sind Kamele: auf Postkarten, als Schlüsselanhänger, auf Käppis, als Kühlschrankmagnet, auf Glasuntersetzern, auf Feuerzeugen, auf Einkaufstaschen, auf Kaffeebechern, auf T-Shirts, Kamele zum Kuscheln, Kamele als Holzfigur, aus Speckstein und als Briefbeschwerer.

- **Artikel im zollfreien Einkauf**

In den Duty Free Shops am Dubai International Airport; angeboten werden Alkohol, Gold- und Juwelenschmuck, Tabakwaren, Elektronikartikel, Videos, Audio-Kassetten und CDs, Parfüm, Kosmetika, Bekleidung und Stoffe, Lederwaren und Schuhe, Spielzeug, Sport- und Fotobedarf, Bücher, Armbanduhren, Sonnenbrillen, Bücher, Kristallwaren, Souvenirs und Lebensmittel. Vor dem Heimflug früher zum zollfreien Schnäppchen-Shoppen zu fahren lohnt sich.

Parks

Creek Park

Der Park **am Creek gegenüber vom Dubai Creek Golf Course** dehnt sich auf über 2½ km Länge zwischen der Floating- und der Al-Garhoud-Brücke aus. Es gibt diverse botanische Gartenflächen, einen Palmenhain mit falaj-Wasserkanal, ausgedehnte Rasenflächen, ein weitläufiges Wegenetz (bei Joggern sehr beliebt), eine 18-Loch-Minigolfanlage, Kinderspielplätze, Imbissbuden, Grillplätze, Fahrrad- und Pedalbuggyverleih, eine Drahtseilbahn (2½ km lang, ohne Air Condition, daher besser am Abend benutzen; Startpunkt am Gate 1/2), Bimmelbahnen, mehrere Kioske und Restaurants.

Dem Park am Gate 1 angegliedert ist das **Dubai Dolphinarium,** das Delfin- und Seehundshows bietet (Tel. 3 36 97 73, www.dubaidolphinarium.ae).

Ebenfalls dort ist die **Children City,** ein multimediales und interaktives Museum für Kinder, Schulgruppen und Familien, liegt im Creek Park hinter Gate 1. Auf drei Etagen können Kinder zwischen 5 und 15 Jahren (sowie Erwachsene mit Spaß am Spiel) die Welt, in der wir leben, spielerisch entdecken und erforschen. Aktiv können naturwissenschaftliche Phänomene ergründet werden – die Natur, der Weltraum, physikalische Phänomene, der menschliche Körper sowie die emiratische und andere Kulturen und Lebensformen sind die zentralen Themen. Auch eine Spielecke für Kleinkinder, ein Planetarium mit dreidimensionalen Projektionen und eine kleine Theaterbühne gehören zur kunterbunten Dubaier Kinderstadt.

Richtung Al-Garhoud-Brücke sind eine **Paintball-Arena** (Pursuit Games Paintball, www.paintballdubai.com, Tel. 3 24 47 55), der **WonderLand-Vergnügungspark** (siehe „Vergnügungsparks“) und das **Al-Boom Tourist Village** (siehe „Sehenswertes in Bur Dubai“) an den Park angegliedert.

- **Creek Park:** geöffnet 8–23 Uhr; Eintritt: 5 Dh; Tel. 3 36 76 33
- **Children City:** geöffnet Sa bis Do 9–20 Uhr, Fr 15– 21 Uhr; Eintritt: Kinder 10 Dh, Erwachsene 15 Dh, Familien (2 Erwachsene, 2 Kinder) 40 Dh; www.childrencity.ae, Tel. 3 34 08 08
- **Anfahrt mit öffentlichen Verkehrsmitteln:** Watertaxi Station Creek Park A & B

Zabeel Technology Theme Park

Zentral zwischen dem Stadtteil Al-Karama und den Straßen Zabeel Rd und Shaikh Rashid Rd gelegen, bietet dieser **Erholungs- und Themenpark** über 220.000 m² **Grasfläche plus Seen** – sogar mit Wasserfall. Für alle Altersklassen ist etwas geboten, insbesondere am Wochenende sind Rasenflächen, Spielplätze sowie Grillplätze von picknickenden Familien bevölkert. Zum Park gehören Erfrischungs- und Snackbuden, Restaurants, Cafés (auch am Seeufer), Weltraumlabyrinth, Aussichtsturm, Amphitheater, Fußball-, Tennis- und Basketballplätze, Fitnesszentrum, Minigolf, Skateboard- und BMX-Anlagen sowie ein IMAX-Kino und eine Ausstellungshalle. Speziell für Kinder ist das **Stargate Endutainment Centre,** es ist einem abgestürzten Raumschiff nachempfunden (Gate 4). Den Überblick hat man vom Aussichtsturm – die himmelsstürmende Skyline Dubais ist in diesem Park allgegenwärtig.

Ein 4,3 km langer **Joggingkurs** führt durch unterschiedliche Landschaftsabschnitte und vorbei an Monumenten, die an Dubais Partnerstädte wie Genf, Istanbul oder Frankfurt erinnern. Wer den Park nicht per pedes erkunden will, kann sich ein Quadrad mieten oder auch per **Boot** übers Wasser schippern.

Um den Anspruch als Technologiepark hervorzuheben, ist der Park in drei Zonen eingeteilt, in denen mit **futuristisch-interaktiven Ausstellungen** die Themen alternative Energien, Kommunikationstechnologien und Industrietechnik präsentiert werden.

Etisalat bietet seinen Kunden im gesamten Park kabellosen Zugang zum Internet.

- **Geöffnet:** 8–23 Uhr; **Eintritt:** 5 Dh; **Tel.** 3 98 68 88
- **Anfahrt mit öffentlichen Verkehrsmitteln:** Metro Red Line Station Al Jafiliya

Safa Park

Treffpunkt vieler Jogger im Stadtteil Al-Wasl, zwischen der Al-Wasl Rd und dem Shaikh Zayed Highway (E11, Interchange 2/Exit 47).

Bei Kindern beliebt: Teile dieses Parks sind in Form einer **Mini-Stadt** mit kleinen Straßen, Ampeln und Verkehrsschildern gestaltet. Eine Bimmelbahn fährt durch den Park, zahlreiche elektronische Spielgeräte lassen keine Langeweile aufkommen. Bei Erwachsenen sind die **Grillplätze** ein Hit, Sportler treffen sich auf den Tennis-, Volleyball-, Fußball- oder Basketballplätzen. Für Dubaier Verhältnisse spenden auffallend viele Bäume und Büsche Schatten. Ganz nett: das **Riesenrad** und der **See** mit Wasserfall und Fontäne, auf dem man Bötchen fahren kann. Im **Amphitheater** werden kulturelle Veranstaltungen oder Konzerte abgehalten. Ein Teil des Parks ist für Frauen und Kinder reserviert. In den Wintermonaten wird jeden ersten Samstag im Monat am Gate 5 ein Flohmarkt veranstaltet (Tel. 0 55/4 52 60 30, www.dubai-fleamarket.com).

- **Geöffnet:** 8–23 Uhr; **Eintritt:** 5 Dh; **Tel.** 3 49 21 11

Umm Suqeim Park

Kleiner **Frauen- und Familienpark** mit großen Spielplätzen und Coffee Shop im Stadtteil Umm Suqeim, direkt neben dem Jumeirah Beach Hotel gelegen.

- **Geöffnet:** 8–23 Uhr, So bis Mi nur für Frauen und Kinder, Do bis Sa nur für Frauen, Kinder, Familien; **Eintritt:** frei; **Tel.** 3 48 45 54
- **Anfahrt mit öffentlichen Verkehrsmitteln:** Watertaxi Station Jumeirah Beach Hotel

Mushrif Park

Dieser große Park ist selbst an Wochenenden nicht allzu voll, denn er liegt **außerhalb der Stadt an der Airport Rd** in Richtung Al-Awir. Er ist ideal für einen Familienausflug, denn unter den Ghaf-Bäumen verteilen sich viele schöne und **schattige Picknick- und Grillplätze.** Kinder freuen sich über mehrere Kinderspielplätze, Spiel- und Vergnügungszonen, eine Bimmelbahn sowie die Möglichkeit zum Pony- und Kamelreiten. Erwachsene können sich im Restaurant oder einem der verschiedenen Gärten entspannen. An heißen Tagen kann man sich herrlich in einem der beiden nach Geschlechtern getrennten Swimmingpools erfrischen (Extra-Eintritt). Berühmt ist der Park wegen seiner **„World Villages“**, Miniatur-Nachbauten von Häusern aus der ganzen Welt.

● **Geöffnet:** 8–23 Uhr; **Eintritt:** 5 Dh; der Park kann auch mit dem Auto besucht werden (10 Dh pro Wagen); **Tel.** 2 88 36 24

Strandparks und Strände

Al-Mamzar Beach Park

Diese Parkanlage besticht durch einen **Strand,** der sich **beiderseits des Parks** an der Mamzar-Lagune und am Golf erstreckt. Hält man sich nach dem Eingangstor links, erreicht man das Golfufer, nach rechts das Ufer der Al-Manzar-Lagune, die sich an der Grenze zwischen Dubai und Sharjah ins Landesinnere zieht. Der Strand ist in mehrere schöne Sandbuchten unterteilt, zwischen denen Wellenbrecher für ruhiges Wasser sorgen – also **ideal für Kinder,** zumal auch Rettungsschwimmer Wache halten. Noch kann man sich am freien Meerblick erfreuen, jedoch könnte sich dies ändern, wenn die Bauarbeiten an der Deira-Palmeninsel fortschreiten. Zudem gibt es Grillplätze, Dusch- und Umkleidekabinen sowie Kioske, Café, Fast-Food-Restaurant und Swimmingpool. Im Amphitheater können kulturelle Veranstaltungen stattfinden. Besucher können sich ein Chalet mieten (mit Klimaanlage 150–200 Dh).

● **Lage:** am einfachsten ist die Anfahrt entweder über die Al-Khaleej Rd am Hamriya-Hafen vorbei oder über die Al-Ittihad-Schnellstraße E11 nach Sharjah und ab dem Al-Mamzar Interchange der Beschilderung folgend gen Norden
● **Geöffnet:** 8–23 Uhr, Mi nur für Frauen und Familien (für Frauen alleine empfehlenswert); **Eintritt:** 5 Dh; Pool: 10 Dh; **Tel.** 2 96 62 01
● **Anfahrt mit öffentlichen Verkehrsmitteln:** Watertaxi Station Al Mamzar

Al-Mamzar Beach

Südlich des Al-Mamzar-Parks liegt ein **öffentlicher Strand.** Rund um die Al-Mamzar-Lagune dehnt sich der feine **weiße Sandstrand** aus, der langsam ins stets **ruhige Wasser** abfällt und daher bei Familien mit Kindern sehr beliebt ist. Die Aussicht auf das gegenüberliegende Lagunenufer mit den in Sharjah aufragenden Hochhaustürmen ist bizarr. Auch **Toilettenhäuschen und Duschen** sind vorhanden.

● **Anfahrt mit öffentlichen Verkehrsmitteln:** Watertaxi Station Al Mamzar

Traumstrand im Jumeirah Beach Park

Jumeirah Strände

In Jumeirah, auf Höhe der Jumeirah-Moschee, liegt die **Jumeirah Beach** als öffentlicher Strand mit Kinderspielplatz und Umkleidekabinen, Duschen, Toiletten, 1,8 km langem Jogging-, Skate- und Radweg, Sonnenliegen- und Schirmverleih (20 Dh) sowie Strandwache. Viele Touristen, deren Hotel ohne Strandanschluss ist, kommen hierher. Einheimische nennen den Strand bezeichnenderweise „Russian Beach". Südlich davon beginnen die Grundstücke der Strandvillen von Jumeirah.

Die **Mercato Beach** ist ein südwestlich (stadtauswärts) auf Höhe der Mercato Mall gelegenes kleines Strandstück, an dem meist weniger Rummel herrscht als an der Jumeirah Beach. Jedoch finden sich hier nur Sonne, Sand und Meer, keinerlei Strand-Infrastruktur.

- **Anfahrt Jumeirah Beach:** ab der Jumeirah Rd hinter dem Palm-Strip-Einkaufszentrum abbiegen in die Street 47a, ausgeschildert als „Open Beach"
- **Anfahrt Mercato Beach:** ab der Jumeirah Rd hinter der Mercato Mall rechts in Street 13a abbiegen
- **Anfahrt mit öffentlichen Verkehrsmitteln:** Watertaxi Station Jumeirah Open Beach

Jumeirah Beach Park

Dieser im Stadtteil Jumeirah an der Jumeirah Rd gelegene Strandpark eignet sich gut zum Ausspannen. Weißer Sand und Kokospalmen vermitteln **Tropenflair.** Diverse Wassersportarten werden angeboten, Rettungsschwimmer sorgen für Sicherheit, Cafés und ein Selbstbe-

Urlaub in Dubai

dub183 Foto: kk

dienungsrestaurant bieten Getränke und Snacks an.

Zwischen dem gepflegten – und auch Schatten spendenden – Grün und den Blumenbeeten können Parkbesucher **Spiel- und Grillplätze** sowie Volleyballfelder nutzen. Hungrige können das nahe gelegene Einkaufszentrum Beach Park Plaza aufsuchen.

- **Geöffnet:** 8–22 Uhr, Mo nur für Frauen und Kinder (für Frauen alleine sehr empfehlenswert); **Eintritt:** 5 Dh; **Tel.** 3 49 25 55
- **Anfahrt mit öffentlichen Verkehrsmitteln:** Watertaxi Station Jumeirah Beach Park

Umm Suqeim Strände

Zumeist wird der gesamte Küstenbereich Dubais „Jumeirah" genannt, doch streng genommen liegt zwischen Jumeirah und Palm Jumeirah der Stadtteil Umm Suqeim. Hier locken **längere Strandstücke** mit Panoramablicken und Sport.

Free Fun Beach oder auch **Kitesurf Beach** nennen Residenten das Ufer direkt südöstlich des Dubai Offshore Sailing Club. Hier treffen sich Surfer, Kitesurfer und andere Wassersportenthusiasten, da sie hier auf gute Strömungs- und Windverhältnisse treffen. Schmierseifenfußball (*soapy soccer* – ohne Worte, ausprobieren!) oder Strandvolleyball kann man auf entsprechenden Spielfeldern spielen. Es gibt Toiletten und fest installierte Sonnenschirme.

Südwestlich (stadtauswärts) setzt sich dieses weite, jedoch jetzt schattenlose Strandstück bis zu dem im Bau befindlichen Porto Dubai fort – hier wird der Strand **Bu Qtair Beach** genannt. In der Ferne ragt der Burj Al Arab als beliebtes Fotomotiv aus dem Meer.

Wiederum weiter nach Südwesten (stadtauswärts) folgt jenseits des Porto Dubai eine dicht an den Hotels Jumeirah Beach und Burj Al Arab gelegene Bucht. Von dieser **Umm Suqeim Beach** ist die Aussicht auf den Burj Al Arab besonders beeindruckend, vor allem am Abend, wenn er in allen Farben beleuchtet wird. Dieses Strandstück liegt genau hinter dem **Umm Suqeim Park,** der außer am Wochenende nur für Frauen und Kinder zugänglich ist.

- **Anfahrt Free Fun Beach:** von der Jumeirah Rd bei Saga World abbiegen
- **Anfahrt Bu Qtair Beach:** von der Jumeirah Rd knapp 1 km hinter Saga World in die Seitenstraßen 5a oder 11a abbiegen
- **Anfahrt Umm Suqeim Beach:** von der Jumeirah Rd vor oder hinter dem Umm Suqeim Park zum Strand abbiegen
- **Anfahrt mit öffentlichen Verkehrsmitteln:** Watertaxi Station Jumeirah Beach Hotel

JBR Beach

Dubai Marina wird zur Seeseite hin von den **Hochhausapartments Jumeirah Beach Residences** (JBR) flankiert. Hier verläuft ein aufgeschüttetes, leicht ansteigendes Strandstück, an dem öffentliche und Hotelstrände liegen. Die Atmosphäre hier ist wenig idyllisch, aber umso mehr urban. Skurril wirken die vor der Wolkenkratzerkulisse ruhenden Kamele, die darauf warten, Touristen eine Runde über den Strand zu tragen.

Wer zwischen Strandspaziergang und Sonnenbaden Hunger oder Durst bekommt, findet entlang des angrenzenden **Jumeirah Beach Residence Walk** eine Vielzahl an Sandwichshops, Saftbuden, Eisdielen, Cafés und Restaurants. Auch einen Choithram Supermarket bietet der JBR Walk.

- **Anfahrt:** Dubai Marina, am Strand vor Jumeirah Beach Residences
- **Anfahrt mit öffentlichen Verkehrsmitteln:** Metro Red Line Station Dubai Marina & Jumeirah Lake Towers, Watertaxi Station Dubai Marina

Palm Jumeirah Strände

Die Palmeninsel säumen kilometerlange Strandstücke, die größtenteils auch öffentlich sind. Jedoch ist der Zugang zu vielen Palmenbereichen, so auf die Palmwedel, nur registrierten Anwohnern möglich. Da die Palmeninsel noch unvollendet ist, könnte es sein, dass in Zukunft mehr Strände erschlossen werden und vielleicht auch mit öffentlichen Verkehrsmitteln erreichbar sind.

- **Anfahrt mit öffentlichen Verkehrsmitteln:** über den Stamm der Palmeninsel fährt die Einschienenbahn Palm Monorail, diese soll über die ab 2014 verkehrende Al Sufouh Tram an die Metro Red Line angebunden werden; per Wassertaxi kommt man zu den Stationen One & Only The Palm und Atlantis

Vergnügungsparks

Dubailand

Dubais Streben nach Superlativen entsprechend wurde 2003 Dubailand angekündigt, ein 140 km² riesiger Freizeitpark, der doppelt so groß wie Floridas Disneyland sein soll(te). **Wohnviertel, Hotelmeilen und Freizeitzonen** waren geplant, 45 Megaprojekte bestehend aus 200 Unterprojekten wurden vollmundig verkündet, darunter auch Weltrekord-Malls und -Hotels. 2015 sollten täglich 40.000 Besucher empfangen werden ... Doch als Folge der Weltwirtschaftskrise kochen die Projektentwickler auf Sparflamme, etliche Projekte sind von Bauverzögerungen oder Baustopp betroffen. Wie es weitergeht, steht in den Sternen.

Bereits (teilweise) in Betrieb sind:

- **Global Village:** Kirmespark mit Ausstellungen und Darbietungen aus aller Welt; www.globalvillage.ae, siehe unten
- **Dubai Outlet City:** Einkaufszentrum, das ausschließlich Outlet-Ware anbietet, siehe „Einkaufszentren und Malls"; www.dubaioutletmall.com
- **Dubai Sports City:** Stadien, Sportstätten, Sportschulen; www.dubaisportscity.ae, siehe unten
- **Dubai Motor City:** Motorsport, inklusive Formel-1-Rennbahn (Dubai Autodrome) und F1-X-Vergnügungspark, siehe „Sport und Aktivitäten"; www.motorcity.ae
- **Falcon City of Wonders:** In Falkenform angelegtes Wohn- und Freizeitareal im Zeichen der Weltwunder und sonstiger Großbauten wie Pyramiden, Eiffelturm, Taj Mahal, Fertigstellung bis 2020; www.falconcity.com
- **City of Arabia:** Stadt in der Stadt für 32.000 Einwohner mit Wohnungen, Schulen, Kliniken, Freizeitstätten (z.B. Vergnügungspark Restless Planet), Einkaufsmöglichkeiten (u.a. Mall of Arabia), Büros, Parks und 8-km-Wasserkanal; www.cityofarabiame.com

- **Infos:** www.dubailand.ae

Global Village

In diesem nur im Winterhalbjahr geöffneten Kirmespark präsentieren sich **28 Länder** mit Miniatur-Nachbauten

dub10_020 Foto: at

berühmter Baudenkmäler, mit kulinarischen Köstlichkeiten, kulturellen Darbietungen, Spiel- und Spaßaktionen sowie Souvenirständen. Insbesondere Familien kommen gerne hierher. Das „Weltdorf" ist alljährlich ein bedeutender Austragungsort für die Veranstaltungen anlässlich des Dubai Shopping Festival (siehe „Veranstaltungen und Festivals").

Im Haifischtunnel des Aquaventure-Wasserparks

- **Lage:** Emirates Road E311, Exit 37 neben Arabian Ranches
- **Geöffnet:** Anfang November bis Ende Februar 16–24 Uhr, Mo nur für Frauen und Familien
- **Infos:** www.globalvillage.ae, Tel. 3 62 41 14

WonderLand

Südöstlich des Creek Park liegt dieser **Familien-Freizeitpark,** der sich zusammenfügt aus dem Vergnügungsbereich Theme Park und dem Wasserpark SplashLand.

Im **Wasserpark SplashLand** gibt es diverse Swimming-, Sport- und Activity-Pools sowie Wasserrutschen, einen „Lazy River" und verschiedene Sonnenterrassen.

Der **Theme Park** gleicht einer Kirmes mit Achterbahn, Stock Cars, Karussells, Bumper Cars und Bumper Boats sowie Losbuden, Spielplätzen und weiteren Fahrgeschäften.

In den bonbonfarbenen Häusern der zentral verlaufenden **Main Street** finden sich diverse Restaurants und Snack Bars, Cafés, Eiscreme- und Süßwarenstände, Souvenirshops, Geschicklichkeitsspiele, Autoscooter, Videospielarkade, Showbühne und ein großes Unterhaltungszentrum mit allerlei elektronischen Spielgeräten.

- **Lage:** Umm Hurair, westlich der Al-Garhoud-Brücke am Creek
- **Geöffnet:** SplashLand 10–18 Uhr, Theme Park 10–22 Uhr, oft wechselnde Öffnungszeiten; der **Eintritt** ist vielfältig gestaffelt
- **Infos:** www.wonderlanduae.com, Tel. 3 24 12 22
- **Anfahrt mit öffentlichen Verkehrsmitteln:** Watertaxi Station Al Boom Tourist Village

Indoor-Vergnügungszentren

In den Emiraten vergnügen sich Familien bzw. Kinder gerne in klimatisierten Unterhaltungszentren, die meist **in großen Einkaufszentren und Malls** zu finden sind. **„Endutainment Centre"** werden diese grellbunten Plastikwelten oft genannt. Kinder aller Altersklassen können sich austoben in Hüpfburgen, Riesenröhrenrutschen, Achterbahnsimulatoren, Geisterzimmern, Räuberhöhlen, Krakenkarrusells u.v.m. Stets bieten elektronische Simulations- und Spielautomaten sowie Videogames Zerstreuung. Meist finden sich auch Angebote für Jugendliche, mitunter auch für Erwachsene.

- Einer der größten Indoor-Freizeitparks der Golfregion, **Kid Zania,** findet sich in der Dubai Mall. Teens und Twens werden von der **Sega Republic** angesprochen. Ebenfalls riesig ist der **Magic Planet** in der Mall of the Emirates; ein weiterer Magic Planet lockt in der City-Centre-Einkaufshalle.
- Ein anspruchsvolles Angebot findet sich in der Encounter Zone im 3. Stock der Wafi Mall; sie teilt sich auf in **Lunarland** für Kinder unter 12 Jahren und **Galactica** für Teenager und Erwachsene.
- Das Einkaufszentrum BurJuman umfasst die Spielzone **Planet Sega** und für die Allerkleinsten das **Toby Adventureland.**
- Auch **in anderen großen Einkaufszentren** (z.B. Marina Mall, Al-Ghurair Centre, Lamcy Plaza, Mercato Mall) gibt es ähnliche (wenn auch kleinere und weniger einfallsreiche) Vergnügungszonen. Ein ähnliches Angebot bietet auch der Vergnügungspark **Wonder-Land.**

Wasserparks

Aquaventure

Dem Atlantis Hotel auf Palm Jumeirah angegliedert ist dieser größte Wasserpark der Region (siehe „Sehenswertes auf Dubais Seeseite").

Wild Wadi

Dieser **neben dem Jumeirah Beach Hotel** gelegene Wasserpark ist den Fluten eines reißenden Flusses nachempfunden. Zentrale Figur im Park ist *Juha,* ein Gefährte von *Sindbad dem Seefahrer,* dessen legendäre Reisen allenorts im Park aufleben. Auffallend sind der Einfallsreichtum und die Detailtreue, mit der Wild Wadi gestaltet wurde: felsige Uferlandschaften, gestrandete Schiffe, Vogelgeschrei vor dem Eintreffen der großen Flut – klasse auch die Lichtshow am Abend! Stündlich werden dazu 30 Millionen Liter Wasser durch den Park gepumpt.

In **30 nassen Attraktionen** finden sowohl große als auch kleine Wasserratten ihren Spaß. Viele davon sind miteinander verbunden, ein Adrenalin-Stoß jagt also den nächsten. Keine Angst: Sicherheit und Sauberkeit werden groß geschrieben, und für Kinder stehen kindgerechte Attraktionen bereit.

Im wilden Wadi kann man durch einen knapp 500 Meter langen **„Lazy River"** gleiten, mit einer Geschwindigkeit von 80 km/h von der **„Jumeirah Sceirah"** runterrasen, in die Dunkelheit des **„Tunnel of Doom"** rutschen oder im **„Wipeout and Riptide Flow Rider"** highspeed-surfen, wenn mehr als sieben Tonnen Wasser pro Sekunde in das Becken herabfallen und sich die perfekte Welle auftürmt.

Auch für diejenigen, die lieber entspannen möchten, bietet der Park **ruhigere Flusspassagen.** Wer VIP-Komfort liebt, kann eine Cabana mieten. Auch der zum Park gehörige **Strand** lädt zum Ausruhen und Sonnenbaden ein. Den Hunger zwischendurch kann man in den parkeigenen Imbissbuden und Restaurants stillen.

- **Geöffnet:** September bis Februar 10–18 Uhr, März bis August 10–19 Uhr; **Eintritt** (Tagesticket): Erwachsene 205 Dh, Kinder 165 Dh, Sundowner-Ermäßigung 2 Stunden vor Schließung
- **Infos:** www.wildwadi.com, Tel. 3 48 44 44
- **Anfahrt mit öffentlichen Verkehrsmitteln:** Watertaxi Station Jumeirah Beach Hotel

Sport und Aktivitäten

In Dubai kann man aus einem sehr breiten und **abwechslungsreichen Sport- und Freizeitangebot** wählen, sodass jeder auf seine Kosten kommen kann.

Swimmingpool (auf der Dachterrasse oder im Garten), **Tennisplatz mit Flutlicht, klimatisierte Squashplätze und Fitnessräume, Sauna, Massageräume und Jacuzzi** gehören zur Grundausstattung nahezu aller großen **Hotels.** Viele 5- und 4-Sterne-Hotels haben **Wellness- und Spa-Bereiche.** Diese Einrichtungen können Hotelgäste kostenlos benutzen, weitere Angebote kosten extra, die Preise können stark schwanken.

Hotels bieten die Möglichkeit zur Nutzung ihrer Sport- und Freizeiteinrichtungen auch für Nicht-Hotelgäste. Dazu bezahlt man einen Beitrag für eine **Tagesmitgliedschaft im Hotel-Sportclub** und kann dann Strand, Pool, Fitness- und Sportclub nutzen. In Luxushotels kostet dies wochentags ab ca. 150 Dh – natürlich kosten Unterricht und Sonderleistungen extra.

Diesen Service der Tagesmitgliedschaft bieten auch die meisten hotelunabhängigen **Sport- oder Strandclubs,** in denen Emirater und die in Dubai lebenden westlichen Ausländer Dauermitglieder sind.

Kitesurfer finden in Dubai gute Bedingungen vor

Sportkurse (Tennis, Fußball, Schwimmen, Rugby, Basketball, Gymnastik) und persönliches Training bietet Exel Sports Services, www.excelsportsuae.com, Tel. 0 50/7 94 36 56.

Wassersport

Das im Winter angenehme Klima, das warme Meereswasser und der ewige Sonnenschein, die schönen Sandstrände und das azurblaue Meer machen Dubai zu einem **Paradies für Wassersportler.** Hinzu kommt, dass es kaum Unterschiede zwischen Ebbe und Flut und nur schwache Meeresströmungen gibt und dass der Wind konstant, vorhersehbar und selten zu stark ist. Aktuelle Infos und Vorhersagen (Wind, Wellen, Temperatur etc.) bietet das Dubai Coastal Zone Monitoring Programme unter www.dubaicoast.ae.

Sowohl **Strandhotels** und **Hotelresorts** als auch diverse **Sport- und Marineclubs** stellen professionelle Ausrüstungen für die verschiedenen Wassersportarten bereit oder verleihen sie. **Mitgliedschaften auf Tages- oder Wochenbasis** können nahezu überall abgeschlossen werden.

Möglich sind Windsurfen (spezielle Infos: Surfcommunity, www.surfersofdubai.com, Surfschulen Surf Dubai, www.surfingdubai.com, Tel. 4 33 17 83, Surf School UAE, www.surfschooluae.com, Tel. 3 99 09 89), Kitesurfing,

dub12_013 Foto: dt

Wakeboarding, Wasserski, Parasailing, Hochseefischen (Barrakudas, kleine Haie, King Fish, Hamour), Schnorcheln, Tauchen und diverse Spaß-Boote.

Free Fun Beach ist ein Strandstück in Jumeirah, an dem sich Surfer und Kitesurfer gerne treffen, aber auch Umm Suqeim Beach und JBR Beach sind beliebte Surfstrände (siehe „Strandparks und Strände").

Ein breit gefächertes Wassersportangebot bieten:

- **Sky and Sea Adventures,** Tel. 3 99 90 05, www.watersportsdubai.com
- **Summertime Marinesports,** Tel. 2 57 30 84, www.summertimemarine.com

Strand- und Sport-Clubs

Beach- und Sportclubs mit Wassersportangebot finden sich in nahezu allen Dubaier **Strandhotels und Resortanlagen** (Adressen und Beschreibung siehe „Unterkunft"). Die meisten gewähren auch Nicht-Hotelgästen Einlass, wenn sie die Gebühr einer Tagesmitgliedschaft entrichten.

Nach der Eröffnung zahlreicher Hotelanlagen auf **Palm Jumeirah** (siehe „Sehenswertes auf Dubais Seeseite") sowie der Strandhotels auf Dubais künstlichen Inseln stehen weitere Sport-Clubs offen.

Im **Dubai International Marine Club,** am Hafen Mina Seyahi zwischen Palm Jumeirah und Dubai Marina gelegen, kann man zahlreiche Wassersportarten aktiv ausüben, Ausrüstung ausleihen, Kurse belegen oder Sportveranstaltungen als Zuschauer beiwohnen (www.dimc.ae, Tel. 3 99 57 77).

Segelboote/ Yachtcharter/Hochseefischen

Segelboottörns vor Dubais Küste, um die Palmen- und Weltinseln oder auch nach Musandam, Schnellboot-, Katamaran-, Yachtcharter und Hochseefischen werden von Wassersportclubs, diversen Strandhotels sowie lokal ansässigen Tourveranstaltern arrangiert, außerdem von:

- **Al-Wasl Cruising & Fishing**
Tel. 2 95 94 77, www.cruiseindubai.com
- **Dusail**
Tel. 3 98 91 46, www.dusail.com
- **Dubai International Marine Club**
Siehe oben
- **Dubai Offshore Sailing Club**
Tel. 3 94 16 69, www.dosc.ae
- **Sea Hunters**
Tel. 2 95 10 11, www.sea-hunters.com
- **Xclusive Yachts**
Tel. 3 42 73 33, www.xclusiveyachts.com
- **4Yacht Arabia**
Tel. 8 00/9 22 48, www.4yachtarabia.ae
- **Dhautouren und -charter**
Siehe „Sehenswertes am Creek".

Baden

Dubais **flach abfallende Sandstrände** sind zum Schwimmen und Baden ideal, insbesondere für Kinder und Nichtschwimmer.

In zahlreichen **Strandhotels oder Beach Resorts** kann man einen angenehmen und ruhigen **Badeurlaub** verbringen (inkl. zahlreicher Sport- und Freizeitaktivitäten). Es gibt sowohl luxuriöse 5-Sterne- als auch preiswertere und trotzdem schöne Strandhotels mit ausgedehntem **Privatstrand.** An Dubais Küstenstreifen stehen unzählige erstklassige Strandhotels, sowohl auf dem Festlandufer als auch auf den künstlichen Inseln. Zahlreiche Stadthotels haben zusätzlich einen Strandclub, zu dem ein regelmäßiger und kostenfreier Shuttle-Service besteht.

Neben den Privatstränden gibt es auch **öffentliche Strände,** teilweise mit Umkleide- und Sanitäreinrichtungen (siehe „Strandparks und Strände").

Dubai verfügt über zwei große **Strandparks** mit schönem Sandstrand und sanitären Einrichtungen, in denen auch einige Tage für Frauen und Kinder reserviert sind (Al-Mamzar Beach Park und Jumeirah Beach Park, siehe „Strandparks und Strände"). Dies verschafft arabischen Frauen die Gelegenheit, ohne männliche Begleitung baden gehen zu dürfen.

Zum Sonnen und Schwimmen sind die **Privatstrände und Pools der Hotels** den öffentlichen Stränden vorzuziehen – nicht nur, weil es dort sanitäre Einrichtungen und Duschen gibt: Muslimische Frauen entkleiden sich niemals, wenn Männer – ausgenommen ihre eigenen – sie sehen. Viele arabische Männer und Frauen fühlen sich angesichts (zu viel) nackter Haut in ihrem **Schamgefühl** verletzt. Und so mancher Mann interpretiert einen spärlich bekleideten Frauenkörper an einem öffentlichen Strandstück als offenes sexuelles Angebot und fasst dies als Aufruf auf, ungeniert gaffen oder entsprechende Offerten machen zu dürfen. Daher ist es unangebracht, sich an Dubais Stränden im knappen Badedress zu sonnen oder zu schwimmen. FKK, oben ohne und Tangas sind verboten, auch in den Hotels. Ebenso gilt es, beim Umziehen nach dem Schwimmen auf Diskretion zu achten.

Tauchen

Die **ruhigen und nicht allzu tiefen Gewässer** (Tauchgründe bis 30 Meter) des Golfes um Dubai eignen sich gut, um das Tauchen zu lernen. Der geringe Gezeitenhub schafft **sichere Bedingungen,** das Wetter ist meist ideal. Interessant ist die Dubaier Küste wegen zahlreicher gesunkener Schiffe, aber auch in Riesenaquarien und Haifischbecken kann man abtauchen. Rund um die neu erschaffenen Inseln sollen künstliche Tauchreviere geschaffen werden. Fortgeschrittene können zudem zu Tauchausflügen in die tieferen Gewässer des Indischen Ozeans an der Ostküste starten (vielfältige Unterwasserflora/-fauna, vorgelagerte Felseninseln, Korallenriffe; Tauchschulen dort ansässig) oder die Reviere um Musandam im Norden der Vereinigten Arabischen Emirate erkunden (fjordähnlich zerklüftete Buchten sind interessante Tauchgründe insbesondere für erfahrene Taucher; per Boot ab Dubai).

Dubais **Tauchschulen** sind gut ausgerüstet – Taucher sollten international anerkannte Dokumente (Tauchschein, Logbuch) mitbringen.

- **Al-Boom Diving**
Jumeirah, Al-Wasl Rd,
nahe des Iranian Hospital,
Tel. 3 42 29 93, www.alboomdiving.com
PADI-Kurse, Tauchausflüge (Ostküste und Musandam), Ausrüstungsladen und -verleih sowie Workshop, auch Tauchen mit Haien im Dubai Aquarium kann organisiert werden.

- **Atlantis Dive Centre**
Palm Jumeriah, Atlantis The Palm Hotel,
Tel. 4 26 30 00, www.atlantisthepalm.com
PADI 5 Star Centre in exponierter Lage auf dem Wellenbrecherkranz der Jumeirah-Palmeninsel, bietet jedem Taucher etwas: Tauchkurse, Kinderprogramme, Spezialkurse, Tauchen unter Haien in der Unterwasserwelt der Ambassador-Lagune, Bootsausflüge
- **The Pavilion Dive Centre**
Umm Sufouh, im Jumeirah Beach Hotel,
Tel. 4 06 88 28, www.jumeirah.ae
PADI 5 Star Centre auf der Jumeirah-Palmeninsel, Tauchkurse, Kinderprogramme, Spezialkurse, Tauchen unter Haien in der Unterwasserwelt der Ambassador-Lagune, Bootsausflüge; auch Perlentauchen per Dhau-Boot

Literaturtipps

- *Thomas Kromp, Oliver Mielke*
Tauchen: Handbuch Modernes Tauchen. Franckh-Kosmos Verlag; Standardwerk zur Thematik.
- **UAE Underwater Explorer**
Explorer Publishing; sehr detaillierter V.A.E.-Unterwasser-Führer.
- *Richard F. Field*
Reef fishes. Motivate Publishing; Riff-Fische in den Gewässern der V.A.E.

Infos

- **Emirates Diving Association**
Bur Dubai, Shindagha im Diving Village, Tel. 3 93 93 90, www.emiratesdiving.com

Golf

Mit Recht und voller Stolz bezeichnet sich Dubai als **Golfmetropole der Region.** Golfclubs mit unterschiedlichen Spiellandschaften, sowohl Rasenanlagen als auch Sand- und kombinierte Plätze, genügen jeder Spielstärke und bieten Abwechslung. Das Mindest-

dub10_021 Foto: dt

Handicap beträgt meist 28 für Männer und 36 oder 45 für Frauen. Enthusiasten können sich für ihr Tee Off an jedem Tag der Woche einen anderen Parcours wählen, entsprechend gerne trainieren viele hier. Manche Plätze bieten Meisterklasse-Niveau – während der Wintermonate demonstrieren Spitzengolfer der Weltrangliste auf den hiesigen Turnieren ihr Können. Für passionierte Golfer interessant: Weltelitespieler haben Dubais Meisterschaftsplätze designt – für Touristen attraktiv: Golfresorts oder Golfstädte bieten eigene Unterkunftsmöglichkeiten.

Die Dubaier Golfanlagen können von **Tagesgästen** genutzt werden. Der **„Dubai Golf Pass"** beinhaltet mindestens drei Green fees zu 18 Loch. Diese können dann als Gastgolfer auf unterschiedlichen Plätzen abgespielt werden. Auf den großen Plätzen sind Reservierungen empfehlenswert. In erstklassig ausgestatteten **Golf-Akademien** werden Lehrkurse oder Spielanalysen angeboten. Erfahrene Caddies sind buchbar, um bei der Schlägerwahl beratend zur Seite zu stehen oder beim Lesen der Greens nützlich zu sein. Auf manchen Plätzen geben Navigationsgeräte mit GPS die Entfernung zur Mitte des Greens an. Flutlichtanlagen gestatten es, auch in den kühlen Abendstunden zu spielen. Insbesondere die Meisterschaftsplätze heißen **Gastgolfer** mit Tee-Times-Vorbuchung auf einer Pay-and-Play-Basis willkommen. Die meisten Rasenplätze dürfen nicht mit Metallspikes bespielt werden. Die **Kleiderordnung** ist golftypisch, insbesondere auf den Meisterschaftsplätzen gilt: Die Oberbekleidung muss einen Kragen aufweisen, Golfshorts oder längere Beinkleider sind zugelassen, Jeans absolut nicht. Alle Golfanlagen besitzen zumindest ein **Restaurant** und eine **Bar.** Die großen Clubs haben zudem **Pool, Tennisplätze,** Fitnessraum, Sauna sowie einen Ausrüstungsladen.

Arabian Ranches Golf Club

Infos

- **Golf in Dubai**
Tel. 3 80 21 12, www.golfindubai.org
- **Emirates Golf Federation**
Tel. 2 95 22 77,
www.emiratesgolffederation.com
- **www.uae-golf-online.com**
Golfplatz-Guide

Dubai Creek Golf and Yacht Club

Der Golfclub mit seinem 18-Loch-Rasenplatz (Par 72) liegt direkt am Dubai Creek unweit des Zentrums und des Dubai International Airport **im Stadtteil Al-Garhoud.** Eine Parcourslänge von 6857 Yards (6270 m) und Par 71 erwarten den Golfer. Bei 13 Löchern kommt das Wasser der sechs künstlichen Seen mit ins Spiel, der Creek selbst sogar bei den letzten vier Löchern. Auch Dog-Legs und raffiniert angelegte Bunker sind zu meistern. Erforderlich ist ein Handicap von 28 für Herren und 45 für Frauen. Zudem gibt es einen 9-Loch-Par-3-Übungskurs. Wer nicht golfen möchte, kann „nur" das Ambiente und die kulinarischen Leckereien im malerisch über dem Creek gelegenen Café, in einem der Restaurants oder in der Bar genießen. Das **markan-**

te Clubhaus ist in Form von mächtigen, aufgeblähten Dhausegeln gestaltet. Sie erinnern daran, dass Dubai tief mit der Seefahrt verbunden ist. Passend dazu hat der Golfclub einen eigenen Yachthafen – Bootscharter und Hochseefischen sind möglich. Gäste können im Park Hyatt Dubai Hotel logieren.

• **Infos:** Tel. 3 80 12 34, www.dubaigolf.com

Emirates Golf Club

Auf der 70.000 m^2 großen Rasenfläche mit sechs Seen befinden sich zwei 18-Loch-Championship-Parcours: **Majlis Course:** 7301 Yards, Par 72; **Faldo Course:** 7348 Yards, Par 73. Ihr Standard gilt als hoch. Der von *Nick Faldo* designte Faldo-Kurs ist mit seinen vielen Wasserhindernissen und Bunkern selbst für die begabtesten Spieler eine Herausforderung. Im Zentrum dieses Parcours befindet sich ein Flusslauf. Männer dürfen ab einem Handicap von 28 spielen, für Damen gilt Handicap 36. Zudem gibt es einen 9-Loch-Par-3-Übungsplatz.

Die **sieben Clubhäuser** (symbolisch für die sieben Emirate) sind in Gestalt gigantischer, mit hohen Glasfronten versehener Beduinenzelte erbaut. Eines dieser Zelte ist für die Shaikhs der Herrscherfamilie reserviert.

Alljährlich wird hier das **Dubai Desert Classic** ausgetragen, es gilt als „Kronjuwel" der European Tour.

Der Platz liegt nahe an Emirates Hills, The Greens und The Lakes, zu erreichen über die **Shaikh Zayed Rd** (Interchange 5/Exit 33).

• **Infos:** Tel. 3 80 19 19, www.dubaigolf.com

The Montgomerie

Designer und Namensgeber dieses Championship-Platzes ist der schottische Golf-Superstar *Colin Montgomerie*. Daher folgt der Platz dem Vorbild schottischer Golflandschaften und bietet viel Abwechslung. Die Fairways des Platzes haben Links-Charakter und bieten großflächige Landezonen, die Spieler aller Handicaps reizen; erforderliches Handicap: 28 bei Herren bzw. 36 für Damen. Der 7266 Yard große 18-Loch-Par-72-Meisterschaftsparcours hat neben 81 Bunkern, 14 Wasserhindernissen, vier Abschlagplätzen weitere Attraktionen: Green No. 13, 5400 m^2 groß, 183 m im Durchmesser und in Form der V.A.E. gestaltet, ist rundum bespielbar und stellt eine immer neue Herausforderung dar, da man jedes Mal auf ein anderes Loch spielen kann.

Unschlagbar die **Übungseinrichtungen:** Auf der Driving Range können 200 Spieler gleichzeitig abschlagen. Es gibt Übungsgrüns für kurze Spiele und mehrere Putting Greens sowie einen 9-Loch-Par-3-Übungsplatz, der hohe Anforderungen stellt. Auch 20 Gästesuiten und eine Spa gehören zu The Montgomerie.

Der Golf Course liegt im renommierten **Wohnviertel Emirates Hills,** nahe des Emirates Golf Clubs, vom **Highway** nach **Abu Dhabi** am besten über den Interchange 5/Exit 36 zu erreichen.

• **Infos:** Tel. 3 90 56 00, www.themontgomerie.com

The Montgomerie – ein Golfplatz der Extraklasse

Arabian Ranches Golf Club

Dieser Parcours ist für jeden Golfer eine ultimative **Herausforderung.** Der 18-Loch-Par-72-Course für Profis erstreckt sich über 7691 Yards, von den Championship Tees über Sanddünen, gepflegtes Grün und einen See – der jedoch nicht als Hindernis ins Spiel integriert ist. Ebenfalls jenseits der Norm: Der Parcours ist ohne künstliche Bunker – es gibt nur einen riesigen Bunker: die natürliche Sandwüste. Amateure können kürzere – immer noch anspruchsvolle – Runden spielen.

Für Anfänger ist es auf dem **Übungsplatz** leichter, wer wenig Zeit hat, kann auf dem Kurzparcours spielen. Da es hier keine Mitgliedschaften gibt, ist jeder nach Voranmeldung willkommen.

Zur **Übernachtung** stehen im Clubhaus – im spanischen Kolonialstil designt – elf luxuriöse Gästezimmer bereit. Interessante Möglichkeiten bieten sich für alle, die auch gerne reiten, denn das hauseigene **Equestrian Centre** offeriert Reitoptionen.

Arabian Ranches liegt auf dem Gelände des Freizeitparks Dubailand an der Emirates Road E311, ein Villenviertel gehört auch dazu.

- **Infos:** Tel. 3 66 30 00, www.arabianranchesgolfdubai.com

Al Badia Golf Club

In der **Festival City** verbirgt sich ein Golfresort mit 18-Loch-Par-72-Meisterschafts-Parcours. Das Design steht un-

dub10_031 Foto: tmd

ter dem Motto „Flüsse aus Sand" und integriert sich geschickt mit dem Uferbereich des Creek in die Dubai Festival City. Interessant wird das Spiel durch die Wasserhindernisse in Form von elf Seen; der Parcours ist mit vielen salzresistenten Pflanzen begrünt, die mit Meerwasser bewässert werden. Der Parcours kann von Profis auf einer Länge von 6106 Yards (6678 m) bespielt werden, aber auch eine Länge von 5398 Yards kann gewählt werden. Der Platz ist durchgängig mit Golfkarts befahrbar, was ältere oder komfortverwöhnte Golfer erfreut. Handicap-Vorgabe für Herren 28, für Damen 45.

Mehrere **Restaurants und Bars** sorgen für das leibliche Wohl. Der Club wird gamanagt vom InterContinental Dubai Festival City, wo man logieren kann. Beeindruckend sind die Ausblicke auf den Creek vor der Skyline.

- **Infos:** Tel. 6 01 01 01, www.albadiagolfclub.ae

The Track Meydan Golf

Kein Meisterschafts-Platz, sondern ein **Treffpunkt für Golfliebhaber und Familien,** der ohne Mitgliedergebühr allen Gästen offen steht. Auf dem 3700 Yards langen 9-Loch-Platz finden Golfer Seen, tiefe Bunker und doppelte Greens vor, welche ein präzises Spiel erfordern und weniger genaue Longhitter benachteiligen. Dank seiner Flutlichtanlage ist der Platz bis Mitternacht bespielbar. Er kann auch mit 18 Loch bespielt werden.

Der Platz liegt längsseits der Pferderennbahn und gehört zu Meydan City, einem nagelneuen Stadtteil (siehe „Sehenswertes auf Dubais Inlandsseite").

- **Infos:** Tel. 3 81 37 33, www.meydangolf.com

The Els Club

Designer und Namensgeber dieses **anspruchsvollen 18-Loch-Par-72-Meisterschaftsplatzes** ist der südafrikanische Profigolfer *Ernie Els.* Vier Tee-Sets gestatten vielfältige Spielvarianten. Auf einer Länge von 7538 Yards (6893 m) schlängelt sich dieser Wiesen- und Wüstenparcours um zwei künstlich angelegte Seen. Dieses wenige Wasser wird manche Spieler erfreuen, doch riesige waste areas und tückische Bunker erfordern mehr Geschick, als der erste Blick vermuten lässt. Die weißen Sandbunker und die grünen Fairways bilden einen interessanten Kontrast. Erforderlich ist ein Handicap von 28 für Männer bzw. 36 für Frauen. Hier bekommt jeder einen Golf-Butler zugewiesen.

Der Platz ist Teil der Dubai Sports City und liegt im **Villenviertel Victory Heights.** Der Standort erlaubt zahlreiche weitere Möglichkeiten, sich sportlich zu betätigen. Am einfachsten ist die Anfahrt über die Emirates Rd E311 oder die E44.

- **Infos:** Tel. 4 25 10 10, www.elsclubdubai.com

Jumeirah Golf Estates

Jumeirah Golf Estates vereint vier von Golfprofis entworfene 18-Loch-Meisterschaftsplätze mit exklusiven Wohnvierteln und Hotels. Die Golfplätze bzw. ihre Gestaltung sind von den Grundelementen **Erde, Wasser, Feuer und Wind** inspiriert. Bereits bespielbar sind Earth und Fire Course.

Der 18-Loch-Par-72-Meisterschaftsparcours **Earth** bietet auf 7675 Yards große Rasenflächen mit üppigem Baumbestand und Wasserhindernissen und war 2009 erstmalig Schauplatz der hoch dotierten Dubai World Championship, dem Finalspiel der European Tour. Von den europäischen Parkland-Kursen inspiriert, ist dieser von *Greg Norman* entworfene Platz eine Bereicherung der Dubaier Golflandschaft. Die Handicap-Vorgabe beträgt 45 für Damen bzw. 28 für Herren.

Der ebenfalls von *Greg Norman* designte **Fire Course** steht nur Clubmitgliedern offen. Der 18-Loch-Championship-Course (7480 Yards) hat vier Tees mit unterschiedlicher Wüstencharakteristik. Der **Water Course** bietet Abwechlung: Er windet sich durch hohe Gräser, Feuchtgebiete, Palmenhaine, über begrünte Dünen und deren Talkessel; er ist auf verschiedenen Längen von 5000 bis 7500 Yards bespielbar. Beim **Wind Course** geben die Formenmuster des Windes wellenförmige Fairways mit dichten roughs und zahlreichen Bunkern vor. Schmale Fairways sind von Dünen abgeschirmt und lassen wenig Raum für Spielfehler.

• **Infos:** Tel. 3 90 33 33, www.jumeirahgolfestates.com

Jebel Ali Golfcourse

Dieser 9-Loch-Par-36-Rasenparcours (3201 Yards = 2927 m) – er gehört zum **Hotelresort Jebel Ali** – erfordert trotz seiner geringen Größe Spielgeschick. Der Parcours liegt inmitten tropischer und exotischer Bäume, Palmen und Sträucher, zahlreiche Vögel halten sich hier auf. Ein zentraler Salzwassersee grenzt an fünf Löcher. Je vier Tee-Off-Zonen in unterschiedlicher Distanz zum Green werden pro Loch zum Abschlag angeboten, daher ist auch eine 18-Loch-Runde möglich. Der Parcours ist auch für Anfänger geeignet und selbst für diejenigen mit niedrigem Handicap interessant.

• **Infos:** Jebel Ali Golf Resort and Spa, siehe „Unterkunft"

Im Bau

Die **Dubai Golf City** soll eine ganze Stadt des Golfsports werden – mit einer Auswahl an Themen-Golfkursen, exklusiven Apartmentvillen (Tilal Dubai), Hotels in einer fünf Quadratkilometer großen Park- und Wiesenlandschaft. Als erster Golfplatz soll der **Oasis Golf Course** fertig sein. Die Golfstadt wird angesiedelt in dem von der Finanzkrise gebeutelten Vergnügungspark Dubailand (siehe „Vergnügungsparks"), daher ist die Umsetzung ungewiss.

• **Infos:** www.dubaigolfcity.org

Im Mega-Stadtteil Dubai World Central, der als Luftfahrt- und Logistikzentrum konzipiert ist, soll eine Golf City Dubais Status als international bedeutsame Golf-Destination festigen. Als **DWC Golf City** entstehen drei 18-Loch- und zwei 9-Loch-Plätze plus alle erdenklichen Golfeinrichtungen und golforientierte Eigenheime sowie zwei luxuriöse Boutique-Hotels und ein Spa-Resort.

• **Infos:** www.dwc.ae

Der nach seinem Erbauer benannte **Tiger Woods Dubai Complex** soll aus einem über 7000 m langen Platz sowie rund 3000 Luxusvillen und einem Hotel bestehen. Der mitten in Dubailand (siehe „Vergnügungsparks") gelegene 18-Loch-Championship-Parcours wird nur von Clubmitgliedern bespielt werden können, die von *Woods'* Vermarktungsagentur ausgesucht wurden. Zudem ist es Gästen des Tiger Woods Boutique-Hotels vorbehalten, auf dem Platz zu spielen.

- **Infos:** www.tigerwoodsdubai.com

Auch der neue Stadtteil **Mohammed bin Rashid Gardens** wird einen Golfplatz erhalten.

Skihallen

Eis und Schnee sind en vogue im Wüstenland, Skifahren – und Pinguine gucken – kann man in **Ski Dubai** an der Mall of the Emirates (siehe unten sowie „Einkaufszentren und Malls") und in Zukunft eventuell im Sunny Mountain Skidom in Dubailand.

Sanddünenski

Sanddünenski – **eine Mischung aus Skifahren im Schnee** (aber ohne die Geschwindigkeit) **und Wasserski** (ohne die Gefahren) – ist einfach, schnell zu erlernen und macht Riesenspaß. Man kann die Dünen entweder auf

Der größte Kühlschrank der Welt – Ski Dubai

Die nachts wie ein Raumschiff illuminierte und trotz gleißender Wüstensonne frostgekühlte Schneehalle von Ski Dubai beherbergt **alles, was die Herzen der Ski- und Snowboardfreunde höher schlagen lässt:** eine komplette Winterlandschaft mit verschneiten Tannen und Felsen, fünf Skipisten mit unterschiedlicher Schwierigkeitsstufe und Länge (die längste Abfahrt misst 400 Meter und 62 Meter Höhenunterschied), 90-Meter-Quarter-Pipe, Freestyle Zone, Snowboard Stunt Park. Alle, die nicht die Hänge runtersausen möchten, treffen sich im Snowpark mit Eishöhle und Rodelhügel. Logischerweise gibt es auch Skilifte und Lokalitäten zum Après-Ski (alkoholfrei!).

Pro Nacht werden 30 Tonnen echter Schnee produziert – so kann man jeden Tag mit herrlichem Neuschnee Schneeballschlachten machen oder Schneemänner bauen. 6000 Tonnen des weißen Pulvers liegen insgesamt in dieser dick isolierten Kühlbox. Die hiesigen Pinguine fühlen sich in ihrem Frostpalast pudelwohl.

In der knapp 23.000 Quadratmeter großen Halle sehen viele Bewohner der Golfregion zum ersten Mal in ihrem Leben Schnee. 1500 Gäste können die weiße Winterwelt besuchen; Mäntel, Skianzüge, Stiefel, Socken, Helme, Skier, Snowboards und Schlitten werden ausgeliehen, Skilehrer bieten Unterricht an.

- **Geöffnet:** 10–22 Uhr
- **Tagespässe:** Erwachsene 300 Dh, Kinder 275 Dh
- **Infos:** Tel. 8 00/5 34 78 73, www.skidxb.com
- **Lage:** Ski Dubai ist angegliedert an die Mall of the Emirates, Shaikh Zayed Rd, am Interchange 4/Exit 39

dub205 Foto: kk

zwei Skiern mit Stöcken oder ähnlich wie beim Snowboard auf einem Brett hinabfahren. Die meisten lokalen Tourveranstalter (siehe „Reisebüros und Tourveranstalter") übernehmen die Organisation und verleihen Ausrüstung. Bei vielen Wüstenausflügen, Arabischen Abenden o.Ä. sind Abfahrten inklusive.

Reiten

Pferde

Arabian Ranches ist eine exklusive Wohnanlage, in der sich vieles um den Reitsport dreht, inkl. Reitzentrum, Reitplätzen und Reitwegen (www.emaar.com, Tel. 3 67 55 68). Beim gegenüberliegenden **Dubai Polo & Equestrian Club** kann man geführte Stalltouren, Reitunterricht und Wüstenausritte buchen (www.poloclubdubai.com, Tel. 3 61 81 11).

Wüstenausritte bieten die Wüstenresorts Al Maha (Tel. 8 32 99 00) und Bab Al Shams (Tel. 8 09 61 00). Auch das Jebel Ali Golf Resort & Spa hat Ställe (Tel. 8 14 55 55), hier sind **Strandritte** interessant.

Reitunterricht, Wüstenausritte sowie Vollmondritte hat der **Mushrif Equestrian and Polo Club** (www.mushrifec.com, Tel. 2 57 12 56) im Programm.

Polofans finden Gefallen am **Hotel Desert Palm,** in den Wintermonaten wird hier täglich trainiert, zudem Reitunterricht angeboten. Allerdings liegt

Down the dune beim Sanddünenski – ein besonderer Wüstenspaß

Desert Palm außerhalb (www.desert-palm.ae, Tel. 3 23 88 88). Polo lernen kann man in Kursen der **Dubai Polo Academy,** auch Polo-Urlaube sind möglich (www.dubaipoloacademy.com, Tel. 050/8 87 98 47).

Im **Freizeitpark Dubailand** (siehe „Vergnügungsparks") sollen Attraktionen rund um den Reitsport entstehen (www.dubailand.ae, Tel. 3 68 00 00).

Ebenfalls in Bau ist der Stadtteil **Meydan City** (siehe „Sehenswertes auf Dubais Inlandsseite"), in dem sich vielerlei um den Pferdesport – vornehmlich um den Rennsport – drehen soll. Auch die neue Pferderennbahn Dubais ist hier (Infos: www.meydan.ae).

Reitunterricht sowie weitere Informationen erhält man bei:

- **Emirates Equestrian Centre**
Tel. 0 50/5 53 79 86,
www.emiratesequestriancentre.com
- **Dubai Equestrian Club**
Tel. 3 27 00 77, www.dubaiequestrianclub.ae
- **Jebel Ali Equestrian Club**
Tel. 8 84 51 01, www.jaec-me.com

Kamele

Auf einem Kamel reiten kann man während einer Wüstenfahrt bzw. eines Abends **in der Wüste,** was von vielen lokalen **Tourveranstaltern** organisiert wird (siehe „Reisebüros und Tourveranstalter"). Manche führen auch Kamelsafaris durch, die mehrere Tage dauern.

Ballonfahrten

Fahrten im **Heißluftballon** können gebucht werden bei einigen einheimischen Tourveranstaltern (siehe „Reisebüros und Tourveranstalter") sowie bei:

- **Balloon Adventures Emirates**
Tel. 2 85 49 49, www.ballooning.ae
- **Amigos Balloons**
Tel. 2 89 92 95, www.amigos-balloons.com

Schlittschuhlaufen

- **Dubai Ice Rink:** Olympiagroße Eislaufbahn in The Dubai Mall, Tel. 4 37 31 11
- **Ice Rink:** Kleine Bahn im Galleria Centre am Hyatt Regency Hotel in Deira, Tel. 2 09 65 51

Schießen

- **Jebel Ali Shooting Club** (Tel. 8 83 65 55): Club mit internationalem Championship-Standard, verschiedenen Tontaubenschießdisziplinen, olympischem Skeet-Schießen, Simulationsraum zum Pistolen- und Laserschießen, Bogenschießen, computerisierten Schießständen, Außenbereich mit Flutlicht, Schießschule, Clubhaus im Stil eines alten Forts, Ausrüstungsladen

Klettern

- **Dorell Climbing:** mit 15 m die höchste Kletterwand der V.A.E., auch Organisation von Klettertouren in die Berge; Zabeel, The Club der Dubai World Trade Centre Apartments, Tel. 3 06 50 61, www.climbingdubai.com
- **Pharao's Club:** Kletterwand im Sport- und Freizeitclub Pharao's an der Wafi Mall; www.wafi.com, Tel. 3 24 00 00
- Wer am Bergklettern oder Abseiling interessiert ist, kann sich an die einheimischen Tourveranstalter wenden (siehe „Reisebüros und Tourveranstalter").

Wüstensafari

Kart

- **Emirates Karting Centre**
Jebel Ali, nahe des Jebel Ali Golf Resort and Spa, 14–19 Uhr, Tel. 2 82 71 11, www.emsf.ae
- **Formula One**
Kartbahn im Vergnügungspark WonderLand, Tel. 3 38 88 28, www.wonderlanduae.com
- **Kartdrome**
1,2 km lange Strecke des Dubai Autodrome im Freizeitpark Dubailand, 10.30–24 Uhr, Mo geschlossen, Tel. 3 67 87 44, www.dubaiautodrome.com

Wüstenfahrschulen

Offroad will gelernt sein! Unerfahrene, die meinen, mit einem Allradwagen könne jedermann durch Dünen und Wüste fahren, irren – nicht Technik, sondern Übung macht den Meister!

Wer unter fachlicher Anleitung in einem Kurzkurs „Desert Driving" erlernen möchte, wie man selbst im tiefsten Sand „auto-mobil" bleibt, kann sich an einen der **lokalen Tourveranstalter** wenden (z.B. Arabian Adventures, Orient Tours, Desert Rangers, Explorer Tours; siehe „Reisebüros und Tourveranstalter"). Die Kosten belaufen sich auf 600–1100 Dh (je nach Personenzahl); hinzu kommt der Preis für den Leihwagen, der bei derselben Agentur zu mieten ist. Wer richtige Offroad-Ambitionen hat, sollte sich an folgende Experten wenden: Nomad, Emirates Driving Institute, Al-Futtaim Training Centre und Offroad-Zone bieten Kurse an (siehe auch Info-Kasten „Offroad ins Gelände wagen").

dub12_014 Foto: dt

Sandbuggy/Quad

Durch die Dünen düsen und mal richtig Sand aufwirbeln ... Zahlreiche einheimische Tourveranstalter verleihen Sandbuggys und Quads. Zu Adressen siehe „Reisebüros und Tourveranstalter".

Motorsport

Der **Dubai Autodrome** ist Teil der Dubai Motor City und die größte Motorsportanlage der Region. Es gibt verschiedene Rennstrecken, u.a. einen 5,39 km langen Formel-1-Kurs. Hier finden diverse Rennsportveranstaltungen statt, so der A1 Grand Prix of Nations und die FIA GT Championship. Die **Racing Drivers Academy** trainiert junge Fahrer aus den V.A.E. Die **Race and Driving School** bietet nach Anmeldung Kurse für Anfänger und Fortgeschrittene in verschiedenen Fahrzeugen mit unterschiedlicher Leistung an. Zudem gibt es eine 1,2 km lange **Kartbahn,** die von jedermann benutzt werden kann (siehe oben). **Laserdome** ist eine Art Paintball, jedoch mit Laser statt Farbe; im Autodrome kann man es in der Kulisse eines mitterlalterlichen Schlosses spielen.

- **Lage:** Emirates Rd E311, Dubailand-Areal
- **Infos:** www.dubaiautodrome.com, www.motorcity.ae, Tel. 3 67 87 00
- **Race and Driving School,** Tel. 3 67 87 00

dub10_023 Foto: at

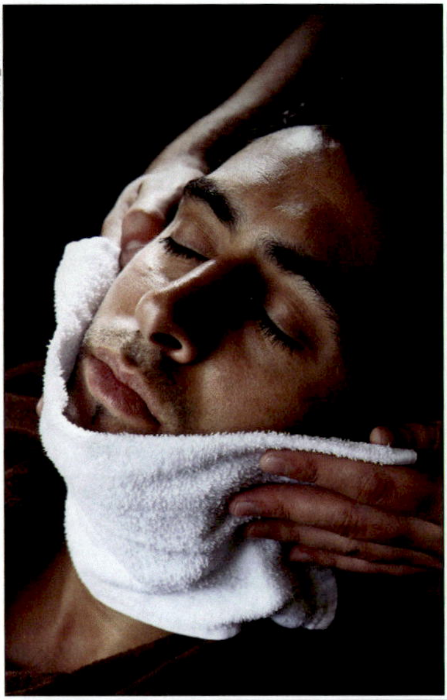

Spa

Balsam für Körper und Seele: Massagen und Bäder, Körper- und Gesichtsbehandlungen, Schönheitskuren, Aroma- und Hydrotherapien, Haut-, Haar-, Hand- und Fußpflege, Make-Up. Zahlreiche Hotels verfügen über ein Spa. Auch wenn man kein Gast eines solchen Hotels ist, kann man es sich als Tagesgast mit Voranmeldung dort gut gehen lassen.

In Hotels

- **Amara**
Jeder Behandlungsraum mit privatem Innenhof, im Park Hyatt Hotel; Tel. 6 02 16 60
- **Assawan**
Üppig dekoriertes Spa im 18. Stock des spektakulären Hotels Burj Al Arab; Tel. 3 01 77 77

Spa – Schönheitspflege und Erholung auch für den Mann

- **Atlantis Spa**
Spektakuläres Spa im Atlantis The Palm auf Palm Jumeirah; Tel. 2 26 10 20
- **Caracalla**
Spa im Le Royal Meridien Beach Resort and Spa; Tel. 3 99 55 55
- **Dubai Marine Spa**
Spa im Dubai Marine Beach Resort and Spa; Tel. 3 04 80 81
- **Elixir**
Luxuriöses Spa im Habtoor Grand Beach Resort and Spa; Tel. 3 99 50 00
- **Givenchy**
Spa und orientalisches Hammam im One & Only Royal Mirage; Tel. 3 99 99 99
- **K Wellness**
Spa im Kempinski Hotel in der Mall of the Emirates; Tel. 3 41 00 00
- **The Ritz-Carlton Spa**
Balinesisches Spa im gleichnamigen Hotel; Tel. 3 99 40 00
- **Satori Spa**
Wellnessbehandlungen der Luxusklasse im Bab Al Shams; Tel. 8 09 61 00
- **Six Senses Spa**
Großes, von Garten und Seen umgebenes Spa des Madinat-Jumeirah-Hotelresorts; Tel. 3 66 68 18
- **The Spa**
Spa mit Royal Hammam, im Jebel Ali Golf Resort and Spa; Tel. 8 83 60 00
- **Talise**
Massagen, orientalische Bäder und medizinische Heilbehandlungen, Madinat Jumeirah; Tel. 3 66 68 18
- **Talise Ottoman Spa**
Palastprächtiges türkisches Dampfbad, Massagen und Behandlungen im orientalischen Stil, auch russische und finnische Saunen; The Palm Jumeirah, Jumeirah Zabeel Saray Resort, Tel. 4 53 04 55
- **Weitere Spas** bieten beispielsweise die Hotels Jumeirah Beach Club (Tel. 3 44 53 33), Shangri-La (Tel. 2 23 22 22), Taj Palace (Tel. 2 32 22 22), Sheraton Jumeirah Beach Resort and Towers (Tel. 3 99 55 33), Le Meridien Mina Siyahi Beach Resort and Marina (Tel. 3 99 33 33), Oasis Beach (Tel. 3 99 44 44), Grand Hyatt Dubai (Tel. 3 17 12 34), Hilton Dubai Jumeirah (Tel. 3 18 24 06), The Adress (Tel. 4 23 88 88), InterContinental Festival City (Tel. 7 01 12 57), The Monarch (Tel. 5 01 88 88), Grosvenor House (Tel. 3 17 67 62).

Außerhalb der Hotels

- **Ansgana**
Diverse Massagetechniken und Schönheitsbehandlungen, Dubai Marina, Marina Walk, Tel. 3 68 43 56; auch Emirates Hills, The Montgomerie, Arabian Ranches; www.ansganaspa.com
- **Cleopatras**
Spa in altägyptischem Dekor, Umm Hureir, Wafi Mall, Tel. 3 24 7 00, www.wafi.com
- **SensAsia Urban Spa**
Verschiedene Körper- und Gesichtsbehandlungen, Massagen, auf Palm Jumeirah, im Al-Nafura Beach Club 1 zwischen Shoreline Apartments 1 und 2, Tel. 4 22 71 15, www.sensasiaspas.com; auch in Jumeirah The Village Palm Strip, im Emirates Golf Club/Shaikh Zayed Rd, in der Mall of the Emirates/Shaikh Zayed Rd

Dubai Sports City

Die an der E311 gelegene Dubai Sports City war als **Teil des Freizeitparks Dubailand** geplant, ist aber bereits in Betrieb. Neben Stadien (multifunktional indoor und outdoor, Cricket, Hockey), mehreren Sport- und Schwimmhallen, einem Golfclub (The Els Club, siehe oben), einer Sport-Mall, Sportschulen und einem riesigen Sport- und Freizeitangebot gibt es auch ein sportmedizinisches Zentrum sowie Kliniken.

- **Infos:** Tel. 4 25 11 11, www.dubaisportscity.ae

Sonstige Sportmöglichkeiten

Zum **Spazierengehen und Wandern** bieten sich besonders die **Berglandschaften** an. Leider gibt es dazu kein topografisch detailliertes Kartenmaterial, aber im Kapitel „Sonstige Adressen/Buchläden" finden sich diverse Anregungen. Eine gute und attraktive Möglichkeit ist es, **dem Verlauf eines Wadis (Trockenflussbett)** zu **folgen** – vorausgesetzt natürlich, es gab vorher keine lang anhaltenden Regenfälle, und es sieht auch nicht so aus, als würde es in absehbarer Zeit anfangen, denn dann führt so manches Wadi plötzlich Wasser, und teilweise entstehen reißende Flüsse.

Will man **joggen,** sollte man dazu die kühlen Stunden am frühen Morgen oder späten Nachmittag wählen. Joggingwege finden sich in zahlreichen Parks und am Strand sowie z.B. in den Hotels Grand Hyatt Dubai, Madinat Jumeirah, Jebel Ali Golf Resort and Spa (in Jebel Ali) und Hatta Fort (in Hatta).

Wer an Trekkingtouren in den Bergen, Mountainbiking, Sandbuggyfahren, Wüstensafaris oder Kanufahren interessiert ist, kann sich bei manchen emiratischen **Tourveranstaltern** über die Möglichkeiten beraten lassen.

Veranstaltungen und Festivals

Nirgendwo am Golf finden so viele **Feste und Veranstaltungen** kultureller und sportlicher Art sowie **Handels- und Wirtschaftsmessen** statt. Insbesondere in den Wintermonaten ist Dubai ein beliebter und belebter Austragungsort zahlreicher Sportveranstaltungen, teilweise mit internationaler Bedeutung.

Informationen über das Angebot und die aktuellen Termine entnimmt man den Tageszeitungen oder Veranstaltungsmagazinen/-websites.

Alljährliche Sport-Publikumsmagnete

- **Dubai 24 Hours (Januar)**
www.24hdubai.com; 24-Std.-Autorennen
- **Dubai Desert Classic (Januar/Februar)**
www.dubaidesertclassic.com; hochdotiertes Golfturnier und „Kronjuwel" der PGA-Tour
- **Gulf Gaelic Games (Februar)**
www.dubaicelts.com; irische Sportarten sowie Partys und Konzerte
- **Dubai Duty Free Tennis Championship (Februar/März)**
www.dubaidutyfree tennischampionships.com
Tennisturnier der ATP World Tour
- **UAE Desert Challenge (März/April)**
www.atcuae.ae; hochrangige Wüstenrallye
- **Dubai World Championship (November/Dezember)**
www.dubaiworldchampionship.com; PGA-Golfturnier, Saisonfinale des „Race to Dubai"
- **Dubai Rugby Sevens (November/Dezember)**
www.dubairugby7s.com; Rugbyturnier mit Rahmenpogramm
- **UIM Class One Powerboat Championship (Dezember)**
www.class-1.com; dreitägiges spektakuläres Schnellbootrennen

Kamel- und Pferderennen

Kamel- und Pferderennen sind nicht nur bei Einheimischen, sondern auch bei Touristen sehr beliebt. Sie werden **nur im Winter** abgehalten. Da die meisten Veranstaltungen an den Wochenenden, also freitags, oder an Feiertagen stattfinden, werden sie für einen weiteren „Volkssport", den familiären **Picknick-**

ausflug, genutzt. Ein besonderes Erlebnis ist es, eine hochrangige Veranstaltung, wie z.B. die **großen Rennen** zum Abschluss einer Saison, am Nationalfeiertag im Dezember oder zum Eid-Fest am Ende des Fastenmonats Ramadan, zu besuchen (ausführliche Ankündigungen stehen zuvor auch in den emiratischen Tageszeitungen). In den Zuschauerrängen herrscht ausgelassene **Volksfeststimmung,** und auch einflussreiche Shaikhs sind vom Rennfieber gepackt und nehmen in ihren Ehrenlogen Platz. Selbst wenn gerade kein bedeutsames Rennen stattfindet, sollte man trotzdem an einem Wochenende auf eine Rennbahn fahren, um beim **Training** zuzusehen (frühmorgens bis mittags) – insbesondere bei Kamelrennen kann man über neumodische Jockeys staunen (siehe Exkurs „Bohrer auf dem Buckel – Pimp the Jockey").

Dubais **Pferderennbahn** heißt **Meydan,** sie liegt inmitten des im Bau befindlichen gleichnamigen Viertels. Die **Kamelrennbahn** liegt im Stadtteil **Al-Marqadh** (E66 Richtung Al-Ain, hinter der Kreuzung mit der E311 und der E77 Exit Lisali, danach rechts halten zur Tribüne).

Pferderennen

- **Emirates Racing Authority**
Tel. 3 27 00 77, www.emiratesracing.com
- **Dubai Racing Club**
Tel. 3 32 98 88, www.dubairacingclub.com
- **Dubai World Cup**
Am höchsten dotiertes Pferderennen der Welt, März, siehe Exkurs „Dubai World Cup – Wüstenspektakel der Weltklasse"
- **Dubai International Racing Carnival**
Pferderennen mit Weltklassevollblüter, Februar, www.dubairacingclub.com

Kamelrennen

- **UAE Camel Race Association**
Tel. 02/5 83 92 00, www.cra.ae
- **Dubai Camel Racing Club**
Tel. 8 32 65 26, www.dcrc.ae

Festivals und Feste

Dubai Shopping Festival (DSF)

Während diesem alljährlich **Anfang Januar bis Februar** abgehaltenen Festival kann man viel mehr als nur günstig einkaufen: Die ganze Stadt ist voller Attraktionen, und es gibt so viel zu sehen und zu erleben wie zu kaum einer anderen Zeit. **Kultur- und Sportevents, Straßenfeste und Verlosungen** ziehen über 3 Millionen Besucher an. Familien finden ein breites Angebot an Veranstaltungen vor, die auch – oder gerade – Kindern gefallen. Zahlreiche Darbietungen geben Gelegenheit, die emiratische Kultur, Geschichte und Tradition kennen zu lernen. Und schließlich ist das Klima zu dieser Zeit ideal.

Wie bereits angedeutet: **Einen Monat lang steht Dubai Kopf.** Gebäude und Grünanlagen sind mit etlichen hundert Kilometern Lichterketten und Fähnchen dekoriert, **unzählige Losbuden, Imbiss- und Verkaufsstände** säumen die Bürgersteige. Zahlreiche Geschäfte offerieren großzügige Vergünstigungen, ohne dabei auf „Ausverkaufware" zurückzugreifen. Hinzu kommen überaus attraktive Verlosungen (engl. *raffle*): täglich eine Luxuslimousine, ein Geländewagen und kiloweise Gold – von „kleineren" Dingen wie Elektroartikel, Urlaubsreisen oder Einkaufsgutscheinen ganz zu schweigen ...

Dubai World Cup – Wüstenspektakel der Weltklasse

Der Dubai World Cup ist das **Pferderennen mit dem weltweit höchsten Preisgeld,** das 2012 zehn Millionen Dollar betrug. Der Dubai World Cup genießt „Group 1"-Status, für ein erst 1996 ins Leben gerufenes Rennen ein echter Rekord, denn andere Ereignisse wie der Prix de l'Arc de Triomphe oder der Japan Cup brauchten etliche Jahre für diesen Spitzenstatus. Welt- oder Europameisterschaften gibt es im Galopprennsport nicht, es sind die Group-1-Begegnungen, bei denen die Besten der Besten an den Start gehen.

Im Rahmen des World Cup werden insgesamt sieben Rennen für Vollblüter oder reinrassige Araberpferde über verschiedene Längen sowohl auf Sand als auch auf Gras veranstaltet. Der World Cup findet als letztes Ereignis **unter Flutlicht** statt, geht über 1¼ Meilen (ca. 2000 Meter) und ist für alle Altersklassen offen.

Seit dem ersten World Cup sind meist **Pferde der Al-Maktoum-Familie** Sieger des Rennens. Doch für die *Al-Maktoums,* die nicht nur Gastgeber, sondern auch Hauptsponsor sind, ist es nicht unbedingt das Wichtigste, dass eines ihrer Rösser siegt. Ihnen ist vielmehr daran gelegen, der Initiator dieses bedeutenden Sportevents zu sein und es in einen gebührenden Rahmen zu setzen. Seit Generationen sind sie in der Vollblutzucht und im Rennsport engagiert und verfügen ohnehin über das global größte Renn- und Zuchtimperium. Eine Reihe der weltbesten Vollblüter ist in ihrem Besitz, und vor allem der europäische Rennsport wird von ihren Pferden und ihrem Sponsortum dominiert. Die zahlenmäßig größte Pferdeschar gehört *H.H. General Shaikh Mohammed bin Rashid Al-Maktoum.* Der Vollblut-Magnat gilt als reichster Pferdebesitzer der Welt, und auf seine Initiative gehen die meisten Aktivitäten des Maktoum-Hofes im internationalen Rennsport zurück. Er ist auch der Begründer von **„Godolphin",** unter dessen Banner die Stargalopper von ihm und seinem Bruder H.H. Shaikh Maktoum laufen. Ein Kerngedanke des Projektes ist es, die aus weltweit diversen Rennställen stammenden, im Training stehenden Renner über Winter in das milde Wüstenklima Dubais zu holen und dort für die Saison vorzubereiten. In den hoheitlichen Ställen des Wüstenemirates führen die Lieblinge ein Luxusleben mit Klimaanlage, Swimmingpool, Duschkabinen, Solarien, individuellem Pfleger, hauseigener Futtermittelfabrik sowie Veterinärklinik samt Operationssaal. Und das Konzept geht auf: Die Godolphin-Farben finden sich bei nahezu jedem bedeutenden Rennen auf dem Siegertreppchen. Die schnellen Rosse aus dem Turf-Imperium der Al-Maktoums kassieren weltweit mehr Preisgelder ab als die irgendeines anderen Rennstalles.

Der Dubai World Cup ist auch ein erstrangiges **gesellschaftliches Ereignis.** Das gesamte Emirat hat an diesem Tag ein Auge auf die Pferderennbahn geworfen, sei es auf dem Fernsehbildschirm oder live auf der Tribüne und den anliegenden Wiesen. Eintrittsgeld braucht keiner zu bezahlen, und so kommen alljährlich über 50.000 Menschen aller Nationen zu dem Rennen, zum Familienausflug mit Picknick, zum Anfeuern, Schauen und Jubeln. In den VIP-Bereichen geht es entsprechend der Tradition bedeutsamer Pferderennen genauso glamourös zu wie in Ascot oder beim Melbourne Cup: Frauen stellen ihre elegantesten Kleider und extravagantesten Hüte zur Schau. Männer zeigen sich entweder im Anzug oder im schottischen Kilt, Einheimische natürlich in ihrer schicksten dishdasha.

Auch wem Pferderennen bislang eher gleichgültig waren, sollte sich den **alljährlich im März** stattfindenden Dubai World Cup nicht entgehen lassen. Das Rennen wird auf der **Meydan-Rennbahn** im gleichnamigen Neubauviertel ausgetragen.

Literaturtipps:

- The Al-Maktoums and their Horses. Media Prima, Dubai
- The Al-Maktoums. Legends of the Turf. Media Prima, Dubai

Tipps:
- **DWC im Internet:** www.dubaiworldcup.com
- **Goldophin online:** www.goldolphin.com

„Trinker der Lüfte“

Arabische Pferde gelten wegen ihrer Schönheit, Ausdauer und Intelligenz als die vollkommenste aller Pferderassen. Immerhin war es Gott persönlich, der sie aus einer Handvoll Wind geschaffen haben soll. Das Glück ist in des Arabers Mähne verflochten, und ohne Flügel soll es fliegen können. Die Lobpreisungen in der Beduinenpoesie und im Volksgesang sind genauso unendlich wie die Mythen und Legenden, die sich um diese göttlichen Geschöpfe ranken. Alten Überlieferungen zufolge wurde der Prophet Mohammed nach seinem Tod von einer weißen Araberstute namens *Burak* in den Himmel getragen. Daher ist die Liebe zu diesen Pferden weitaus mehr als das Hobby schwerreicher Shaikhs.

Tipps für Pferdeliebhaber:
- **www.almedmar.com,** Online-Pferdesportmagazin
- **www.eef.ae,** Emirates Equestrian Federation
- **Dubai International Arabian Horse Championship,** alljährlich im März, www.diahc.ae
- **Dubai International Horse Fair,** alljährlich im März, www.dihf.ae

dub215b Foto: kk

Weltmeister im Wassersparen

Die auf der Arabischen Halbinsel heimischen Kamele sind korrekt bezeichnet **einhöckrige Dromedare** (lat. *Camelus dromedarius*). Sie leben nicht nur auf der Arabischen Halbinsel, sondern auch in Nordafrika, Indien und Pakistan, wohingegen ihre zweihöckrigen Verwandten, die Trampeltiere (lat. *Camelus bactrianus*), in Nord- und Zentralasien beheimatet sind. Da sie jedoch der Familie der Kamele untergeordnet sind, hat es sich im umgangssprachlichen Gebrauch eingespielt, beide Begriffe sinngleich zu benutzen.

Das Kamel steckt in einem **„Wunderkörper"**, der den extremen klimatischen Verhältnissen der Wüste kaum besser angepasst sein könnte. Hartnäckig hält sich die Mär vom körpereigenen Wasserreservoir; doch nicht „speichern", sondern „sparen" lautet die biologische Zauberformel:

- Selbst wenn die Temperaturen über 50 Grad steigen, brauchen Kamele nur jeden vierten Tag Wasser, ansonsten je nach körperlicher Anstrengung und Nahrungsangebot nur etwa alle ein bis zwei Wochen.
- Im Extremfall können Kamele bis zu 25 Tage ohne Wasseraufnahme auskommen.
- Aufgrund von Wasserverlust können Kamele bis zu 40% ihres Körpergewichtes verlieren, Menschen sterben bereits bei einem Verlust von 14% aufgrund der Eindickung des Blutes an Herzversagen.
- Ein Kamel kann innerhalb von 15 Minuten bis zu 200 Liter Wasser saufen.
- Um viel Flüssigkeit aufzunehmen, können die roten Blutkörperchen das 2000-fache ihres normalen Volumens „aufquellen".
- Bei extremen Temperaturen kann das Kamel seine Körpertemperatur auf bis zu 42 Grad ansteigen lassen. Für alle anderen Säugetiere wäre eine solche Körpertemperatur tödlich, doch bei Kamelen verhindert dieses „kontrollierte Fieber" Schwitzen und somit Wasserverlust.
- Vor dem Ausatmen wird der Wasserdampf in der Kamelnase zurückgehalten und kühlt die Blutgefäße, die das Gehirn und die Netzhaut der Augen versorgen.
- In den Nieren wird dem Harn viel Wasser resorbiert und in den Organismus zurückgeführt. Durch diese Methode der „Urinverdickung" können Kamele auch Salzwasser saufen, ohne daran zu erkranken.
- Im Enddarm wird dem Kot Feuchtigkeit entzogen und dem Organismus zugeführt.
- Im Höcker des Kamels sind Fettreserven eingelagert, die in Notzeiten zur Energieversorgung verbrannt werden.
- Die schlitzförmigen Nüstern können bei einem Sandsturm durch zusätzliche Muskeln geschlossen werden.
- In den labyrinthischen Nasengängen wird der eingeatmeten Luft der Wasserdampf entzogen.

Erst die **Domestizierung** des Kamels vor 3500–3000 Jahren ermöglichte es auch den Menschen, in der Wüste zu überleben. Aus endlosen Weiten wurden „Meere", die man dank der „Wüstenschiffe" durchschreiten konnte. Als Reit- und Lastentier ermöglichte das Kamel Mobilität und die Durchführung von langen Wanderungen, Handelskarawanen und Raubzügen.

Dabei wurden – und werden – Kamele nicht nur als Nutztiere, sondern vielmehr als **Kameraden** angesehen und mit großer Achtung und liebevoller Zuneigung gewürdigt. In der arabischen Sprache gibt es 160 Bezeichnungen für das Kamel. Die gebräuchlichste „al-jamal" wird auch als Begriff für „Zuneigung", „Verehrung" und „Bewunderung" gebraucht. Die sprachliche Wurzel der Wörter „Kamel" und „Schönheit" ist dieselbe.

dub10_022 Foto: dt

Während der vier festlichen Einkaufswochen kann man beispielsweise teilhaben an **Hubschrauberrundflügen, Kamelreiten, Bungee-Jumping, Go-Karting** etc. Außerdem finden **Konzerte** und **Unterhaltungsshows, Modenschauen** sowie **Feuerwerke** statt.

Tipp: Im **Heritage- and Diving Village** finden jeden Abend sehr sehenswerte **folkloristische Veranstaltungen** sowie traditionelle Musik-/Tanzvorführungen oder Kunstausstellungen statt. Und an der Uferpromenade der **Dubai Festival City** wird eine Vielzahl von Familienevents veranstaltet – insbesondere abends ist es hier sehr schön. Zahlreiche Kirmes-Attraktionen gibt es im **Global Village,** in dem Nationen aus aller Welt ihre Kultur präsentieren. Auch in den **Straßen Al-Rigga, Al-Muraqabat, Al-Seef, 2nd of December** werden viele **Veranstaltungen und Spiele** abgehalten.

Der Monat des Shopping Festivals ist auch der Monat des Sports. Nahezu täglich werden die unterschiedlichsten Wettkämpfe ausgetragen, beispielsweise **Kamelrennen, Schnellbootrennen, Segelregatten, Wüstenrallyes, Eishockeyturniere, Jetski- und Sanddünenskirennen.** Eintrittsgelder werden bei den wenigsten Events verlangt.

Wüstenspaß mit dem Quad

Bohrer auf dem Buckel – Pimp the Jockey

Jahrhundertelang lebten die Beduinen in trauter Eintracht mit ihrem besten Freund, dem Kamel. Die robusten und anspruchslosen Wüstenschiffe gestatteten es ihnen, sicher das weite Wüstenmeer zu durchqueren, sie trugen Handelswaren und bereicherten die Versorgung mit Milch und Fleisch. Obwohl Kamele heute kaum noch von praktischem Nutzen oder zum Überleben in der Wüste notwendig sind, haben Dubaiin die Loyalität zu ihrem treuen Begleiter mit in die Gegenwart genommen und an der **Tradition** der Kamelrennen festgehalten. Doch bei aller Traditionsliebe hat auch hier die **Moderne** Einzug gehalten, sowohl in der Zucht der Wüstenschiffe, als auch in der Organisation der Kamelrennen.

dub07_176 Foto: kk

Alle Sparten des **Kamelrennsports** sind ein **einträgliches Geschäft.** Die Teilnahme an Rennen und Kamelzucht gilt als Zeichen nationaler arabischer Identität. Natürlich geht es um Ruhm und Ehre, doch den Kamelbesitzern und Trainern bringt der Sport auch Reichtum und eine gesicherte Zukunft. Geldpreise von umgerechnet bis zu 5000 Euro sind dabei nur ein kleiner Vorgeschmack auf weitaus wertvollere Preise, die bei den großen Rennen winken. Ironie der Geschichte ist, dass das alte Reittier seinem Halter bei einem Sieg oftmals zum Besitz einer teuren Luxuslimousine verhilft. Wie vor Jahrhunderten ernährt es also seinen Eigentümer und ermöglicht ihm die zeitgemäße Fortbewegung.

Die heutige **Zucht von Rennkamelen** ist am Sieg orientiert und macht sich modernste wissenschaftliche Erkenntnisse zunutze. Die Wüstenschiffe werden hoch- und kreuzgezüchtet, sie verwandeln sich in windhundschlanke Renntiere und sind nicht selten hypersensibel und neurotisch. Internationale Expertenteams entwickelten Programme zur Vervielfältigung der millionenschweren Pistenstars. Möglichst viele schnelle und gesunde Nachkommen, lautet die Devise, die in speziellen „Reproduction Centers" Anwendung findet. Selektive Auswahl und Embryonentransfer bilden die Basis dieser „Zucht für den Sieg". Die besten Eltern werden durch genetische Tests ermittelt. Der Samen von leistungsfähigen Rennhengsten liegt in tiefgefrorener Form vor (in -196 Grad kaltem flüssigem Stickstoff), die Eizellen berühmter Stuten werden nach ihrem Eisprung ausgespült. Da auch die schnellsten Kameldamen von Natur aus meist nur ein Fohlen gebären können, verabreicht man ihnen eine Hormonbehandlung, sodass mehrere Eier reifen können. Mittels künstlicher Befruchtung in Reagenzgläsern entstehen so bis zu zwölf Embryonen. Diese werden entweder in die Gebärmutter von Leihmüttern transferiert oder bis zur weiteren Verwendung eingefroren. In beiden Fällen ist die „natürliche" Mutter von elf Monaten Austragen befreit und kann zurück auf die Rennbahn. Die Entwicklung der Embryonen wird mittels Ultraschall genauestens überwacht. 1995 wurde der Welt erstes Embryonentransfer-Kamelfohlen in Dubais Camel Reproduction Centre geboren, 2009 das erste genetisch mit der Mutter identische Klon-Kamel.

Das „Hochgeschwindigkeitskamel" wird mit **strengen Trainings- und Ernährungsplänen** fit gemacht. Das Leistungstraining ist hart und besteht aus Schritt-, Trab- und Galopp-Passagen, die eine Distanz von 25 km betragen können. Auch auf Laufbändern müssen die Tiere ihr Fitnessprogramm absolvieren. Muskeln entspannendes Aquajogging im 50 m langen Pool rundet das Training ab. Zur Überwachung des Prozesses spielt auch die medizinische Diagnostik eine wichtige Rolle. Um fit und vital zu sein, beinhaltet der Kamel-Ernährungsplan modernste Futtermittel sowie Honig, Butter, Kräuter, Gerste, Alfalfagras, Eier und Datteln. Und weil auch Kamele eine Extraportion Milch zu schätzen wissen, hält sich Dubais prominentester Rennkamelzüchter, *H.H. Shaikh Mohammed Al-Maktoum* – der „echte Beduine" unter den Dubaier Hoheiten –, eigens zu diesem Zweck 200 Milchkühe.

Für das Kamelfohlen beginnt die **Ausbildung** in einem Alter von sechs Monaten. Ausgewachsen sind sie erst mit fünf bis sechs Jahren, an den Start gehen sie allerdings schon mit zwei. Gut trainiert können Kamele eine Spitzengeschwindigkeit von 50 km/h laufen. Diese Topform erreichen die meisten Tiere mit einem Alter von drei bis vier Jahren, also zu Beginn ihrer Laufbahn als Rennkamel, die Hengste oftmals schon mit zehn Jahren beenden, wohingegen Stuten noch mit einem Alter von zwanzig Jahren im Geschäft sind. Der **Preis** für erfolgreiche Rennkamele kann bis zu zwanzig Millionen Dirham betragen. Allerdings trennen sich nur wenige Besitzer von ihren so edlen „Schätzchen".

Seit neuestem werden diese Edelrenner nicht mehr von menschlichen **Jockeys** geritten, sondern von **maschinellem Ersatz:** In der gesamten Golfregion heißt es Hilti gegen Black & Decker. Jawohl, jetzt ist es raus, das Geheimnis, das sich von Stoffhemdchen staubgeschützt unter einem individuell zusammengeschweißten Stahlrahmen verbirgt. Ganz gewöhnliche Akkuschrauber sind das Herz der meisten neumodischen Jockeys. Und das kam so:

Nachdem das Öl aus dem Wüstenboden zu sprudeln begann, avancierte das gute alte Volksfest-Highlight Kamelrennen zu einem exorbitant teuren Prestigesport. **Kinder** im Grundschulalter – vornehmlich aus Indien, Pakistan oder Sudan – peitschten die holperigen Rennmaschinen zum Sieg; sie mussten die Gefahr akzeptieren, bei vollem Speed vom Kamelbuckel zu fallen, sie mussten sich mit einem Niedrigstlohn zufrieden geben und unter unwürdigen Bedingungen fernab der Heimat leben. Jahrzehntelang war dies so, aber in den ersten Jahren dieses Millenniums besann sich die Herrscherriege ihrer väterlichen Pflichten und erließ Dekrete, welche die Altersgrenze der Jockeys nach oben schraubten. Tausende Kinderjockeys wurden in ihre Heimatländer zurückgeführt, ein Rehabilitationszentrum in Abu Dhabi eingerichtet. Heute drohen mehrjährige **Haftstrafen beim Einsatz minderjähriger Jockeys.** Dies gilt für die Rennen und das tagtägliche Training.

Nun war eine zündende Idee gefragt, um die leichthufigen Tiere zum Sprinten zu bringen. Jugendliche als Jockeys kamen nicht in Frage, denn sie sind zu schwer, das hielten die Knochen der Tiere nicht lange aus - abgesehen davon würden die Rennkamele mit zu vielen Kilos auf dem Kreuz keine Spitzenzeiten erreichen. Also nahmen die Dinge ihren Lauf, und bei pfiffigen Erfindern am südlichen Golfufer jagte ein Geistesblitz den anderen. Was kann ein Akkuschrauber? Er kann schnell eine Peitsche schwingen, er wiegt nicht viel und seine Energieversorgung ist kabellos gesichert. Und was hat jeder Kamelbesitzer tagtäglich in der Hand? Sein Handy, ja natürlich, aber auch seinen Autoschlüssel. Und eine Fusion aus **Akkuschrauber** und dem Mechanismus, der moderne Autotürschlösser fernsteuert, ist es, die den Maschinenjockey à la Orient geschaffen hat. Der Apparatur wurden noch ein stabiler Stahlrahmen und eine staubdichte Stoffschicht sowie Halteseile verpasst, und fertig war der neue Herr der Kamele.

Ausgefeilte Modelle haben einen Kopf samt Käppi drauf - im Grunde unnützes Gewicht, aber vielleicht hilft das, den tierischen Unmut der eigenwilligen Dromedare ob ihrer maschinellen Zurichtung einzudämmen.

Diese Akkuschrauber-Jockeys wiegen knapp vier Kilo. Insbesondere für Jungkamele, die unter der Last eines erwachsenen Reiters ziemlich stöhnen würden, eignen sie sich.

„Raqbi-ali", so werden diese Maschinen auf Arabisch genannt. Und damit ist zumindest die eine Worthälfte gleich geblieben, denn mit „raqbi" bezeichnet man Jockeys; der Zusatz „ali" besagt jedoch nicht etwa, dass man diese Maschinen liebevoll Ali genannt hat, nein, mit „ali" bezeichnen Araber gerne alle möglichen Arten von Maschinen - so ist also der neue Reiter ganz trefflich ein „Jockey-Dings". Technisch deutlich übertrieben, werden sie oft als „Roboter-Jockeys" bezeichnet - aber wer weiß, was die Zukunft noch bringt?

Und noch etwas ist gleich geblieben: Wie in alten Zeiten fahren auch heute noch Trainer und Kamelbesitzer auf einer zweiten Rennspur im Geländewagen neben dem rasenden Dromedar her - nicht mehr, um dem kindlichen Jockey Kommandos zuzurufen, wohl aber um den Peitschrhythmus des Jockey-Dings zu steuern oder um die Wüstenflitzer via Walkie-Talkie anzufeuern.

Frühere Modelle - ohne Akkuschrauber - hatten Arme und Beine, aber dass die Kamele nach dem Aufschnallen dieses knapp 30 Kilo schweren Kolosses durchdrehten, war kein Wunder. Anfänglich waren riesige Fernsteuerungen von Modellflugzeugen im Einsatz, aber auch das ist schon ein Jahrzehnt her.

Ist das Ganze nun ein segensreicher **Fortschritt oder** schlimmer **Kulturbruch?** Die Kameleigner schwanken zwischen Begeisterung und Entsetzen. Manche loben, man müsse sich nun keine Sorgen mehr um die Kinder machen. Getreu dem Motto „Pimp my Camel - money doesn't matter" wünschen sie sich ausgefeiltere Peitschrhythmen, lautere Hupen und immer leichtere Modelle. Ideen, die neuen Reiter via Handysignalen fernzusteuern, sind bei vielen willkommen, denn dann könnte man sein Lieblingsrennkamel auch aus fernen Landen lenken ... Andere verfluchen all diesen neumodischen Kram und sehen den Untergang des Morgenlandes in Reichweite. Aber wer im Rennzirkus konkurrenzfähig bleiben will, muss diese Entwicklungen mitmachen. Vielleicht ist es nur eine Frage der Zeit, bis die Kamele selbst durch Robotor ersetzt werden?

Ob die charakterstarken Wüstenschiffe die Jockeymaschinen akzeptieren oder sich von dem Umstand, dass sie keines menschlichen Reiters mehr würdig sind, eher gedemütigt fühlen werden, bleibt abzuwarten. Jedoch sagt der typisch stolz-snobistische Blick der Kamele mehr als 1001 Worte ...

Tipp: Wer bei diesem Megafest dabei sein möchte, sollte **rechtzeitig Hotel und Mietwagen reserviert** haben! **Preisvergleiche** lohnen sich, denn zahlreiche Hotels und Apartments bieten **Rabatte** an, und diverse Fluglinien erhöhen für heimfliegende Shopper das zulässige Freigepäck.

- **Infos:** www.dubaievents.ae
- Während des Festivals kann man sich in den Tageszeitungen und beim Ahlan-Dubai-Infotelefon (Tel. gebührenfrei 6 00/54 55) über die genauen Programmabläufe informieren.

Dubai Summer Surprises (DSS)

Dieses Festival soll Dubais Position als Ganzjahresdestination stärken. Es findet im Sommer zwischen Juli und September statt und richtet sich vornehmlich an **Familien** aus den Golf-Nachbarländern (deren Kinder dann Ferien haben), doch auch Europäer finden interessante Angebote. **Unterhaltung und Erholung** für Groß und Klein bilden die Schwerpunktthemen, und so kann man sich auf zahlreichen Veranstaltungen amüsieren – anders als beim DSF finden diese jedoch vornehmlich in klimatisierten Innenräumen statt.

Das Maskottchen des DSS ist ein Riesenwurm namens „Modheesh", was übersetzt werden kann mit „faszinierend". In der **Modheesh Fun City** steht alles unter dem Motto „Big fun for the little ones".

Dubais Einkaufstempel locken mit zahlreichen Sonderpreisen oder Verlosungen, Hotels und Apartments bieten nicht nur reduzierte Zimmerpreise, sondern spendieren mitunter auch freie Hotelnächte, Flughafentransfer, Frühstück o.Ä.

- **Infos:** www.dubaievents.ae
- Während des Festivals kann man sich in den Tageszeitungen und beim Ahlan-Dubai-Infotelefon (Tel. gebührenfrei 6 00/54 55) über die genauen Programmabläufe informieren.

Kunst und Kultur

Zwei „informelle" **Kunstviertel** kann man in Dubai erkunden: Das Volkskundeviertel Bastakiya im Zentrum lädt zum ruhigen Spaziergang durch diverse Windturmhaus-Galerien ein. Das entlang der Shaikh Zayed Rd gelegene Industriegebiet Al-Quoz ist weniger romantisch und keine Flaniermeile, aber ausgediente Lagerhallen beinhalten interessante Sammlungen.

Informationen über Kino- und Theaterprogramme, Musikveranstaltungen und Kunstausstellungen sind Tageszeitungen, Veranstaltungsmagazinen sowie Websites (siehe „Reisevorbereitung/Informationen") zu entnehmen.

Tipp: Die alljährlich im März stattfindende **Kunstmesse Art Dubai** ist die größte der Region (www.artdubai.ae).

Kunstgalerien

Majlis Gallery

Die in einem hübschen **Windturmhaus im Bastakiya-Viertel** (am Kreisverkehr Al-Fahidi St. Ecke Al-Mussalla Rd) eingerichtete Sammlung zeigt in wechselnden Ausstellungen **Kunstwer-**

ke arabischer Künstler, zudem kann man Antiquitäten und Kunsthandwerk erstehen und einen Einblick in ein altes Windturmhaus bekommen.

- **Geöffnet:** Sa bis Do 9–18 Uhr
- **www.themajlisgallery.com,** Tel. 3 53 62 33

XVA Gallery

Die Kunstgalerie mit wechselnden **Ausstellungen zeitgenössischer Kunst** über Dubai oder die V.A.E. ist in einem restaurierten **historischen Windturmhaus im Bastakiya-Viertel** untergebracht (Hausnummer XVA); auch Kunsthandwerksladen, Hotel und Café.

- **Geöffnet:** So bis Do 11–19 Uhr
- **www.xvagallery.com,** Tel. 3 58 51 17

The Pavilion Downtown Dubai

Architektonisch interessanter Treffpunkt und Aktionsraum von Kunstschaffenden, wechselnde Ausstellungen und Performances, mit Galerien, Kino, Restaurant, Espresso-Bar, Wasserpfeifen-Café und Lounge. Gelegen in Downtown Dubai, am Emaar Boulevard.

- **Geöffnet:** 10–24 Uhr
- **www.pavilion.ae,** Tel. 4 47 70 25

Tashkeel

Von der Al-Maktoum-Familie gestiftete **Studios und Ausstellungsräume** für ortsansässige Künstler unterschiedlicher Kunststile. Zudem wechselnde Gastausstellungen und Workshops. Tashkeel findet sich im Stadtteil Nad al-Sheba neben der Nad al-Sheba Clinic.

- **Geöffnet:** Sa bis Do 8–22 Uhr
- **www.tashkeel.org,** Tel. 3 36 33 13

Dubai International Arts Centre

In Jumeirah, in einer Seitenstraße der Jumeirah Beach Rd (Street 75b, zwischen dem Town Centre und der Mercato Mall, Villa Nr. 27), steht das 1976 gegründete Arts Centre mit Galerie. Es gibt eine Vielzahl von **Kursen** und wechselnde **Ausstellungen.**

- **Geöffnet:** Sa bis Mi 9–21 Uhr, Do 9–16 Uhr
- **www.artdubai.com,** Tel. 3 44 43 98

Dubai Community Theatre and Arts Centre

Dieses in der obersten Etage der **Mall of the Emirates** eingerichtete **Kunstzentrum** steht unter der Schirmherrschaft der Herrschergattin *Her Royal Highness Princess Haya Bint Al Hussein.* Hier vereinen sich Kunst, Musik, Tanz und Theater in Form von Ausstellungen, Vorstellungen und Kursen.

- **Geöffnet:** Sa bis Do 9–22 Uhr, Fr 14–22 Uhr
- **www.ductac.org,** Tel. 3 41 47 77

Courtyard

Dieser **„Innenhof"** umfasst Einzelgalerien, Kunsthandwerksgeschäfte, Design- und Fotostudios verschiedener Kunststile. Sowohl einheimische als auch internationale Künstler haben sich hinter den hübschen Fassaden eingerichtet. The Courtyard liegt **im Industriegebiet von Al-Quoz,** Street 4b. Zu erreichen von dem nach Abu Dhabi führenden Shaikh Zayed Highway Interchange 3 (ausgeschildert).

- **Geöffnet:** Sa bis Do 10–13 und 16–20 Uhr
- **www.courtyard-uae.com,** Tel. 3 47 50 50

The Third Line

„Zwischen den Zeilen" zu interpretierende innovative **zeitgenössische Werke junger arabischer Künstler,** die durchaus traditionelle Normen sprengen. Wechselnde Ausstellungen von digitaler Kunst bis Fotografie und Film, auch Künstlergespräche und Seminare. Gelegen **in Al-Quoz,** Street 4, neben Courtyard (siehe oben).

- **Geöffnet:** Sa bis Do 11–19 Uhr
- **www.thethirdline.com,** Tel. 3 41 13 67

Miraj Islamic Art Centre

In Jumeirah, an der Jumeirah Beach Rd, steht kreative Kunst aus allen Ecken der islamischen Welt im Fokus. Die **Geschichte der islamischen Kunst** und etliche Meisterwerke werden in modernem Ambiente präsentiert.

- **Geöffnet:** Sa bis Do 10–20 Uhr
- **www.mirajislamicartcentre.com,** Tel. 3 94 10 84

Art Couture

Am Jumeirah Beach Residence Walk, **in der Dubai Marina,** werden Ausstellungen regionaler und internationaler Künstler sowie regelmäßige Diskussionen und Events zwischen Kunstschaffenden und Kunstinteressenten als „Art & Coffee Mornings" veranstaltet.

- **Geöffnet:** Sa bis Do 10–21 Uhr, Fr 14–21 Uhr
- **www.artcoutureuae.com,** Tel. 3 99 43 31

1x1 Art Space

Zeitgenössische Kunst vom indischen Subkontinent, **in Umm Suqeim,** Al-Wasl Rd, Villa 1023.

- **Geöffnet:** Sa bis Do 11–20 Uhr
- **www.1x1artspace.com,** Tel. 3 48 38 73

Kinos

Die **großen Kinos** präsentieren stets aktuelle englischsprachige Filme. **Kleinere Lichtspielhäuser** zeigen meist indische Filme à la Bollywood – schnulzige Historienschinken, schmalzige Liebesromanzen, verwickelte Seifenopern und wilde Gewaltstreifen, die den mitteleuropäischen Kinogänger entweder befremden oder auch amüsieren. Über

dub227 Foto: kk

In Dubai finden viele Modenschauen statt

dub12_015 Foto: dt

das **aktuelle Programm** informieren die Tageszeitungen, vor allem die Mittwochsausgaben.

- **Preise für englischsprachige Filme:** reguläres Ticket ab 30 Dh
- **Tipp:** Da die Klimaanlagen auf Dauer (zu) gut kühlen, kann ein Pullover nicht schaden.
- **Aktuelle Programminfos:** www.timeout-dubai.com

In manchen Windturmhäusern im Bastakiya-Viertel haben sich Galerien angesiedelt

Kinos mit englischsprachigen Filmen

- **Grand Cinecity**
Al-Rigga, Al-Ghurair Centre, Tel. 2 28 98 98
- **Grand Cineplex**
Umm Hureir, Wafi Mall, Tel. 3 24 20 00
- **Grand Dubai Festival City**
Tel. 2 32 83 28
- **Grand Mercato**
Jumeirah, Jumeirah Rd, an der Mercato Mall, Tel. 3 49 97 73
- **Grand Metroplex**
Al-Quoz, Shaikh Zayed Rd, Tel. 3 43 83 83
- **IMAX/Grand Magaplex**
Al-Quoz, in der Ibn Battuta Mall, Tel. 3 66 98 98
- **Reel Cinemas The Dubai Mall**
Downtown Dubai, Tel. 4 49 19 88
- **Reel Cinemas Dubai Marina**
Marina Mall, Tel. 4 49 19 88
- **VOX Cinemas Mall of the Emirates**
Al-Barsha, Tel. 3 41 42 22

VOX Cinemas Deira City Centre
Tel. 2 94 90 00

Theater

Madinat Theater
Familienfreundliche Unterhaltung in der schönen Umgebung des Madinat-Jumeirah-Resorts, www.madinatjumeirah.com, Tel. 3 66 65 46

Dubai Community Theatre and Arts Centre
Multikulturelles Programm im Einkaufszentrum Mall of the Emirates, www.ductac.org, Tel. 3 41 47 77

Mehteran Theatre
Restaurant mit Theaterbüne im Hotel Jumeirah Zaabel Saray auf Palm Jumeirah, siehe „Gastronomie"

Konzerte

Das ganze Jahr über finden zu unregelmäßigen Terminen Festivals und Konzerte internationaler Sänger und Bands – **von Pop bis Klassik** – statt, im Winter weitaus mehr, besondere Highlights fallen oft in die Zeit des Shopping-Festivals (siehe „Veranstaltungen und Festivals"). Große **Events** gibt es in der Dubai Festival City, in Madinat Jumeirah oder im Dubai International Marine Club. Im Irish Village kann man oft Folk-Konzerte besuchen. Kleinere Konzerte werden in Diskotheken und Nachtclubs verlegt.

- Das stets im März stattfindende **Chill Out Festival** bietet zwei Tage Urban Chill Out mit DJs und Zusatzveranstaltungen (www.chilloutfestivaldubai.com).
- Die Szene für klassische Musik steckt in den Kinderschuhen, das **UAE Philharmonic Orchestra** spielt unregelmäßig an wechselnden Orten (www.uaephilharmonic.com), der Bau eines Opernhauses ist geplant.
- Beliebt ist das **Dubai International Jazz Festival** (www.dubaijazzfast.com), das alljährlich im Februar/März stattfindet.
- Im **Palladium Theatre** in der Media City werden verschiedene Konzerte und auch Comedy veranstaltet (Media City, Tel. 3 63 68 97, www.palladium-dmc.com).
- **The Fridge** veranstaltet innovative Konzerte verschiedener Art in einer alter Lagerhalle in Al-Qouz (Tel. 3 47 77 93, www.thefridge-dubai.com).

Sonstige alljährliche Veranstaltungen

Dubai Bike Week (Februar)
www.dubaibikeweek.com; für Motorradfans

Dubai International Horse Fair (Februar/März)
www.dihf.ae; Pferdemesse

Emirates Airline Festival of Literature (Februar/März)
www.eaifl.com; internat. Literaturfestival

Gulf Film Festival (April)
www.gulffilmfest.com; Filmfestival

Gulf Bike Week (Oktober)
www.gulfbikeweek.com; Motorradevent

National Day Festival (2. Dezember)
Kulturelle Veranstaltungen und Paraden zum Nationalfeiertag der V.A.E.

Dubai International Film Festival (Dezember)
www.dubaifilmfest.com; internat. Filmfestival

- Diverse Feste und Veranstaltungen **im Fastenmonat Ramadan,** so auch „Dubai – the City that cares", das einen karitativen Hintergrund hat.
- **Sportveranstaltungen** siehe „Veranstaltungen und Festivals"

Unterkunft

Insgesamt gibt es in Dubai **knapp 400 Hotels aller Luxus- und Preisklassen;** weitere 97 sind im Bau. Zudem gibt es knapp 200 Apartmenthotels. In den letzten Jahren fiel Dubai mit einer durchschnittlichen Belegungsrate von 85% auf. Dubai will 2015 15 Millionen Touristen anlocken. Um dem gerecht zu werden, werden ständig neue Hotels gebaut und die alten erweitert. Im Zuge der Wirtschaftskrise verzeichneten die Hotelpreise einen Abwärtstrend, insbesondere Luxus- und Mittelklasse-Hotels wurden erschwinglicher.

Hotelzimmer kann man direkt, über Reisebüros oder über Internetportale **buchen.** Empfehlenswert sind Preisvergleiche und Kundenbewertungen, z.B. via Internet bei www.trivago.de, www.holidaycheck.de (weitere Webanbieter siehe unter „Reisevorbereitung/Reiseorganisation").

In der **Wintersaison** sind Mittel- und Luxusklasse-Hotels **gut besucht.** Über Weihnachten zum Dubai Shopping Festival (siehe „Veranstaltungen und Festivals"), vor Ostern, vor hochrangigen Sportevents oder vor Feiertagen – auch muslimischen - sollte man rechtzeitig vor Ankunft reserviert haben.

Die **Hotelpreise variieren** zum einen **zwischen Direktbuchung und Buchung über einen Reiseveranstalter** (oft preiswerter) und zum anderen **zwischen Hauptsaison (01.10. bis 30.04.) und Nebensaison (01.05. bis 31.09.,** bis zu 40% preiswerter). Bei Direktanfragen im Hotel gibt es bei Zimmerpreisen immer einen Spielraum zum Handeln. Wer länger bleiben will, sollte nach Wochenpreisen fragen. Bei einer Preisanfrage sollte man sich erkundigen, ob **„tax"** und **„service charge"** (Steuer und Servicepauschale) schon inklusive sind, denn je nach Hotel und Zimmer können beide zusammen 15–25% des Preises ausmachen.

Die Hotels sind in diesem Buch in drei Preisklassen eingeteilt: Luxusklasse, mittlere Preisklasse und preiswerte Hotels. Die Unter-Einteilung in fünf Sternkategorien (***** bis *) basiert auf den Angaben des Dubai Department of Tourism and Commerce Marketing.

Tipp: Einen guten **Online-Überblick** über die Dubaier Hotels und Apartments samt Direkt-Links zu deren Homepage plus Verlinkung zur Standortanzeige im Dubai-Stadtplan bietet das Department of Tourism and Commerce Marketing unter www.definitely-dubai.com.

Hotels der gehobenen Preisklasse

Ihr **Standard ist hoch,** insbesondere Service und Ausstattung der **Luxushotels** zählen zu den besten der Welt. Viele Luxushotels sind als **Hotel Resort** mit Strand und vielen Sport- und Freizeitangeboten konzipiert. Dies fehlt den reinen **Business-Hotels,** die dafür sehr zentral liegen. Zahlreiche Hotels stellen eine **Kombination** dar, denn viele Geschäftsleute hängen an ihren Arbeitsaufenthalt ein paar Urlaubstage dran.

Die **Preise in einem 5-Sterne-Hotel** betragen in der Hauptsaison ab 600 Dh für ein Standard-Doppelzimmer. Eine Nacht **in einem 4-Sterne-Hotel** kostet 490–650 Dh in einem Standard-Doppelzimmer. Suiten kosten mehr – nach oben kennen die Preise keine Grenzen. Alle Zimmer dieser Preisklassen haben Klimaanlage, Badezimmer, Minibar, internationales Direktwahltelefon, Safe, Sat-TV, Internetzugang, Radio und 24-Stunden-Zimmerservice. Behindertengerechte Zimmer gibt es auf Anfrage.

Zur **Ausstattung** gehören Restaurants, Cafés, Coffee-Shops, Cocktail-Lounges, Bars oder Nachtclubs, Swimmingpool (auf der Dachterrasse oder im Garten), Souvenir- und Zeitschriftengeschäfte, Friseure, Konditoreien, Ladengalerien, Ballsäle, Konferenz- und Seminarräume, Business-Centre. Weitere Leistungen sind Hochgeschwindigkeits-Internetzugang, iPod-Dockstationen, Flughafentransfer, Kinderbetreuung, Express-Reinigung, Tourorganisation, Autoverleih, Limousinenservice, Parkplätze und Sekretärinnenservice. Bewohnern der Executive bzw. Royal Clubs stehen luxuriösere Ausstattungen und noch umfangreichere Serviceleistungen zu (z.B. Lounge, eigene Notebooks oder Faxgeräte, Privatbutler etc.).

Die meisten **Resortanlagen** bieten Privatstrand, Tennisplatz mit Flutlicht, klimatisierte Squashplätze und Fitnessräume, Sauna, Massageräume und Jacuzzi. Wenn das Hotelgebäude nicht direkt am Meer steht, gibt es oftmals eine regelmäßige Shuttlebusverbindung zu einem privaten Strand mit Sportclub und Wassersportangebot. Viele haben einen großen und aufwendig gestalteten Garten (z.B. mit Wasserfall, Kinderspielbereichen) – sie bilden somit ein

Hotels – Ausstattung, Klassifizierung, Kartenplatzierung

Am Ende des Buches finden sich Listen aller im Buch empfohlenen Hotels, die in den Umschlagkarten und in den Karten „Südliches Dubai" und „Südliches Dubai bis Jebel Ali" eingezeichnet sind; auf diese Karten bezieht sich die **Nummerierung der Hotels.**

In der Auflistung empfehlenswerter Hotels bezeichnen folgende Buchstaben (siehe auch hintere Umschlagklappe) bestimmte Ausstattungsmerkmale der Hotels:

Tipp	besondere Empfehlung
G	**G**arten
B	am Haus gelegener privater **B**adestrand
W	**W**assersport
F	**F**itness (z.B. Fitnessgeräte, Sauna, Jacuzzi, Massage)
R	**R**estaurant(s), Coffee Shop, Lounge
N	**N**ightlife (Bar, Nachtclub)
P	**P**ool
T	**T**ennis

Die in diesem Buch angewandte **Klassifizierung der Hotels** von ***** bis * richtet sich nach dem System des Dubai Department of Tourism and Commerce Marketing.

Burj Al Arab (60)

Am Strand von Jumeirah, genauer gesagt im Stadtteil Umm Suqeim, steht das renommierteste Tourismusprojekt Dubais, nein, aller Emirate – letztendlich sogar des gesamten Mittleren Ostens.

Glanzstück ist der **Burj Al Arab,** der „Turm Arabiens", der „Arabian Tower". Der futuristische Bau reckt sich unübersehbar 321 m hoch in den Himmel. Die offene Lobby des Gigahotels reicht bis zum Dach und ist die höchste der Welt. Die Freiheitsstatue würde im Inneren des Arabian Tower Platz finden!

Die Seefahrer-Tradition der Emirate lässt grüßen, denn der Burj Al Arab ist in **Form eines aufgeblähten Segels** erbaut. 280 m weit im Meer ruht das Hotelschiff auf einer künstlichen Insel. Mit dem Festland ist das De-Luxe-Hotel durch eine Brücke verbunden. Wer möchte, kann auch mit dem Hubschrauber oder der Yacht anreisen oder sich mit einem Rolls-Royce abholen lassen.

Das **All-Suite Luxury Hotel** hat nur Suiten, die den höchsten Ansprüchen genügen und als Krönung der Hotelszene gelten. Seine fünf Sterne hat sich das Hotel redlich verdient: 202 doppelstöckige Suiten bieten eine luxuriöse und ultramoderne Ausstattung mit eigenem Privatbutler. In der Königssuite besteht bei 780 m² Größe fast schon die Gefahr, sich zu verlaufen. Der Videoraum hat das Ausmaß eines Privatkinos, das Bad ist größer als so manches Zimmer in anderen Hotels.

Pomp und Plüsch verwöhnen die anspruchsvollsten aller Hotelgäste. 10.000 m² Blattgold wurden zur Dekoration aufgetragen, sonstige edle Baumaterialien sind Carrara-Marmor und Assuan-Granit. Brokat, irisches Leinen und Seide leuchten in allen erdenklichen Farbnuancen.

Im Burj Al Arab residieren Könige und Staatschefs, hier konferieren Multimagnaten mit Ölshaikhs, hier entspannen Prinzessinnen und Fürstensöhne. Aber auch gänzlich unadelige Menschen mit nicht allzu üppigem Finanzhaushalt gönnen sich einmal im Leben diesen Luxus und sind willkommene Gäste.

Tipps für Zaungäste: In manchen Restaurants des Burj dürfen auch Nicht-Hotelgäste speisen, aber es ist eine Reservierung erforderlich.

- **Infos:** Tel. 3 01 77 77, Fax 3 01 70 00, www.jumeirah.com
- Tipp; **Ausstattung:** G, B, W, F, R, N, P

Jumeirah Beach Hotel (59)

Ein Pendant für den gut betuchten Otto-Normalreisenden – das Hotel versteht sich als Lifestyle- und Familien-Destination – bildet das *****Jumeirah Beach Hotel,** ein luxuriöses Beach Resort samt Yachthafen. Das wellenförmige, 26 Stockwerke hohe Gebäude beherbergt 598 Zimmer und Suiten – alle mit Meerblick und einer Mindestgröße von 50 m², manche mit privatem Balkon und behindertengerechter Ausstattung. Man kann auch in einer der 19 Villen (Beit Al Bahar) wohnen, sie sind sehr luxuriös im arabischen Stil eingerichtet. Alle Villen haben einen eigenen Pool und eine herrliche Gartenterrasse.

Im Hotelhauptgebäude besticht das 90 m hohe Atrium mit seinen umlaufenden Gästebalkonen und einer gigantischen Skulptur, welche die Erde samt Mond, Weltall und Sonne darstellt – mit Dubai im Zentrum! Die gesamte Inneneinrichtung nimmt dieses Thema auf: Erde, Wasser, Feuer und Luft werden in verschiedenen Ebenen und Farbschemen dargestellt.

Zahlreiche **architektonische Details** und andere Feinheiten verleihen dem Jumeirah Beach Hotel einen besonderen Charakter. So ist es mit nicht weniger als 6000 handgemalten Bildern und 65.000 m^2 feinsten Dekostoffen geschmückt, und die handbemalte Himmelsdekoration über der „Palm Court Lounge" zeigt exakt den Sternenstand zur Mitternacht des 02.12.1971, dem Datum, an dem die Vereinigten Arabischen Emirate gegründet wurden. Immer wieder werden nautische Themen dargestellt, so etwa am „Sindbads"-Kinderclub, der in Form eines kunterbunten Schiffes Unterhaltung und Betreuung für die Kleinen bietet. Auch das hoteleigene, stadtgrößte Konferenzzentrum ist in Schiffsform erbaut.

Über 20 Bewirtungsörtlichkeiten (siehe „Orte mit vielfältigem Gastronomieangebot"), eine Shopping-Kolonnade, über 900 m Sandstrand, fünf Pools und zahlreiche Sportangebote (Tennis, Squash, Fitnessraum, Minigolf, Segeln, Fallschirmsegeln, Windsurfen, Wasserski, Tiefseefischen) lassen keine Langeweile aufkommen.

Etwas Besonderes ist **The Hub,** ein cooles Sportzentrum für Jugendliche. Verwöhnprogramme bietet die hauseigene Spa.

- **Infos:** Tel. 3 48 00 00, Fax 3 01 68 00, www.jumeirah.com
- **Ausstattung:** G, B, W, F, T, R, N, P

Doch nicht nur diese beiden Hotels gehören zum Jumeirah Beach Komplex: Im supermodernen und einfallsreichen **Wild-Wadi-Wasserpark** (siehe „Urlaub in Dubai/Wasserparks") kommen Wasserratten voll auf ihre Kosten (der Eintritt für Hotelgäste ist frei).

Madinat Jumeirah (61)

Südlich des Jumeirah Beach Hotel und des Burj Al Arab bietet das **5-Sterne-Strandresort** Madinat Jumeirah einen spektakulären Anblick – sowie imposante Ausblicke, denn immer wieder im Blick ist eben das berühmte Burj Al Arab. Nomen est omen! „Jumeirah-Stadt" heißt der Hotelname in deutscher Übersetzung, und damit ist trefflich beschrieben, was Gäste hier erwartet: eine Touristen-Stadt am Rande von Dubai-Stadt. Hotelgäste finden hier alles, was sie brauchen (und noch viel mehr) und könnten den Rest von Dubai theoretisch links liegen lassen.

Die Anlage ist **mit arabisch-emiratischen Stilelementen** durchsetzt und besticht durch ihre unzähligen sandfarbenen Windtürme, arabesken Silhouetten und verspielten Stukkaturen. Traditionell-arabische Kultur, Kunst und Lebensweise werden allenthalben reflektiert. Authentisches Design und althergebrachte Historie verbinden sich harmonisch mit modernster Ausstattung und erstklassigem Service. Das Resort dehnt sich auf rund **40 Hektar Fläche** aus und verfügt über einen Sandstrand von 1 km Länge – genauer gesagt kann man ca. 2 km am Ufer spazieren gehen, denn auch die Strände des benachbarten Jumeirah Beach Hotel und des Wild-Wadi-Wasserparks können genutzt werden. Alle Teile von Madinat Jumeirah sind über 3,7 km lange künstliche Wasserwege verbunden, die von traditionellen Wassertaxen (arab. *abra*) befahren werden. Das Areal ist von verwinkelten Fußwegen durchzogen, Rasenflächen und Blumenarrangements sorgen für Farbtupfer.

In Madinat Jumeirah gibt es zwei Boutique-Hotels sowie 29 in der üppigen Gartenlandschaft frei stehende Patio-Villen. **Mina A'Salam** und **Al Qasr** (Abb. unten) haben beide je 292 Gästezimmer und Suiten. Im Mina A'Salam („Hafen des Friedens") spiegelt sich die Seefahrertradition Dubais wieder. Alle Zimmer sind opulent eingerichtet und haben einen Balkon mit Meerblick. Das Al Qasr („Der Palast") ist im prunkvollen Stil einer Shaikh-Sommerresidenz erbaut und bietet seinen Gästen fürstliche Betreuung.

Die **Dar-Al-Masyaf-Villen** des Resorts garantieren Platz und viel Privatsphäre. Die im Stil von Sommerhäuschen gestalteten und windturmgekrönten Villen verteilen sich über das gesamte Gelände. Jedes der um einen Innenhof gebauten Häuser ist mit zehn bis zwölf Zimmern ausgestattet, Gäste können sich im privaten Poolbereich erfrischen und den privaten Butlerservice in Anspruch nehmen. In 29 Sommerhäusern (Dar Al Masyaf) gibt es 283 Gästezimmer und Suiten (Mindestgröße: 60 Quadratmeter). Die sieben **Malakiya-Villen** sind Garant für höchsten Luxus und edelstes Interieur und zeichnen sich durch eigenen Pool, eigenen Innenhof und eigene Terrasse aus.

Mittelpunkt von Madinat Jumeirah ist der basarähnliche Einkaufskomplex namens **Souq Madinat Jumeirah.** Fast wie in einem realen Souq gibt es Einkaufsgassen mit rund 95 Geschäften, in denen Stoffe, Gewürze, Bekleidung, Souvenirs, Kunsthandwerk und Schmuck erworben werden können. Im Sommer Gold wert: die Air Condition!

Maßgeschneiderte Behandlungen zur Regenerierung oder Revitalisierung, zum Verschönern oder Verwöhnen bietet die **Talise Spa.** Wie kleine Inseln der Zuflucht wirken die 26 allein stehenden Behandlungsräume, die von bunt blühenden Gärten und idyllisch verwinkelten Fuß- und Wasserwegen umgeben sind.

44 Restaurants und Bars bietet Madinat Jumeirah – von edelsten Restaurants der Boutiquehotels bis zum Snack im Souq (siehe „Urlaub in Dubai/Orte mit vielfältigem Gastronomieangebot"). Die Bars und Lounges sind bekannt für ihren hohen In-Faktor. Zum Ausgleich gibt es ein breites Angebot an Fitness-Sport, etwas Besonderes ist die Kletterwand.

dub12_028 Foto: dt

Gästen des Resorts wird ein breites Angebot an **Sport- und Freizeitmöglichkeiten** geboten. Zudem gibt es ein Freilicht-Amphitheather, ein Theater, ein Auditorium, Bankettsäle und ein hochmodernes Konferenzzentrum.

Madinat Jumeirah ist mit den benachbarten Hotels Burj Al Arab und Jumeirah Beach sowie dem Wild-Wadi-Wasserpark verbunden. Letzterer kann von den Hotelgästen ohne Aufpreis genutzt werden.

Zu Madinat Jumeirah siehe auch „Urlaub in Dubai/Sehenswertes auf Dubais Seeseite".

- **Lage:** am Strand von Al-Sufouh
- **Infos:** Tel. 3 66 88 88, Fax 3 66 77 88, www.jumeirah.com
- **Ausstattung:** R, N, P

One & Only Royal Mirage (70)

Die formvollendete Resortanlage One & Only Royal Mirage wurde im Stil eines orientalischen Palastes erbaut und lädt ein, den Zauber Arabiens in unvergesslicher Weise zu erleben. Zum Resort gehören die Bereiche **The Palace, Arabian Court** sowie **Residence and Spa.** The Palace bietet 231 luxuriöse Gästezimmer, der Arabian Court 160 Zimmer und Suiten. Die Dekoration ist raffiniert und fantasievoll mit Arkadenbögen, Ornamenten, Fayencen, Kacheln, Brunnen, Kuppeln, Holzschnitzereien und formschönen Möbeln. Alle Zimmer und Suiten haben Meerblick, Privatbalkon oder eine Terrasse. Einmalig schön - und riesig - ist der Garten mit seinen vielen Palmen, Brunnen, Spazierpfaden, den riesigen Pools und dem 1 km langen Sandstrand samt seinen Liegebuchten. Romantisch sind die vielen Sitzgelegenheiten in verschwiegenen Winkeln und Terrassen, von denen sich eine herrliche Aussicht über die Märchenanlage und das Meer genießen lässt. Interessant sind die untereinander verbundenen Innenhöfe, die von Wasser zu Stein, von Granit zu Holz und von Blumenbeeten zum Meer führen.

Das Residence and Spa ist ein Refugium für diejenigen, die ein Maximum an Komfort suchen. Die privaten Residenzen, die von einem speziell ausgewählten Team betreut werden, beherbergen 11 Suiten, 32 Luxuszimmer sowie eine Gartenvilla, die geräumig und mit Liebe zum Detail gebaut sind.

Einen der Schönheitspflege und dem Wohlfühlen gewidmeten Service offerieren die Givenchy Spa, das orientalische Hammam und das Health and Beauty Institute.

Attraktiv auch die **Restaurants:** Im Olives werden mediterrane Spezialitäten und frisch im Holzofen gebackenes Brot serviert. Das Tagine ist ein elegant-klassisch eingerichtetes marokkanisches Restaurant, wo man auch auf gemütlichen Sitzkissen speisen kann. Das Celebrities serviert internationale Leckereien. Im Rotisserie kann man bei der Zubereitung der Speisen zusehen. Im Nina werden indo-europäische Fusion-Menüs aufgetischt. Eauzone serviert am Pool und Strand.

Für Nachtschwärmer ein Muss und ein heißer Insidertipp ist die ultra-schicke **Disco Kasbar** - auf drei Etagen heißt es „dance the night away". Livebands oder DJs sorgen für den richtigen Groove. Billardspieler finden hier ein paar der seltenen Tische in Dubai.

Unvergesslich: Das One & Only Royal Mirage arrangiert auch Hochzeitsfeiern.

- **Lage:** in Al-Sufouh zwischen Palm Jumeirah und Dubai Marina
- **Infos:** Tel. 3 99 99 99, Fax 3 99 99 98, www.oneandonlyresorts.com
- Tipp; **Ausstattung:** G, B, W, T, F, R, N, P

dub10_026 Foto: at

ideales Domizil zum Ausspannen und für Familien.

Insbesondere in **Deira** werden die vier Sterne etlicher Hotels von Luxusliebhabern als fragwürdig und überbewertet angesehen. In diesem Fall sollte man sich lieber ein luxuriöses Hotelapartment mieten oder sich für wenig Geld mehr fünf Sterne leisten oder ein 4-Sterne-Domizil in einem anderen Stadtteil (Downtown Dubai, Satwa, Jumeirah, Palm Jumeirah) wählen.

Internationale Hotelketten

Gelistet sind die deutschen **Service-Telefonnummern:**

Keine Fata Morgana, sondern 7-Sterne-Luxus – das Hotel Atlantis The Palm

- **Hilton,** www.hilton.de
Tel. 0 08 00/88 84 48 88
- **Holiday Inn, Crown Plaza, InterContinental,** www.ichotelsgroup.com
Tel. 08 00/1 81 73 41
- **Hyatt,** www.hyatt.com
Tel. 01 80/5 23 12 34
- **Jebel Ali International**
Jebel Ali Golf Resort and Spa, Hatta Fort Hotel, Palm Tree Court & Spa, Oasis Beach Tower, Tel. 0 61 02/7 99 68 11, www.jebelaliinternational.com/de
- **Jumeirah,** www.jumeirah.com
Burj Al Arab, The Jumeirah Beach Hotel, Madinat Jumeirah, The Jumeirah Beach Club, Jumeirah Emirates Towers, Jumeirah Zabeel Saray, Jumeirah Creekside Hotel, Tel. 08 00/1 82 80 00
- **Kempinski,** www.kempinski.com
Tel. 0 89/21 25 26 50
- **Leading Hotels in the World**
The Monarch, One & Only Royal Mirage, One & Only The Palm, Tel. 0 08 00/10 10 11 11, www.lhw.com

- **Marriott,** www.marriott.de
Tel. 0 08 00/19 27 19 27
- **Radisson,** www.radisson.com
Tel. 0 08 00/18 14 44 2
- **The Ritz-Carlton,** www.ritzcarlton.com
Tel. 0 08 00/24 13 33 33

Strandhotels*****

Auf der künstlichen Insel **Palm Jumeirah** werden weitere Strandhotels eröffnen (siehe „Sehenswertes auf Dubais Seeseite").

- **Atlantis The Palm (65)**
Siehe Info-Kasten „Wunder trifft Wasser – Erlebnisdestination Atlantis"; Tipp
- **Burj Al Arab (60)**
Siehe Info-Kasten „Burj Al Arab"
- **Dubai Marine Beach Resort and Spa (52)**
G, B, W, F, R, N, P, T
Resort mit Spa am nördlichen Strand von Jumeirah, Spa, Tel. 3 46 11 11, Fax 3 46 02 34, www.dxbmarine.com; zum Gastronomieangebot dieses Hotels siehe „Orte mit vielfältigem Gastronomieangebot"
- **Habtoor Grand Beach Resort and Spa (74)**
G, B, W, F, R, N, P, T
Resortanlage mit Spa in der Dubai Marina, Tel. 3 99 50 00, Fax 3 99 45 47, www.habtoorhotels.com
- **Jumeirah Beach Hotel (59)**
Siehe Info-Kästen „Jumeirah Beach Hotel" und „Orte mit vielfältigem Gastronomieangebot"
- **Jumeirah Zabeel Saray (67)**
Auf Palm Jumeirah, siehe „Sehenswertes auf Dubais Seeseite"
- **Kempinski Hotel & Residences (66)**
Auf Palm Jumeirah, siehe „Sehenswertes auf Dubais Seeseite"
- **Le Meridien Mina Siyahi Beach Resort and Marina (72)**
G, B, W, F, R, N, P, T
Resortanlage mit breitem Sportangebot und großem Garten, 211 Zimmer, zwischen Palm Jumeirah und Dubai Marina, Tel. 3 99 33 33, Fax 3 99 30 00, www.lemeridien-minaseyahi.com
- **Le Royal Meridien Beach Resort and Spa (75)**
Tipp, G, B, W, F, R, N, P, T
320 Zimmer und 30 Suiten, zwischen Palm Jumeirah und Dubai Marina, auch 6-Loch-

Hoteltipps

In Deira

- ***** Taj Palace
- **** Carlton Tower
- *** Versailles
- ** Semiramis
- * Zagy

In Bur Dubai

- ***** Grand Hyatt Dubai
- **** Arabian Courtyard Hotel and Spa
- *** Highland
- ** Imperial Suites
- * Time Palace

In Jumeirah, Umm Suqeim

- ***** Atlantis The Palm
- ***** Madinat Jumeirah
- **** La Maison d'Hôtes
- *** Regent Beach Resort
- ** Holiday Inn Express Dubai Jumeirah

In Satwa, Shaikh Zayed Rd

- ***** The Address Downtown Dubai
- **** Rydges Plaza
- **** Al-Manzil
- *** Grandeur
- ** Holiday Inn Express Dubai Safa Park

Außergewöhnliche Hotels

- **Al Maha,** Luxus-Öko-Wüstenresort
- **XVA Guesthouse and Gallery,** in einem restaurierten Windturmhaus
- **Desert Palm,** Wüstenhotel mit Pferden
- **Burj Al Arab,** sieben Sterne
- **Armani Hotel Dubai,** Designerhotel im Burj Khalifa

Ökotourismus-Wüstenresort Al Maha

Al Maha, a luxury Collection Desert Resort & Spa ist die **einzige ökologische Hotelanlage der Vereinigten Arabischen Emirate** – natürlich mit 5-Sterne-Luxus. Das Resort liegt in einem einzigartigen Wüsten- und Naturreservat inmitten einer großartigen Dünenlandschaft.

Al Maha ist ein wichtiger Schritt in der Entwicklung von Hotelprojekten: luxuriöse Resortanlagen in beeindruckender Landschaft, die gleichzeitig dem Schutz dieser Natur einen hohen Stellenwert zuschreiben. Solarzellen erzeugen Energie, Brauchwasser wird zur Bewässerung genutzt, Abfall vermieden, und Wäsche wird nur mit 100% abbaubaren Waschsubstanzen gereinigt.

Das Areal von **Al Maha bedeckt** mit **225 km²** 4,7% der Dubaier Landfläche, davon entfallen nur 2% auf bebautes Terrain, der Rest ist dem Naturschutz gewidmet.

Zahlreiche einheimische Tierarten haben hier einen Lebensraum, darunter Strauße, Falken, Eulen, Wüstenfüchse, Luchse und diverse Gazellenarten. Alle Tiere stammen ursprünglich aus dem Besitz der Herrscherfamilie und wurden von ihrer Privatinsel Sir Bani Yas nach Al Maha gebracht. Die Tiere sind nicht gezähmt, sie laufen innerhalb des eingezäunten Geländes frei herum und suchen sich ihr Futter selber. Auch arabische **Oryx-Antilopen** leben in Al Maha. Die edlen weißen Tiere mit ihrem markanten schwarzen Kopfmuster und den mächtigen Hörnern sind vom Aussterben bedroht, in Al Maha leben rund 300 Antilopen, eine der größten Herden Arabiens.

Al Maha gleicht einem Beduinencamp. Jede der Beduinensuiten ist harmonisch in die Landschaft integriert und großflächig verglast. So eröffnet sich ein herrlicher Panoramablick auf die umliegende Dünenlandschaft, der nicht durch andere Bauten gestört wird. Zur jeweils individuellen Einrichtung der mindestens 75 m² großen Suiten gehören erlesene Kunsthandwerksstücke – draußen kann man im suiteeigenen Pool baden.

Keine 80 Gäste können in Al Maha logieren – die Wahrung einer **privaten Atmosphäre** ist ein wichtiger Grundsatz. Ebenso großgeschrieben wird **persönlicher Service** – statistisch gibt es zwei Hotelangestellte pro Gast. Private Mahlzeiten inmitten der Dünen ist nur eines der vielen besonderen Serviceangebote. Gäste von Al Maha sollen Ruhe finden und eine innige Verbundenheit mit der Natur erfahren.

Aktivitäten auf dem Anwesen umfassen Wüstentouren aller Art in Begleitung eines kundigen Guides: Kamelsafaris, Pferdeausritte, Spaziergänge, Allradwagenfahrten. Zudem kann man Jagdfalken beobachten, ein Dünendinner organisieren lassen oder Bogenschießen. Ausflüge in Bergdörfer oder Wüstenlandschaften außerhalb des Geländes sowie Sand-Skiing, Sandbuggyfahren und Kurse im Off-Road-Sandfahren können jederzeit arrangiert werden.

Ins ca. 55 km entfernt liegende Zentrum von Dubai braucht man – ohne Stau! – eine knappe Stunde über die Wüstenautobahn E66 von Al-Ain (Ausfahrt zwischen Exit 50 und 51).

- **Infos:** Tel. 8 32 99 00, Fax 8 32 92 11, www.al-maha.com
- **Ausstattung:** G, R, N, P

Golfübungsplatz, Tel. 3 99 55 55, Fax 3 99 59 99, www.leroyalmeridien-dubai.com

● **Madinat Jumeirah (61)**
Siehe Info-Kasten „Madinat Jumeirah"; Tipp; zum Gastronomieangebot siehe „Orte mit vielfältigem Gastronomieangebot"

● **One & Only Royal Mirage (70)**
Siehe Info-Kasten „One & Only Royal Mirage"; Tipp

● **One & Only The Palm (68)**
Auf Palm Jumeirah, siehe „Sehenswertes auf Dubais Seeseite"

● **The Ritz-Carlton (77)**
F, R, N, P
Hotelresort, 138 Zimmer und Suiten, alle mit Balkon und Meerblick, klassisch-exklusive Ausstattung, Spa, Dubai Marina, Tel. 3 99 40 00, Fax 3 99 40 01, www.ritzcarlton.com

● **Rixos The Palm Dubai (64)**
Auf Palm Jumeirah, siehe „Sehenswertes auf Dubais Seeseite"

● **Sheraton Jumeirah Beach Resort and Towers (78)**
G, B, W, F, R, N, P, T
255 Zimmer und Suiten, Dubai Marina, Tel. 3 99 55 33, Fax 3 99 55 77, www.starwoodhotels.com/sheraton

Wüstenresorts*****

● **Al Maha, a Luxury Collection Desert Resort & Spa**
Siehe Info-Kasten „Ökotourismus-Wüstenresort Al Maha"; Tipp

● **Bab Al Shams**
Tipp, G, F, R, N, P
Luxus-Wüstenresort mit Spa in traditionellem Baustil und mit Naturmaterialien errichtet, inmitten von Sanddünen, ca. 70 km von Dubai entfernt, 113 Zimmer und Suiten. Unbedingt einen Besuch wert ist das Al-Hadheerah-Freiluft-Wüstenrestaurant. Wüstenausflüge, Kamel-/Pferdereiten, Bogenschießen, Falkenshow; zu erreichen über die Autobahn E66 nach Al-Ain, Interchange 6/Exit 37, Tel. 8 09 61 00, Fax 8 32 66 98, www.meydanhotels.com

Stadthotels*****

● **The Address Downtown Dubai (55)**
Tipp, F, R, N, P
196 geräumige Zimmer mit Ausblick auf den Burj Khalifa, Downtown Dubai und die Wasserspiele der Dubai Fountain, Terrassenlandschaft mit 5 Pools, Spa-Bereich, Tel. 4 23 88 88, Fax 4 36 88 80, www.theaddress.com

● **Armani Hotel Dubai (57)**
P, F, N, R
Hotel des Modeschöpfers *Giorgio Armani* im Burj Khalifa, 160 klar akzentuierte, elegant-funktional und nach Feng-Shui-Prinzipien eingerichtete Designzimmer und Suiten, auch Apartments, persönlicher Service durch Privatbutler, Tel. 8 88 38 88, Fax 8 88 37 77, http://dubai.armanihotels.com

● **Grand Hyatt Dubai (33)**
Tipp, G, F, R, N, P, T
City-Conference-Resort mit 674 Zimmern und Suiten, große Gartenanlage, Bur Dubai, Shaikh Rashid Rd nahe der Al-Garhoud-Brücke, Tel. 3 17 12 34, Fax 3 17 12 35, www.dubai.grand.hyatt.com

dub12_016 Foto: dt

Blick hinunter ins Foyer des Burj Al Arab

dub10_025 Foto: at

●**Grosvenor House (76)**
F, R, N, P
Zeitlos, klassisch, schick und cool, 744 Zimmer, Suiten und Apartments, Dubai Marina, Tel. 3 99 88 88, Fax 3 99 84 44, www.grosvenorhouse-dubai.com

●**Hyatt Regency (25)**
F, R, N, P, T
414 Zimmer an der Corniche in Deira, Tel. 2 09 12 34, Fax 2 09 12 35, www.dubai.regency.hyatt.com

●**InterContintental Dubai Festival City (34)**
F, R, N, P
In der Festival City, am Dubai Creek gelegen, Tel. 7 01 11 11, Fax 2 32 90 98, www.intercontinental.com/dubai

●**Jumeirah Emirates Towers (50)**
F, R, N, P
305 Meter und 51 Etagen hohes Business-Hotel mit 400 Zimmern und 13 Restaurants, im Inneren gibt es zwei hohe Atrien: das über der Lobby misst 30 Meter, ein weiteres um die Zimmer gelegenes Atrium ist 111 Meter hoch, das Hotel liegt nicht in Jumeirah, sondern am Beginn der Shaikh Zayed Rd im Stadtteil Satwa, Tel. 3 30 00 00, Fax 3 30 30 30, www.jumeirahemiratestowers.com; zum Gastronomieangebot siehe „Orte mit vielfältigem Gastronomieangebot“

●**JW Marriott (46)**
F, R, N, P
299 Zimmer und 52 Suiten, Al-Muraqqabat, Abu Bakr al-Siddique Rd, am Hamarain-Einkaufszentrum, Tel. 2 62 44 44, Fax 2 62 62 64, www.marriott.com; zum Gastronomieangebot siehe „Orte mit vielfältigem Gastronomieangebot“

●**Kempinski Hotel Mall of the Emirates (62)**
P, T, F, R, N
In Al-Barsha, an die Mall of the Emirates angegliedert, 394 Gästezimmer und 15 Ski-Chalets mit Ausblick in die Ski-Dubai-Skihalle, auch Ayurveda-Spa, Tel. 3 41 00 00, Fax 4 41 45 00, www.kempinski-dubai.com

Umgeben von Fischen – in der Poseidon Suite im Super-Luxushotel Atlantis The Palm

●**Le Meridien Dubai (35)**
G, F, R, N, P, T
383 Zimmer und Suiten in Al-Garhoud beim Dubai International Airport, Tel. 2 17 00 00, Fax 2 82 46 72, www.lemeridien-dubai.com; zum Gastronomieangebot siehe „Orte mit vielfältigem Gastronomieangebot“

●**The Palace – The Old Town (54)**
F, R, N, P, T
Traditionell-arabisches Palastambiente mit modernster Ausstattung, alle 242 Zimmer und Suiten mit Balkon, The Old Town Island, Downtown Dubai, mit Spa, Tel. 4 28 78 88, Fax 4 28 79 99, www.theaddress.com

●**Radisson Blu (14)**
F, R, N, P, T
276 Zimmer, alle mit Balkon, Deira, Baniyas Rd, am Creek, Tel. 2 22 71 71, Fax 2 28 47 77, www.radissonblu.com/hotel-dubaideiracreek

●**Sheraton Dubai Creek Hotel and Towers (44)**
F, R, N, P, T
262 Zimmer und Suiten, Deira, am Creek, Baniyas Rd, Tel. 2 28 11 11, Fax 2 21 34 68, www.starwoodhotels.com/sheraton

●**Taj Palace (41)**
Tipp, F, R, P
Elegantes Business- und Familienhotel (kein Alkoholausschank, keine Bar) mit Zimmern, Suiten und Apartments, auch Spa, im Stadtteil Al-Rigga, zwischen Al-Maktoum Rd und Rigga Rd, Tel. 2 23 22 22, Fax 2 27 82 22, www.tajhotels.com

Stadthotels****

●**Al-Khaleej Palace (43)**
F, R, N, P
Al-Rigga, Al-Maktoum Rd, Tel. 2 23 10 00, Fax 2 24 18 15, www.alkhaleejhotels.com

●**Al-Manzil (56)**
Tipp, F, R, N, P
Businesshotel mit arabischem Design im neumodischen Stadtteil The Old Town, Downtown Dubai, Emaar Boulevard, Tel. 4 28 58 88, Fax 4 28 59 99, www.almanzilhotel.com

●**Arabian Courtyard Hotel and Spa (9)**
Tipp, R, P, F, R, N
173 hübsch in traditionell emiratischem Stil eingerichtete Gästezimmer und Suiten in

zentraler Lage in Bur Dubai gegenüber vom Al-Fahidi Fort/Dubai Museum, mit Spa, Tel. 3 51 91 11, Fax 3 51 77 44, www.arabiancourtyard.com

- **Arjaan (71)**
F, R, P
Businesshotel mit arabischem Ambiente in der Dubai Media City, Tel. 4 36 00 00, Fax 4 36 01 11, www.rotana.com
- **Ascot (3)**
R, N
Businesshotel mit 80 Zimmern und Suiten, Bur Dubai, Khalid ibn al-Waleed Rd, Tel. 3 52 09 00, Fax 3 52 98 19, www.ascothoteldubai.com
- **Avari (37)**
F, R, N, P
Al-Rigga, nahe des Clocktower, Tel. 2 95 66 66, Fax 2 95 94 59, www.avari.com
- **Capitol (27)**
F, R, N, P
168 Zimmer in Art-déco-Design, Al-Mina Rd beim Rashid-Hafen, Tel. 3 46 01 11, Fax 3 46 03 33, www.capitol-hotel.com
- **Carlton Tower (18)**
Tipp, R, N, P
Zentrale Lage in Deira, Baniyas Rd, zwischen Creek und Souq, Tel. 2 22 71 11, Fax 2 22 82 49, www.carltontower.net
- **Desert Palm**
P, G, T, F, R, N
Kleines, schickes Hotel in Wüstenlandschaft, Desert Palm Polo Estates, außerhalb des Zentrums, nahe der International City an der Fernstraße nach Hatta (E44), 38 liebevoll gestaltete Suiten und Pool-Villas, Spa, Polo, Pferdereiten, Joggingwege, Tel. 3 23 88 88, Fax 3 23 80 53, www.desertpalm.ae
- **Jumeirah Rotana (48)**
F, R, N, P
Satwa, 2nd of December Rd, 114 Zimmer und Suiten, Tel. 3 45 88 88, Fax 3 45 87 77, www.rotana.com
- **Marco Polo (16)**
F, R, N, P
Deira, Al-Mateena St., Tel. 2 72 00 00, Fax 2 72 00 02, www.marcopolodubai.com
- **Media One (73)**
Tipp, R, N, P, F
Hip, funky, trendy: nahe an Palm Jumeirah und Dubai Marina gelegenes unkonventionelles Hotel mit 260 Zimmern und Suiten, Dubai Media City, Media 1 Tower, Tel. 4 27 10 00, www.mediaonehotel.com
- **Orient Guest House (8)**
R
Kleines, stilvoll-arabisch-antik gestaltetes Gästehaus in einem restaurierten Windturmhaus im Bastakiya-Viertel, Gäste können die Einrichtungen des nahe gelegenen Arabian Courtyard Hotel and Spa nutzen, Tel. 3 51 91 11, Fax 3 51 77 44, www.orientguesthouse.com
- **Ramada (12)**
F, R, N, P
171 Zimmer, Al-Mankhool, Al-Mankhool Rd, Tel. 3 51 99 99, Fax 3 52 10 33, www.ramadadubai.com
- **Regent Palace (32)**
F, R, N, P
136 Zimmer, Bur Dubai, gegenüber des Einkaufszentrums BurJuman, Tel. 3 96 38 88, Fax 3 96 40 80, www.rameehotels.com
- **Seaview (29)**
Tipp, F, R, N, P
In Bur Dubai in Hafennähe, Al-Mina Rd, Tel. 3 55 80 80, Fax 3 55 00 99, www.seaviewhoteldubai.com
- **Towers Rotana (53)**
F, R, N, P
370 Zimmer und Suiten, Satwa, Shaikh Zayed Rd, Tel. 3 43 80 00, Fax 3 43 51 11, www.rotana.com

Mittelklassehotels***

Die Mittelklassehotels liegen **im Zentrum Dubais, in Bur Dubai und Deira,** sehr viele finden sich auf der Deira-Seite **im Stadtteil Al-Rigga,** und zwar in den Seitenstraßen Rigga Rd und Al-Maktoum Rd.

Mittelklassezimmer sind klimatisiert und haben Minibar, Internetzugang, internationales Direktwahltelefon, Fernseher und Bad. Gehobene Mittelklassehotels offerieren auch besser ausgestattete Suiten, einen Pool und Konferenzräume. Weitere **Leistungen** wie Flughafentransfer, Kinderbetreuung, Wäschereinigung, Limousinenservice, Parkplätze und Sekretärinnenservice sind zwar nicht überall Standard, werden aber ggf. auf Anfrage erfüllt.

In preiswerteren Häusern stammt der Großteil der Gäste mitunter aus den Staaten der ehemaligen Sowjetunion; Service und Ausstattung können dann entsprechend bescheidener sein.

Der **Preis für ein Standard-Doppelzimmer** liegt in der Hauptsaison zwischen 350 und 510 Dh.

- **Ambassador (2)**
R, N, P
Bur Dubai Souq, Al-Fahidi St., Tel. 3 93 94 44, Fax 3 93 91 93, www.astamb.com
- **Astoria (5)**
R, N
Bur Dubai Souq, Al-Nahdha St., Tel. 3 53 43 00, Fax 3 53 56 65, www.astamb.com
- **Comfort Inn (15)**
Tipp, R, N, P
Al-Rigga, zwischen Rigga Rd und Al-Maktoum Rd, Tel. 2 22 44 38, Fax 2 22 99 10, www.hotelcomfortinn.com
- **Grandeur (63)**
F, R, N, P
Businesshotel in Al-Barsha, nahe der Mall of the Emirates, Tel. 3 41 87 77, Fax 3 23 47 22, www.grandeurhotel.com
- **Highland (30)**
Tipp, F, R, N, P
In Bur Dubai, zwischen Souq und Rashid-Hafen gelegen, Tel. 3 93 97 73, Fax 3 93 73 99, www.highlandhoteldubai.com
- **Ibis World Trade Centre (49)**
R, N
Günstig übernachten in Satwa beim Dubai World Trade Centre, Shaikh Zayed Rd, Tel. 3 32 44 44, Fax 3 18 70 00; ein weiteres Ibis-***Hotel in Al-Barsha, zudem gibt es an weiteren Standorten Ibis-**Hotels; www.ibishotel.com
- **Imperial Suites (11)**
Tipp, R, N, P
Empfehlenswertes Hotel in Bur Dubai, Al-Rola Rd, nahe des Al-Khaleej Centre, Tel. 3 51 51 00, Fax 3 51 16 47, www.imperialsuiteshotel.com
- **K-Porte Inn (45)**
Tipp, F, R, N, P
Al-Rigga, St. 34B zwischen Al-Maktoum Rd und Rigga Rd, Tel. 6 06 22 44, Fax 2 69 16 04, www.kporte.com
- **Landmark (19)**
Tipp, F, R, P
Hotel ohne Bar in Deira, Al-Maktoum Hospital Rd nahe Baniyas-Platz, Tel. 2 28 66 66, Fax 2 24 39 97, www.landmarkhotels.net
- **Mayfair (39)**
F, R, N, P
Al-Rigga, St. No. 42a, eine Seitenstraße östlich der Al-Maktoum Rd, Tel. 2 28 44 44, Fax 2 22 72 28, www.mayfairhoteldubai.ae
- **Regal Plaza (13)**
Tipp, F, R, N, P
87 Zimmer, Bur Dubai, Ecke Al-Mankhool Rd/Khaleed ibn al-Waleed Rd, Tel. 3 55 66 33, Fax 3 55 66 22, www.rameehotels.com
- **Regent Beach Resort (51)**
Tipp, F, R, P
80 Zimmer am öffentlichen Strand von Jumeirah, Tel. 3 44 57 77, Fax 3 44 67 89, www.rameehotels.com
- **Rydges Plaza (28)**
Tipp, F, R, N, P
Satwa, 2nd of December Rd, Ecke al-Mankhool Rd, Tel. 3 98 22 22, Fax 3 98 37 00, www.rydges.com
- **Versailles (42)**
Tipp, F, R, N, P
Al-Rigga, 15. St. zwischen Rigga Rd und Al-Maktoum Rd, Pool und Wasserpfeifen-Café, Tel. 2 27 78 80, Fax 2 27 77 25, www.versaillesdubai.com
- **XVA Guesthouse and Gallery (7)**
Tipp, R
Kleines, gemütliches, traditionell eingerichtetes Gästehaus mit sechs Zimmern (rechtzeitig reservieren!) in einem restaurierten historischen Windturmhaus im Bastakiya-Viertel (Hausnummer XVA), auch Geschenke-Shop, Kunstgalerie und Café, Tel. 3 53 53 83, Fax 3 53 59 88, www.xvagallery.com

Einfache Hotels**/*

In Dubai gibt es **über 170 einfache Hotels** mit folgenden **Preisen:** **DZ 250–370 Dh, *DZ 150–270 Dh; es gibt kaum Preisunterschiede für Haupt- und Nebensaison. Klimaanlage ist Standard, eigenes Bad, Kühlschrank, Telefon und Fernseher in allen **Hotels, aber auch in den meisten *Häusern. Viele **Hotels sind gut und ordentlich, bieten Internetzugang und/oder Shuttlebusverbindung zum Strand, zu Einkaufszentren oder ins Stadtzentrum an. Manch andere existieren vorrangig wegen ihrer Bars, entsprechend laut können manche Zimmer sein; wer seine Ruhe mag, ist in Hotels ohne Bar/Nachtclub besser aufgehoben. Hauseigene Parkplätze sind oft Mangelware.

Preiswerte Hotels gibt es vornehmlich im Zentrum, in Bur Dubai und Deira. Ein Eldorado für Billighotels ist das **Souqgebiet von Deira,** besonders um den Baniyas-Platz, entlang der Al-Sabkha Rd, im Bereich um den Goldmarkt sowie in der Naif Rd und ihren Seitenstraßen. Manche Unterkünfte sind mit Vorsicht zu genießen, denn sie werden als **Stundenhotels** genutzt. Die goldene Grundfrage bei der Suche nach einem Nicht-Stundenhotel lautet: **„Is this a family hotel?"** Kommt ohne Zögern ein „Ja" als Antwort, dann ist es kein Stundenhotel – das gilt für die meisten **Häuser. „Saubere" Hotels gestatten keinen Besuch auf den Zimmern, oftmals kann man dies an einem Hinweisschild im Eingangsbereich erkennen. Viele Billigstherbergen sind zudem nicht wirklich sauber, es geht laut und hektisch zu, und der Service ist eher spröde bis nicht vorhanden. Oft ist das der Fall, wenn viele Osteuropäer das Hotel frequentieren. Solche Herbergen sind gut am Willkommensschild in kyrillischen Lettern zu erkennen. In diesem Buch bleiben solche bei Mitteleuropäern eher unbeliebten Etablissements außen vor, allerdings kann es durchaus sein, dass einstmals gute Hotels mit der Zeit oder nach dem Wechsel des Managements im Standard rapide abfallen.

In den an den Deira-Souq angrenzenden Stadtteilen wie **Al-Rigga** sowie in **Bur Dubai** gibt es ebenfalls einfache Hotels, weniger zwar, aber dafür zumeist qualitativ besser und sauberer (sowohl hygienisch als auch in moralischer Hinsicht) als die Schmuddelbuden im Deira-Souq.

Tipp: Diejenigen, denen **Hotels zu teuer und *Etablissements zu „unsauber" sind, sollten in der **Jugendherberge** nächtigen (siehe unten).

- **Al Jawhara Metro (47)**
Tipp, R
Familienfreundliches **Hotel mit 32 Zimmern, um die Wahrung muslimischer Werte bemüht, daher ohne Bar und Alkoholika, in Al-Rigga, Tel. 2 22 31 41, Fax 2 23 20 49, www.jawhara.ae; managt weitere ****Hotels
- **City Gold (23)**
R
*Hotel mitten im Goldsouq, Deira Gold Souq, Tel. 2 26 36 00, Fax 2 26 43 73, www.citygolddubai.com

Bab Al Shams Desert Resort and Spa

•Eureka (38)
Tipp, F, R, N, P
Gutes **Hotel mit Dachpool in Al-Rigga, Tel. 2 95 44 66, Fax 2 95 50 65, www.eurekahotel.ae

•Florida (22)
Tipp, R
Empfehlenswertes *Hotel in Deira, Al-Sabkha Rd, Tel. 2 26 68 88, Fax 2 26 41 00, www.florahospitality.com

•Florida International (21)
Tipp, R
**Hotel in der Al-Sabkha Rd, Tel. 2 24 77 77, Fax 2 22 36 66, www.florahospitality.com

•Holiday Inn Express Dubai Jumeirah (26)
Im Norden von Jumeirah, Ecke Jumeirah Beach Rd und Al-Mina Rd, Tel. 4 07 17 77, Fax 4 07 16 66

•Holiday Inn Express Dubai Internet City (69)
Dubai Internet City, Tecom Zone, Knowledge City, Tel. 4 27 55 55, Fax 4 27 24 00

•Holiday Inn Express Dubai Safa Park (58)
Shaikh Zayed Rd, Al-Wasl, am Safa Park, Tel. 5 11 93 33, Fax 5 11 94 44

Alle drei sind **Hotels der Kette Holiday Inn und für Budget-Traveller sehr empfehlenswert, allesamt ausgestattet mit R, N, F; Tel. 08 00/1 81 60 68, www.hiexpress.com; weitere Standorte: Dubai International Airport, Shaikh Zayed Rd, Al-Rigga, Deira, Festival City

•Ibis Deira City Centre (36)
R, N
2-Sterne-Komfort im Stadtzentrum gegenüber vom Deira City Centre, Tel. 7 02 80 00, Fax 2 92 50 01, www.ibishotel.com; weitere Ibis-Hotels (zum Teil ***): Al-Rigga, World Trade Centre, Mall of the Emirates, Shaikh Zayed Rd

•Meena Plaza (31)
Tipp, R
*Hotel in Bur Dubai, Al-Mankhool Rd, neben Choitrams Supermarket, Tel. 3 51 42 22, Fax 3 51 57 55, www.meenaplazahotel.20m.com

dub12_017 Foto: dt

New Penninsula (1)
R, N
*Hotel in Bur Dubai, Al-Rifa'a St., Tel. 3 93 91 11, Fax 3 93 70 70, www.newpenninsula.com

Piccadilly (20)
R, N
*Hotel in Deira, mehrere Bars und Nachtclubs, Ecke Al-Sabkha Rd/Al-Maktoum Hospital Rd, Tel. 2 22 21 13, Fax 2 22 21 45, www.piccadillyhoteldubai.com

Queens (24)
R, P
**Hotel mit Pool in Deira, Al-Daghaya St. (Rückseite der Al-Khaleej Rd), Tel. 2 26 80 00, Fax 2 26 64 00, www.binsaifangroup.com/hotel.htm

Rush Inn (10)
R, N
*Hotel mit mehreren Nachtclubs, Bur Dubai, Khalid Ibn al-Waleed Rd, Tel. 3 52 22 35, Fax 3 52 22 44, www.imperialsuiteshotel.com

Semiramis (40)
P, R, N
**Hotel mit 105 Zimmern und Dachpool in Al-Rigga, Hinterseite der Rigga Rd gegenüber vom Taj Palace Hotel, Tel. 2 28 68 88, Fax 2 28 66 88, www.semiramisuae.com

Time Palace (6)
Tipp, R
Empfehlenswertes *Hotel, Bur Dubai Souq, Al-Souq Rd, Tel. 3 53 21 11, Fax 3 53 99 48, www.time-palace.com

Vasantam (4)
R
*Hotel im Bur Dubai Souq, Al-Nadha St., Tel. 3 93 80 06, 3 93 80 05, www.thevasantabhavan.com

Zagy (17)
Tipp, R
*Hotel ohne Bar und ohne Alkoholausschank in Deira, Al-Nakhal St., Tel. 2 24 29 99, Fax 2 24 29 33, www.zagyhotel.com

Apartments

Insbesondere **für längere Aufenthalte** eignen sich Hotelapartments bzw. voll ausgestattete Apartments als gute Alternative zu Hotels, zudem sind sie preiswerter. Möglich ist ihre **Anmietung auf täglicher, wöchentlicher, monatlicher oder jährlicher Basis.** Apartments besitzen keine Alkohollizenz, Hotelapartments dagegen schon.

Hochpreisige Apartments finden sich in prestigebehafteten Neubaugebieten, so auf den Palmeninseln, in der Dubai Marina, im Burj Khalifa und in Downtown Dubai, in der Festival City, auf den Jumeirah Islands, in den Emirates Hills etc. Auch Villen sind zu mieten.

Apartments der mittleren Preisklasse gibt es dank Dubais Immobilienbau-

dub359 Foto: kk

Bummel im Souq

boom massenweise und zwar in der ganzen Stadt. Altbewährte Ballungszentren sind der Stadtteil Al-Mankhool auf der Bur-Dubai-Seite, südlich der Khalid ibn al-Waleed Rd, beim BurJuman-Einkaufszentrum und auf der Deira-Seite in Al-Rigga rund um die Rigga Rd.

Standard für die gehobene Preisklasse sind Studios oder Apartments mit ein, zwei oder drei Schlafräumen bzw. Suiten, mit Badezimmer, Küche und diversen Einrichtungs- und Serviceleistungen wie Waschmaschine, Sat-TV, Klimaanlage, Hochgeschwindigkeits-Internetzugang, 24-Std.-Zimmerservice, tägliche Zimmerreinigung, Babysitting, Sicherheitsdienst, Wäscherei, Pool, Sauna, Fitnessraum, Tennisplätze, Restaurant(s), Business Centre und Parkplätze. Der **Preis** pro Nacht für ein Studio-Apartment beträgt ab 650 Dh. Die Preise für Ein-Schlafzimmer-Apartments bzw. Studios der mittleren Preisklasse betragen pro Nacht ab 500 Dh. Auch viele Häuser dieser Preisklasse bieten die oben genannte Ausstattung. In den preiswertesten Häusern gibt es möblierte Zimmer ab 300 Dh. Noch preisgünstigere Apartments – vor allem in Deira – werden häufig als Stundenhotel genutzt. Für diejenigen, die damit nichts zu tun haben wollen, sind Apartments zu empfehlen, die nur an Familien vergeben werden.

Apartments aller Preisklassen finden sich über **www.dubaifurnishedapartments.com,** Tel. 3 44 17 10.

- **Al-Bustan Residence**
Studio-Apartments und Suiten der gehobenen Preisklasse am Al-Bustan-Einkaufszentrum, Al-Qusais, am Stadtrand zu Sharjah, Tel. 2 63 00 00, Fax 2 63 00 05, www.al-bustan.com
- **Al-Deyafa Hotel Apartments**
54 Apartments der mittleren Preisklasse beim Deira City Centre, Shaik Rashid Rd, Tel. 2 95 58 55, Fax 2 95 31 31, www.aldeyafa.com
- **Al Faris Hotel Apartments** (Tipp)
Apartments der unteren und mittleren Preisklasse in Bur Dubai, www.alfarisdubai.com
– **Al Faris 1:** 38 preiswerte Studio-Apartments in zentraler Lage, nahe am Souq und der Al Ghubaiba Bus & Metro Station, Al-Raffa St., Tel. 3 93 38 43, Fax 3 93 83 15
– **Al Faris 2:** 30 Apartments mit ein und zwei Schlafräumen und Küche, Rolla St., Tel. 3 93 58 47, Fax 3 93 69 80
– **Al Faris 3:** elegante Apartments an der Lamcy Plaza, Oud Metha, Tel. 3 36 65 66, Fax 3 35 56 26
- **Al-Mas Hotel Apartments**
Studios, Apartments und Suiten der mittleren Preisklasse, Al-Mankhool, Rückseite der Mankhool Rd, hinter dem Ramada Hotel, Tel. 3 55 78 99, Fax 3 55 73 32, www.almashotelapts.com
- **Al-Sondos Suites**
Luxussuiten, gemanagt von Le Meridien, Deira, gegenüber vom Deira City Centre, Tel. 2 94 97 97, Fax 2 95 21 22, www.starwoodhotels.com
- **Bavaria Executive Suites Bur Dubai**
Familienfreundliche Apartments, auch für Geschäftsreisende, luxuriöse, voll eingerichtete Suiten, mit Pool, Sauna- und Fitnessbereich, Kinderclub, Innenstadt-Shuttlebusservice und Strandclubzugang, Al-Mankhool, Kuwait Rd, Tel. 3 55 88 00, www.bhihotels-burdubai.com
- **Dusit Residence Dubai Marina**
146 luxuriöse 1- bis 3-Schlafraumapartments mit fernöstlicher Atmosphäre, Dubai Marina, Tel. 4 25 99 99, Fax 4 22 01 22, www.dusit.com
- **Flora Group** (Tipp)
Mittel- und Luxusklasse-Hotelapartments mitten in Deira, www.florahospitality.com
– **Flora Hotel Apartments:** am Baniyas-Platz, Tel. 2 22 20 03, Fax 2 22 20 06
– **Flora Creek Deluxe Hotel Apartments:** Baniyas Rd, am Deira City Centre, Tel. 2 30 90 90, Fax 2 94 32 28

– **Flora Park Deluxe Hotel Apartments:** in der Nähe vom Deira City Centre neben den Flora Creek Deluxe Hotel Apartments, Tel. 2 30 90 90, Fax 2 94 32 28

• **Golden Sands**
Mehrere Apartmenthäuser unterschiedlicher Preisklassen, um die Al-Mankhool Rd, hinter dem BurJuman Centre, Tel. 3 55 55 53, Fax 3 52 69 03, www.goldensandsdubai.com

• **Kempinski Hotel & Residences**
Auf Palm Jumeirah, siehe „Sehenswertes auf Dubais Seeseite"

• **Liwa Plaza Hotel Apartments**
56 preiswerte Apartments mit ein und zwei Schlafräumen, Al-Rigga zwischen Rigga Rd und Al-Maktoum Rd, Tel. 2 27 91 11, Fax 2 24 77 22, www.liwaplaza.com

• **Oaks Liwa Heights**
Apartments mittlerer Preisklasse mit ein und zwei Schlafräumen im Viertel Jumeirah Lake Towers, Tel. 4 36 34 34, Fax 4 36 34 44, www.oakshotels.ae

• **Oasis Beach Tower** (Tipp)
180 luxuriöse Hotel-Apartments am öffentlichen Strand der Dubai Marina, Tel. 3 99 44 44, Fax 3 99 42 00, www.jebelali-international.com

• **Ramee** (Tipp)
Apartments der unteren und mittleren Preislage, mit Swimmingpool, www.rameehotels.com

– **Ramee Guestline Hotel Apartments 3:** 1- und 2-Bett-Apartments, Tecon, Shaikh Zayed Rd, Tel. 3 69 5353, Fax 3 69 53 52

– **Ramee Hotel Apartments:** preiswerte Studioapartments, Al-Mankhool, Al-Rola Rd, Tel. 3 52 22 77, Fax 3 52 18 88

• **Rose Garden Hotel Apartments**
Studios, Apartments mit ein und zwei Schlafräumen der mittleren Preisklasse, www.rosegardenuae.com

– **Rose Garden Bur Dubai:** Al-Mankhool, hinter dem BurJuman Centre, Tel. 3 55 83 55, Fax 3 55 56 88

– **Rose Garden Barsha:** Al-Barsha, Shaikh Zayed Rd nahe der Mall of the Emirates, Tel. 3 23 49 99, Fax 3 23 45 46

• **Savoy** (Tipp)
Verschiedene preiswerte Apartmenthäuser, Al-Mankhool, südlich der Khalid ibn al-Waleed Rd, zwischen Einkaufszentrum BurJuman und Ramada Hotel, Tel. 3 55 30 00, Fax 3 55 13 30, www.savoydubai.com

• **The Place Palm Jumeirah** (Tipp)
Stilvolle Luxusapartments auf dem Stamm von Palm Jumeirah, mit Strandzugang, Tel. 3 10 85 55, Fax 4 37 01 08, www.theplace.ae

Jugendherberge

Das **Youth Hostel** von Dubai gehört zum Internationalen Jugendherbergsverband (www.hihostels.com, bei Buchung im Web gelten Dollarpreise). Einzelreisende werden **nach Geschlechtern getrennt** in Mehrbettzimmern untergebracht, es sei denn, man bezahlt ein komplettes Mehrbettzimmer mit Einzelbelegung. Als Mitglied kommt man preiswerter unter, unten aufgelistet sind die Preise für Nicht-Mitglieder.

Die Dubaier Jugendherberge besteht aus **alten und neuen Gebäudetrakten,** administrativ sind es drei Herbergen. Die Zimmer im neuen Gebäude (Hostel A) haben ein eigenes Bad, TV, Kühlschrank und Telefon und kosten 200 Dh bzw. 55 $ das EZ sowie 250 Dh bzw. 65 $ das DZ, jeweils inkl. Frühstück. Die Zimmer in den alten Teilen (Hostel B & C) sind einfacher und preiswerter: Bed & Breakfast gibt es hier für 100 Dh bzw. 25 $ im Mehrbettzimmer. Die Badezimmer liegen dafür auf dem Flur, die Schlafräume sind einfach ausgestattet. Überall ist eine Belegung von ein bis drei Nächten normal, Verlängerungen klappen nur bei freien Kapazitäten. Es gibt ein **Restaurant** (kein Alkohol!), ein Swimmingpool, ein Internetcafé und Gemeinschaftsräume. Ein Supermarkt ist in wenigen Minuten zu Fuß erreichbar.

- **Lage:** Al-Qusais, Al-Qusais Rd (heißt auch Al-Nahda Rd), zwischen den Einkaufszentren Al-Mulla und Al-Bustan, zwischen Lulu Supermarket und Rashidia-Fußballstadion
- **Infos:** Tel. 2 98 81 61 (Rezeption Herbergshaus) und Tel. 2 98 81 51 (Büro UAE Youth Hostel Association), Fax 2 98 81 41, www.uaeyha.com
- **Anfahrt mit öffentlichen Verkehrsmitteln:** Metro Green Line Station Stadium oder Al Nahda
- Eine **Mitgliedschaft** kann abgeschlossen werden bei Hostelling International und beim Deutschen Jugendherbergswerk (32756 Detmold, Tel. 0 52 31/7 40 10, Fax 74 01 49, www.djh.de) bzw. beim österreichischen oder schweizerischen Jugendherbergswerk, in allen Jugendherbergen sowie bei der UAE Youth Hostel Association.

Camping

In Dubai gibt es – wie in den gesamten V.A.E. – **keine offiziellen Campingplätze!** In der freien Natur, insbesondere in der Wüste, hat aber niemand etwas gegen ein Nachtlager einzuwenden, vorausgesetzt, dass es nicht zu nah an Dörfern liegt und dass sich die Camper ordentlich benehmen, niemanden stören und keinen Müll hinterlassen.

Niemals sollte man unmittelbar im Strömungslauf eines **Trockenflusstales** (arab. *wadi*) campen, besonders nicht, wenn es regnet oder regnerisch aussieht. Das Wasser versickert nämlich nur sehr langsam in den ausgetrockneten und harten Boden, und von den kahlen Felswänden rinnt es ungehindert herab. Bei ergiebigen Regenfällen – die vielleicht auch unbemerkt in einiger Entfernung fallen – sammelt sich das Wasser im Wadi sehr schnell und kann mitunter zu einem reißenden Strom werden. Immer wieder kommt es zu tragischen Todesfällen unachtsamer Ausflügler.

An den **Stränden im Stadtbereich** benötigen alle, die campen möchten, eine (gebührenfreie) **Genehmigung** der Stadtverwaltung; dazu braucht man zwei Passfotos, eine Kopie des Reisepasses samt Visum (bzw. der Arbeitserlaubnis) und für alle, die in einem Fahrzeug campen, zusätzlich Kopien der Autopapiere. Diese Genehmigungspraxis rührt daher, dass in den letzten Jahren immer mehr Gastarbeiter in ihrem Auto nächtigten, um Miete zu sparen.

Nahezu jeder lokale Tourveranstalter hat einen Ausflug in die Berge oder die Wüste im Programm, letztere oft mit **Übernachtung im Beduinenzelt** oder unter freiem Sternenhimmel, manche in Verbindung mit einer Kamelsafari.

Zum Kauf von **Campingzubehör** siehe „Sonstiges".

Gastronomie

Dubai gleicht einem **Schlaraffenland!** Es gibt unglaublich viele Restaurants, (Speise-)Kneipen, Imbisse, Cafés, Eisdielen, Bars und Cocktail-Lounges mit einer entsprechend **großen kulinarischen Vielfalt,** die **keine Ländergrenzen** kennt. Je nach Geschmack und Geldbeutel kann man zwischen einem 5-Sterne-Festmahl oder einem einfachen Imbiss wählen. Ausblick: In den nächsten Jahren sollen allein in der Bawadi-Hotelmeile im Freizeitpark Dubailand über 1500 Restaurants eröffnen!

Ein Erlebnis der besonderen Art ist es, der Abendsonne **auf einer traditionellen Holzdhau** entgegenzusegeln und dabei zu schlemmen. Oder wie wäre es, den Sonnengang mit einem herzhaften **Grillfest in den Sanddünen** zu genießen? Oder gemütlich eine Wasserpfeife mit aromatischem Tabak zu schmauchen? Oder nach einem abendlichen Stadtbummel durch das städtische Lichtermeer in einem eleganten Restaurant zu speisen? Oder der Faszination eines gekonnt dargebotenen **Bauchtanzes** zu erliegen? In Dubai ist all dies und noch viel mehr möglich.

Sehr beliebt und gar nicht so teuer sind die üppigen **Büfetts,** insbesondere morgens und mittags. Abends wird meist à la carte gespeist.

Die meisten **Restaurants,** vor allem die der Hotels, servieren über Mittag und am Abend zwischen 12 und 15 sowie 19 und 23 Uhr. Freitagmittag (wichtige muslimische Gebetszeit) schließen viele Straßenrestaurants, Hotelrestaurants haben offen. Einige Hotelrestaurants bieten freitags einen **„Friday Brunch“** an: Das Büfett ist sehr beliebt, denn meist wird eine gute Auswahl zu erschwinglichem Preis geboten.

Die **Coffee Shops und Lounges** der großen Hotels haben oft 24 Stunden oder zumindest von frühmorgens bis spätabends offen.

Restaurants und Cafés in den Einkaufszentren haben meist durchgehend von 10–22 Uhr geöffnet, auch wenn manche benachbarten Geschäfte und Boutiqen über Mittag geschlossen sind. Auch die Food Courts sind durchgängig geöffnet (außer freitags).

Während der heißen Sommermonate haben einige ihre Außenterrassen geschlossen, und auch andere gastronomische Außenveranstaltungen pausieren.

Vieles in Dubai ist **multifunktional:** Restaurants haben eine Bar, Bars eine Tanzfläche, Clubs und Cafés bieten ausgefeilte Speisen, Lounge und Restaurant sind unter einem Dach, und coole Kneipen finden sich in 5-Sterne-Hotels.

Zur Situation im Fastenmonat **Ramadan** siehe „Reisevorbereitung/Feste und Feiertage“.

Tipps

In diesem Buch wird eine Auswahl an Restaurants aufgelistet: solche verschiedener Preisklassen sowie **Restaurants, die arabische Speisen und Seafood servieren,** denn dies gehört zu jedem typischen Dubai-Urlaub dazu. Zudem empfehlenswert ist eine **Dhau-Fahrt mit Barbecue oder Büfett durch den Creek** (siehe „Sehenswertes am Creek“).

Infos

Websites

- **www.dubai-eating.com**
- **www.timeoutdubai.com**
- **www.tawilati.com**

Veranstaltungsmagazine

- **„What's On“**
- **„TimeOut“**

Restaurants der gehobenen Preisklasse

Das Angebot an Luxusrestaurants ist auffallend groß. Meist gehören sie zu den großen internationalen Hotels und bieten **erstklassige Speisen aus aller**

Welt in exklusivem Ambiente. Die internationale Schar der Köche garantiert höchste Gaumenfreuden.

Der Aufwand, der in manchen Restaurants betrieben wird, um den Gast zu verwöhnen, ist enorm. **Service** wird dabei genauso groß geschrieben wie **erlesene Zutaten,** einfallsreiche Rezepte, professionelle und gesundheitsbewusste Zubereitung und last but not least eine **aufwendige Innenausstattung** des Speiseraumes.

Damit **keine Langeweile** aufkommt, gibt's in vielen Gaststätten ein wechselndes Menü, eine wechselnde Tagesspezialität (engl. *today's speciality* oder *speciality of the day*) oder ein preiswertes Komplett-Menü (engl. *set-menu*). Viele Hotels bieten wechselnde **Themen- oder Spezialitätenabende** (engl. *promotion*, auch als Büfett), die ähnlich wie die Vielfalt der Speisen den ganzen Globus umspannen.

Der **Preis** für ein Hauptgericht in dieser Preisklasse liegt bei durchschnittlich mindestens 130 Dh – Abendessen sind meist kostspieliger als Mittagessen.

Büfetts sind eine gute und preiswerte Wahl: ein erstklassiges Büfett in einem Luxushotel bekommt man **ab 200 Dh;** Frühstücks- und Mittagsbüfetts sind preiswerter als Dinnerbüfetts. Meist sind sie zu folgenden Zeiten aufgebaut: 7–11, 12–15 und 19–23 Uhr.

In vielen Hotelrestaurants spielt an so manchen Abenden eine **Live-Band** – in der Regel beschauliche Klänge in gedämpfter Lautstärke, sodass eine Unterhaltung problemlos möglich ist. In Bars und Speisekneipen ist der Lärmpegel höher.

Zahlreiche Restaurants sind so beliebt, dass es empfehlenswert ist, einen Tisch zu **reservieren.** Zu später Abendstunde, an Feiertagen und vor allem am Donnerstagabend ist mitunter alles ausgebucht.

Auf der Karte mancher Hotelrestaurants findet man die **Zeichen ++.** Sie bedeuten, dass dem Preis für das Essen noch **10–15% municipality tax** (Gemeindesteuer) und **service charge** (Service-Gebühr, geht an den Restaurantbesitzer) addiert werden. Wer möchte, darf dem Servicepersonal noch **Trinkgeld** geben: Etwa 10% des Rechnungsbetrages sind angemessen.

Etliche **Restaurants der 3- und 2-Sterne-Hotels** sind wenig empfehlenswert: kleine Auswahl, zu teuer, selten ansprechendes Ambiente. Für das gleiche Geld könnte man in einem Restaurant außerhalb wesentlich besser, stimmungsvoller und gemütlicher essen.

Nahezu in allen Hotelrestaurants – von fünf Sternen bis zu einem – kommen **alkoholische Getränke** zum Ausschank.

Adressen, Telefonnummern und Websites der Hotels siehe „Unterkunft".

- **Al-Dawaar-Drehrestaurant**
Sky-Dining: Internationales Büfett in Dubais einzigem Drehrestaurant im 25. Stock des Hyatt Regency Hotel an der Corniche in Deira, auch à la carte, Tische am Fenster vorbestellen, 19.30–23.30 Uhr
- **Al Muntaha**
Als Gipfel der Genüsse wird feinste modern-mediterrane Kost 200 Meter über dem Meer mit Ausblick auf Palm Jumeirah und The World serviert, abends Live-Jazz, auch Skyview-Bar, Reservierung notwendig, elegante Kleidung erwünscht, im Burj Al Arab Hotel in Umm Suqeim, 12.30–15 und 19–24 Uhr

Gaumenfreuden

Am verbreitetsten sind **Speisen aus der gesamten Region des Nahen und Mittleren Ostens.** Typisch sind:

Vorspeisen (arab. mezze), die stets mit arabischem Brot gelöffelt werden:
- **achar** – eingelegtes Gemüse
- **hummus** – Paste aus Kichererbsen mit Sesam
- **tahina** – Sesamsoße
- **felafel** – frittierter Kichererbsenbrei
- **tabouleh** – Petersilien-Tomatensalat mit zermahlenem Weizen und mit Minze gewürzt
- **foul** – gekochter Bohnenbrei
- **mutabbal, babaghanouj** – gebratene und pürrierte Auberginen mit Zitrone und Knoblauch
- **warra einab** – mit Reis gefüllte Weinblätter
- **kousah mashi** – gefüllte Zucchini
- **sambousa** – mit Fleisch gefüllte Teigtaschen
- **samousa** – mit Gemüse gefüllte Teigtaschen
- **kubbeh** – gefüllte Fleischklöße
- **fatush** – Salat mit gerösteten Brotstücken
- **fatayer** – gefüllte Teigtaschen
- **labnah** – gewürzter Frischkäse als Dip

Hauptgerichte:
Typisch sind Fleisch- und Fischgerichte mit Beilagen wie Reis, Gemüse und Salat.

- **koufa kebab** – gegrilltes Hackfleisch, oft mit Pinienkernen
- **shish kebab** – mariniertes, gegrilltes Lammfleisch am Spieß
- **shish tahouk** – mariniertes, gegrilltes Hühnerfleisch am Spieß mit Joghurt-, Knoblauch- oder Tomatensoße
- **kibda** – gebratene Leber
- **showarma** – in kleine Stücke geschnittenes Grillfleisch vom Drehspieß, abends gerne in eingerolltem Fladenbrot als Sandwich gegessen
- **samak** – Fisch, im Ganzen serviert oder in Stücken auf Spießen mit Gemüse; kleine Fischarten werden meist mariniert, gegrillt und mit Dip serviert
- **sayadiaya** – Fisch auf Reis mit Tomaten- oder Zwiebelsoße
- **gambari** – Krabben
- **malukhiya** – spinatartige Beilage
- **kabouli** – Reisgericht mit Rosinen, Pinienkernen und Lamm, Huhn oder Fisch
- **ouzi** – ein besonderer Festschmaus: am Spieß gegrilltes ganzes Lamm mit Reis, getrockneten Früchten und Nüssen gefüllt, sehr häufig am Ramadan-Abend serviert

Desserts:
- **umm ali** – gebackener Milchauflauf mit Brot, Nüssen und Rosinen
- **mehabaiya** – Pudding mit Pistazien und Rosenwasser
- **aish asaya** – süße Käsekuchenart
- **baklawa** – mit Honig übergossenes Gebäck, teilweise mit Pistazien gefüllt

- **halwa** – weiche Süßspeise auf der Basis von Butter, Stärke, karamelisiertem Zucker und Eiern

Speisen aus den Emiraten überraschen durch ihre ausgefallenen Gewürze. Beliebt sind Safran, Zimt und Limonenaroma. Datteln, Rosinen, Mandeln und Pistazien runden viele Gerichte ab. Typisch sind:

- **mohalla** – Frühstücksspeise aus Weißbrotscheiben mit Dattelsirup oder Honig
- **balaleet** – Nudelspeise mit Eiern, Zwiebeln, Zimt und Zucker, zum Frühstück gegessen
- **makbous, hareis** oder **kabsa** – delikat gewürztes Lammfleisch auf einem Reisbett
- **fareed** – Eintopf aus Lamm- oder Hühnerfleisch und Gemüse auf dünnen Fladenbrotscheiben
- **khabeesa** – Nachspeise aus geröstetem Mehl, Wasser, Zucker mit Safran
- **lukaimat** – mit Sirup übergossene, frittierte Hefeklößchen
- **batheth** – Datteln in süßer Soße

- Das **Al-Fanar Restaurant and Café** in der Dubai Festival City hat sich auf emiratische Speisen spezialisiert und bietet dazu die liebevoll gestaltete Kulisse der „guten alten Zeit".
- Die folgenden arabischen **Restaurants** bieten nur wenige Gerichte aus den V.A.E.: **Al-Hadheerah/Wüstenresort Bab Al Shams, Al-Koufa, Local House, Kan Zaman, Al-Makan, Bastakiah Nights, Khan Murjan;** zu allen siehe „Urlaub in Dubai/Gastronomie".

- **Tipp:** In Dubai bietet **Cooking Sense** Kurse zum arabischen Kochen bzw. zur Küche der Golfregion an: www.cooking-sense.com, Tel. 8 82 12 95.

Auch **indische Gerichte** sollte man probieren. Sie sind weit mehr als nur Reis mit Curry und nur halb so scharf, wie viele glauben. Man unterscheidet zwischen der mughlai-Küche aus Südindien und tandoor-Gerichten aus Nordindien, die in einem Tonofen zubereitet werden. Zu allen Gerichten werden das knusprige naan-Brot und Soßen zum Dippen gereicht. Typisch sind:

- **tandoori** – gegrilltes Hähnchen
- **korma** – Huhn oder Lammfleisch mit Mandeln
- **birani** – indischer Bergreis mit Fleischstücken und Gemüse
- **thali** – preiswerter Mix aus verschiedenen Currys und Reis
- **sev puri** – süß-sauer/scharfes Chutney über Kartoffeln
- **bhel puri** – Puffreis mit Kartoffeln und Tamarindensoße
- **dahi batata puri** – frittierte Kartoffelpüree-Teigbällchen mit Chutney oder knusprigen Kichererbsenmehl-Nudeln und Joghurt
- **pani puri** – frittierte Teigbällchen gefüllt und gedippt mit Tamarinden-Chili oder Masala-Gewürz-Soße mit Kartoffeln, Kichererbsen und Zwiebeln

• Eauzone
Fernöstlich beeinflusste Menüs in romantischer Bilderbuch-Kulisse zwischen Swimmingpool, Strand und Palmen, im Arabian Court des One & Only Royal Mirage, Dubai Marina, 12–15.30 und 19–23.30 Uhr

• Fazaris
Asiatische, indische, arabische und mediterrane Kost aus der Showküche, auch Frühstücksbüfetts, mit Außenterrasse, The Adress Downtown Dubai Hotel, 7–11, 12–15 und 19–24 Uhr

• Focaccia
Italienische Küche serviert in einer großen mediterranen „Villa" mit unterschiedlich eingerichteten Räumen, wöchentlich wechselnde Menüs, abends Live-Musik, Reservierung empfehlenswert, im Hyatt Regency Hotel, Deira, So bis Fr 19.30–24 Uhr, Fr auch 13.30–16 Uhr

• Manhattan Grill
Klassisches Steakhouse – Rind, Lamm, Meeresfüchte – mit passenden Weinen im Grand Hyatt Hotel, 12–15 und 19–23.30 Uhr, Fr und Sa nur abends

• Mehteran Theatre
Restaurant mit Theaterbühne im Jumeirah Zabeel Saray auf Palm Jumeirah, Cabaret-Dining mit erlesener internationaler Kost, 19–24 Uhr

• Nobu
Klassische japanische Menüs, modern interpretiert und arabisch angehaucht von Starkoch *Nobu Matsuhisa,* Atlantis The Palm, auch Sake-Lounge und Sushi-Bar, 12–15 und 19–23 Uhr

• Olives
Mediterrane Speisen und Gartenterrasse, Büfett und à la carte, im One & Only Royal Mirage Hotel, zwischen Palm Deira und Dubai Marina, 7–24 Uhr

• Peppercrab
Interessante und „gepfefferte" Speisen aus Singapur, auch viele Fischgerichte, im Grand Hyatt Hotel, Bur Dubai, 19–24 Uhr

• Rhodes Mezzanine
Allerfeinste französische und britische Speisen von Sternekoch *Gary Rhodes,* serviert in geräumigem modernem Barockinterieur, Reservierung empfehlenswert, elegante Kleidung erwünscht, im Grosvenor House, Dubai Marina, Mo bis Sa 19–23.30 Uhr, www.garyrhodes.com

• Shabestan
Erstklassige persische Spezialitäten, stets frisches Brot aus dem Tonofen, abends Live-Musik, im Radisson Blu Hotel, Deira am Creek, 12.30–15 und 19.30–23 Uhr

• Thiptara
Thailändische Kost und Seafood, Wassermagie und Ausblicke auf den Burj Khalifa im The Palace – The Old Town, klasse Außenterrasse, 19–24 Uhr

• The Kitchen
Rund um die Uhr international speisen – und beim Kochen zusehen – im Hyatt Regency Hotel in Deira

• Weitere Nobel-Restaurants siehe „Typisch Dubai" (arabisch und Seafood) sowie „Orte mit vielfältigem Gastronomieangebot".

Restaurants der mittleren Preisklasse

Es lohnt sich, auch einmal in einem der zahlreichen guten und vergleichsweise günstigen Restaurants außerhalb der Hotels zu speisen. Büfetts sind keine Seltenheit. Der Preis für ein Hauptgericht in dieser Klasse liegt bei 60–130 Dh; in der Qualität und Reichhaltigkeit stehen so manche den Hotelbüffets um nichts nach.

Wer **preiswert und gut** arabisch essen möchte, für den sind die **libanesischen Straßenrestaurants** genau das Richtige. Sie sind weit verbreitet und leicht durch ein auf ihrem Namensschild abgebildetes Schaf oder einen Zedernbaum zu erkennen (Restaurantvorschläge siehe „Typisch Dubai"). Ebenfalls preiswert und zudem schnell sind die zahlreichen **chinesischen Lokale** und die kleinen Restaurants bzw. die **Food Courts** der Einkaufszentren, in denen man sich an **Imbiss-Ständen** sein Essen kaufen und an den bereitstehenden Tischen verspeisen kann.

In vielen Restaurants gibt es einen **separaten Raum/Bereich für Familien** (engl. *family section, family room*). Für Familien oder Paare besteht natürlich keine Verpflichtung, dort zu speisen, aber für Frauen, die alleine essen gehen, ist es „anständiger", sich dorthin zu setzen.

Alkohol wird in den Restaurants außerhalb der Hotels meist nicht ausgeschenkt. Eine Ausnahme bilden beispielsweise Restaurants im Souq Madinat Jumeirah, im Souq Al Bahar oder im Emirates Towers Boulevard, denn diese werden von Hotelierfirmen unterhalten, die eine Schanklizenz besitzen.

Die Adressen, Telefonnummern und Websites der Hotels sind oben im Kapitel „Unterkunft" verzeichnet.

- **Abshar**
Authentische, delikate persische Kost in dekorativem Villenhaus, auch Büfetts, Jumeirah, Jumeirah Rd, 13–24 Uhr, Tel. 3 94 09 50
- **Al-Mansour Dhau**
Die traditionelle Holzdhau schippert ab dem Deira-Ufer beim Radisson Blu Hotel jeden Abend ab 20 Uhr durch den Creek und lädt zum Dinner ein, Tel. 2 22 71 71 (siehe auch „Sehenswertes am Creek")
- **Apres**
Après Ski: Internationales Restaurant – beispielsweise Schweizer Käse-Fondue – und Bar mit Blick in die Ski-Dubai-Skihalle, Mall of the Emirates, 11–1 Uhr, Tel. 3 41 25 75
- **Basta Arts Café**
Mitten im historischen Viertel Bastakiya (Bur Dubai, am Kreisverkehr Al-Fahidi St./Ecke Al-Mussalla Rd) im schattigen Innenhof eines renovierten Windturmhauses, frische Kost, üppige Salate, klasse Fruchtcocktails, 8–22 Uhr, Tel. 3 53 50 71
- **Boardwalk Café**
Kaffee, alkoholische Cocktails, internationale Gerichte auf einer Terrasse über dem Creek, auch Grillen auf einem Bötchen ist möglich (BBQ Donut), im Clubhaus des Dubai Creek Golf and Yacht Club, So bis Do 8–24 Uhr, Tel. 3 80 12 34
- **Cactus Cantina**
Beliebtes Tex-Mex-Restaurant im Rydges Plaza Hotel, Satwa, 12–1 Uhr, www.cactuscantinadubai.com
- **Caesar's**
Indisch, chinesisch, persisch, kontinental, Grill- und Fischgerichte, Sizzlers und Süßspeisen; in Bur Dubai am Falcon R/A, Tel. 3 93 13 00, 12–24 Uhr; Al-Karama, Zabeel Rd; Al-Garhoud neben dem Le Meridien Hotel; Al-Qusais, Al-Qusais Rd beim Al-Twar Centre; Al-Mankhool, Kuwait Rd; www.caesars-uae.com
- **Café Céramique**
Café und Kunststudio in einem: Kaffee trinken, Snacks speisen und nach eigenem kreativem Gespür Geschirr dekorieren, auch Workshops, Dubai Festival City, 8–21 Uhr, Tel. 2 32 86 16; auch in der Mall of the Emirates, Jumeirah, Town Centre; www.cafe-ceramique.com
- **Chill Out Ice Lounge**
Wahrlich „cool": auf -6 Grad gekühlte Eis-Lounge (ohne Alkoholika) mit Eiswänden, Eistischen, Eisstühlen und Eisgläsern, serviert werden z.B. kühle Mocktails, heiße Suppen, Schokoladenfondue und Grillfleischspieße, wärmende Anziehsachen werden ausgeliehen, im Einkaufszentrum Time Square, 10–22 Uhr, Tel. 3 41 81 21, www.chilloutatdubai.com
- **Coconut Grove**
Das Beste aus Kerala, Tamil Nadu, Goa und Sri Lanka, viele Seafood-Gerichte, im Rydges Plaza Hotel, Satwa, 12–15 und 19–24 Uhr
- **Gazebo**
Marinierte indische Fleischspezialitäten, fein gewürzte Reisgerichte u.v.m., Bur Dubai Kuwait Rd gegenüber des Al-Raffa Hospital, Tel. 3 59 97 12, 12–24 Uhr; auch in der Internet City und der Dubai International Financial City; www.gazebodubai.com
- **Hard Rock Café**
Siehe „Nachtleben"

dub12_029 Foto: kk

Alkohol

Da der Koran Alkohol für Muslime verbietet, wird dieser in Dubai **nur in** dazu **lizensierten Restaurants, Bars und Nachtclubs** ausgeschenkt – doch davon gibt es genug. Nahezu **alle Hotelrestaurants** besitzen eine Alkohollizenz. Minibars und der Room-Service stellen weitere mögliche „Quellen" dar. Zudem können Touristen Alkoholika bei der Ankunft oder dem Abflug in den **Duty-Free-Läden** des internationalen Flughafens kaufen, und dies wegen der Steuerfreiheit sehr günstig. Bei der Restaurantauflistung dieses Buches ist der seltenere Fall vermerkt, wenn es keine Alkoholika gibt.

Die **Preise** für alkoholische Getränke sind **relativ hoch;** so kostet ein Bier (meist Flaschenbier der Marken Amstel, Heinecken, Carlsberg, Foster's, Budweiser) ab 16 Dh, Champagner ab 150 Dh, Wein ab 120 Dh, Whisky ab 25 Dh, Cocktails ab 20 Dh. Billiger wird's zur Happy Hour.

Alkoholische Getränke dürfen nur in den lizenzierten Schankstätten getrunken werden, wo sie verkauft werden – sowie natürlich in Privatwohnungen. **Öffentlicher Alkoholgenuss ist in allen sieben Emiraten verboten.** Wer Bier trinkend durch die Straßen spaziert, kann dafür bestraft werden. Speist man zusammen mit Arabern, so sollte man stets bedenken, dass gläubige Muslime keinen Alkohol trinken.

Unbedingt vermeiden sollte man es, auch nur mit dem geringsten Promillewert **Auto zu fahren** und angebrochene oder leere Flaschen im Auto zu transportieren. Im Falle einer Polizeikontrolle oder gar eines Unfalles können die Missverständnisse groß und die Folgen schlimm sein. „Zero tolerance" heißt Dubais strikte Null-Promille-Politik, mindestens eine Nacht auf der Polizeistation und eine hohe Geldstrafe sind nur die glimpflichsten Formen, um sie durchzusetzen. Im Falle eines Unfalles – auch unverschuldet! – hat man auch mit niedrigsten Promille immer das Nachsehen.

Das Emirat Sharjah hat den Alkohol ganz verboten, und im heiligen muslimischen Fastenmonat **Ramadan** gibt es in allen Emiraten nur an den Minibars Alkoholika (offiziell jedenfalls ...). In Dubai geht – zumindest in den Abendstunden – der Ausschank nahezu uneingeschränkt weiter.

- **Lime Tree**
Kinderfreundliches Café mit frischer und gesunder Kost in einer limonengrün gestrichenen Villa sowie deren Innenhof an der Jumeirah Beach Rd, nahe der Jumeirah-Moschee, 7.30–18 Uhr, Tel. 3 49 84 98; auch in der Ibn Battuta Mall, der Media City und in Al-Quoz neben The Courtyard;
www.thelimetreecafe.com
- **Lemongrass**
Innovative und wohlschmeckende Thai-Menüs in Oud Metha neben der Lamcy Plaza, 12–23 Uhr, Tel. 3 34 23 25,
www.lemongrassrestaurants.com
- **Mannaland**
Kimchi und andere koreanische Speisen, Bur Dubai, Al-Mina Rd nahe des Capitol Hotel, 10–15 und 18–23 Uhr, Tel. 3 45 13 00
- **Nando's**
Portugiesisches Peri-Peri-Huhn in verschiedenen Schärfegraden und mehr, Shaikh Zayed Rd beim Trade Centre 1 Tower und dem Crown Plaza Hotel, 11–23 Uhr, Tel. 3 21 20 00; auch in The Dubai Mall; www.nandos.com
- **Saladicious**
Salat-Variationen und andere frische Speisen, Jumeirah, Al-Hudaiba St., hinter dem Möbelhaus The One, 8–23 Uhr, Tel. 8 00/7 25 23; auch Dubai Marina am JBR Walk;
www.saladicious.com
- **XVA Café**
Café, Kunstgalerie und Hotel in einem renovierten historischen Windturmhaus, Kaffeegenuss sowie vegetarische Speisen im gemütlich-schattigen Innenhof, in Bastakiya, Sa bis Do 9–19 Uhr, Fr 10–17 Uhr, Tel. 3 53 53 83, www.xvahotel.com
- **Weitere Restaurants** mit moderaten Preisen siehe unter „Typisch Dubai" (arabisch und Seafood) sowie unter „Orte mit vielfältigem Gastronomieangebot".
- Auch **Cafés** bieten internationale Speisen oder Snacks. Cafés, Coffee-Shops oder Lounges gibt es jedem großen, besseren Hotel. In den Einkaufszentren und Shopping Malls finden sich meist mehrere Cafés. Wahre Café-Meilen sind der Canal Walk in der Dubai Festival City und die beiden Flaniermeilen Marina Walk und JBR Walk in der Dubai Marina (siehe „Orte mit vielfältigem Gastronomieangebot").

Preisgünstige Restaurants, Imbisse und Fast Food

Da Straßenrestaurants und Gastarbeiterlokale einen relativ hohen hygienischen Standard aufweisen, kann man dort unbesorgt einen Snack oder eine Mahlzeit zu sich nehmen. In dieser Preisklasse kostet eine Hauptspeise 20–60 Dh.

In den unzähligen Straßenimbissen bekommt man zumeist **Sandwiches** (Standard-Beläge sind: *chicken* = Huhn, *mutton* = Hammelfleisch, *shrimps* = Krabben), **Burger** sowie **indische und pakistanische Reisgerichte.**

Am verbreitetsten ist das **arabische shawarma:** auf einem großen Drehspieß gegrilltes Lamm- oder Hühnchenfleisch, das mit Salat in eine Brottasche gerollt und als Sandwich gereicht wird. Vegetarier können sie sich auch mit gebratenen Auberginen, *felafel* = Kichererbsen-Bratlinge oder *foul* = Bohnenbrei füllen lassen. Sandwiches kosten 5–10 Dh, Burger 10–15 Dh, *shawarma* 5–8 Dh. Shawarma-Sandwichrollen gibt es in vielen Varianten, je nach Fleischsorte, Marinade und Soße, dabei finden sich mitunter auch nicht-arabische Einflüsse wie Curry- oder Salsasoße. Das Grillfleisch ist auch als Tellergericht inklusive Brot und Salat ab ca. 15 Dh erhältlich.

Eine weit verbreitete **indische Schnellmahlzeit** ist **thali.** Neben Reis und Brot bekommt man Schälchen mit Currysoßen, die so lange aufgefüllt werden bis man satt ist. Thali kostet meist 7–15 Dh. Noch preiswerter (3–5 Dh) sind die **marsala dhosa,** eine Art hauchdünne, knusprige Linsenmehl-Crêpes mit pikanter Füllung. **Tikka,** gegrillte Fleischstücke, sind ebenfalls preiswert und an nahezu allen Imbissen zu haben. Als Hauptmahlzeit bieten sich **Curry-Reisgerichte** in riesiger Vielfalt an, hier kann sich jeder nach Belieben für 15–25 Dh durchprobieren. Auch Vegetariern bietet die indische Küche allerlei Auswahl.

Im **Stadtteil Al-Karama,** beispielsweise rund um den Souq, finden sich zahlreiche einfache, interessante Restaurants, die eine Vielfalt an Speisen aus diversen Gastarbeiter-Herkunftsländern (Indien, Pakistan, Sri Lanka, Philippinen etc.) im Angebot haben.

Allgegenwärtig sind **Fast-Food-Restaurants** US-amerikanischer Ketten, je nach Verkehrslage mit „Drive In", außerdem ähnlich viele lokale Schnellrestaurants mit vergleichbarem Standardangebot. Zudem gibt es Fast Food bzw. Einfachgerichte aus allen Teilen der Welt: Pizza, Sushi, Nudeln, Wokgerichte, Fish and Chips usw.

In den **Einkaufszentren** gibt es meist mehrere Fast-Food- und Schnellrestaurants; die größte Auswahl bieten The Dubai Mall und Mall of the Emirates. Ebenfalls schnelle und preiswerte Mahlzeiten liefern die in einem **Food Court** zusammengefassten Imbissbuden.

In einfachen Restaurants, Imbissen und Fast-Food-Lokalen wird **kein Trinkgeld** gegeben, und es werden keine Alkoholika verkauft.

dub2_7 Foto: kk

- **Aappa Kadai**
  Indische Speisen, aber auch chinesisch, Al-Karama 20b Street gegenüber vom Park, 11–23 Uhr, Tel. 3 34 80 30; auch Dubai Marina Diamond 06 Building zwischen Marina Mall und Metrostation
- **Bait al-Wakeel**
  Siehe „Sehenswertes in Bur Dubai"
- **Bob's Easy Diner**
  American Diner im Stil der 1950er Jahre, Dubai Marina, Marina Walk, Tel. 4 39 37 10, 12–1 Uhr
- **Chicken Tikka Inn**
  Typische indische (Grill-)Speisen, nicht nur Hühnergerichte, Jumeirah, Jumeirah Rd auf Höhe des Jumeirah Beach Centre, 12–24 Uhr, Tel. 3 44 55 24; auch Deira Baniyas Rd und Bur Dubai Souq
- **China Sea**
  Chinesisches Restaurant mit frischer Kost zu fairen Preisen, Deira, Al-Maktoum Rd nahe am Uhrturm, 11–1 Uhr, Tel. 2 95 98 16

Beliebt und preisgünstig:
Shawarma – Grillfleisch vom Drehspieß

- **Chef Lanka**
Würzige Kost aus Sri Lanka, täglich Büfett, im Al-Karama Souq, gegenüber vom Lulu-Supermarkt, 7.30–23 Uhr, Tel. 3 35 30 50
- **Fryer Tuck**
Fish and Chips, Sausages, Steaks, Pies and more, Jumeirah, Jumeirah Rd, gegenüber dem Jumeira Beach-Einkaufszentrum, 12–15 und 18–22.30 Uhr, Tel. 3 44 42 28
- **Golden Fork**
Preiswert, gut und für jeden etwas: international, kontinental, indisch, chinesisch, arabisch und Fischgerichte, 10–2 Uhr, Bur Dubai, gegenüber vom Astoria Hotel, Tel. 3 93 47 45; auch in Deira am Baniyas-Platz und beim Al-Ghurair-Einkaufszentrum; Al-Rigga, Rigga Rd; Satwa, am Satwa R/A; Al-Karama; Dubai Marina; www.goldenforkgroup.com
- **Kamat**
Über 300 vegetarische Menüs und interessante Süßspeisen, Bur Dubai Kuwait Rd, 10.30–15 und 19–23.30 Uhr, Tel. 3 59 84 44; auch in der Internet City; www.kamatdubai.com
- **Karachi Darbar**
Populäre pakistanische Restaurantkette, Deira, Al-Musalla Rd, Tel. 2 72 37 55, 5–1 Uhr; auch in Deira, Al-Nakhl Rd beim Fish R/A; Bur Dubai, Al-Fahidi Rd; Al-Karama beim Lulu Centre; Satwa, Al-Satwa Rd; www.karachidarbargroup.com
- **Kwality**
Authentische indische Speisen, Bur Dubai, Khalid Ibn al-Waleed Rd, 12–15 und 19–23 Uhr, Tel. 3 93 65 63; auch in Oud Metha in der Lamcy Plaza
- **Lan Kwai-Fong**
Kleines, beliebtes chinesisches Restaurant in Oud Metha zwischen der Lamcy Plaza und dem Mövenpick Hotel, 11–15.30 und 18.30–23.30 Uhr, Tel. 3 35 36 80
- **Maria Bonita's Taco Shop**
Tacoria mit Tacos, Nachos und anderen authentisch zubereiteten mexikanischen Speisen in entspannter Atmosphäre, Jumeirah, Al-Sheif Rd beim Spinny's Centre, 12–14 und 20–23.30 Uhr, Tel. 3 95 44 54
- **Paratha King**
Indisches Paratha – gefülltes backfrisches Fladenbrot – in rund 100 vegetarischen Variationen, im Al-Karama Souq neben Baskin Robbins, Sa bis Do 8–15 und 19–23 Uhr, Fr 19–23 Uhr, Tel. 3 97 91 10
- **Pars Iranian Kitchen and Sweets**
Delikate persische Speisen und Grillgerichte, auch auf Bürgersteigterrasse, Satwa, 2nd of December Rd (die einstmals Al-Diyafah St. hieß), neben neben dem Rydges Plaza Hotel, 7–1 Uhr, Tel. 3 89 40 00; auch Mall of the Emirates
- **Ravi**
Beliebter Pakistaner mit Punjab-Küche am Ende der Satwa Rd, am Satwa R/A, 5–3 Uhr, Tel. 3 31 53 53; auch Bur Dubai Trade Centre Rd
- **Scoozi**
Italienisch, aber auch Sushi, am Canal Walk der Dubai Festival City, 12–23 Uhr, Tel. 2 32 95 95; auch The Dubai Mall
- **Weitere preisgünstige Restaurants,** vornehmlich Fast Food, siehe unter „Typisch Dubai" (arabisch und Seafood) sowie unter „Orte mit vielfältigem Gastronomieangebot".

Typisch Dubai

Es folgen alle Preisklassen umspannende **Tipps zu arabischen Restaurants sowie zu solchen mit Fisch- und Meeresfrüchten** (engl. *seafood*).

Arabisch

Trotz all der fremden Einflüsse, die Dubai nicht nur gastronomisch kennzeichnen, empfiehlt es sich, arabisch essen zu gehen. Meist werden Gerichte aus dem **syrisch-libanesischen** Raum serviert. Viele Restaurants bieten Gelegenheit, eine **Wasserpfeife** zu rauchen. In vielen Lokalen der gehobenen Preisklasse startet abends eine Show mit **Bauchtanz** (engl. *belly-dance*) und **Live-Musik.** Reservierungen sind vor allem am Wochenende oder für Tische an der Bühne zu empfehlen. Am frühen Abend ist es meist eher ruhig. Eintrittsgeld inkl.

RESTAURANTS – Kurz-Tipps:
Alle folgenden Verweise beziehen sich auf die entsprechenden Unterabschnitte im Gastronomie-Kapitel, zu Hotels und Malls siehe also im Abschnitt „Orte mit vielfältigem Gastronomieangebot".

Für Verliebte:
- **Ossiano** (siehe „Seafood"): Nur die Fische schauen zu
- **Villa Beach** (siehe „Jumeirah Beach Hotel"): Tische am Sandstrand
- **Nasimi Beach** (siehe „Nachtleben"): Strandbar mit Cabañas und gemütlichen Tagesbetten
- **Focaccia** (siehe „Gehobene Preisklasse"): Romantische Landhaus-Villa
- **Bahri Bar** (siehe „Madinat Jumeirah"): Meeresrauschen zu Jazzklängen
- **Pai Thai** (siehe „Madinat Jumeirah"): Romantische Bootsanfahrt
- **Tagine** (siehe „Arabisch"): Candlelightdinner
- **Eauzone** (siehe „Gehobene Preisklasse"): Eigener Holzpavillon mit Meeresblick
- **Pierchic** (siehe „Madinat Jumeirah"): Ins Meer hinein gebaut

Best Location:
- **Al-Fanar** (siehe „Arabisch"): Nostalgische Emirate
- **Villa Beach** (siehe „Jumeirah Beach Hotel"): Unter Palmen am Sandstrand
- **Al-Boom Tourist Village** (siehe „Seafood"): Auf einer schwimmenden Dhau
- **Ossiano** (siehe „Seafood"): Vis-à-vis mit dem versunkenen Atlantis
- **Amaseena** (siehe „Arabisch"): Beduinenlager am Meeresufer
- **Bait al-Wakeel** (siehe „Preisgünstige Restaurants"): Terrasse über dem Creek
- **Marina Seafood** (siehe „Jumeirah Beach Hotel"): Weit draußen auf dem Meer
- **Local House** (siehe „Arabisch"): Innenhof im Windturmhaus
- **Khan Murjan** (siehe „Arabisch"): Alt-Arabien hautnah
- **Chill Out Lounge** (siehe „Mittlere Preisklasse"): Eisgekühlt
- **Beachcombers** (siehe „Jumeirah Beach Hotel"): Kinderfreundlich
- **Al-Hadheerah** (siehe „Arabisch"): Wüste hautnah
- **Al Mahara** (siehe „Seafood"): Von Fischen beobachtet
- **Tagine** (siehe „Arabisch"): Märchenhaftes Marokko
- **The Century Village** (siehe „The Century Village und The Irish Village"): Familienfreundlich
- **Boardwalk Café** (siehe „Mittlere Preisklasse"): Barbecue-Boote
- **101 Dining Lounge and Bar** (siehe „Nachtleben"): die Dubai Marina von Palm Jumeirah bestaunen
- **Bateaux Dubai** (siehe „Sehenswertes am Creek"): Schiffsfahrt im Creek

Himmelhohe Ausblicke:
- **At.mosphere** (siehe „Nachtleben"): Die ganze Stadt zu Füßen
- **Vu's** und **Clique** (siehe „Jumeirah Emirates Towers"): Blick auf die Shaikh Zayed Rd
- **Uptown** (siehe „Jumeirah Beach Hotel"): Blick auf Palm Jumieriah, The World
- **Al-Dawaar** (siehe „Gehobene Preisklasse"): Blick auf Deira, Palm Deira
- **Neos** (siehe „Nachtleben"): Blick auf Downtown Dubai
- **Thiptara** (siehe „Gehobene Preisklasse"): Blick auf Burj Khalifa und Brunnen-Wasserspiele
- **Up on the Tenth** (siehe „Nachtleben"): Blick auf den Creek

Große Auswahl:
- **Al-Dawaar** (siehe „Gehobene Preisklasse"): Drehrestaurant
- **Beachcombers** (siehe „Jumeirah Beach Hotel"): Üppige Büfetts
- **Golden Fork** (siehe „Preiswerte Preisklasse"): Überall zu finden
- **Sezzam** (siehe „The Dubai Mall"): Beim Kochen zusehen

- **Fazaris** (siehe „Gehobene Preisklasse“): Internationale Mannigfaltigkeit

Rekordverdächtig:
- **Al-Iwan** (siehe „Arabisch“): Das meiste Blattgold
- **Al-Muntaha** (siehe „Gehobene Preisklasse“): Das am höchsten gelegene Restaurant
- **Mosaico** (siehe „Jumeirah Emirates Towers“): 2,5 Millionen Mosaikteile
- **Chill Out Lounge** (siehe „Mittlere Preisklasse“): Die kälteste Lounge
- **At.mosphere** (siehe „Nachtleben“): Die allerhöchste Lounge

Business-Meeting:
- **Casa Mia** (siehe „Le Meridien Dubai Hotel“): Italienisch ungezwungen beim Dubai International Airport
- **The Fishmarket** (siehe „Seafood“): Meeresfrüchte-Markt in Deira
- **Manhattan Grill** (siehe „Gehobene Preisklasse“): Klassisch-stilvolles Steakhouse
- **Al Merkaaz** (siehe „Arabisch“): Arabisch leger in der Dubai Media City
- **Fazaris** (siehe „Gehobene Preisklasse“): Internationale Kost in Downtown Dubai
- **Rivington Grill** (siehe „The Dubai Mall und Souq Al Bahar“): Britische (Grill-)Speisen in legerem Restaurant
- **Vu's** (siehe „Jumeirah Emirates Towers“): Beeindruckende Ausblicke

Al fresco:
- **Al-Fanar** (siehe „Arabisch“): Alles emiratisch-nostalgisch
- **Basta Arts Café** (siehe „Mittlere Preisklasse“): Mitten im Bastakiya-Viertel
- **The Century Village** (siehe „The Century Village und The Irish Village“): Für jeden etwas
- **Eauzone** (siehe „Gehobene Preisklasse“): Wie in einem Palastgarten
- **Irish Village** (siehe „The Century Village und The Irish Village“): Folk and Guinness
- **Madinat Jumeirah** (siehe „Madinat Jumeirah“): Wasserkanäle, Windtürme und Terrassenvielfalt
- **Souq Al Bahar** (siehe „The Dubai Mall und Souq Al Bahar“): Zu Füßen des Burj Khalifa
- **Dubai Festival City Canal Walk** (siehe „Dubai Festival City“): Speisen am Wasser
- **Dubai Marina Beach Resort and Spa** (siehe „Dubai Marina Beach Resort and Spa“): Beliebte Vielfalt
- **Le Méridien Dubai Hotel** (siehe „Le Meridien Dubai Hotel“): Auswahl im Meridien Village
- **The Rooftop Lounge** (siehe „Nachtleben“): Eine der schönsten Terrassen Dubais
- **Marina Walk/JBR Walk** (siehe „Dubai Marina“): Dubai Marinas Flanier- und Speisemeilen

Extralange Öffnungszeiten:
- **Ravi** (siehe „Preiswerte Preisklasse“): In Satwa
- **The Taverna** (siehe „Dubai Marine Beach Resort and Spa“): In Jumeirah
- **The Kitchen** (siehe „Gehobene Preisklasse“): In Deira
- **Karachi Darbar** (siehe „Preiswerte Preisklasse“): In Deira, Bur Dubai, Satwa, Al-Karama
- **Al-Reef Lebanese Bakery** (siehe „Arabisch“): In Jumeirah, Al-Karama
- **Fish & Chips Room** (siehe „Preisgünstige Restaurants“): Dubai Marina

Freitags-Brunch:
- **Pai Thai** (siehe „Madinat Jumeriah“): Thailändisch
- **Beachcombers** (siehe „Jumeirah Beach Hotel“): International, mit Kinderunterhaltung
- **Planet Hollywood** (siehe „Wafi Mall“): Amerikanisch
- **Rock Bottom** (siehe „Nachtleben“): Amerikanisch
- **Waxy O'Conners** (siehe „Nachtleben“): International preisgünstig

- **Marina Seafood** (siehe „Jumeirah Beach Hotel"): Fisch- und Meeresfrüchte
- **Medzo** (siehe „Wafi Mall"): Italienisch-mediterran
- **Mosaico** (siehe „Jumeirah Emirates Towers"): Italienisch-mediterran
- **Peppercrab** (siehe „Gehobene Preisklasse"): Chinesisch-asiatisch
- **Sezzam** (siehe „Mall of the Emirates"): International
- **Yalumba** (siehe „Le Meridien Dubai Hotel"): International
- **Ewaan** (siehe „Gehobene Preisklasse"): Arabisch
- **Irish Village** (siehe „The Century Village und The Irish Village"): International
- **Fazaris** (siehe „Gehobene Preisklasse"): International
- **Focaccia** (siehe „Gehobene Preisklasse"): Italienisch
- **Nobu** (siehe „Gehobene Preisklasse"): Japanisch
- **Al Muntaha** (siehe „Gehobene Preisklasse"): Modern-europäisch
- **Al-Koufa** (siehe „Arabisch"): Arabisch
- **Aquarium** (siehe „Gehobene Preisklasse"): Fisch und Meeresfrüchte
- **Belgian Beer Café** (siehe „Madinat Jumeirah"): Frühstücks-Favoriten
- **Hakkasan** (siehe „Jumeirah Emirates Towers"): Chinesisch
- **XL Beach** (siehe „Nachtleben"): Brunch im Bikini
- **Carter's** (siehe „Wafi Mall"): Klassisches Büfett

Vegetarisch:

- **Kamat** (siehe „Preisgünstige Restaurants"): Indisch, modern und interessant
- **Saladicious** (siehe „Mittlere Preisklasse"): Viele Salate
- **Paratha King** (siehe „Preisgünstige Restaurants"): Indische Speisen
- **XVA Café** (siehe „Mittlere Preisklasse"): In herrlichem Windturmhaus

Showtime:

- **Levantine** (siehe „Arabisch"): Orientalischer Tanz
- **Awtar** (siehe „Arabisch"): Bauchtanz-Show
- **Al Khayal** (siehe „Jumeirah Beach Hotel"): Beeindruckende Hüftschwünge
- **La Parrilla** (siehe „Jumeirah Beach Hotel"): Ergreifende Tangodarbietung
- **Siddharta Lounge** (siehe „Nachtleben"): Sehen und gesehen werden
- **Irish Village** (siehe „The Century Village und The Irish Village"): Comedy, Live-Bands
- **Harry's Ghatto** (siehe „Jumeirah Emirates Towers"): Karaoke
- **Nezeaussi** (siehe „Nachtleben"): Showküche und Sportübertragungen

Gastronomie-Tipps für Deira:

- Gehobenes Preisniveau: **The Fishmarket** (siehe „Seafood")
- Mittleres Preisniveau: **Sadaf** (siehe „Mittlere Preisklasse")
- Preiswert: **Caravan** (siehe „Preisgünstige Restaurants")
- Außergewöhnlich: **Al-Dawaar-Drehrestaurant** (siehe „Gehobene Preisklasse")
- Nachtleben: **Dublin Arms** (siehe „Nachtleben")

Gastronomie-Tipps für Bur Dubai:

- Gehobenes Preisniveau: **Awtar** (siehe „Arabisch")
- Mittleres Preisniveau: **Caesar's** (siehe „Mittlere Preisklasse")
- Preiswert: **Kamat** (siehe „Preisgünstige Restaurants")
- Außergewöhnlich: **Basta Arts Café** (siehe „Mittlere Preisklasse")
- Nachtleben: **Rock Bottom** (siehe „Nachtleben")

Gastronomie-Tipps für Jumeirah, Umm Suqeim:

- Gehobenes Preisniveau: **Eauzone** (siehe „Gehobene Preisklasse")

- Mittleres Preisniveau: **Reem al-Bawadi** (siehe „Arabisch")
- Preiswert: **Al-Reef Lebanese Bakery** (siehe „Arabisch")
- Außergewöhnlich: **Al-Mahara** (siehe „Seafood")
- Nachtleben: **Kasbar** (siehe „Nachtleben")

Gastronomie-Tipps für Satwa, Shaikh Zayed Rd:

- Gehobenes Preisniveau: **Vu's** (siehe „Jumeirah Emirates Towers")
- Mittleres Preisniveau: **Cactus Cantina** (siehe „Mittleres Preisniveau")
- Preiswert: **Ravi** (siehe „Preisgünstige Restaurants")
- Außergewöhnlich: **Sho-Cho** (siehe „Dubai Marine Beach Resort and Spa")
- Nachtleben: **Billy Blues** (siehe „Nachtleben")

NACHTLEBEN – Kurz-Tipps:
Elegant:

- **Up on the Tenth** (siehe „Nachtleben"): Jazz über dem Creek
- **Koubba** (siehe „Madinat Jumeirah"): Stilvoll und gemütlich
- **Siddharta Lounge** (siehe „Nachtleben"): Buddha im Zentrum
- **Bar 44** (siehe „Nachtleben"): Champagner und Cocktails mit Aussicht
- **Neos** (siehe „Nachtleben"): Panorama-High-Sky-Bar

Trendy:

- **Boudoir** (siehe „Dubai Marine Beach Resort and Spa"): Pomp und dekadent
- **Sho-Cho** (siehe „Dubai Marine Beach Resort and Spa"): Japanisch mal ganz cool
- **Trader's Vic** (siehe „Madinat Jumeirah"): Polynesien pur
- **Karma Kafe** (siehe „The Dubai Mall und Souq Al Bahar"): Trendy & modern
- **Left Bank** (siehe „Madinat Jumeirah" und „The Dubai Mall und Souq Al Bahar"): Minimalistisch und „in"

Party, Party:

- **Billy Blues** (siehe „Nachtleben")
- **El Malecón** (siehe „Dubai Marine Beach Resort and Spa")
- **Aussie Legends** (siehe „Nachtleben")
- **George and Dragon** (siehe „Nachtleben")
- **Pancho Villa's** (siehe „Nachtleben")
- **Rock Bottom** (siehe „Nachtleben")
- **The Dubliner's** (siehe „Le Meridien Dubai Hotel")

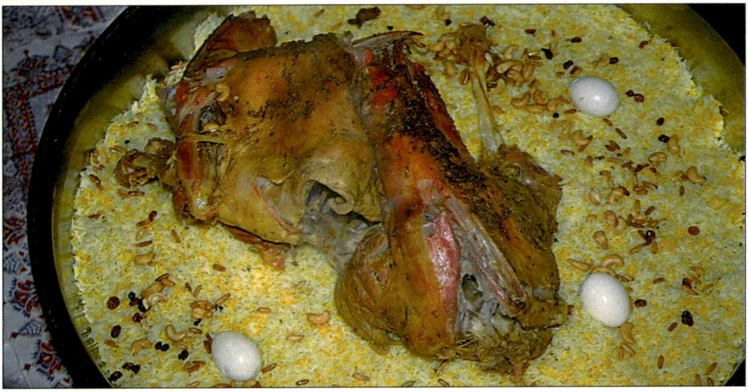

dub309 Foto: kk

- **Nasimi Beach** (siehe „Nachtleben“)
- **On Verra 6** (siehe „Nachtleben“)

Riesig zum Tanzen:
- **Kasbar** (siehe „Nachtleben“)
- **N'DULGE** (siehe „Nachtleben“)
- **Mix** (siehe „Nachtleben“)
- **Warehouse** (siehe „Le Meridien Dubai Hotel“)

Tanzen und gut speisen:
- **Aussie Legends** (siehe „Nachtleben“): Absolut australisch
- **Boudoir** (siehe „Dubai Marine Beach Resort and Spa“): France-Renaissance
- **El Malecón** (siehe „Dubai Marine Beach Resort and Spa“): Kult-kubanisch
- **Rock Bottom** (siehe „Nachtleben“): Rock 'n' Roll
- **Carter's** (siehe „Wafi Mall“): International-interessant

Bars mit guten Speisen:
- **Warehouse** (siehe „Le Meridien Dubai Hotel“): Sushi-fusion Food
- **Left Bank** (siehe „Madinat Jumeirah“ und „The Dubai Mall und Souq Al Bahar“): Europäisch-kreativ
- **Nezaussie** (siehe „Nachtleben“): Live-Kochstationen
- **Trader's Vic** (siehe „Madinat Jumeriah“): Südsee-Freuden
- **Sho-Cho** (siehe „Dubai Marine Beach Resort and Spa“): Japanisch-modern
- **Neos** (siehe „Nachtleben“): Himmelhohe Ausblicke zu kreativer Kost
- **Karma Kafe** (siehe „The Dubai Mall und Souq Al Bahar“): Asiatisch-kalifornisch
- **Nasimi Beach** (siehe „Nachtleben“): Strand-Kochshow
- **101 Dining Lounge and Bar** (siehe „Nachtleben): Mediterran-ultraschick

Deutsches Bier:
- **Der Keller** (siehe „Jumeirah Beach Hotel“)
- **Hofbräuhaus** (siehe „Nachtleben“)
- **Brauhaus** (siehe „Nachtleben“)

Live-Musik:
- **Hard Rock Café** (siehe „Nachtleben“): Rock
- **Irish Village** (siehe „The Century Village und The Irish Village“): Folk
- **El Malecón** (siehe „Dubai Marine Beach Resort and Spa“): Kubanisch
- **Rock Bottom** (siehe „Nachtleben“): Wie der Name schon sagt, auch Retro
- **Planet Hollywood** (siehe „Wafi Mall“): Rock

Ladies Nights:
- **Carter's** (siehe „Wafi Mall“): Dienstags
- **El Malecón** (siehe „Dubai Marine Beach Resort and Spa“): Dienstags
- **Loca** (siehe „Dubai Marine Beach Resort and Spa“): Mittwochs
- **At.mosphere** (siehe „Nachtleben“): Mittwochs
- **Boudoir** (siehe „Dubai Marine Beach Resort and Spa“): Dienstags
- **Left Bank** (siehe „Madinat Jumeirah“ und „The Dubai Mall und Souq Al Bahar“): Mittwochs
- **Margaux** (siehe „Madinat Jumeirah“ und „The Dubai Mall und Souq Al Bahar“): Dienstags und freitags
- **360°** (siehe „Jumeirah Beach Hotel“): Dienstags
- **Nezeaussi** (siehe „Nachtleben“): Dienstags
- **Warehouse** (siehe „Le Meridien Dubai Hotel“): Dienstags

dub306 Foto: kk

mehrgängigem Dinner oder Büfett ab 200 Dh, ohne Büfett ab 150 Dh.

- **Al-Areesh**
Im Al-Boom Tourist Village, siehe „Sehenswertes in Bur Dubai"
- **Al-Boom Tourist Village**
Siehe „Sehenswertes in Bur Dubai"
- **Al-Hadheerah**
Gehobene Preisklasse; die ca. 50 km weite Anreise zu dieser „arabischen Nacht" lohnt sich: Zum Wüstenresort Bab Al Shams gehörendes arabisches Restaurant umgeben von Sanddünen, erbaut im Stil eines arabischen Landhauses samt Innenhof, reichhaltigem arabischem Dekor mit Gewürzsäcken und Messingkannen, zum Programm gehören Bauchtanz, Musik, Hennamalerei, Lagerfeuer, Kamelritt und Jagdfalken, zu essen gibt es typisch Arabisches sowie Emiratisches, beim Kochen und Grillen kann zugesehen werden, Reservierung empfehlenswert, 19.30–23.30 Uhr, Tel. 8 09 61 00
- **Al Balad**
Mittlere Preisklasse; neuarabisches urbanes Restaurant, klassisch-libanesische Speisen mit europäischen Einflüssen, auch Frühstück, Außenterrasse, Downtown Dubai, 9–23 Uhr, Tel. 3 67 43 36, www.alkoufa.com
- **Al-Fanar Restaurant and Café**
Emiratische (!) Speisen, Dubai Festival City, siehe „Sehenswertes am Creek"
- **Al-Iwan**
Gehobene Preisklasse; königlich arabisch speisen in der vergoldeten Einrichtung des Burj Al Arab in Umm Suqeim, auch opulente Büfetts, Reservierung erforderlich, elegante Kleidung erwünscht, 12–15.30 und 18–23 Uhr
- **Al-Koufa**
Preisgünstig; Restaurant mit arabischen und emiratischen Speisen, am Wochenende von Familien gerne besucht, man kann preiswert essen und Wasserpfeife schmauchen, Domino spielen oder der arabischen Musik lau-

Reis ist eines der Hauptnahrungsmittel in den Emiraten

Aprikosenqualm und Wasserblubbern – Shisha schmauchen

Das Schmauchen einer Wasserpfeife, auch *Shisha* oder *Hubbly Bubbly* genannt, ist **in vielen arabischen Restaurants und Cafés** möglich (z.B. Al-Khayal im Jumeirah Beach Hotel, Al-Nafoorah im Jumeirah Emirates Towers Hotel, Al Qasr und Al Khayma im Dubai Marine Beach Resort and Spa). Sehr stilvoll ist es in den **„Beduinenlagern"** Amaseena im The Ritz-Carlton Hotel und Awafi im JW Marriott Hotel (beide nur in den Wintermonaten und abends geöffnet, mit Live-Musik). All diese Lokale haben mittlere bis hohe Preise.

Schöne Wasserpfeifen-Cafés bietet das Madinat Jumeirah Resort in seinen Hotels sowie im Souq Madinat Jumeirah, im Garten am Kanal gelegen mit Aussicht auf die unzähligen Windtürme des Resorts. Auch auf den Flaniermeilen der Dubai Marina offerieren viele Cafés ein Pfeifchen. Einen tollen Creek-Ausblick bietet die Qd's Bar des Dubai Creek Golf and Yacht Club. Ein ursprüngliches Ambiente – und deutlich niedrigere Preise – haben die Cafés und Restaurants **am Creek-Ufer** am Heritage Village. Bei Touristen beliebt ist es, eine Wasserpfeife auf der über dem Creek schwebenden Terrasse des Bait al-Wakeel im Bur Dubai Souq zu schmauchen. Wasserpfeifen, Backgammon, arabische Speisen und orientalisches Feeling gibt es auch im emiratisch-nostalgisch dekorierten Restaurant Al-Fanar in der Festival City, im Majaz im Century Village, im Al-Areesh im Al-Boom Tourist Village und im Koufa.

Neo-arabisches Flair bieten die Restaurants und Cafés in **Downtown Dubai** bzw. in The Old Town und speziell im Souq Al Bahar, so im Al Balad.

Ob man in Zukunft weiterhin eine Shisha schmauchen darf, ist ungewiss, denn jüngst wurde in Dubai das **Rauchen von Wasserpfeifen** in öffentlichen Strand- und Parkbereichen untersagt (wer also seine eigene Shisha beispielsweise beim Picknick anheizt, kann Ärger bekommen). **Die Regeln der Stadtverwaltung sind nicht einheitlich:** In den meisten Stadtgebieten dürfen Cafés oder Restaurants Wasserpfeifen nur noch auf Terrassen servieren, liegen sie in dicht besiedelten Wohngebieten, neben Schulen oder Moscheen, sind Shishas komplett verboten. In Jumeirah dagegen dürfen Wasserpfeifen nur drinnen geraucht werden. In allen Emiraten wurde das Rauchen von Wasserpfeifen eingeschränkt, in Sharjah sind traditionelle Shisha-Cafés sogar verboten.

Wer mit einem einheimischen Tourveranstalter einen Abend in einem **Wüstencamp** bucht, kann dort entspannt auf Kissen liegend den kühlen aromatischen Pfeifenrauch genießen.

„Richtig orientalisch" ist das **Al-Hadheerah Restaurant** im Wüstenresort Bab Al Shams. Inmitten der Sanddünen außerhalb Dubais gelegen, ist der Weg nur für eine Wasserpfeife zwar zu weit, aber es bietet sich an, hier eine „arabische Nacht" zu verbringen (siehe „Urlaub in Dubai/Sehenswertes auf Dubais Inlandsseite" bzw. „Gastronomie").

Eine Wasserpfeife rauchen kostet **15–30 Dh.** Es gibt nicht nur **Tabak** pur in verschiedenen Geschmacksnoten und Stärken, sondern auch Fruchtmischungen (Apfel, Aprikose, Erdbeere, Kirsche usw.). Der Hygiene halber bekommt jeder Raucher ein kleines Plastik-Mundstück, das er auf seinen Schlauch steckt.

schen, Umm Hurair beim Rashid Hospital, Sa bis Do 19–24 Uhr, Fr 14–24 Uhr, Tel. 3 35 15 11, www.alkoufa.com

- **Al Merkaaz**
Mittlere Preisklasse; arabische und internationale Speisen, modernes Restaurant, auch Coffee Shop und Außenterrasse, Dubai Media City, Thuraya Tower, 12–23 Uhr, Tel. 3 68 82 36, www.alkoufa.com
- **Al-Reef Lebanese Bakery**
Arabisch-libanesische Speisen rund um die Uhr, Jumeirah, Al-Wasl Rd beim Safa Park, Tel. 3 94 52 00; rund um die Uhr offen auch in Al-Karama Zabeel Rd
- **Al-Safadi**
Günstiges libanesisches Schnellrestaurant in der Rigga Rd, Al-Rigga, bei der Metrostation Al-Rigga, 8–1 Uhr, Tel. 2 27 99 22; auch Shaikh Zayed Rd Al-Kawakab Building
- **Al-Tawasol**
Preisgünstig; jemenitische Kost, Al-Muraqqabat, Abu Bakr al-Siddique Rd, Ecke Rigga Rd, 12–1 Uhr, Tel. 2 95 97 97
- **Amaseena**
Gehobene Preisklasse; herrliches Beduinenlager mit erstklassigem arabischen Büfett sowie Shishas unter Beduinenzelten im Strandgarten des The Ritz-Carlton Hotel, Dubai Marina, Live-Lautenmusik, 19–24 Uhr
- **Arz Lebanon**
Preisgünstig; libanesische Speisen und täglich wechselnde Spezialitäten, Jumeirah, beim Jumeirah Beach Park, 9–1 Uhr, Tel. 3 94 77 36; auch Al-Barsha an der American Academy School; Deira, Shaikh Khalifa bin Zayed St. neben BurJuman Centre
- **Automatic Restaurant and Grill**
Preisgünstig; gute Auswahl an typisch arabischen Speisen, 11.30–23 Uhr, Jumeirah, im Beach Centre, Tel. 3 49 48 88; Al-Rigga, Rigga Rd; Bur Dubai, Al-Khaleej Centre und Khaleed bin al-Waleed Rd; Dubai Marina, The Walk; Shaikh Zayed Rd; Ibn Battuta Mall
- **Awtar**
Gehobene Preisklasse; feinste libanesische Speisen im Beduinen-Zelt-Dekor, Live-Musik und Bauchtanz, im Grand Hyatt Dubai Hotel, Bur Dubai, 19.30–3 Uhr
- **Bastakiah Nights**
Gehobene Preisklasse; hinter den Holztüren verbirgt sich ein stilvoll und traditionell eingerichtetes Restaurant mit authentischem arabischem Menü, Sitzplätze im Innenhof, auch private Speiseräume, Schmuck- und Handarbeitenshop, Bur Dubai, im Bastakiya-Viertel am Creek, Rückseite des Diwan-Regierungssitzes, 12.30–23.30 Uhr, Tel. 3 53 77 72, www.bastakiah.com
- **Ewaan**
Gehobene Preisklasse; arabisch-orientalische Büfett-Menüs und live cooking, Wasserpfeifenterrasse, im The Palace – The Old Town, Downtown Dubai, 6–24 Uhr
- **Kan Zaman**
Im Al-Shindaga-Kultur- und Volkskunde-Viertel, siehe „Sehenswertes in Bur Dubai"
- **Khan Murjan**
Im Souq Khan Murjan der Wafi Mall, siehe „Einkaufszentren und Malls"
- **Levantine**
Gehobene Preisklasse; geräumiges Restaurant im Atlantis The Palm mit großer Auswahl an libanesischen Leckereien, Showküche, arabische Musik und Bauchtanzshows, auch Bar, Terrasse und Shishas, So bis Do 16–2 Uhr, Fr/Sa 14–2 Uhr
- **Local House**
Mittlere Preisklasse; traditionelle arabische und eine kleine Auswahl emiratischer Speisen in einem traditionellen Windturmhaus im Bastakiya-Viertel, gemütlich speisen im Innenhof oder in den Majlis-Räumen, auch Café, am Kreisverkehr Al-Fahidi St./Ecke Al-Mussalla Rd, Sa bis Do 10–22 Uhr, Fr 14–22 Uhr, Tel. 3 53 60 04
- **Ottomans**
Gehobene Preisklasse; erlesene türkische Speisen in modern-elegantem Interieur, kredenzt zu Oud- und Tabla-Klängen, große Außenterrasse, im Grosvenor House, Dubai Marina, 19.30–2 Uhr
- **Reem al-Bawadi**
Mittlere Preisklasse; beliebtes, orientalisch eingerichtetes Restaurant mit libanesischen Speisen, auch Außenterrasse und Shishas, Jumeirah Rd, in der Nähe der HSBC Bank, 9–2 Uhr, Tel. 3 94 74 44, www.reemalbawadi.com; auch in der Shaikh Zayed Rd
- **Tagine**
Gehobene Preisklasse; märchenhaftes Restaurant mit marokkanischen Spezialitäten zu Live-Musik in aufwendigem Interieur, im One

& Only Royal Mirage Hotel, The Palace, Di bis So 19.30–23.30 Uhr

- **Topkapi**
Mittlere Preisklasse; türkische und arabische Speisen in ruhigem Ambiente, kein Alkoholausschank, im Taj Palace Hotel, Al-Rigga, 12–15.30 und 19–23.30 Uhr
- **Zaina**
Preisgünstige jemenitische und sonstige internationale Speisen, auch Kamel-Kebab, Al-Barsha neben Mall of the Emirates und Rose Garden Apartments, 12–23 Uhr, Tel. 3 25 61 00
- **Weitere arabische Restaurants** siehe „Orte mit vielfältigem Gastronomieangebot"
- Ebenfalls **abendliche Bauchtanz- und Musikunterhaltung** bieten: Al Khayal (Jumeirah Beach Hotel), Al Qasr (Dubai Marine Beach Resort and Spa)

Seafood

Ein **besonderer Augen- und Gaumenschmaus** sind die Büfetts mit Fisch und Meeresfrüchten (engl. *seafood*). Sie sind sehr reichhaltig: Hummer, Shrimps, Langusten, Krabben, Thunfisch, Tintenfisch, Kingfisch, Meeräsche, Hamour, Austern und Muscheln liegen fangfrisch auf Eis. Meist kann man sich die Stücke aussuchen und nach seinen Wünschen zubereiten lassen, bezahlt wird entweder nach Gewicht oder pauschal ab etwa 150 Dh. Es gibt spezielle Fischrestaurants, in denen dieses Büfettprinzip jeden Tag gilt und die wegen ihrer vielen marktähnlichen Stände **„Fish Market Restaurant"** genannt werden.

- **Al Mahara**
Gehobene Preisklasse; exquisite Fischgerichte vor der Kulisse eines riesigen Aquariums, umgeben von Korallen und beäugt von bunten Fischen; Anreise in dieses Reich *Neptuns* per „U-Boot"; unter dem Burj Al Arab Hotel, in Umm Suqeim, Reservierung erforderlich, elegante Kleidung erwünscht, 12.30–15 und 19–24 Uhr
- **Al-Bandar**
Im Shindagha-Volkskundeviertel, siehe „Sehenswertes in Bur Dubai"
- **Al-Boom**
Im Al-Boom Tourist Village, siehe „Sehenswertes in Bur Dubai"
- **Aquarium**
Gehobene Preisklasse; erstklassige Meeresfrüchte und Fisch, ein gigantisches Aquarium drinnen und der Creek draußen als Kulisse, angegliederte Wein-Bar, im Clubhaus des Dubai Creek Golf and Yacht Club, in Al-Garhoud, 12.30–15 Uhr, 19–23 Uhr, Tel. 2 95 60 00
- **Blues**
Mittlere Preisklasse; Fischgerichte vielfältig zubereitet, Dubai Marina, Marina Walk, 12–23 Uhr, Tel. 3 67 47 47
- **Coconut Grove**
Siehe „Restaurants der mittleren Preisklasse"
- **Fish Basket**
Mittlere Preisklasse; Fisch und Meeresfrüchte schmackhaft libanesisch zubereitet, Oud Metha, gegenüber American Hospital und Mövenpick Hotel, 12–0.30 Uhr, Tel. 3 36 71 77
- **Fish & Chips Room**
Preisgünstig; Fisch, Fritten und weitere britische Klassiker, Dubai Marina am JBR Walk, Tel. 4 27 04 43, 12–4 Uhr
- **Mi Vida**
Gehobene Preisklasse; mediterranes Fish Market Restaurant mit großer Terrasse im Le Royal Meridien Beach Resort and Spa, zwischen Palm Jumeirah und Dubai Marina, 19–24 Uhr, Fr geschlossen
- **Ossiano**
Gehobene Preisklasse; innovative Fischgerichte vom Sternekoch, serviert unter funkelnden Kronleuchtern vor der einmaligen Kulisse von wandhohen Aquarien mit Blick auf die exotische Unterwasserwelt der Ambassador-Lagune von Atlantis The Palm, Reservierung und elegante Kleidung erwünscht, 19–23.30 Uhr
- **Peppercrab**
Siehe „Restaurants der gehobenen Preisklasse"
- **Sumo Sushi**
Mittlere Preisklasse; Sushi und sonstige frisch zubereitete japanische Fisch- und Seafoodgerichte, Al-Garhoud, Shaikh Rashid Rd am Aviation College, 11–23 Uhr, Tel. 2 83 06 22

- **The Fishmarket**
Gehobene Preisklasse; sehr beliebter Fischmarkt mit großer Auswahl und Aussicht auf den Creek, im Radisson Blu Hotel in Deira, Reservierung empfehlenswert, 12–15 und 20–23 Uhr
- **Yo! Sushi**
Mittlere Preisklasse; Sushi vom Laufband im Dubai International Financial Centre, Tel. 3 63 74 04, 12–22 Uhr; auch in der Dubai Festival City, im BurJuman Centre und in The Dubai Mall; www.yosushi.com
- **Weitere Seafood-Restaurants** siehe unter „Orte mit vielfältigem Gastronomieangebot".

Nachtleben

Auf Dubais **Straßen ist es bis 22 oder 23 Uhr belebt,** denn bis zu dieser Zeit haben die meisten Geschäfte, Souqs, Einkaufszentren und auch viele Parks geöffnet. Kaum ein Restaurant oder Imbiss schließt vor Mitternacht. Der größte Betrieb herrscht in den frühen Abendstunden, wenn die Hitze nachlässt und sowohl Emirater als auch Gastarbeiter ihren liebsten Freizeitbeschäftigungen nachgehen: dem Einkaufen, Bummeln und Schaufenstergucken.

Wer glaubt, in arabischen Ländern gäbe es kein Nachtleben, der irrt sich gewaltig – besonders was Dubai angeht. Auch **Alkohol** gehört dazu: Da aber **nur Hotels** eine Alkohollizenz erhalten, „beschränken" sich feucht-fröhliche Freuden auf die unzähligen hoteleigenen Bars, Pubs, Nachtclubs und Cocktail-Lounges.

In Dubai hat sich in den letzten Jahren eine stets wachsende **Clubszene** ausgebildet. Dubais Clubgänger scheinen ihre Vorlieben schnell zu wechseln, denn ein gestern noch angesagter Club kann morgen schon out sein – Dubais Szene ist teuer und launisch. Der Eintritt beträgt meist **ab 100 Dh.** Offiziell gilt ein **Mindestalter von 21 Jahren.**

Manche Clubs sind nur für Mitglieder bzw. Hotelgäste und deren Begleitung zugänglich. Dieser Grundsatz („members only") wird mitunter nachlässig gehandhabt, sodass Nichtmitglieder aus (westlichen) Ländern gute Einlasschancen haben. Ein leeres Haus (früher Abend), adrette Kleidung (keine Strandsandalen, keine Shorts, keine Strandshirts), eine charmante Damenbegleitung, Reservierungen und/oder die Zusage, zu dinieren, können diese Chance erhöhen. Große Gruppen von Männern aus bestimmten Ländern oder schlampig angezogene Single-Männer stehen dagegen auf der „Abschussliste" der Türsteher. Frauen kommen zumeist überall hinein – und dies mitunter ohne Eintrittsgeld und bei freien Getränken.

In letzter Zeit gibt es mehr und mehr Clubs exclusive für Mitglieder und diejenigen, die als High Society oder Celebrities bekannt oder auf Gästelisten vermerkt sind – diese **sehr selektiv-exklusiven Clubs** werden für Otto-Normal-Touristen Terra incognita bleiben.

Tanzflächen, gute Musik und ausgelassene Stimmung bieten auch viele **Bars und Kneipen** – und dies ganz ohne Mitgliederpolitik und ohne Eintritt. In den meisten Lokalitäten spielt nahezu jeden Abend Musik, entweder vom Tonband, vom DJ oder von einer Live-Band. An so manchem Abend wird ein **Partyprogramm** angeboten, das von Quiz-, Piraten-, Salsa-, Techno-, Karaoke-, 80er-Jahre- und Bingo-Partys bis zu Taco-Times, Limbo-Wettbewerben oder Verlosungen (engl. *raffle*) reicht. Relativ ruhig ist es meist bis 21 Uhr. In vielen Bars und Clubs kann man auch gut speisen – viele fungieren auch als Restaurant; oft sorgen **Themenabende** für Abwechslung auf der Speisekarte. Wer es ruhiger mag, wird **Lounges** oder **Cocktailbars** bevorzugen.

Vielerorts gibt es zur **„Happy hour"** verbilligte alkoholische Getränke (in der Regel zwischen 16 und 20 Uhr). Viele Etablissements bieten dem weiblichen Publikum an speziellen Abenden (oftmals dienstags) auch **„Ladies nights"** mit Freigetränken oder Rabatten.

Apropos Frau: Wie in den meisten Ländern auf dem Globus kann eine allein reisende Frau auch in Dubai ihren Abend nur selten ohne männliche Annäherungsversuche verleben. Als eine Art **„Anmachbarometer"** gilt: Je mehr Araber oder Asiaten im Publikum, desto geringer die Chance auf einen „ruhigen" Abend, je mehr westliche Residenten, desto weniger Anmache und desto unverfänglicher manche der Kontaktaufnahmen. Frauen ohne Begleitung, die solo bleiben möchten, seien die irischen Pubs empfohlen.

Nachtclubs richten sich auch nach den Wünschen ihrer **arabischen, indischen, philippinischen oder russischen Gäste.** Insbesondere die Bars und Clubs in Hotels mit drei Sternen oder weniger orientieren sich an dieser Zielkundschaft, und entsprechend ist die Stimmung: Tanzende, knapp bekleidete Damen und Alkohol in Strömen stehen meist im Mittelpunkt.

Viele Bars, Kneipen und Cocktail-Lounges haben schon **mittags oder vom späten Nachmittag an geöffnet** und schenken Getränke aus. Essen wird allerdings meist nur zu den üblichen Zeiten (12–15 und 19–23 Uhr) serviert. Nachtclubs öffnen meist erst gegen 21 Uhr. Die Zeiten, zu denen sie schließen, sind unterschiedlich, manche drehen den Bierhahn schon ab 23 Uhr, andere erst um 1 oder 2 Uhr zu. Tanzmusik wird aber meist erst ab 22 oder 23 Uhr gespielt, dafür dann aber zum Teil bis zum Sonnenaufgang. Die interessantesten und größten Events werden am Wochenende (Do und Fr) veranstaltet). Manche Außenterrassen und auch Strandclubs haben während der heißen Sommermonate geschlossen.

Zu Lage und Telefonnummern der Hotel-Nightspots siehe „Unterkunft". Zum Nachtleben in Form von Kinobesuchen und kulturellen Veranstaltungen siehe „Kunst und Kultur".

Infos

- Pflichtlektüre für Nachtschwärmer sind die **Magazine „What's on" und „TimeOut"** mit vielen Tipps und aktuellen Veranstaltungshinweisen; „TimeOut" online unter www.timeoutdubai.com.
- Aktuell und speziell der Clubszene gewidmet sind die Websites **www.dubailook.com, www.platinumlist.ae, www.infusion.ae.**

Kneipen, Clubs, Bars, Lounges

- **Arbat Russian Club**
Alles russisch: Karaoke, Musik, Tanz und Speisen, im Carlton Tower Hotel, Deira, 19–3 Uhr
- **Aussie Legends**
Bunte, typisch australisch-lockere Bar mit Tanzfläche und Billardtisch, Musik vom DJ

oder Live-Bands, Tanzabende, Partys oder Sportübertragungen, im Rydges Plaza Hotel, Satwa, 18–3 Uhr

- **At.mosphere**
Erlesene Drinks, leichte Mittagsspeisen oder Nachmittagstee in schwindelerregender Höhe von 422 m, einmaliger Rundumblick über die Stadt, elegant-formale Kleidung erwünscht, 200 Dh Mindestverzehr obligatorisch, Downtown Dubai, in der 122. Etage des Burj Khalifa, 12–24 Uhr, Tel. 8 88 34 44, www.atmosphereburjkhalifa.com; nebenan liegt das At.mosphere-Grillrestaurant (Reservierung empfohlen)
- **Bar 44**
Schicke Champagner- und Cocktailbar mit Jazz- und Bluesklängen sowie Ausblick aus dem 44. Stockwerk auf Dubai Marina und Palm Jumeirah, riesige Außenterrasse, elegante Kleidung erwünscht, Grosvenor House, Dubai Marina, 18–2 Uhr
- **Billy Blues**
Gute Stimmung, gutes Essen und gute Musik: 1970er Jahre R'n'B-Bar, Rib's, Steaks, Seafood, im Rydges Plaza Hotel, Satwa, 18–1 Uhr, www.billybluesdubai.com
- **Bollywood Café**
Kein Café, sondern eine dem indischen Kino verschriebene Speisekneipe mit Live-Musik, im Regent Palace Hotel, Bur Dubai, 19–3 Uhr
- **Brauhaus**
Speisekneipe mit deutschen Schmankerln, deutschem Bier und zünftiger Stimmung im Jumeirah Rotana Hotel, Satwa, 18–2 Uhr
- **Cirque du Soir**
Außergewöhnliche und hochkarätige Zirkus- oder Theater-ähnliche Vorstellungen aus Akrobatik, Mummenschanz, Seiltanz und Feuerschlucken im kleinen Kellerclub des Fairmont Dubai Hotel, Shaikh Zayed Rd, Di, Do, Fr 22–3 Uhr
- **Dublin Arms**
Irischer Folk, irisches Kehlgold und Billard mitten in Deira, im Metropolitan Deira Hotel am Uhrturm, 12–16 und 18–3 Uhr
- **George and Dragon**
Britischer Pub mit Musik vom DJ, Partyprogramm und Übertragung wichtiger Sportereignisse auf Großleinwand, auch Billardtische, im Ambassador Hotel, Bur Dubai, 12–16 und 18–1 Uhr
- **Hard Rock Café**
Rockmusik, stimmungsvolle Live-Bands, Musikvideos und eine Sammlung wertvoller Gegenstände berühmter Stars, Dubai Festival City, 12–1 Uhr, Tel. 2 32 89 00, www.hardrockcafe.com
- **Hibiki Music Lounge**
Karaoke-Lounge im Hyatt Regency Hotel, Bur Dubai, Mo bis Sa 20–3 Uhr
- **Hofbräuhaus**
Bayrisches Brauhaus mit bayrischer Kost und Bier, dass aus dem echten Münchner Hofbräuhaus importiert wird, im JW Marriott Hotel, Deira, 18–2 Uhr
- **Irish Village**
Siehe „Orte mit vielfältigem Gastronomieangebot"
- **Kasbar**
Lebhafter, bunter, schicker, großer Nachtclub: drei raffiniert dekorierte Ebenen mit verschiedenen Einrichtungen und Bars, wechselndes Entertainment, Live-Musik oder neuester DJ-Sound, im Palace Hotel des One & Only Royal Mirage, zwischen Palm Jumeirah und Dubai Marina, 22–3 Uhr, So geschlossen
- **Kitakits Kafé & Klubb**
Stimmungsvoller philippinischer Nachtclub mit wechselnden Partyabenden, philippinischen Rockkonzerten oder Bandauftritten, im Marco Polo Hotel, Deira, 19–2 Uhr
- **Nasimi Beach**
Strandbar am Strand vom Atlantis The Palm Hotel, 12–24 Uhr; Donnerstagabend und zu wechselnden Terminen Strandpartys, schicke Strandbekleidung erwünscht
- **N'DULGE**
Nacht- und Tanzclub, glamourös und modern, Arena mit House und R&B, mit Lounge, Al-fresco-Clubbing mit DJ-Sound, Shishas und Sushi auf der Außenterrasse, im Atlantis The Palm, 21.30–3 Uhr
- **Neos**
Lounge mit glamourösem Interieur, erlesenen Drinks, kreativer Kost und imposanten Rundblicken – auch von der Außenterrasse – auf New Dubai aus der 63. Etage des The Address Downtown Dubai, 19–2 Uhr
- **Nezeaussi**
Sports-Grill-Bar mit Show-Küche (Gerichte aus Neuseeland, Südafrika, Australien), am Abend Live-Musik, im Al Manzil Hotel, The

Old Town, Downtown Dubai, So bis Do 16–1 Uhr, Fr und Sa 12–1 Uhr, www.nezgrill.com

- **101 Dining Lounge and Bar**

Ultraschicke Speise-Lounge im Yachthafen des One & Only The Palm, mediterrane Küche, Bootssteg-Terrasse mit einmaliger Aussicht auf Dubai Marina, 11–1 Uhr; für Gäste freier Boot-Transfer zu The Jetty Lounge des One & Only Royal Mirage

- **On Verra 6**

Donnerstagabend, Freitagnachmittag sowie zu unregelmäßigen Terminen Partys auf einem Katamaran, der durch den Creek und entlang der Küste cruist, Tanz auf dem Bootsdeck, Cocktails und DJ-Sound, Tel. 0 50/2 52 43 06, www.lycatamaran.com

- **Pancho Villa's**

Lebhafter, fast immer voller Tex-Mex-Restaurant-Club samt Tanzfläche im Astoria Hotel, Bur Dubai, Live-Band, DJs und Partyprogramm, preiswertes Mittagessen, 19–3 Uhr

- **Qd's**

Lässige Bar mit großer Außenterrasse am Creek, Shishas und Snacks, am Wochenende DJ, Dubai Creek Golf and Yacht Club, 17–2 Uhr, Tel. 3 80 12 34

- **Rock Bottom**

Amerikanische Kneipe und Grill mit Harley-Davidson-Einrichtung, Rock-Musik (live und vom DJ), wechselnde Partys, im Regent Palace Hotel, Bur Dubai, 12–3 Uhr

- **Sherlock Holmes**

Englischer Pub mit Zigarrenraum, auch Shishas, abends Live-Band, im Arabian Courtyard Hotel, Bur Dubai, 12–2 Uhr, www.sherlockholmespub.net

- **Siddartha Lounge**

Asiatisch-elegante Lounge-Bar, gold-weißes Farbenspiel und futuristische Musikuntermalung, auserkorener Treffpunkt der Dubaier High Society, auch Außenterrasse, im Grosvenor House, Tower Two, Dubai Marina, 17–2 Uhr

- **The Jetty Lounge**

Gemütliche und schicke Strandbar zum Chillen oder für einen abendlichen Aperitif, am Strand des One & Only Royal Mirage Hotel, zwischen Palm Jumeirah und Dubai Marina, 14–24 Uhr; für Gäste freier Boot-Transfer zur 101 Dining Lounge and Bar im One & Only The Palm

- **The Rooftop and Sports Lounge**

Lounge mit schöner, gemütlich gestalteter Terrasse, Cocktails und libanesische Vorspeisen unter 1001 Sternen, Do und Fr Sportübertragungen, im Arabian Court des One & Only Royal Mirage, zwischen Palm Jumeirah und Dubai Marina, 17–1 Uhr

- **TGI Thursday's**

Belebte Yankee-Style-Bar mit vorwiegend jungem Publikum und dem inoffiziellen Motto „Thanks God it's Thursday", im Astoria Hotel, Bur Dubai, 12–15 und 19–0.30 Uhr

- **Up on the Tenth**

Klassisches Ambiente, Live-Jazz und beeindruckende Aussicht auf den Creek aus dem 10. Stock des Radisson Blu Hotel, Deira, 18.30–3 Uhr

- **Voda Bar**

Schicke Bar mit futuristisch funkelndem Interieur und Mobiliar der 1960er Jahre, im Jumeirah Zabeel Saray Hotel, Palm Jumeirah, 18–3 Uhr

- **XL Beach Club**

Großer Pool- und Strandclub mit vielen Partyabenden, Habtoor Grand Beach Resort and Spa, So bis Do 18–3 Uhr, Fr/Sa 12–3 Uhr

- **Weitere** – durchaus lohnenswerte und beliebte – **Nightspots** folgen unter „Orte mit vielfältigem Gastronomieangebot".

Orte mit vielfältigem Gastronomieangebot

Hier sollen einige gastronomische „Hot-Spots" vorgestellt werden, wo man ein vielfältiges Angebot an Restaurants, Fast Food, Clubs und Bars vorfindet. Unschlüssige können sich vor Ort umsehen und spontan entscheiden.

The Irish Village Pub

dub10_027 Foto: dt

The Century Village und The Irish Village

Im **Stadtteil Al-Garhoud,** auf der Deira-Seite nahe der Al-Garhoud-Brücke, wurde außen an das Tennisstadion eine „Restaurant-Siedlung" angebaut. Das Schöne hier: Man kann **entweder drinnen** in den Restaurants sitzen **oder** auch **„al fresco"** unter Schatten spendenden Sonnenschirmen zwischen plätschernden Brunnen. Die Restaurants entsprechen der mittleren Preisklasse.

Im **Century Village** findet jeder das Richtige, außerdem ist die Stimmung klasse, und alle Restaurants besitzen eine Schanklizenz. Die meisten Restaurants haben 11–1 Uhr geöffnet, aber auch wem nicht nach einer großen Mahlzeit zumute ist, findet hier Snacks, Kaffee, Fruchtsäfte oder ein kühles Bier – kein Wunder, dass das Century Village so beliebt ist. Insbesondere Familien mit Kindern kommen gerne hierher.

Willkommen in folgenden **Restaurants:** La Vigna (italienisch), Da Gama (portugiesisch), Asmak (Seafood), Mazaj (arabisch), Masala Craft (indisch, pakistanisch), Sarband (persisch) und The Sapphire (thailändisch, Fusion). Schnell und preiswert sind: Sushi Sushi (Sushi & Co.), The Plaice (Fish & Chips) sowie Costa Coffee (Café).

Am anderen Ende des Tennisstadions liegt das **Irish Village,** ein beliebter Teffpunkt vieler in Dubai lebender westlicher Residenten. Es handelt sich um ein detailgetreu nachgebautes irisches Dorf mit irischen Speisen, Guinness und abendlichem Irish Folk, manchmal auch Comedy. Auch einen (irischen) Souvenirshop und einen Tabakladen gibt es hier. Immer wieder attraktive Promotions. Geöffnet 11–1 Uhr.

- **Infos: Century Village,**
Tel. 2 82 41 22, www.centuryvillage.ae
- **Infos: Irish Village,**
Tel. 2 82 47 50, www.theirishvillage.ae
- **Anfahrt mit öffentlichen Verkehrsmitteln:**
Metro Red Line Station GGICO

Dubai Festival City

In dieser Festivalstadt am Ende des Creek (Deira-Seite) können Gäste in eine Vielzahl von Restaurants einkehren. Die **über 90 Lokale** setzen sich überwiegend zusammen aus Restaurants, Bistros, Fast-Food-Lokalen und Cafés mit günstigen bis mittleren Preisen. Die meisten bieten Mittag- und Abendessen, viele haben durchgehend auf. **Alkohol** wird nur in wenigen Lokalen ausgeschenkt, denn viele verstehen sich als Familienrestaurant.

„Al fresco" kann man am Ufer des 400 m langen Canal Walk Platz nehmen. Etliche Restaurants und Cafés haben sich an dieser reizvollen Lage niedergelassen. Als besonderes Bonbon kann man sich spätnachmittags und abends mit einem der durch den Kanal schippernden **Abra-Boote** umsonst zu seinem Wunschziel fahren lassen. Die seltene Gelegenheit, emiratisch zu speisen – und dies vor der überaus gelungenen Kulisse der „guten alten Zeit" – bietet das **Al-Fanar.**

dub12_030 Foto: dt

Man kann sich sein Speiselokal oder Café auch im Einkaufszentrum **Festival Centre** aussuchen, die Vielfalt ist groß, wer nicht lange suchen möchte, findet einige im Bereich des Taste Pavilion. Arabische Restaurants gibt es im Trade Routes, einem neumodischen arabischen Marktbereich. Selbstverständlich gibt es auch einen Food Court. Das Hard Rock Café bietet Alkoholausschank.

Am Yachthafen finden sich Restaurants mit höherem Preisniveau. Der Marina Restaurant Pavilion am Yachthafen bietet 17 Restaurants, beispielsweise India Palace (indisch), Esfahan (persisch) und Royal Orchid (thailändisch). Lizensiert sind: Chi'Zen (chinesisch), Le Relais de L'Entrecôte (Steakspezialitäten), Karam Beirut (libanesisch), Jamie's Italian (italienisch von *Jamie Oliver*).

Wer einen Drink oder erlesene Kost genießen möchte, kann dies in den am Yachthafen liegenden **Hotels InterContinental und Crown Plaza** – die Bars des InterContinental bieten beeindruckende Ausblicke auf den Creek und New Dubai im Hintergrund, toll für einen Sundowner. Gourmet-Tipp: Das Reflets par Pierre Gagnaire bietet erlesenste Spitzenklasse-Kochkunst.

Zu Einkaufsmöglichkeiten und auch zum Al-Fanar Restaurant siehe „Einkaufszentren und Malls".

- **Infos:** Tel. 2 32 54 44, www.festivalcentre.com
- **Anfahrt mit öffentlichen Verkehrsmitteln:** Watertaxi Station Dubai Festival City

Le Meridien Dubai Hotel

18 Restaurants und Bars gruppieren sich um eine große Meridien-Village-Terrasse, eine Promenade und die Lobby und garantieren Vielfalt nahe des Dubai International Airport in Al-Garhoud. Das Preisniveau ist mittel bis gehoben.

Zur Auswahl stehen u.a. die **Restaurants** Yalumba (international), M's Beef Bistro (Steakhouse), Long Yin (chinesisch), Kiku (ja-

Wasserspiele in Dubai Festival City

panisch), Sukhothai (thailändisch), Casa Mia (italienisch) und Mahec (indisch). Alle haben mittags und abends geöffnet.

Abends kann man sich in der irischen Kneipe The Dubliner's oder in der Bar Jules Bistro amüsieren oder im riesigen Warehouse Bar/Restaurant/Lounge-Komplex abtanzen.

Zum Hotel siehe „Unterkunft“.

- **Infos:** Tel. 2 17 00 00, www.lemeridien-dubai.com
- **Anfahrt mit öffentlichen Verkehrsmitteln:** Metro Red Line Station Airport Terminal 1

The Dubai Mall und Souq Al Bahar

In der Dubai Mall bieten **150 Lokalitäten** sicherlich etwas für alle Vorlieben. Dieser Einkaufstempel in Downtown Dubai wartet auf mit Restaurants, Cafés, Eisdielen und einem riesigen Food Court. Pizza oder Dim Sum, Fast Food oder Slow Food, Süßwaren oder Salatteller, Goldrandteller oder Pappschale, brunnenbeplätschert oder popbeschallt, Buttermilchreis oder Bioburger, sachlich oder salopp, Frühstücksbüfett oder Abendmahl – alles ist möglich, sieben Tage die Woche, meist von morgens bis abends. Das Preisniveau ist niedrig bis mittelpreisig.

Die angeschlossene **Hotelgastronomie** bietet höhere Preise sowie Alkohol.

Außerhalb des Mall-Gebäudes bietet der neo-arabische **Souq Al Bahar** rund 20 Cafés, Restaurants und Bars, viele schick gestylt, mit innovativen Speisen und Schanklizenz. Außenterrassen sorgen für Seeuferstimmung und eröffnen Blicke zum aufstrebenden Burj Khalifa und die aufschäumende Dubai Fountain. Jeweils mittags und abends serviert Zahr El Laymoun orientalisch-mediterrane Grillspeisen, Urbano italienische Pizza und Pasta, Margaux gibt sich französisch-asiatisch inspiriert, The Meat Co. hat Fleisch vom Feinsten, Rivington Grill britische (Grill-)Speisen, BICE Mare italienisches Seafood und Mango Tree thailändische Leckereien. Zudem bieten Cafés Kaffee, Kuchen, Eiscreme, Snacks und Salate. Für die (weitere) Abendgestaltung – inkl. gutem Essen – sind die trendy Lounge-Bars Left Bank und Karma Kafe zu empfehlen.

Zu Einkaufsmöglichkeiten siehe „Einkaufszentren und Malls“, zu Downtown Dubai siehe „Sehenswertes auf Dubais Inlandsseite“.

- **Infos: The Dubai Mall,** Tel. 8 00/3 82 24 62 55, www.thedubaimall.com
- **Infos: Souq Al Bahar,** Tel. 3 62 70 11, www.soukalbahar.ae
- **Anfahrt mit öffentlichen Verkehrsmitteln:** Metro Red Line Station Burj Khalifa/Dubai Mall

Mall of the Emirates

Rund 85 Restaurants, Fast-Food-Lokale, Cafés usw. stellen vermutlich jeden Geschmack und jeden Geldbeutel zufrieden.

Allein in den **zwei Food Courts** gibt es je knapp 20 Lokalitäten, manche mit Ausblick auf das Geschehen in der angegliederten Skihalle. Man kann u.a. wählen zwischen Wok-Gerichten, Sandwiches, Burgern, Pizza, Hühnchen, Fruchtsäften, Eiscreme – es gilt das Motto „preiswert und schnell“.

Die Palette der **Restaurants** erstreckt sich von amerikanischen Diners über französische Bistros, umfasst Pizzerias genauso wie arabische, iranische, japanische und chinesische Restaurants der mittleren Preisklasse.

Vier Restaurants haben ein gehobenes Preisniveau, sie gehören zu den angegliederten Hotels und besitzen somit eine Alkohollizenz. Mal etwas anderes ist das **Sezzam** im Kampinski Hotel Mall of the Emirates, das nach Zubereitungsarten *(flame/bake/steam)* eingeteilt ist und Ausblick bietet auf offene Showküchen und die Skifahrer in der Skihalle (8–23.30 Uhr).

Zu Einkaufsmöglichkeiten siehe „Einkaufszentren und Malls“.

- **Infos:** Tel. 4 09 90 00, www.malloftheemirates.com
- **Anfahrt mit öffentlichen Verkehrsmitteln:** Metro Red Line Station Mall of the Emirates

Wafi Mall

Das im Stadtteil Umm Hureir gelegene Einkaufszentrum Wafi bietet rund **30 Möglichkeiten zu speisen:** schnell und preiswert im

Food Court, zu moderaten Preisen in den vielen Bistros, Restaurants und Cafés.

1001 Extra-Sterne verdient das **Khan Murjan Restaurant** im gleichnamigen Einkaufsareal für sein herrliches Dekor und die erstklassigen orientalischen Leckereien (mittleres Preisniveau).

Jedoch nicht nur im Mall-Gebäude finden sich Speisestätten: Raffiniert, innovativ, mit Dachgartenterrasse und lizensiert sind die Restaurants im angegliederten **Freizeitkomplex Pyramids,** alle in der mittleren bis gehobenen Preisklasse sowie mittags und abends geöffnet: Medzo (italienisch-mediterran), Thai Chi (thailändisch, chinesisch, Büfetts), Asha's (indisch), Carter's (Café, Restaurant und Bar), Noodle Factory (asiatische Nudelspeisen), Seville's (spanische Tapas-Bar); riesig ist die Speisekneipe Planet Hollywood.

Abends angesagt sind: Vintage (Weinbar), New Asia Bar and Club (Nachtclub), China Moon Champagne Bar (Champagner-Bar).

Wer gediegen und edel speisen möchte, findet entsprechende Restaurants im angegliederten **Luxushotel Raffles.**

Zu Einkaufsmöglichkeiten und zu Khan Murjan siehe „Einkaufszentren und Malls".

- **Infos:** Tel. 3 24 45 55, www.wafi.com
- **Anfahrt mit öffentlichen Verkehrsmitteln:** Metro Green Line Station Dubai Healthcare City

Jumeirah Beach Hotel

20 Restaurants, Cafés, Clubs und Bars beherbergt das Jumeirah-Beach-Luxushotel, imposante Aussichten auf den Burj Al Arab inklusive.

Von früh bis spät Meerblick und **asiatische Speisen** und üppige Büfetts bietet das Restaurant Beachcombers, abends kann man auf der Terrasse Shisha schmauchen. Ebenso von morgens bis abends kann man im Waterfront gesundheitsbewusst speisen und die Aussicht genießen. Mittags und abends bietet La Veranda Pizza und andere italienische Speisen mit Blick auf den Yachthafen. Im Villa Beach kann man direkt an Tischen am Strand Platz nehmen, um mittags und abends mediterrane Kost bei einer Meeresbrise und Blick auf den Burj Al Arab genießen.

Elegant kann man in folgenden **Restaurants** speisen (jeweils nur abends): Carnevale verwöhnt mit italienischen Spezialitäten, Al Khayal bietet feinste arabische Speisen zu Live-Musik und Bauchtanzshow. Ähnlich wird im La Parrilla argentinische Kost zu Tango serviert. Beste Rundum-Aussichten genießt man von der Dachterrasse des Marina Seafood, auf einem Holzhaus errichtet und vom Meer umspült.

Abendfüllende Unterhaltung zu coolen Drinks bieten Der Keller (deutsche Speisekneipe), Go West (amerikanischer Grill), Dhow and Anchor (englischer Pub), Uptown (Jazzclub, Piano-Lounge), 360° (Terrassen-Aussichts-Bar), Mahiki (polynesische Cocktailbar und Grill) und The Apartment (High-Class-Club).

Hotelinformationen siehe „Jumeirah Beach Hotel".

- **Infos:** Tel. 4 06 89 99, www.jumeirah.com
- **Anfahrt mit öffentlichen Verkehrsmitteln:** Watertaxi Station Jumeirah Beach Hotel

Jumeirah Emirates Towers Hotel und Einkaufsboulevard

15 Lokalitäten in den Türmen der Jumeirah Emirates Towers, teils im Hotel zu finden, teils im Einkaufsbereich The Boulevard, aber alle unter dem Management des Hotels und somit überall lizensiert zum Alkoholausschank. Anders, als der Name vermuten lässt, überragen diese Türme nicht Jumeirah, sondern Neu-Dubai am Beginn der Shaikh Zayed Rd. Die meisten Restaurants haben ein gehobenes Preisniveau, mit Ausnahme derjenigen am Boulevard.

Restaurants mit höherem Preisniveau sind Mosaico (italienisch-mediterran), Al-Nafoorah (libanesisch-arabisch), The Ivy (traditionell-britisch), Hakkasan (modern-chinesisch) und The Rib Room (Steakhouse und Seafood).

Jumeirah Emirates Towers

dub12_002 Foto: dt

Schnelle Mahlzeiten zu mittleren Preisen gibt's im The Noodle House (asiatisches Fast-Food-Restaurant mit Show-Küche), Corner3 (gesunde und frische Häppchen), Et Sushi (Sushi vom Band und à la carte) und The Ivy (modernes britisches Bistro).

Beliebt sind die **Bars** The Agency (Weinlokal), Clique (Outdoor-Lounge) und Vu's (Ausblick aus der 50. und 51. Etage).

Wer **japanisches Essen** liebt, findet neben Et Sushi zwei weitere Lokalitäten: tokyo@thetowers (Restaurant) und Harry's Ghatto (Karaoke-Lounge).

Zu Einkaufsmöglichkeiten siehe „Einkaufszentren und Malls", zum Hotel siehe „Unterkunft".

- **Infos:** Tel. 3 30 00 00, www.jumeirah.com
- **Anfahrt mit öffentlichen Verkehrsmitteln:** Metro Red Line Station Emirates Towers

Dubai Marine Beach Resort and Spa

12 gute Restaurants und beliebte Bars bietet das Dubai Marine Beach Resort and Spa am nördlichsten Ende von Jumeirah. Die Restaurants verteilen sich um den großen, mit Pool und Garten gestalteten Innenhof einer am Strand gelegenen Landhaus-Villa. Die Preise reichen von mittlerem bis gehobenem Niveau.

Klasse **Restaurants:** The Taverna (international), Capanna Nuova (italienisch), Thai Bistro (thailändisch), Sho-Cho (modern japanisch), Flooka (Meeresfrüchte) sowie Loca (Tex-Mex-Restaurant-Bar). Arabische Kost am Abend, dazu arabische Live-Musik und Bauchtanzshows bietet Al Qasr; etwas ruhiger ist es im Al Khayma Café bei ebensolcher Live-Musik und Wasserpfeifenblubbern.

Hier tobt das **Nachtleben:** Serai (Arabic Fusion Nightclub), El Malecón (coole Latino-Kneipe) und Boudoir (glamouröse Lounge-Bar und Nachtclub).

Zum Hotel siehe „Unterkunft".

- **Infos:** Tel. 3 46 11 11, www.dxbmarine.com
- **Anfahrt mit öffentlichen Verkehrsmitteln:** Watertaxi Station Jumeirah Open Beach

Madinat Jumeirah Hotelresort und Souq

In den **44 Restaurants, Cafés und Bars** dieses „arabischen Resorts" am Strand von Jumeirah findet jeder etwas für seinen Geschmack oder seinen Geldbeutel – ob rustikal oder postmodern, ob Familienrestaurant, Fast Food, Haute Cuisine oder opulente Büfetts. Die kulinarische Bandbreite reicht von Texas über Thailand bis in die Toskana, das Preisniveau von preiswerter Mittelklasse bis hoch hinaus. Viele Restaurants sowie die Bars, Clubs und Lounges servieren Alkoholika. Immer wieder schön sind die Gartenterrassen, die verschiedene Ansichten der resorttypischen Windturmfassaden oder des Burj Al Arab bieten. Die Grünanlagen durchziehen verschlungene Pfade und Wasserkanäle. Zugänglich sind die Restaurants auch für Nicht-Hotelgäste. Gut zu kombinieren ist ein gemütliches Mahl mit einem Verdauungsspaziergang durch den sehenswerten hoteleigenen orientalischen Souq.

Restaurants im Souq Madinat Jumeirah sind beispielsweise: The Noodle House (Nudeln in pikanten Varianten), Al-Makan (arabische Speisen in ebensolchem Flair), Toscana (Pizzeria), Segreto (italienische Haute cuisine), Honyaki (japanisch), Pisces (Seafood), The Meat Co. (Steakhouse). Das Weinlokal The Agency hat nur abends geöffnet. Im Belgian Beer Café gibt's bereits ab dem Mittag kühles Bier – und mehr.

Drinks am Abend servieren die Trendsetterbars Jambase und Left Bank, Südseecocktails zu Karibikmusik bietet Trader Vic's, BarZar vermittelt Fabrikhaus-Feeling. The Rooftop (Bar) und Cementino (Lounge) haben schöne Dachterrassen mit imposanter Aussicht, sind jedoch nur an Winterabenden geöffnet. Zum Tanzen eignet sich der Club Trilogy, der Name bezieht sich auf seine drei Etagen. Ebenfalls nur abends gibt es im Segreto italienische Haute cuisine in elegant-romantischem Ambiente.

Die **Luxushotels Mina A'Salam und Al Qasr** beherbergen erstklassige Restaurants und Bars. Beliebt im Mina A'Salam: Zheng He's (chinesisch-fusion), nur zum Dinieren geöffnet sind The Wharf (Meeresfrüchte), Shimmers (Seafood und Barbecue am

Strand) und Bahri Bar (arabische Tapas und Cocktails). Interessant im Al Qasr sind Pierchic (mediterrane Fischmenüs im Luxusbootshaus) und Arboetum (international-luxuriös). Nur Abendessen bieten Pai Thai (thailändisch), Al Hambra (andalusisch-marokkanische Delikatessen) und MJ's (Steakhouse). Die Koubba Bar ist berühmt wegen ihrer coolen Drinks bei toller Aussicht.

Zu Madinat Jumeirah siehe auch „Madinat Jumeirah" sowie „Sehenswertes auf Dubais Seeseite" und „Einkaufszentren und Malls".

- **Infos:** Tel. 4 06 89 99, www.jumeirah.com
- **Anfahrt mit öffentlichen Verkehrsmitteln:** Watertaxi Station Jumeirah Beach Hotel

Dubai Marina

Der zwischen Jumeirah und Jebel Ali gelegene, noch junge Hochhaus-Stadtteil Dubai Marina wartet mit einer riesigen Vielfalt verschiedenster Speisestätten auf.

Zahlreiche **Strandresorts und Businesshotels** (z.B. Habtoor Grand Beach Resort and Spa, Le Royal Meridien Beach Resort and Spa, The Ritz-Carlton, Hilton Dubai, Sheraton Jumeirah, The Address Dubai Marina, Mövenpick, Amwaj Rotana, Grosvenor House) befriedigen Wünsche nach kostspieliger Kost und entsprechendem Ambiente.

In der **Marina Mall** bietet ein Food Court preiswerte und schnelle Speisen; er ist zwar vergleichsweise klein, hat aber auch eine Außenterrasse, zudem diverse Restaurants und Cafés. Durch das Mall-Gebäude erreicht man – wenn er eröffnet wird ... – einen siebenstöckigen **Gourmetturm,** in dem lizensierte Restaurants eine breite kulinarische Vielfalt abdecken. Preisgünstiger und legerer sind die Restaurants an der Kanalpromenade der Mall.

Am **Marina Walk,** dem Flanierweg entlang des Kanals im Osten der Mall, kann man aus diversen Restaurants, Cafés und Imbissen auswählen. Hier gibt es keinen Alkoholausschank, das Preisniveau ist meist mittel, und viele Lokale haben eine Außenterrasse. Eine Auswahl aus dem Angebot: Blues (Fisch und Meeresfrüchte), Royal Orchid (thailändisch und chinesisch), The Rupee Room (indisch), Chandelier (libanesische Kost und Wasserpfeifen), Itsu (japanisch), Umi Sushi (Sushi), Stefano's (italienisch samt Shishas), Inferno Grill (international und Grillgerichte), Johnny Rockets (Burger & Co.). Auch etliche Cafés sind am Marina Walk angesiedelt.

Ähnlich geht es zu am **JBR Walk,** dem Meeresuferpromenadenweg an der Jumeirah Beach Resicence. U.a. sind vertreten: Butcher Shop & Grill (südafrikanische Steaks und Grillgerichte), Fish & Chips Room (Fisch- und Fritten-Imbiss), Fish & Co. (Fisch und Meeresfrüchte), Kosebasi (türkische Speisen), Napoletana (Pizza-Spezialist), On the Border und El Chico (mexikanische Speisen) Kabab-Ji und Sarai (libanesisch), Wagamaman und Benihana (japanisch), Sukh Sagar At The Beach und Bombay By The Bay (indisch). Cafés gibt es selbstverständlich auch in Hülle und Fülle.

Zu Einkaufsmöglichkeiten siehe „Einkaufszentren und Malls".

- **Infos:** Tel. 4 36 10 20, www.dubaimarinamall.com, www.dubaimarina.com
- **Anfahrt mit öffentlichen Verkehrsmitteln:** Metro Red Line Station Dubai Marina & Jumeirah Lake Towers; Watertaxi Station Dubai Marina

Palm Jumeirah

Nach der Bebauung dieser künstlichen Insel in Form einer gigantischen Palme sollen auch hier unzählige Restaurants mit Speisen aus aller Herren Länder die hungrigen Gäste verwöhnen. Bislang sind es zumeist **Luxushotelresorts,** die Gastronomiebetriebe bieten, doch 2012 soll sich dies ändern, weil dann **The Pointe** eröffnet, ein Gastronomie- und Einkaufsviertel mit 120 Restaurants. An Flanierwegen am Meeresufer werden sich (unlizensierte) Lokale aller Art nebeneinander reihen und Hungrigen die Qual der Wahl bereiten. Näheres zur Jumeirah-Palmenisel siehe „Sehenswertes auf Dubais Seeseite".

Mietwagen

In Dubai kann man bei einer Vielzahl von großen und **internationalen Mietwagenfirmen** oder bei **lokalen Agenturen** ein Auto mieten. Wer sichergehen möchte, einen (bestimmten) Wagentyp zu bekommen, sollte sich diesen rechtzeitig reservieren lassen. Die meisten Verleihfirmen verlangen bei Anmietung eine Sicherheitskaution, die per Kreditkarte verbucht und bei schadensfreier Wagenrückgabe verrechnet wird.

Um in den Vereinigten Arabischen Emiraten ein Leihauto fahren zu dürfen, benötigt man einen **internationalen Führerschein** (gegen Gebühr erhältlich bei der Führerscheinstelle seines Heimatortes). Je nach Wagenklasse muss man **mindestens 21 Jahre alt** sein, wer einen Allradwagen (engl. *four wheel drive,* Abk. 4WD) steuern möchte, muss mindestens 25 sein. Auch bei Mietwagen lässt sich in den Emiraten über die Preise reden, vor allem bei längerer Mietdauer (ab einer Woche).

Preisbeispiele (Tagesmiete)

Da die Preisspannen groß sein können und sich oft auf einen bestimmten Zeitraum beziehen und zudem die Wagenklassifizierungen vielfältig sind, fällt es schwer, **Preise** zu **vergleichen.** Faustregeln: Kurzzeittarife können im Vergleich kostspieliger sein als Wochen- oder Monatstarife; emiratische Firmen bieten günstigere Preise als internationale; Mietwagenpreise können durchaus verhandelbar sein, bei längerer Mietdauer (ab einer Woche) kann man besser handeln als bei kürzerer.

- **Kleine Standardklasse:** ab 120 Dh
- **Kleine Luxusklasse:** ab 630 Dh
- **Kleine Allradklasse:** ab 400 Dh
- **Große Standardklasse:** ab 380 Dh
- **Große Luxusklasse:** ab 1900 Dh
- **Große Allradklasse:** ab 500 Dh

Ausstattung

Bei den genannten Mietpreisen ist eine **Vollkaskoversicherung meist inklusive.** Allerdings ist oftmals eine **Selbstbeteiligung** von 500–2000 Dh vorgesehen. Diese kann durch eine **Zusatzversicherung** (engl. *conclusion damage waiver,* Abk. CDW), je nach Wagentyp mit einer Gebühr von 20–100 Dh pro Tag, ausgeschlossen werden.

Eine zusätzliche persönliche **Unfallversicherung** (engl. *personal accident insurance,* Abk. PAI, ab 10 Dh pro Tag) ist überflüssig, wenn man zu Hause eine Unfallversicherung besitzt.

Preiswerter als Tagesmieten sind **Wochen- und Monatstarife oder Sonderangebote** (z.B. übers Wochenende). Die Tarife bei den lokalen Autovermietern sind günstiger als die der internationalen Firmen. Wer dort einen Mietvertrag unterschreibt, sollte kritisch prüfen, ob die Höhe der Versicherungssummen ausreichend ist.

Vor Fahrtantritt muss man zumeist eine **Kaution von mindestens 500 Dh** (je nach Wagentyp) hinterlegen. Meist wird das per (vorläufiger) Kreditkartenabbuchung erledigt.

Gesetzlich vorgeschrieben ist die Ausstattung mit einem **elektronischen**

Geschwindigkeitsbegrenzer, der **ab Tempo 120** anfängt, durch Piepen auf sich und die überhöhte Geschwindigkeit aufmerksam zu machen.

Ansonsten sind alle Wagen mit **Klima-** und **Musikanlage** sowie einem **Ersatzreifen** ausgestattet. Navigationsgeräte, Kindersitze und Dachgepäckträger kann man auf Anfrage zusätzlich erhalten. Innerhalb der Stadtgrenze wird meist ein freier Anlieferungs- und Abholservice des Autos angeboten.

Man kann sich auch einen **Chauffeur mieten,** für einen Acht-Stunden-Tag kostet er **ca. 500 Dh,** Kost und Logis sind extra zu berechnen.

Wer **exklusive Luxuswagen** mieten möchte, kann auch einen Limousinenservice in Anspruch nehmen.

Autoverleihfirmen

Internationale Firmen in Dubai

- **AVIS,** www.avisuae.ae
- Hauptbüro in Al-Rigga,
Al-Maktoum Rd, beim Uhrturm,
Tel. 2 95 71 21, Fax 2 95 68 07
-24-Std.-Service am Dubai International
Airport, Terminal 1, Tel. 2 24 52 19,
Terminal 2, Tel. 2 99 54 65
- Satwa, Shaikh Zayed Rd, Tel. 3 43 11 63
- Internet City, Building 3, Tel. 3 91 06 60
- Dubai Marina, Jumeirah Beach
Residence Walk, Tel. 4 48 42 50
- Satwa, Dubai World Trade Center,
Tel. 3 31 37 31

- **Budget,** www.budget-uae.com
gebührenfreie Tel. 8 00 27 22
- Hauptbüro im Zeenah-Gebäude
gegenüber des Deira City Centre,
Tel. 2 95 66 67, Fax 2 95 00 99
- 24-Std.-Service am Flughafen,
Dubai International Airport,
Terminals 1 und 2, Tel. 8 00 27 22
- Dubai Marina, Tel. 4 52 33 00

- **Europcar,** www.europcar-dubai.com
gebührenfreie Tel. 8 00/38 76 72 27
- Hauptbüro Al-Quoz,
Tel. 3 39 44 33, Fax 3 39 44 03
- 24-Std.-Service am Dubai International
Airport, Terminal 1, Tel. 2 24 52 40,
Terminal 3, Tel. 2 20 39 33
- Shaikh Zayed Rd, Tel. 3 30 32 44
- Internet City, Tel. 3 91 87 14

- **Hertz,** www.hertzuae.com
- Hauptbüro Um Ramool,
Tel. 2 06 02 06, Fax 2 06 02 16
- 24-Std.-Service am Dubai International
Airport, Terminal 1, Tel. 2 24 52 22,
Terminal 3, Tel. 2 20 30 13,
- Dubai Marina, Tel. 4 22 67 75
- Dubai Media City, Tel. 4 29 09 15

- **Sixt,** www.sixt.com
- Hauptbüro in Satwa, Shaikh Zayed Rd,
Tel. 3 47 97 77, Fax 3 47 91 00
- 24-Std.-Service am Dubai International
Airport, Terminal 1, Tel. 2 20 07 77

- **Thrifty,** www.thriftyuae.com
- Hauptbüro in der Zabeel Rd,
Tel. 3 31 87 72, Fax 3 41 29 21
- 24-Std.-Service am Dubai International
Airport, Tel. 2 24 54 04
- Festival City, Tel. 2 32 66 27
- Deira City Centre, Tel. 2 95 48 78
- Mall of the Emirates, Tel. 3 42 28 34
- Dubai Media City, Tel. 3 91 49 50

- Nach Eröffnung des **Al-Maktoum International Airport** werden dort Mietwagenverleihfirmen ihren Service anbieten.

Buchung in Deutschland

Bucht man einen Mietwagen bereits in Deutschland, so sollte man darauf achten, dass die **Versicherungssumme** der Haftpflichtversicherung **möglichst hoch** ist. Sie sollte pauschal mindestens 1 Mio. Euro für Personen-, Sach- und Vermögensschäden betragen. Da die Haftpflicht nicht die Schäden am gemieteten Auto ersetzt, empfiehlt es sich, das Kasko-Risiko ebenfalls direkt mitzuversichern.

Autofahren in Dubai

Dubai ist bestens auf den Autoverkehr eingestellt. Breite Straßen durchschneiden die Wüstenmetropole und autobahnähnliche Schnellstraßen (engl. *highways*) verbinden sie mit anderen Städten der Emirate.

In allen Emiraten gilt **Rechtsverkehr,** die offizielle **Höchstgeschwindigkeit** in Städten beträgt je nach Ausschilderung 60 oder 80 km/h, allerdings wird meist schneller gefahren. Außerorts sollte man höchstens 120 km/h fahren und sich genauestens an Geschwindigkeitsbegrenzungen halten. Radarkontrollen sind sehr häufig und die Strafen für zu schnelles Fahren saftig. Es besteht **Anschnallpflicht.** Mobiltelefone dürfen nur mit Freisprecheinrichtung genutzt werden (auch wenn sich kaum einer daran hält).

Die **Beschilderung ist sehr gut und meist zweisprachig** in Arabisch und Englisch. Doch wer sich nicht verfahren will, sollte einen ausführlichen Stadtplan kaufen. Hat man sich verfahren, so ist es auf den Schnellstraßen meist schwierig, zu wenden, um auf die Ausgangsstraße zu kommen.

Besonders der **Stadtverkehr in Dubai** erscheint dem Neuling sehr chaotisch. Zum einen wegen der vielen sich immer wieder verzweigenden Straßen und den nicht ausbleibenden Orientierungsschwierigkeiten, zum anderen aber auch wegen der brisanten Kombination aus dem teilweise sehr offensiven Fahrstil vieler Emiratis und der oftmals eher verschlafen wirkenden Fahrweise so mancher Pick-Up- oder Lastwagenfahrer. Oft genug hat es den Anschein, als ob manche Fahrer ihr „Können" an der Play Station erworben hätten. Die oberste Grundregel lautet: **Umsichtig und defensiv fahren** und Ruhe bewahren, auch wenn sich mancher noch so frech oder rücksichtslos einordnet, die Fahrspuren wie wild und ohne zu blinken gewechselt werden, beim Umspringen der Ampel sofort gehupt wird, wenn man nicht binnen einer Zehntelsekunde anfährt, Taxifahrer auch auf Schnellstraßen plötzlich anhalten, um einen Fahrgast einsteigen zu lassen, oder junge Männer in Rammschutz-bewehrten Geländewagen extrem dicht auffahren und mit der Lichthupe spielen, weil man ihnen zu langsam (an)fährt. Immer wieder für Erschrecken sorgt das fast schon sekundengleiche Hupen des Hintermannes, wenn eine Ampel auf Grün springt.

Besondere Vorsicht gilt in Kreisverkehren, denn hier hält kaum einer die Spur, und Blinken vor dem Rausfahren hält auch keiner für nötig. Rechts überholen und stetiges Spurwechseln auf der Suche nach einer Lücke zum Überholen sind beliebte Manöver, sowohl auf Schnellstraßen als auch im Stadtstau. In diese muntere Szenerie mischen sich immer wieder und stets unerwartet Fußgänger, Mofakuriere oder Radfahrer (!) mit mutmaßlichem Todeswunsch bzw. einer Riesenportion Gottvertrauen.

Die V.A.E. sind weltweit **eines der Länder mit der höchsten Todesrate bei Verkehrsunfällen.** Dubais Shaikh Zayed Rd liegt in dieser traurigen Statistik weit vorne – besonders schlimm ist es im Fastenmonat Ramadan. Umsichtig zu fahren und immer wieder Fehler anderer einzukalkulieren, ist mehr als nur ein kluger Ratschlag.

Innerorts prägen **breite Straßen, begrünte Stadtautobahnen, moderne Brücken und Unterführungen** das Bild. Da der Wohlstand sehr hoch ist und die meisten Emiratis nicht nur ein, sondern mindestens zwei Autos besitzen, ist das Verkehrsaufkommen in den letzten Jahren stark gestiegen. Staus sind Alltag, in manchen Stadtteilen ist die Parkplatzsuche eine „mission impossible", entsprechend entnervt sind viele Fahrer. Einen Beitrag dazu liefern auch die vielen Baustellen einschließlich der dazugehörigen Umleitungen oder Straßensperrungen.

Für Selbstfahrer etwas gewöhnungsbedürftig sind die vielen **Kreisverkehre (engl. roundabout, Abk.: R/A).** Im Gegensatz zu deutschen Kreiseln sind sie riesig und entsprechend schnell zu durchfahren. Eine wichtige Verkehrsregel lautet, dass Wagen im Kreisverkehr immer Vorfahrt haben, auch wenn sie auf der innersten Spur sind. Man kann also nur in einen Kreisverkehr einfahren, wenn alle Fahrspuren frei sind. Eigentlich sollte es so sein, dass die rechte Kreiselspur von Rechtsabbiegern, die linke von Linksabbiegern und die mittlere von Geradeausfahrern benutzt wird. Doch in der Realität muss man vor jeder Ausfahrt damit rechnen, dass Autos von der inneren Spur ausscheren und den Kreisel verlassen. Ebenso sollte man einkalkulieren, dass Wagen der äußersten Spur den Kreisverkehr nicht verlassen, sondern geradeaus weiterfahren – all dies oftmals ohne den Blinker zu setzen.

Über, unter bzw. um viele Kreisverkehre oder Kreuzungen herum führen **Überführungen** (engl. *flyover*) oder **Unterführungen** (engl. *bypass*). Möchte man nicht abbiegen und der Straße weiter geradeaus folgen, so kann man mit ihnen dem Gewühl der Kreisverkehre und Kreuzungen entgehen. Möchte man nach rechts abbiegen, so führen oftmals schon vor dem Kreisel separate Spuren nach rechts.

Vor vielen Einmündungen, Baustellen und den Einfahrten in die Kreisverkehre sorgen zahlreiche **Bodenwellen** (engl. *humps*), dafür, dass man nicht zu schnell fährt. Sie sind teilweise sehr hoch, doch zahlreiche Schilder („humps ahead") und viel Farbe auf dem Straßenpflaster machen (meist) frühzeitig auf sie aufmerksam.

Auf manchen Strecken in Dubai muss man eine **Straßenbenutzungsgebühr** (engl. *toll*) zahlen. **Salik** heißt das elektronische System, das bei jeder Durchfahrt eines Mauttores (engl. *toll gate*) 4 Dh vom vorbezahlten Salik-Guthaben abbucht. Alle Fahrzeuge, auch Mietwagen und im Ausland zugelassene Wagen, müssen eine Salik-Plakette auf der Windschutzscheibe haben, die beim Passieren eines Mauttores per Funk erkannt wird. Taxis sind von der Straßenbenutzungsgebühr ausgenommen. Salik wird abgebucht an Mautpunkten z.B. auf der Al-Garhoud-Brücke, der Al-Maktoum-Brücke (außer nachts) und der Shaikh Zayed Rd (beim Safa Park sowie bei der Mall of the Emirates). Weitere Mautpassagen werden nach und nach eingerichtet, damit der öffentliche Nahverkehr stärker genutzt wird. Wer Salik umgehen möchte, sollte auf die Hinweise der Straßenbeschilderung achten: Salik-Passagen und letzte Ausfahrten sind deutlich ausgeschrieben. Infos: Tel. 8 00/ 7 25 45, www.salik.ae.

Insbesondere auf **Fernstraßen** kann es theoretisch sein, dass plötzlich ein Kamel auf der Straße steht. Auf stark befahrenen Strecken schützen Zäune die Autofahrer vor Kamelen bzw. werden die Kamele vor den Autos beschützt. Ein **Zusammenstoß mit einem Kamel** geht selten glimpflich aus, meist sind die Insassen schwer verletzt und das Auto stark beschädigt. Hinzu kommt, dass Kamele – insbesondere Rennkamele und trächtige Muttertiere – sehr wertvoll sind, nicht nur in materieller Hinsicht. So gesellt sich zu möglichen Verletzungen, einem kaputten Auto und den Geldforderungen des Kamelbesitzers (der Wert von so manchem Kamel kann das Durchschnittsjahreseinkommen eines deutschen Staatsbürgers leicht übersteigen) der Zorn und Ärger der Emiratis darüber, eines dieser hochangesehenen Tiere verletzt oder gar getötet zu haben.

Besonders im Dunkeln sollte man sich dieser Gefahr immer bewusst sein und entsprechend langsam fahren und bremsbereit sein.

In den gesamten Emiraten gilt gegenüber **Alkohol** am Steuer null Toleranz! Wer auch nur einen Schluck Alkohol getrunken hat, sollte sich auf keinen Fall hinter das Steuer setzen! Wer auch nur eine Spur von Alkohol im Blut hat (Vorsicht bei Restalkohol vom Tag zuvor!) und in einen Unfall verwickelt wird – und sei es nur ein harmloser Blechschaden, egal ob schuldig oder nicht –, für den sieht es schlecht aus, und ein paar Nächte auf einer Polizeistation könnten durchaus die Folge sein. Versicherungen verweigern jegliche Zahlung, im Falle eines Gerichtsverfahrens könnten weitere Strafen hinzukommen. Wer (offene) Flaschen mit alkoholischen Getränken im Auto transportiert, kann im Falle einer Polizeikontrolle damit rechnen, zumindest einen Bluttest machen zu müssen. Wer keine Alkohollizenz besitzt, darf streng genommen auch gar keinen Alkohol transportieren – meist wird dies jedoch ignoriert, es sei denn, man wird in Sharjah erwischt ...

Die Frage, ob man nach einem **Verkehrsunfall** besser an der Unfallstelle stehen bleibt oder die Unfallwagen beispielsweise an den Seitenstreifen oder auf einen Parkplatz fährt, wird unterschiedlich beurteilt. Sollte es gefahrlos möglich sein, genau an der Unfallstelle stehen zu bleiben, so ist dies die bessere Option. Ist der Unfall aber nicht so schlimm, oder ist es offensichtlich, wer Schuld hat, und blockiert man zudem eine viel befahrene Strecke oder steht an einer gefährlichen Stelle, kann man auch den Weg frei machen. Allerdings sollte man sich zuvor mit allen in den Unfall verwickelten Personen verständigt haben, und es sollte klar sein, wer Schuld hat. Wird man in einen Verkehrsunfall verwickelt, bei dem jemand schwer verletzt wird oder gar stirbt, wird man eventuell so lange von der Polize festgehalten, bis die Umstände und die Schuldfrage geklärt sind. Stellt sich heraus, dass man selber schuld ist – und schlimmstenfalls noch unter Alkoholeinfluss gefahren ist – ist es wahrscheinlich, dass man verhaftet und ins Gefängnis gesperrt wird. Dort bleibt man so lange, bis das **„Blutgeld“** gezahlt ist. Die Zahlung von Blutgeld gründet auf einer alten arabischen Sitte, nach der der Familie des Opfers ein Schuldausgleich zusteht. Die Summe dieses Blutgeldes darf per Gesetz höchstens 200.000 Dh betragen. Die Zahlung des Blutgeldes durch die Autoversicherung geschieht nur in seltenen Fällen. In Ausnahmefällen kommt es vor, dass die Opferfamilie kein Blutgeld fordert, beispielsweise weil das Opfer (mit)schuldig war.

Bei jedem Unfall ist grundsätzlich die **Polizei** zu holen, denn ohne ein von ihr erstelltes Protokoll darf keine Werkstatt ein Unfallauto reparieren und auch die Versicherungen zahlen nichts. Auch wer

dub12_031 Foto: kk

dem Auto einen nennenswerten Blechschaden zufügt, ohne dass ein anderes Fahrzeug darin verwickelt ist, muss diesen Weg gehen. Wer mit einem beschädigtem Wagen durch die Straßen fährt, kann jederzeit von der Polizei gestoppt und nach diesem **Unfallbericht** gefragt werden. Durch diese Regelungen will man Fälle von Fahrerflucht verhindern.

Folgende Daten sind wichtig: Name und Anschrift des Unfallgegners, seine Versicherungsdaten, Namen und Anschriften von Zeugen, Angaben zum Unfallhergang. Man sollte versuchen, eine Kopie des Polizeiprotokolls ausgehändigt zu bekommen und den Unfallbericht, der an den Autoverleiher geht, fotokopieren. Gegebenenfalls sind die Anschrift des zuständigen Gerichtes und das Aktenzeichen des Falles wichtig.

Möchte man später eventuell **Schadensersatzansprüche** geltend machen, so sollte man bedenken, dass sie im Ausland nicht immer durchzusetzen sind. Die Gründe können der nicht ausreichende Versicherungsschutz des ausländischen Verkehrsteilnehmers oder eine lange Verfahrensdauer sein. Umso wichtiger ist der eigene ausreichende Kasko- und Unfallversicherungsschutz während der Reisezeit.

Sollte man einen **Rechtsanwalt** benötigen, so nennen die diplomatischen Vertretungen des Heimatlandes Anwälte, die englisch oder deutsch sprechen.

Zu guter Letzt ein paar **Preise** rund ums Autofahren: 1 Liter Benzin kostet 1,72 Dh; Parkgebühren staffeln sich wie folgt: 1 Stunde kostet 1–2 Dh, längere Zeiträume sind teurer: 2 Stunden kosten 5 Dh, 4 Stunden 11 Dh, für Vielparker gibt es Parkkarten bei der Hauptpost oder bei der Stadtverwaltung.

- **Automobile and Touring Club UAE**
www.atcuae.ae, Tel. 04/2 96 11 22
- **Arabian Automobile Association**
www.aaauae.com, Tel. 8 00/49 00

Websites und deutsche Service-Nummern internationaler Autoverleihfirmen:

- **AVIS,** www.avis.de
Tel. 01 80/5 21 77 02
- **Budget,** www.budget.de
Tel. 01 80/5 21 77 11
- **Europcar,** www.europcar.de
Tel. 01 80/5 80 00
- **Hertz,** www.hertz.de
Tel. 01 80/5 33 35 35
- **Sixt,** www.sixt.de
Tel. 01 80/5 25 25 25
- **Thrifty,** www.thrifty.de
Tel. 07 00/83 77 82 77
- Zudem tätigen diverse **deutsche Reiseveranstalter und -büros** Buchungen.

Mietwagenbroker:

- **Alamo,** www.alamo.de
Tel. 0 18 05/46 25 26
- **holidayautos,** www.holidayautos.de
Tel. 0 18 05/17 91 91

Lokale Firmen

- Sehr viele kleine lokale Agenturen finden sich **in Al-Rigga.**
- Mietwagen können auch **über die lokalen Tourveranstalter** (siehe „Reisebüros und Tourveranstalter“) gebucht werden.

- **Autobahn,** www.autobahnuae.com
– Hauptbüro Shaikh Zayed Rd,
Tel. 3 40 66 61, Fax 3 40 69 79
– Deira, Tel. 2 69 51 00
- **Autolease Rent a Car,**
www.autolease-uae.com
– Hauptbüro Al-Garhoud, schräg gegenüber des Hotels Al-Bustan Rotana beim Dubai International Airport,
Tel. 2 82 65 65, Fax 2 82 56 56
– 24-Std.-Service am Dubai International Airport, Tel. 2 24 49 00
- **Diamondlease,** www.diamondlease.com
– Hauptbüro Dubai Investment Park,
Tel. 8 85 22 11, Fax 8 85 26 51
– Shaikh Zayed Rd, Tel. 3 21 51 16
– 24-Std.-Service am Dubai International Airport, Terminal 1, Tel. 2 20 03 25
– Knowledge Village, Tel. 4 40 89 55

- **Fast,** www.fastuae.com
- Hauptbüro Satwa, Shaikh Zayed Rd, Tel. 3 38 71 71, Fax 3 38 87 71
- Al-Garhoud, gegenüber vom Al-Bustan Rotana Hotel, Tel. 2 83 34 48
- 24-Std.-Service am Dubai International Airport, Terminal 1, Tel. 2 24 50 40
- Internet City, Tel. 3 90 08 80

- Nach Eröffnung des **Al-Maktoum International Airport** werden dort Mietwagenverleihfirmen ihren Service anbieten.

Öffentliche Verkehrsmittel

In Dubai kann man auf vielerlei Art durch die Stadt kommen: per Taxi, Metro, Abra-Boot, Wasserbus, Wassertaxi und Wasserfähren. Verantwortlich für das Nahverkehrssystem ist die **Roads and Transport Authority** (RTA).

Schienen-, Bus- und Wassertransport sollen in Zukunft noch enger Hand in Hand gehen und für eine Entlastung von Dubais dauerverstopften Straßen sorgen. In den nächsten Jahren hat der **Ausbau eines gut funktionierenden Verkehrsverbundes** hohe Priorität, der Metroausbau samt Zubringerservice wird fortgesetzt, Taktungen und Kapazitäten werden optimiert, Buslinien erweitert. Der öffentliche Nahverkehr soll einen Großteil der Wohn- und Arbeitsgebiete Dubais erfassen, was in Anbetracht der stetig expandierenden Stadt ein ehrgeiziges Ziel ist. Durch hochmoderne und komfortable Züge, durch die Einrichtung von Taxiständen und Park & Ride-Parkplätzen an Metrostationen sowie durch die Möglichkeit, an vielen Haltestellen direkt in Busse oder Boote umzusteigen, soll der Anreiz gesteigert werden, das Auto stehen zu lassen. Insbesondere der Wassertransport wird ergänzt, die neu erbauten Inseln sollen angeschlossen werden, und auch in andere Emirate soll man zukünftig auf dem Wasserweg kommen.

- **Hinweis:** Alle in diesem Buch getätigten Angaben zur Anfahrt mit öffentlichen Verkehrsmitteln beschreiben die direkteste, unkomplizierteste Möglichkeit. Alle diejenigen, die Dubai ausgiebig mit öffentlichen Verkehrsmitteln – insbesondere per Bus – erkunden möchten, sollten sich zu Beginn ihres Aufenthalts bei der Roads and Transport Authority (RTA) einen **Übersichtsplan** aller öffentlichen Verkehrsmittel (engl. *integrated transport network*) besorgen, der auch per Download erhältlich ist (siehe unten).

Taxis

Praktisch und wichtig für Urlauber sind individuell gemietete Taxis. Es gibt mehrere Möglichkeiten, ein Taxi zu heuern: An der Straße heranwinken (durch Hupen stets zu hören, Vollbremsungen folgen als prompter Servicebeweis), Taxi per Telefonanruf, Webbuchung oder SMS zum eigenen Standort bestellen (Nummern siehe unten) oder eine 1-Dh-Münze in einen der elektronischen Buchungsautomaten werfen, woraufhin sofort ein Wagen losfährt und einen am Automaten abholt (danach sind 4,50 Dh Abholaufschlag zu zahlen).

Die meisten Wagen unterstehen der Roads and Transport Authority (RTA) und haben ein **Taxameter.** Tagsüber beträgt die **Grundgebühr** für ein an der Straße herangewunkenes Taxi **3 Dh**

dub363 Foto: kk

(nachts 3,50 bzw. 7 Dh), **jeder gefahrene Kilometer kostet 1,60 Dh.** Telefonisch oder via Web bestellte Taxis haben eine höhere Grundgebühr von 6 Dh. Taxis von den Flughäfen kosten 20 Dh Grundgebühr, und jeder angefangene Kilometer ist doppelt so teuer. An Feiertagen und nachts sind Zuschläge zu zahlen. Als Minimum sind 10 Dh zu bezahlen. Fehlt ein Taxameter, muss der Fahrpreis ausgehandelt werden.

Preisbeispiele: kurze Stadtfahrt 10–20 Dh; über den Creek 30–40 Dh; vom Zentrum zum Dubai International Airport, zur Kamel- oder Pferderennbahn oder nach Jumeirah 60–80 Dh; vom Zentrum zu den Malls in New Dubai nahe des Shaikh Zayed Highway 60–80 Dh; vom Zentrum zu Palm Jumeirah 80–100 Dh; nach Sharjah muss man zusätzlich zum Fahrpreis einen Aufschlag von 20 Dh zahlen. Einen ganzen Tag lang ein **Taxi samt Chauffeur mieten,** kostet ca. 500 Dh.

Alle Taxifahrer sind **Gastarbeiter,** sie sprechen meist recht passabel englisch und kennen sich zumindest einigermaßen aus. Oft können sie nicht lesen, sodass sie mit Straßenschildern, vorgelegten Stadtplänen oder notierten Adressen nichts anfangen können. Häufig kann es hilfreich sein, einen in der Nähe des Wunschziels gelegenen **Orientierungspunkt** zu **nennen** (Stadtteil, Hotel, Brücke, Einkaufszentrum, markantes Bauwerk etc.). Besser noch, man kennt

Auch Luxuslimousinen können in Dubai ausgeliehen werden

die Telefonnummer seines Ziels und kann im Falle von Unklarheiten dort anrufen und nach bekannten Orientierungspunkten fragen.

Nur wenige Taxifahrer versuchen, ihr Einkommen durch **überhöhte Fahrpreise** aufzubessern. Sollte sich ein Fahrgast betrogen fühlen, so kann er sich bei seiner Agentur oder der Roads and Transport Authority beschweren (die Telefonnummern sind auf den Autos außen und innen aufgeklebt). Sollte man hingegen mit dem Service wirklich zufrieden sein, so kann man dies mit einem angemessenen **Trinkgeld** belohnen (Richtwert: etwa 10% des Fahrpreises). Einen besseren Service bieten Limousinenservice-Firmen.

Spezielle Taxis, die von Frauen chauffiert werden, befördern **ausschließlich Frauen.** Zu erkennen sind sie an ihren rosafarbenen Dächern und Sitzen.

Funktaxis

Die genannten Gesellschaften haben **Taxameter und 24-Std.-Service,** für Frauen und Familien kann auf Wunsch ein Ladies-Taxi samt Fahrerin geschickt werden. Die meisten Dubaier Taxis – so auch die Folgenden – haben dieselben Tarife (siehe oben) und unterstehen der Roads and Transport Authority (RTA).

- **Dubai Taxi,** Tel. 2 08 08 08
- **Arabia Taxi,** Tel. 2 85 55 66
- **Metro Taxi,** Tel. 2 67 32 22
- **Cars Taxi,** Tel. 2 69 29 00, gebührenfrei 8 00/22 77 89

Limousinenservice

- **Dubai Exotic Limo**
Tel. 2 86 86 35, gebührenfrei 8 00/54 66, www.dubaiexoticlimo.com
- **Dubai Excellence Limo**
Tel. 2 65 22 28, gebührenfrei 8 00/5 46 67, www.excellencelimo.com

Metro

Die Metro nimmt eine wichtige Rolle im öffentlichen Nahverkehr der Stadt ein. Wie nahezu alle öffentlichen, innerstädtischen Verkehrsmittel ist auch für die Metro Dubais Roads and Transport Authority (RTA) verantwortlich.

Zwei Metrolinien sind in Betrieb: Die **Red Line** verläuft fast quer durch die Stadt **vom Stadtteil Rashidiya** (östlich der Dubai Festival City, Airport Rd/Ecke Emirates Rd) **nach Jebel Ali** (an der Grenze zum Emirat Abu Dhabi), 70 Minuten dauert die 52 km lange Fahrt über 29 Stationen. Eventuell wird die Linie in Zukunft bis zum neuen Flughafen (Al-Maktoum International) oder auch bis an die Grenze des Emirates Abu Dhabi verlängert. Die **Green Line** verläuft im Nordosten Dubais von dem nahe an Sharjah gelegenen Stadtteil Al-Qusais auf die andere Creekseite nach Al-Jadaf. Sie ist 23 km lang und hat 15 Stationen, 36 Minuten dauert diese Fahrstrecke.

Die Metro fährt **größtenteils oberirdisch,** nur im Innenstadtbereich unterirdisch. Die hochmodernen Züge fahren – fahrerlos – maximal 110 km/h, meistens jedoch 42 km/h schnell zwischen 5 Uhr morgens und 1 Uhr nachts, freitags erst ab 13 Uhr. Es gibt Wagen der 1. (Gold Class) und Standardklasse (Silver Class) sowie Frauenabteile (dabei kann frau frei entscheiden, ob sie in ein Damen- oder ein Ge-

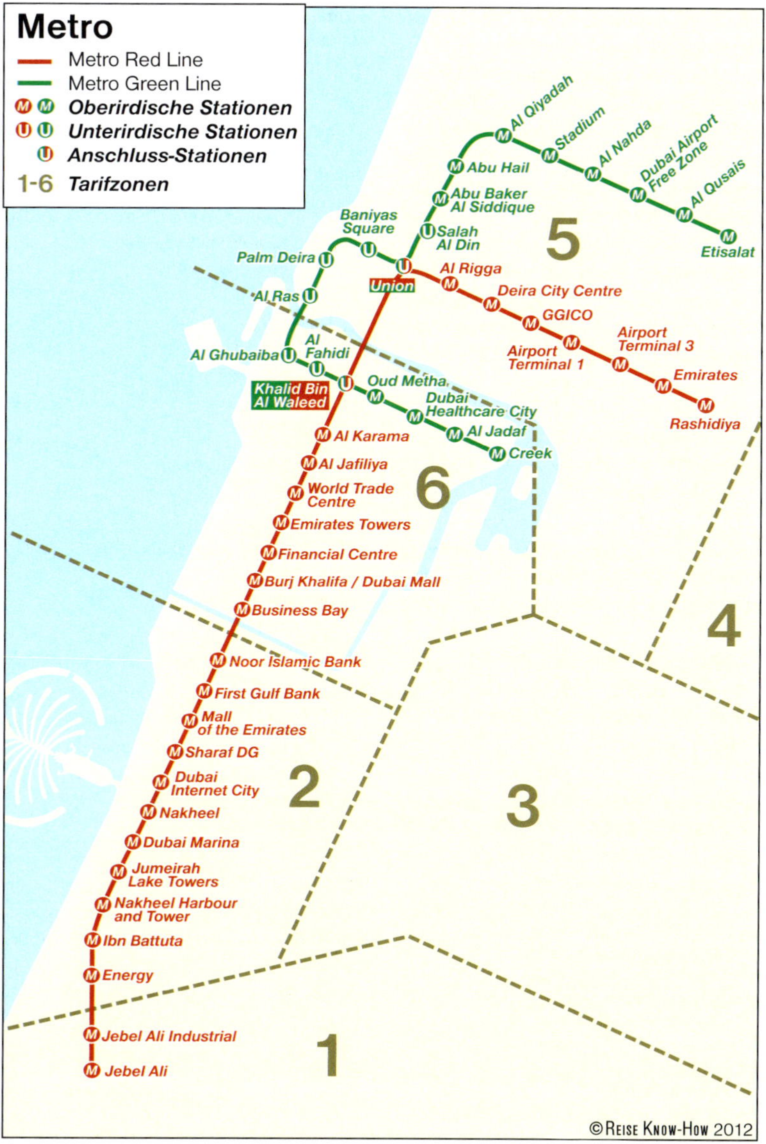
Metro
Metro Red Line
Metro Green Line
Oberirdische Stationen
Unterirdische Stationen
Anschluss-Stationen
1-6 Tarifzonen
Al Qiyadah
Stadium
Al Nahda
Dubai Airport Free Zone
Al Qusais
Etisalat
Abu Hail
Abu Baker Al Siddique
Salah Al Din
Baniyas Square
Palm Deira
Al Ras
Al Ghubaiba
Al Fahidi
Union
Khalid Bin Al Waleed
Oud Metha
Dubai Healthcare City
Al Jadaf
Creek
Al Rigga
Deira City Centre
GGICO
Airport Terminal 1
Airport Terminal 3
Emirates
Rashidiya
Al Karama
Al Jafiliya
World Trade Centre
Emirates Towers
Financial Centre
Burj Khalifa / Dubai Mall
Business Bay
Noor Islamic Bank
First Gulf Bank
Mall of the Emirates
Sharaf DG
Dubai Internet City
Nakheel
Dubai Marina
Jumeirah Lake Towers
Nakheel Harbour and Tower
Ibn Battuta
Energy
Jebel Ali Industrial
Jebel Ali
1
2
3
4
5
6
©Reise Know-How 2012

mischt-Abteil möchte). Die **Metrostationen** sind nach den Themen Erde, Luft, Feuer und Wasser gestaltet, behindertengerecht ausgebaut und bieten vielfältige Serviceeinrichtungen. Ihr Name richtet sich nicht immer nach nahe liegenden Stadtteilen oder Orientierungspunkten, sondern auch nach Sponsoren der Bahn.

Die beiden **Flughäfen** Al-Maktoum International und Dubai International sollen zukünftig durch eine oder zwei Metrolinien verbunden sein.

Metro-Umsteigepunkte (Red und Green Line)

• **Bur Dubai:** Khalid Bin Al Waleed Station, an der Kreuzung Khalid Ibn al-Waleed Rd, und Trade Centre Rd beim BurJuman-Einkaufszentrum

• **Deira:** Union Square Station, Umar Ibn al-Khattab Rd/Ecke Al-Maktoum Rd, am Beginn der Rigga Rd nahe des Al-Ghurair-Einkaufszentrums.

Stationen der Red Line

Im Folgenden (gilt für Red und Green Line) werden alle Stationen mit einer Auswahl wichtiger Bus-, Metro- und Wassertransport-Anschlussmöglichkeiten genannt (F-Busse sind Zubringerbusse aus dem umliegenden Stadtteil, alle anderen Linien fahren meist zu Busbahnhöfen weiter). Die Zubringerparkplätze sind für Metronutzer kostenfrei.

• **Rashidiya**
Bus Station Rashidiya, Zubringerparkplätze

• **Emirates**

• **Dubai Airport Terminal 3**
Buslinien 88, C1

• **Dubai Airport Terminal 1**
Buslinien 4, 11A, 32C, 33, 42, 48, 88, 64A, C1

• **GGICO**

• **Deira City Centre**
Buslinien 22, 27, 33, 53, 88, C10, C14, C15, C19, X28

• **Al-Rigga**

• **Union**
Anschluss an Metro Green Line; Buslinien 4, 11A, 27, C1, C2, C4, C5, C7, C9, X94; Fernbusse nach Sharjah und in die nördlichen Emirate; Waterbus & Watertaxi Station Baniyas in Gehnähe

• **Khalid Bin Al Waleed**
Anschluss an Metro Green Line; Buslinien 21, 33, 42, 44, 61, 61D, 66, 67, 91, C2, C4, C5, C10, C18, C19, C55, X23

• **Al-Karama**
Buslinien 21, 61, 88, C2, C3, C10, C15, C26

• **Al Jafiliya**

• **World Trade Centre**

• **Emirates Towers**

• **Financial Centre**

• **Burj Khalifa/Dubai Mall**
Buslinien F13, F16

• **Business Bay**
Buslinien 7, F16, F20

• **Noor Islamic Bank**

• **First Gulf Bank**

• **Mall of the Emirates**
Buslinien 93, F30, F33; ab 2014 Anschluss an Al Sufouh Tram

• **Sharaf DG**

• **Dubai Internet City**

• **Nakheel**
Buslinien 88, X28

• **Dubai Marina**
Buslinien F37; ab 2014 Anschluss an Al Sufouh Tram

• **Jumeirah Lake Towers**
Ab 2014 Anschluss an Al Sufouh Tram

• **Nakheel Harbour and Tower**
Zubringerparkplätze

• **Ibn Battuta**
Buslinien 8, F43, F44, F46, F48, F53

• **Energy**

• **Jebel Ali Industrial**

• **Jebel Ali**
Buslinien 99, F54

Die Metro an der Sheikh Zayed Rd

dub12_019 Foto: dt

Stationen der Green Line

- **Etisalat**
  Buslinie 31, Zubringerparkplätze
- **Al Qusais**
- **Dubai Airport Free Zone**
- **Al Nahda**
- **Stadium**
- **Al Qiyadah**
- **Abu Hail**
- **Abu Baker Al Siddique**
- **Salah Al Din**
- **Union**
  Anschluss an Metro Red Line; Buslinien 4, 11A, 27, C1, C2, C4, C5, C7, C9, X94; Fernbusse nach Sharjah und in die nördlichen Emirate; Waterbus & Watertaxi Station Baniyas in Gehnähe
- **Baniyas Square**
  Bus Station Deira Al Sabkha in Gehnähe; Buslinie 64A; Abra & Waterbus & Watertaxi Station Deira Al Sabkha in Gehnähe
- **Palm Deira**
- **Al Ras**
  Buslinien 27, 53, C2, C4, C7, C9, C28; Bus Station Gold Souq in Gehnähe
- **Al Ghubaiba**
  Bus Station Al Ghubaiba
- **Al Fahidi**
- **Khalid Bin Al Waleed**
  Anschluss an Metro Red Line; Buslinien 21, 33, 42, 44, 61, 61D, 66, 67, 91, C2, C, C5, C10, C18, C19, C55, X23
- **Oud Metha**
- **Dubai Healthcare City**
- **Al Jadaf**
- **Creek**
  Buslinie C4

Weitere Schienenbahnen

Die Metro wird durch zwei weitere schienengebundene Angebote ergänzt: von der Palm Monorail auf Palm Jumeirah (bereits in Betrieb) sowie ab 2014 von der Al Sufouh Tram.

Über den Stamm der Palmeninsel fährt die Einschienenbahn **Palm Monorail.** Eine einfache Fahrt von der Gateway Station auf dem Festland zur Atlantis Aquaventure Station auf dem Wellenbrecherkranz kostet 15 Dh, hin und zurück 25 Dh, tagsüber 8–22 Uhr. Weitere Stationen sollen hinzukommen.

Die **Al Sufouh Tram** fährt ab 2014 von Madinat Jumeirah (evtl. auch ab dem Jumeirah Beach Hotel oder der Mall of the Emirates) entlang der Al-Sufouh Rd durch den küstennahen Stadtteil Al-Sufouh bis zur Dubai Marina (bzw. retour). Sie soll an den drei Haltestellen Jumeirah Lake Towers, Dubai Marina und Mall of the Emirates Anschluss an die Metro Red Line haben. Auch auf die Insel Palm Jumeirah wird man dann einfacher kommen, denn die Tram hat Anschluss an die Palm Monorail Gateway Station.

Stadtbusse

Der innerstädtische öffentliche Bustransport obliegt Dubais Roads and Transport Authority (RTA). Das Busnetz ist mit einer stets wachsenden Zahl an Routen **gut organisiert** und fest in den Händen der **Gastarbeiter.** Busse sind auch als Zubringer zur Metro interessant. Der **Fahrpreis** ist zonenabhängig, das Ticket gilt im RTA-Verbund auch für Metro und Wasserbusse (siehe unten). **Frauen** dürfen im vorderen Busteil unter sich sein, können sich aber auch nach hinten setzen. Die meisten Linien verkehren wochentags von frühmor-

Dubai erfindet sich ununterbrochen aufs Neue

gens (etwa ab 6–7 Uhr) bis spätabends (22–23 Uhr).

An den meisten Bushaltstellen stehen klimatisierte Wartehäuschen, an denen ein **Streckennetzplan** aushängt. Glücklich dürfen sich diejenigen schätzen, die eine faltbare Streckenkarte ergattert haben. Es gibt sie an den Busbahnhöfen, sie sind jedoch schnell vergriffen.

Wichtige Busbahnhöfe

Im Folgenden werden nur einige wichtige Bus-, Metro- und Wassertransport-Anschlussmöglichkeiten genannt, es besteht kein Anspruch auf Vollständigkeit.

- **Bus Station Al Ghubaiba,** im Souq von Bur Dubai, südlich der Al Ghubaiba St. beim Shindaga-Markt: Stadtbusse 7, 8, 12, 21, 33, 42, 44, 61, 61D, 66, 67, 91, 93, C5, C9, C19, C28, C55, X13, X92; Fernbusse E66, E306 nach Sharjah und E100 nach Abu Dhabi; Metroanschluss Green Line; Watertaxi Station Bur Dubai in Gehnähe; Bur Dubai Abra & Watertaxi Station in Gehnähe
- **Bus Station Gold Souq,** in Deira, Al-Ras, Al-Khor St., beim Goldsouq: Stadtbusse 4, 8, 10, 11A, 13, 13A, 13B, 13D, 17, 27, 31, 53, 64, 64A, C4, C5, C7, C9, C28, C55, X10, X94; Metro Green Line Station Al Ras in Gehnähe
- **Bus Station Satwa,** in Satwa, östliche Al-Satwa Rd: Stadtbusse 32C, 98E, C1, C9, X13; Fernbus E304 nach Sharjah
- **Bus Station Rashidiya,** in Rashidiya, Airport Rd (Stadtbusse F1, F2, F3, F5, F10, 4, 11A, 48, 365; Metroanschluss Red Line)
- **Bus Station Al Sabkha,** in Deira, Al-Sabkha Rd: Stadtbus 17, Fernbus E16 nach Hatta; Metro Green Line Station Baniyas Square in Gehnähe; Abra & Waterbus & Watertaxi Station Deira Al Sabkha in Gehnähe
- **Bus Station Union Square,** in Deira, Umer Ibn al-Khattab Rd/Ecke Rigga Rd: nur Fernbusse nach Sharjah und in die nördlichen Emirate, Tel. 2 27 38 40; Metroanschluss Red Line und Green Line; Waterbus & Watertaxi Station Baniyas in Gehnähe

dub12_020 Foto: dt

- Auch die Bur Dubaier Metrokreuzungsstation **Khalid bin Al Waleed** wird von zahlreichen Stadtbuslinien angefahren (siehe oben).

Wassertransport

Konnte man einst nur den Creek in traditionellen Abra-Holzbooten überqueren (siehe „Sehenswertes am Creek"), sind die öffentlichen Wassertransportmöglichkeiten inzwischen vielfältiger geworden. **Schnell** weil staufrei kommt man mit Wasserbussen, Wasserfähren und Wassertaxis im Creek sowie in den Küstengewässern voran.

Alle maritimen Transportmöglichkeiten unterstehen **Dubais Roads and Transport Authority (RTA),** Fahrten mit den Wasserbussen sind in das Tarifsystem der RTA eingebunden (siehe unten), alle anderen Wassertransportmittel haben eigene Tarife.

Zur Lage der Stationen siehe „Sehenswertes am Creek".

Abras

Im Stadtzentrum von Deira und Bur Dubai kann man mit Abra-Booten und Wasserbussen den **Creek überqueren.**

Motorisierte Abras fahren auf zwei Routen zwischen vier Stationen:

- **Strecke 1:** Deira Old Souq Station – Bur Dubai Station (5–24 Uhr)
- **Strecke 2:** Deira Al Sabkha Station – Bur Dubai Old Souq Station (24 Std.)

Die Boote verkehren in beide Richtungen, eine Creekquerung kostet pro Person 1 Dh (siehe auch „Sehenswertes am Creek"). Abras kann man auch für individuelle Stadtbesichtigungen mieten (ca. 100 Dh pro Stunde und Boot).

Zudem kann man **Ruder-Abras** chartern, sie kosten ca. 30 Dh pro Stunde

dub10_008 Foto: dt

und Boot; es gibt zwei Stationen: Public Library Station (Deira, Al-Ras) sowie Creek Park Station (Bur Dubai, Floating Bridge).

Wasserbusse

Klimatisiert und behindertengerecht kann man auch mit Wasserbussen von einem zum anderen Creekufer fahren, dies kostet 2 Dh je Teilstück (Nol Ticket oder Karte, siehe unten), zwischen 7 und 22 Uhr alle 15–20 Min.:

- **Strecke 1:** Bur Dubai Old Souq Station – Deira Baniyas Station
- **Strecke 2:** Bur Dubai Old Souq Station – Deira Al Sabkha Station
- **Strecke 3:** Deira Al Sabkha Station – Deira Baniyas Station – Al Seef Station

Dubai Ferry

Mit klimagekühlten, behindertengerechten **Wasserfähren** der Roads and Transport Authority (RTA) kann man **zwei verschiedene Rundfahrten** durch den Creek und entlang der Küstengewässer unternehmen. Jeweils Abfahrten um 11, 17, 19 und 21 Uhr, Fahrtdauer 1 Std., Preis pro Person ab 50 Dh, Tickets an Bord:

- An der **Ferry Station Al Seef** startet die Tour durch den Creek und entlang der Küstengewässer von Jumeirah und dem Inselprojekt The World bis kurz vor das berühmte Luxushotel Burj Al Arab sowie retour. Zum Start- und Endpunkt, zur Ferry Station Al Seef auf der Bur-Dubai-Seite, kommt man von den Souqarealen von Deira oder Bur Dubai mit Wasserbus, weitere Anreisen z.B. mit Wassertaxi.

Abra-Rundfahrt auf dem Creek

- An der **Ferry Station Marina Mall** startet die Dubai Ferry durch den Kanal der Dubai Marina und weiter entlang der Küstengewässer zu Palm Jumeirah bis vor das Atlantis Hotel und zurück. Zum Start- und Endpunkt, zur Ferry Station Marina Mall direkt an der Marina Mall, kommt man am besten per Metro Red Line oder Wassertaxi.

Wassertaxis

RTA-Wassertaxis bieten individuellen Wassertransport **ohne feste Abfahrtszeiten für maximal elf Personen.** Jedoch muss man diese buchen, dann wird man an einer von derzeit 23 Stationen abgeholt. Zwischen 10 und 22 Uhr werden Ziele entlang des Creek, an Dubais Küste und der Dubai Marina angefahren. Die Preise sind streckenabhängig, beispielsweise Bur Dubai – Deira Old Souq 65 Dh, Al Fahidi – Dubai Marina 315 Dh, Dubai Festival City – One & Only The Palm 440 Dh.

Wassertaxis kann man auch individuell zur Stadtbesichtigung mieten, was pro Boot und Stunde 400 Dh kostet.

Wassertaxi-Stationen

Im Folgenden werden alle Stationen mit einer Auswahl wichtiger Bus-, Metro- und Wassertransport-Anschlussmöglichkeiten genannt.

- **Al Mamzar**
- **Deira Old Souk** (auch Abra Station)
- **Al Sabkha** (auch Waterbus & Abra Station; Bus Station Al Sabkha in Gehnähe)
- **Baniyas** (auch Waterbus Station; Red Line & Green Line Metro Station Union in Gehnähe; Bus Station Union Square in Gehnähe)
- **Dubai Festival City**
- **Dubai Creek Golf & Yacht Club**
- **Shindagha** (Bus Station Al Ghubaiba in Gehnähe; Metro Green Line Station Al Ghubaiba in Gehnähe)

Urlaub in Dubai

- **Bur Dubai** (auch Abra Station; Bus Station Al Ghubaiba in Gehnähe; Metro Green Line Station Al Ghubaiba in Gehnähe)
- **Al Fahidi** (Metro Green Line Station Al Fahidi in Gehnähe)
- **Al Seef** (auch Station von Waterbus und Ferry)
- **Creek Park A**
- **Creek Park B**
- **Al Boom Tourist Village**
- **Jumeirah Open Beach**
- **Jumeirah Beach Park**
- **Jumeirah Beach Hotel**
- **Dubai Marina** (Metro Red Line Station Dubai Marina in Gehnähe; Ferry Station Marina Mall in Gehnähe)
- **Jebel Ali Golf Resort**
- **Atlantis** (Monorail Station The Palm in Gehnähe)
- **Mina Siyahi**
- **One & Only Royal Mirage**
- **One & Only The Palm**

RTA-Tarifsystem

Busse, die Metro und Wasserbusse unterliegen dem RTA-Tarifsystem. Es setzt sich zusammen aus nach Farben differenzierten Fahrklassen, NOL genannt, und Tarifzonen (siehe unten):

- **Bus-, Metro- und Wasserbusfahrten** erfordern den Kauf eines roten NOL-Einzeltickets oder einer vorbezahlten, wiederaufladbaren NOL-Karte (verschiedene Farben) vor Fahrtantritt. Erhältlich in RTA-Servicebüros, an Ticketschaltern, an Ticketmaschinen oder bei autorisierten Verkaufsagenten.
- **Keine Barbezahlung bei Einstieg möglich!**
- Das **Nol Red Ticket** ist ein Einzel- oder Mehrfachticket für Gelegenheitsfahrten mit Preisstaffelung je nach Tarifzone und Fahrklasse (siehe unten). Zusätzlich kostet es 2 Dh Ausstellungsgebühr. Man kann es für ein bis zehn Einzelfahrten kaufen bzw. an bis zu fünf Tagen als Tagesticket nutzen (siehe unten). Es gilt jeweils nur für ein Verkehrsmittel (Metro oder Bus oder Wasserbus), nicht für Kombinationen.
- Im Gegensatz dazu kann man mit den vorbezahlten und wiederaufladbaren **NOL-Karten (Silver, Gold, Blue Card)** Bus-, Metro- und Wasserbusse verknüpft nutzen (außerdem zum Bezahlen evtl. anfallender Parkplatzgebühren).
- Die NOL Silver Card sowie die NOL Blue Card entsprechen der **regulären Klasse,** die NOL Gold Card der **1. Klasse** und kostet mehr, die Blue Card bietet Residenten Ermäßigungen. Silber- und goldfarbene NOL-Karten kosten anfangs 20 Dh und beinhalten einen Fahrwert in Höhe von 14 Dh. Der Tageshöchstbetrag der silberfarbenen Karten liegt bei 14 Dh, diese eignen sich als Tageskarten für beliebig viele Fahrten durch alle Tarifzonen. Auch das NOL Red Ticket kann für 14 Dh Gebühr als Tagesticket gelten. Dazu addieren sich Gebühren für die erstmalige Ausstellung.
- Wichtig für alle drei Verkehrsmittel: NOL-Karten bzw. -Tickets sind **immer vor und nach Fahrtantritt im Kartenlesegerät zu entwerten** – so wird der korrekte Preis abgerechnet!

Das RTA-Tarifsystem staffelt sich neben den oben beschriebenen NOL-Fahrklassen nach den Tarifzonen T0 bis T3:

- **T0 Tarif:** Eine einfache Kurzstreckenfahrt von max. 3 km Länge kostet 2 Dh als rotes NOL-Einzelticket bzw. 1,80 Dh mit der silberfarbenen NOL-Karte bzw. 3,60 Dh mit der NOL-Goldkarte.
- **T1 Tarif:** Einfache Fahrten innerhalb einer der Tarifzonen kosten 2,50 Dh mit dem Red Ticket bzw. 2,30 Dh mit der Silver Card bzw. 4,60 Dh mit der Gold Card.
- **T2 Tarif:** Fahrten von einer Zone in eine benachbarte kosten 4,50 Dh mit dem Red Ticket bzw. 4,10 Dh mit der Silver Card bzw. 8,20 Dh mit der Gold Card.
- **T3 Tarif:** Fahrten über zwei Zonen hinaus kosten 6,50 Dh als Red Ticket bzw. 5,80 Dh mit der Silver Card bzw. 11,60 Dh mit der Gold Card.
- **Wichtig:** Eine Fahrt innerhalb einer Tarifzone (T0 Tarif) darf maximal 90 Min. dauern, spätestens 30 Min. nach Fahrtende mit dem ersten Verkehrsmittel muss das zweite bestie-

gen werden, nur ein Wechsel ist erlaubt. Bei Fahrten durch mehrere Tarifzonen (T1, T2, T3) beträgt die erlaubte Gesamtfahrtdauer 180 Min. und drei Wechsel sind erlaubt. Richtungsänderungen gelten immer als neue Fahrt, nicht als Wechsel!

- **Kinder unter fünf Jahren und 90 cm Körpergröße fahren gratis.**

RTA-Informationen

- **Informationen** und Bus-Routenpläne (auch Infos zu Abras und zur Metro sowie zu den inneremiratischen Bussen): **Roads and Transport Authority (RTA),** gebührenfreie Tel.-Nr. 8 00/90 90 (täglich 24 Std.), www.rta.ae; hier kann man sich u.a. einen PDF-Plan mit Bus-, Metro- und Wassertaxirouten herunterladen (auch als Broschüre erhältlich).
- Eine spezielle Website mit **Tarifinfos sowie Abfrage und Aufladung der Nol-Karten** ist **www.nol.ae.**
- Spezielle Wojhati-Website mit interaktivem **Routenplaner** zu allen innerstädtischen Verkehrsmitteln der RTA: www.rta.ae/wojhati.
- **RTA Main Office:** im Stadtteil Umm Ramool, Marrakesh Rd, in der Nähe vom Dubai International Airport, Metro Red Line Station Emirates, geöffnet 7.30–14.30 Uhr.
- **RTA Customer Centers** finden sich beispielsweise an folgenden Busbahnhöfen (Bus Station, Lage siehe oben): Al Sabkha, Gold Souq, Al Ghubaiba, Satwa, Rashidiya – geöffnet von frühmorgens bis spätabends, manche 24 Std.; auch an folgenden Abra- und Wasserbusstationen am Creek (Abra Station, Waterbus Station, Lage siehe „Sehenswertes am Creek"): Baniyas, Al Sabkha, Deira Old Souq, Al Seef, Bur Dubai Old Souq – geöffnet von frühmorgens bis frühabends, manche 24 Std.; am Creek auch an den Wassertaxistationen (Watertaxi Station): Al Shandagha, Creek Park A & B – geöffnet von frühmorgens bis frühabends, manche 24 Std.

- **Weitere Infos** zum öffentlichen Nahtransport unter www.dubai.ae.

Innerstädtische Nahverkehrsknotenpunkte von Metro, Bus- und Wassertransport

- **Bur Dubai Souq:** Metro Green Line Station Al Ghubaiba; Bus Station Al Ghubaiba; Waterbus & Abra Station Bur Dubai Old Souq; Abra & Watertaxi Station Bur Dubai
- **Deira, Al-Ras Halbinsel:** Metro Green Line Station Al Ras; Bus Station Gold Souq; Abra & Watertaxi Station Deira Old Souq
- **Deira, Baniyas-Platz, Union Square:** Metro Red & Green Line Station Union; Waterbus & Watertaxi Station Baniyas

dub371a Foto: kk

Moderner Windturm am Diwan, dem Regierungspalast

Gut zu wissen

- **Essen, Trinken und Rauchen** ist in allen Verkehrsmitteln sowie an den Haltestellen bzw. -stationen untersagt.
- Fahrgästen in allzu **freizügiger Kleidung** kann der Transport verwehrt werden.
- Ein **Verweilen** in den innerstädtischen Verkehrsmitteln **von über 3 Std. ist untersagt.**

Überlandbusse

Informationen zu Bussen, die ab Dubai in andere Städte der V.A.E. (und retour) fahren bietet die **Roads and Transport Authority RTA** (siehe oben). Busse ins benachbarte Sharjah werden in Zukunft den neu gebauten Busbahnhof Sharjahs in Stadtteil Al-Azra ansteuern.

Wichtige Buslinien in andere Emirate

- **Linie E16:** Bus Station Al Sabkha – Hatta (Fahrzeit 2 Std. 15 Min., 7 Dh, tagsüber alle 60 Min.)
- **Linie E100:** Bus Station Al Ghubaiba – Abu Dhabi (Fahrzeit 2 Std., 20 Dh, tagsüber alle 40 Min.)
- **Linie E101:** Bus Station Ibn Battuta Mall – Abu Dhabi (Fahrzeit 2 Std., 25 Dh, 8 Busse täglich)
- **Linie E303:** Bus Station Union Square – Sharjah Bus Station Jubail (Fahrzeit 35 Min., 5 Dh, tagsüber alle 10 Min.)
- **Linie E304:** Bus Station Satwa – Sharjah Bus Station Jubail (Fahrzeit 50 Min., 5 Dh, tagsüber alle 30 Min.)
- **Linie E306:** Bus Station Al Ghubaiba – Sharjah Bus Station Jubail (Fahrzeit 40 Min., 5 Dh, tagsüber alle 10 Min.)
- **Linie E307:** Bus Station Deira City Centre – Sharjah Bus Station Jubail (Fahrzeit 60 Min., 7 Dh, tagsüber alle 20 Min.)
- **Linie E400:** Bus Station Union Square – Ajman (Fahrzeit 50 Min., 7 Dh, tagsüber alle 20 Min.)
- **Linie E700:** Bus Station Union Square via Bus Station Rashidiya – Fujairah (Fahrzeit 2 Std., 25 Dh, tagsüber stündlich)

Busse ins Ausland

- **Expressreisebusse nach Muscat/Oman** starten vom DNATA-Parkplatz (Deira, Rückseite des Flame R/A, an der Kreuzung der Al-Ittihad Rd mit der Al-Maktoum Rd), täglich frühmorgens und spätnachmittags, einfache Fahrt 55 Dh, hin und zurück 100 Dh. Es verkehren **Oman National Transport Co.** (Tel. 2 95 99 20, www.ontcoman.com) sowie **Comfort Line** (Tel. 2 95 67 33); beide haben ihr Verkaufsbüro hinter dem DNATA-Hauptgebäude, die Tickets sollten besser einen Tag vorher organisiert werden.
- **Private Transportunternehmen** bedienen Länder der **Golfregion** und des **Mittleren Ostens,** z.B. Bahrain, Qatar, Kuwait, Ägypten, Jordanien, Syrien und Saudi-Arabien; zahlreiche Agenturen finden sich in Bur Dubai rund um die Bus Station Al Ghubaiba sowie in der Al-Khor St. in Deira zwischen Bus Station Gold Souq und Goldsouq.

Flugzeug

Dubai International Airport

Der ältere internationale Flughafen von Dubai liegt **auf der östlichen Seite des Creek,** keine 5 km vom alten Stadtzentrum (Deira, Bur Dubai) entfernt im Stadtteil Al-Garhoud. Zu seinen **Einrichtungen** zählen Hotels, Banken, Post, Restaurants und Snack-Bars, medizinische Notfallstation, Autovermietungen, Hotelreservierung, Taxi- und Limousinenservice, Dubai Department of Tourism and Commerce Marketing, Telefongesellschaften, Parkhaus und der große Dubai-Duty-Free-Komplex – viele mit 24-Std.-Service. **Drei Terminals** hat dieser Flughafen, Shuttle-Busse verbinden sie. Terminal 3 ist exklusiv für Emirates-Fluggäste.

- Wer **schnell und bequem durch die Flughafen-Formalitäten** wie Zoll und Immigration oder auch Gepäckabfertigung kommen möchte oder VIP- oder Familienservice oder Behindertenbetreuung wünscht, kann sich an den **Merhaba-Service** wenden: Tel. 2 24 57 80, www.marhabaservices.com, auch Business Centre, Lounge, Programme für Transitreisende, Limousinenservice.

- Die **Metro** verkehrt ab Terminal 1 und Terminal 3: Mit der Red Line kommt man ins Stadtzentrum und weiter bis Jebel Ali.
- **Ab Terminal 1** bestehen tagsüber u.a. folgende Busverbindungen: Linien 4, 11A und 64A von/zur Bus Station Gold Souq, Linien 33 und 42 von/zur Bus Station Al Ghubaiba, Linien 32C und C1 von/zur Bus Station Satwa, Linien 88 und C1 von/zum Terminal 3.
- **Terminal 2** wird verbunden von den Buslinien 13B und 31 von/zur Bus Station Gold Souq sowie von der Linie C2 von/zur Bus Station Union Square.
- **Terminal 3** wird verbunden mit der Buslinie C1 von/zur Bus Station Satwa sowie von der Linie 88 zum Terminal 1 und zum Deira City Centre, von dem man besser zu anderen Zielen weiterkommt.
- **Taxis ab den Flughäfen** kosten eine erhöhte Grundgebühr von 20 Dh (engl. *pick-up charge*), und jeder angefangene Kilometer ist doppelt so teuer wie sonst.

Al-Maktoum International Airport

Dubai baut einen zweiten internationalen Flughafen, der zehn Mal so groß wie Dubai International Airport und der **weltgrößte Passagier- und Frachtflughafen** werden soll. Al-Maktoum International wird über sechs Start- und Landebahnen, zwei Mega-Terminals und sechs Flughafenhallen verfügen, um jährlich 120 Millionen Passagiere empfangen und 12 Millionen Tonnen Fracht umsetzen zu können. Alle modernen Flugzeugtypen, auch das Großflugzeug A380, sollen abgefertigt werden. Der Flughafen soll die geplante rapide Expansion von Tourismus und Handel gewährleisten. Seit 2010 sind erste Einrichtungen des Flughafens in Betrieb, in Zukunft soll er an die Metro angebunden sein.

Al-Maktoum International liegt weitab des alten Stadtzentrums näher am neuen Dubai, in Jebel Ali. Um ihn herum entsteht **Dubai World Central** (Abk. DWC). Mit DWC möchte Dubai nicht nur die Luftfahrt- und Logistikdrehscheibe der Golfregion werden, sondern global einen vorderen Rang einnehmen.

- **Infos:** www.dwc.ae

Inlandsflüge

Inneremiratische Flüge gibt es nur mit **Eastern Express** (siehe unten) zwischen Abu Dhabi und Fujairah.

Wer es sich leisten kann, hat die Möglichkeit, einen **Hubschrauber zu chartern** (siehe „Dubai-Sightseeing").

Internationale Flüge

Die **Dubai International Air Travel Agency, DNATA,** ist eines der größten Reisebüros der Region. Es bietet die Serviceleistungen eines Reisebüros und ist der Generalagent von zahlreichen internationalen Fluggesellschaften. Auch Ticket-Reservierungen, Buchungen und Rückbestätigungen zahlreicher Fluggesellschaften organisiert DNATA.

- **Infos: Contact Centre** (24 Std.), Tel. 3 16 66 66, www.dnata.com
- Das riesige **Gebäude von DNATA** steht unübersehbar am Flame Roundabout, einem Kreisverkehr östlich des Uhrturmes im Stadtteil Al-Rigga. DNATA hat auch zahlreiche Filialen, z.B. im BurJuman Centre und im Trade Centre.

Wichtige Fluggesellschaften

Neben Emirates und Etihad sind auch die Low Cost Carrier Air Arabia, flydubai und Eastern Express in den V.A.E. ansässig.

- **Air Arabia,** www.airarabia.com Tel. 06/5 58 00 00
- **Airberlin,** www.airberlin.com Tel. 2 39 74 28
- **Austrian Airlines,** www.austrian.com Tel. 2 11 25 38
- **Eastern Express,** www.flyeasternexpress.com Tel. 09/2 28 35 53
- **Emirates,** www.emirates.com Tel. gebührenfrei 6 00/55 55 55
- **Etihad,** www.etihadairways.com Tel. gebührenfrei 02/5 99 00 00
- **flydubai,** www.flydubai.com Tel. 2 31 10 00
- **Gulf Air,** www.gulfair.com Tel. 2 71 62 07
- **Oman Air,** www.omanair.com Tel. 2 24 56 39
- **Lufthansa,** www.lufthansa.de Tel. 3 73 91 00
- **Swiss International,** www.swiss.com Tel. 3 81 61 00

Seeverbindungen

Informationen über Schiffe für Passagiere oder Fracht über Zoll oder Autotransport erhält man beim Hafenbetreiber **DP World,** www.dpworld.ae, www.dpworld.com, Tel. 8 81 60 48, 8 81 11 10, bei der **Dubai Shipping Agents Association,** www.dubaisaa.ae, Tel. 3 45 31 44, bei der **National Association of Freight and Logistics,** www.nafl.ae, Tel. 3 43 11 12, sowie bei **Dubai Customs,** www.dxbcustoms.gov.ae, Tel. 8 00/8 00 80 80.

In den emiratischen Tageszeitungen finden sich zudem tägliche Auflistungen von Schiffsverbindungen samt der Namen der Reedereien sowie zahlreiche Werbe-Anzeigen.

Etihad Rail

2013 sollen erste Fracht-Eisenbahnen im Emirat Abu Dhabi fahren, **2017** soll ein 1200 km langes **Fracht- und Passagiernetz** innerhalb der V.A.E. vollendet sein. Auch die sechs GCC-Staaten, die alle eigene Bahnnetze ausbauen, sollen miteinander verbunden werden.

Post

Postämter

- **Bur Dubais Hauptpostamt** liegt in der Zabeel Rd, im Stadtteil Oud Metha; geöffnet 7.30–21 Uhr, Tel. 3 37 15 00.
- Das **Deira Main Post Office** liegt im Stadtteil Abu Hail, in der Straße Nummer 16, die zwischen den Straßen Al-Mateena Rd und Al-Rasheed Rd verläuft; geöffnet 7.30–21 Uhr.
- **Kleine Postämter** haben Sa bis Do vormittags und nachmittags (mit Mittagspause) geöffnet und finden sich beispielsweise in Deira am Anlegeplatz der Creek-Fährboote, Al-Sabkha Rd; in Satwa, an der Al-Satwa Rd/Ecke 2nd of December Rd; in Bur Dubai, am Al-Fahidi R/A beim Bastakiya-Viertel.
- **Infos: Emirates Post,** Call Center Tel. 6 00/59 99 99, www.emiratespost.ae.
- Außerdem gibt es zahlreiche kleine, privat betriebene **Postal Agencies,** beispielsweise im Souq von Deira und Bur Dubai sowie in großen Einkaufszentren.

Porto

Briefmarken gibt es auch in den großen Hotels und oft an den Kassen der Lebensmittelgeschäfte. Die Briefmarken sind oft als Serie einem bestimmten

Thema gewidmet (Archäologie, Pilgerfahrt, Umweltschutz etc.). Sammler können sich an das Philatelic Bureau der Hauptpostämter (s.o.) wenden.

Postkarten sind erhältlich in Hotelshops, Buchläden, Schreibwarenläden, in Supermärkten und Einkaufszentren, im Dubai Museum, im Bastakiya-Viertel sowie im Heritage Village.

Luftpostporto nach Deutschland

- Briefe bis 20 g: 4,75 Dh
- Briefe von 20 bis 50 g: 9,50 Dh
- Postkarte: 3 Dh
- Luftpost nach Europa braucht vier bis sechs Tage, im Ramadan länger.

Porto innerhalb der V.A.E.

- Briefe bis 20 g: 1 Dh
- Briefe von 20 bis 100 g: 1,50 Dh
- Postkarte: 1,50 Dh

Internationale Kurierdienste

In jedem Postamt bietet der **„Mumtaz"-Service** einen schnellen Versand an. Zudem gibt es international arbeitende Kurierdienste. Hier einige Anbieter:

- **Aramex,** www.aramex.com Tel. 6 00/54 40 00
- **DHL Worldwide Express,** www.dhl.co.ae Tel. 8 00/40 04
- **Empost,** www.empostuae.com Tel. 6 00/56 55 55
- **Federal Express,** www.fedex.com Tel. 8 00/40 50
- **United Parcel Service,** www.ups.com Tel. 8 00/47 74

Telefon und Internet

Das Telefonnetz der **staatlichen Telekommunikationsgesellschaft** Emirates Telecommunications Corporation **(Etisalat)** ist hervorragend ausgebaut. Etisalat ist auch der bedeutendste Internetprovider. Die Etisalat-Zentralen sind stets gläserne Hochhäuser, von einem riesigen „Golfball" gekrönt und somit unverkennbar.

- **Etisalat-Hauptgebäude:** Deira, Baniyas St. am Creek, geöffnet So bis Do 8–20 Uhr, Sa 8–13 Uhr, www.etisalat.ae, Customers Service Tel. 101

Telefonzellen gibt es an fast jeder Straßenecke sowie in Kaufhäusern, Supermärkten, Einkaufszentren, an Tankstellen, in Parks, an Bushaltestellen und in öffentlichen Gebäuden. Viele kleine Läden haben einen orangefarbenen Fernsprecher installiert, der von jedermann benutzt werden kann. Telefonzellen funktionieren mit Kredit- und Telefonkarten.

Telefonkarten gibt es in den Telefonämtern und bei fliegenden Händlern, an den Kassen der kleinen Lebensmittelläden und großen Supermärkte sowie an Kiosken und Tankstellen. Vorteil: Telefonieren ist günstig, internationale Gespräche werden stets zum Nebenzeit-Tarif berechnet.

Festnetz-Telefonkarten

- Die **Smart Card** ist eine Chip-Telefonkarte, welche die kostengünstige bargeldlose Direktwahl-Nutzung von öffentlichen Fernsprechern erlaubt (nationale wie auch internationale Gespräche, 30 Dh).

- Anders als mit der Smart Card kann mit der **Prepaid Calling Card** von allen Telefonapparaten – Etisalat-Handy, Hoteltelefon, Privatanschluss – telefoniert werden. Vorteile: Es fallen lediglich die normalen Etisalat-Gebühren an, nicht etwa die teureren Hotel- oder Handygebühren. Die Prepaid Calling Card wird im Voraus bezahlt (Verkauf z.B. in Lebensmittelgeschäften, Supermärkten, an Tankstellen), und sie lässt sich für nationale und internationale Anrufe nutzen; dazu muss man wie folgt vorgehen: Zuerst 133 wählen, dann die Kartennummer und das Rautensymbol # über die Telefontastatur eingeben. Bei der ECC muss zudem ein persönlicher PIN-Code mit abschließender Raute # gewählt werden. Dann kann die gewünschte Nummer, an deren Ende wiederum die Raute # folgt, eingegeben werden. Beispiel für eine Nummer innerhalb Dubais: 1 23 45 67 #.

Beispiel für einen Anruf in ein anderes Emirat, nach Abu Dhabi: 02/1 23 45 67 #; Beispiel in ein emiratisches Mobiltelefon: 0 50/ 1 23 45 67 #; Beispiel für ein Gespräch nach Deutschland: 00 49/Ortsvorwahl ohne die erste Null/Teilnehmernummer #. Hilfe durch den Operator durch 0 #.

- **Etisalat,** www.etisalat.ae, Customers Service Tel. 101, englischsprachige Telefonauskunft Tel. 181 (gebührenfrei)

Mobiltelefone

Mobiltelefone werden **Mobile** genannt, die Bezeichnung „Handy" ist unbekannt. Wer mit seinem Mobiltelefon telefoniert, muss immer **Vorwahlen mitwählen.**

dub10_007 Foto: dt

Mobil mit emiratischer SIM-Karte

Es ist möglich, in Dubai eine **Handykarte mit vorbezahltem Gesprächsguthaben** zu kaufen und damit sein Handy direkt im Netz der Vereinigten Arabischen Emirate zu benutzen. Dabei bekommt man eine emiratische Telefonnummer zugewiesen.

- Dazu gibt es von **Etisalat** den **Ahlan-Service** mit folgenden Bedingungen: ohne Vertragsbindung, Kosten 60 Dh, inkl. 25 Dh Gesprächsguthaben, Gültigkeit 90 Tage (verlängerbar); Infos: www.etsalat.ae.
- Der Anbieter **du** bietet ebenfalls ohne Vertrag die **Visitor Mobile Line** für 49 Dh an, inkl. 20 Dh Gesprächsguthaben, Gültigkeit 90 Tage (verlängerbar); Infos: www.du.ae.

Beide bieten auch mobilen Internetzugang mit verschiedenen Datenmengen und Kosten.

- **Zu kaufen** gibt es die SIM-Karten in diversen Einkaufszentren (z.B. Mall of the Emirates, Ibn Battuta Mall, Lamcy Plaza, Al-Ghurair Centre, Deira City Centre), in großen Supermärkten, in zahlreichen Shops im Souq und an den Flughäfen, die Etisalat-Karten auch in den Etisalat-Geschäftsstellen. Rubbelkarten zum Aufladen des Guthabens *(recharge cards)* verkaufen nahezu alle Supermärkte und Tankstellen.

Mobil mit deutschem Anbieter

In den Vereinigten Arabischen Emiraten nutzt man üblicherweise 900 MHz GSM wie in Europa. Die meisten heimischen Provider haben einen Roaming-Vertrag mit einem der emiratischen Provider. Man muss bei der Nutzung seines Gerätes in Dubai mit **hohen Roaming-Kosten** rechnen.

Nicht zu vergessen sind auch die **passiven Kosten,** wenn man von zu Hause aus angerufen wird. Ein in Ihrem Heimatland befindlicher Anrufer zahlt nur die Gebühr ins inländische Mobilnetz, und die Rufweiterleitung nach Dubai findet man später auf der eigenen Mobilrechnung wieder.

Ärgerlich sind diese Kosten vor allem dann, wenn man nur vergessen hat, die **Rufumleitung auf die Mailbox** zu deaktivieren. Wenn man dann nicht zu erreichen oder es besetzt ist, schlägt sich die Rufumleitung nach Dubai und dann zurück nach Europa doppelt auf Ihre Rechnung nieder (bzw. bei Prepaid-Verträgen ist das Guthaben schneller alle als erwartet).

Ein Abend im Wüstencamp gehört zu jedem Dubai-Urlaub dazu

Inländische Vorwahlnummern: Bei Anwahl aus dem Ausland die 0 weglassen.

- Dubai und Hatta: 04
- Abu Dhabi: 02
- Al-Ain: 03
- Sharjah, Ajman, Umm al-Quwain: 06
- Ras Al-Khaimah: 07
- Fujairah: 09

Englischsprachige Servicenummern:

- Vermittlung: 100
- Zeitansage: 140
- Störungsstelle: 170
- Telefonauskunft (24 Std., kostenlos): 181
- Telefonauskunft aus dem Ausland: 0 09 71/4 00 44 41 81
- Auskünfte online: www.yellowpages.ae (Etisalat), www.tenyellowpages.com (TEN, viele Ortsangaben)

Internationale Vorwahlnummern: Nach der internationalen Vorwahlnummer muss man die 0 der Ortskennzahl weglassen.

Deutschland:	**0049**
Österreich:	**0043**
Schweiz:	**0041**
V.A.E.:	**00971**
Oman:	00968
Bahrain:	00973
Qatar:	00974
Kuwait:	00965
Saudi-Arabien:	00966
Jemen:	00967

Wesentlich preiswerter ist es, sich von vornherein auf das **Versenden von Textnachrichten** zu beschränken. Es ist in der Regel wesentlich preiswerter als zu telefonieren.

Der **Empfang von SMS** ist in der Regel kostenfrei, der von **Bildern per MMS** relativ teuer. Die **Einwahl ins Internet** über das Mobiltelefon ist meist noch kostspieliger – da ist in jedem Fall ein Gang ins nächste Internet-Café weitaus günstiger.

Falls das Mobiltelefon **SIM-lock-frei** ist (d.h. keine Sperrung anderer Provider vorhanden ist), kann man sich vor Ort eine vorbezahlte SIM-Karte besorgen und je nach Bedarf ein Guthaben aufladen.

Inlandsgespräche

In den großen Hotels sowie mitunter auch in Geschäften und Wechselstuben stehen öffentliche Telefonapparate, von denen man als Kunde **kostenlos Ortsgespräche im Dubaier Festnetz** führen kann (= ohne Ortsvorwahl). Da Ortsgespräche (engl. *local call*) kostenfrei sind, ist es durchaus üblich, überall einfach zu fragen, ob man ein solches führen kann. Ansonsten kostet eine Minute im Festnetz innerhalb der V.A.E. zwischen 2 und 25 Fils – je nach Entfernung und Tageszeit. Eine Minute aus dem Festnetz zu einem mobilen Telefon kostet rund 25 Fils. Man erkennt emiratische **Mobiltelefone** an den Vorwahlen 0 50 = Etisalat und 0 55 = du. Gebührenfreie Servicenummern beginnen mit 8 00 oder 6 00.

Auslandsgespräche

Eine Direktwahl **ins Ausland** ist **von allen Fernsprechern möglich,** die gute Verbindungsqualität lässt ein Inlandsgespräch vermuten.

Preise: Gespräche **nach Deutschland** kosten Sa bis Mi 14–16 und 19–7 Uhr, Do ab 14 Uhr sowie Fr und an Nationalfeiertagen 1,37 Dh/Min., sonst 2,12 Dh/Min. Beide Tarife gelten allerdings nur dann, wenn man direkt vom Festnetz wählt oder ohne „operator" (z.B. in einem Hotel oder via Etisalat, Tel. 100) aus einer öffentlichen Telefonzelle telefoniert.

E-Mail und Internet

Die meisten **Hotels** bieten ihren Gästen Internetzugang, sei es auf dem Zimmer, in der Lobby oder im Businesszentrum, manche kostenfrei. Auch nahezu jedes **Einkaufszentrum** besitzt ein Internet-Café.

In **Internet-Cafés bzw. -Shops** zahlt man meist 5–20 Dh pro Stunde, in Hotels ist es teurer. Preiswerte Internet-Shops finden sich in Bur Dubai, Khalid Ibn al-Waleed Rd/Ecke Al-Mankhool Rd; rund um die Uhr geöffnet hat Kinko's in Bur Dubai, Khalid Ibn al-Waleed Rd/Ecke Trade Centre Rd, gegenüber vom BurJuman-Einkaufszentrum. Hotspots zum kabellosen Surfen (siehe unten) gibt es in immer mehr Cafés (z.B. in denen der meist in den Einkaufszentren angesiedelten Caféketten Barista, Coffee Bean & Tea Leaf, Second Cup, Starbucks) und Restaurants, genauso an den Flughäfen und in der Metro.

- **Surfen mit Etisalat**

Alle, die ein Notebook, Tablett PC oder Ähnliches dabeihaben, können ohne Vertragsbindung mit Etisalat online gehen. Kostenpunkt: 12 Fils/Min. Am günstigsten ist es mit der vorbezahlten (20 Dh) **BLUE Prepaid Scratch**

Card. Man muss sein Notebook an eine Telefonleitung anschließen und eine neue Netzwerkverbindung einrichten (Tel. 128 + Passwort + Nummernziffer stehen auf der Karte). Auch WLAN ist möglich mit Hotspot Prepaid Cards oder Kreditkartenzahlung, kostet jedoch mehr. Infos zum Internetzugang und zu Hotspots beim Etisalat Internet-Kundenservice, Tel. 101, www.etisalat.ae.

- **Surfen mit du**

Auch der Telekommunikationsanbieter du bietet Internetzugang, für Touristen interessant ist der Service **Pay as you go,** der mobilen Netzzugang ohne Vertragsbindung für 6 Dh pro Stunde ermöglicht. Infos zu Zugangsmöglichkeiten und Hotspots Tel. 0 55/ 5 67 81 55, www.du.ae.

Internet-Cafés

Etliche preiswerte Internet-Shops finden sich in **Bur Dubai,** Khalid Ibn al-Waleed Rd, Ecke Al-Mankhool Rd. Hotspots zum kabellosen Surfen gibt es in immer mehr **Cafés und Restaurants,** genauso an den **Flughäfen** und in der **Metro.**

- **Al-Jalssa Café**

In der Al-Ain Computer Plaza, Bur Dubai, Al-Mankhool Rd, Ecke Khaleed bin al-Waleed Rd, 10–22 Uhr, Tel. 3 51 46 17.

- **FedEx Kinko's**

Bur Dubai, Khalid Ibn al-Waleed Rd, Ecke Trade Centre Rd, gegenüber vom BurJuman-Einkaufszentrum, 24 Std., Tel. 3 97 53 35, www.fedexkinkos.ae

Geldwechsel

In Dubai können emiratische Dirham unter Inkaufnahme der üblichen Kursabweichungen in **Devisen** zurückgetauscht werden – auch am Flughafen kurz vor Abreise.

Wechselstuben

Die vielen **„Exchange offices“** sind die **beste Adresse zum Geldwechseln.** Sie bieten die günstigsten Wechselkurse, die Bearbeitung geht meist schnell und unkompliziert, und ihre Öffnungszeiten sind kundenfreundlicher als die der Banken. Der Grund, warum es so viele Geldwechselstuben gibt, liegt darin, dass die in den Emiraten arbeitenden Ausländer diese für die Lohnüberweisung in die Heimat nutzen. Wechselstuben öffnen Sa bis Do etwa 8–13 und 16–20 Uhr, einige auch über Mittag und freitags ab dem frühen Nachmittag.

Neben dem Devisenwechsel bieten die großen Exchange-Büros auch den Kauf und Verkauf diverser Währungen, Geldtransfer zu großen internationalen Banken und einen Geldautomaten.

Wechselstuben öffnen **Sa bis Do etwa von 8–13 und 16–20 Uhr,** einige auch über Mittag und freitags.

Viele große Firmen finden sich **in den Souqs der Altstädte von Deira und Bur Dubai,** in Deira besonders rund um den Baniyas-Platz und in der Naif Rd. In Bur Dubai gibt es in der Al-Fahidi St. westlich des Forts mehrere Wechselstuben. Auch **alle Malls und großen Einkaufszentren** verfügen zumindest über ein Exchange-Büro.

Auswahl bekannter Wechselstuben

- **Al-Ansari Exchange**

www.alansariuae.com, Tel. 3 93 44 55

- **UAE Exchange Centre**

www.uaeexchange.com, Tel. 2 35 47 77

- **Al-Fardan Exchange**

www.alfardanexchange.com,
Tel. 6 00/52 22 65

- **Thomas Cook al-Rostamani Exchange** www.alrostamaniexchange.com, Tel. 3 66 99 22
- Neben diesen großen Firmen gibt es zahlreiche **weitere Wechselstuben** in der Stadt, deren Kurse sich nur wenig voneinander unterscheiden.

Banken

Bankfilialen nationaler wie auch internationaler Bankhäuser findet man im Zentrum Deiras und Bur Dubais nahezu an jeder großen Straßenkreuzung. Regelrechte „Bankenstraßen" mit den Firmensitzen zahlreicher Großbanken sind die Khalid Ibn Al-Waleed Rd in Bur Dubai und die Al-Maktoum Rd zwischen dem Uhrturm und dem Baniyas-Platz in Deira.

Doch Geldwechsel in Banken bedeutet **vergleichsweise schlechte Wechselkurse** und langwierigere Formalitäten als in den Wechselstuben.

Bei den **Öffnungszeiten** gilt zu unterscheiden, ob es sich um Privat- oder Staatsbanken handelt. Viele Privatbanken haben Sa bis Do von 8–13 Uhr offen, donnerstags schließen einige bereits um 12 Uhr. Manche Filialen sind auch nachmittags von 16–18.30 Uhr geöffnet. Staatsbanken haben So bis Do von 8–13 Uhr offen.

Das Netz der **Geldautomaten** (engl. *automatic teller machines,* Abk. **ATM**) ist dicht, sodass man auch außerhalb der Öffnungszeiten Bargeld abheben kann. In jedem Fall findet sich in jedem größeren Einkaufszentrum und an den wichtigen Metrostationen (mindestens) ein Geldautomat.

Dubaier Banken

- **National Bank of Dubai** www.emiratesnbd.com, Tel. 6 00/54 00 00
- **Dubai Bank** www.dubaibank.ae, Tel. 8 00/55 55

Notfälle

Telefonnotrufnummern

- **Ambulanz und Polizei: 999**
- **Feuerwehr: 997**

Polizei

- **Hauptquartier** (engl. *police headquarter*) Al-Ittihad Rd am Ortsausgang Richtung Sharjah, zwischen dem Galadari R/A und dem Al-Nahda R/A, Tel. 2 29 22 22, 6 09 99 99
- **Verkehrspolizei** (engl. *traffic police*) In der Nähe des Polizeihauptquartiers, Tel. 2 17 23 60, 2 69 44 44
- **Touristenpolizei** (engl. *tourist security*) Tel. 8 00/44 38
- **www.dubaipolice.gov.ae**

Krankenhäuser/ Ärzte/Kliniken

Dubai verfügt über ein **gut organisiertes Gesundheitssystem.** Im Verhältnis zur Bevölkerungszahl gibt es eine große Anzahl an Ärzten und Krankenhausbetten. Die Technik ist auf dem neuesten Stand, die Hygiene vorbildlich. Fast alle Ärzte haben im Ausland studiert, viele Spezialisten sind Ausländer und sprechen sehr gut englisch.

Ornamente verzieren die Jumeirah-Moschee

dub379 Foto: kk

Medizinischer Sprachführer

Deutsch	Englisch
Notfall	emergency
Apotheke	pharmacy
Krankenhaus	hospital
Klinik	clinic
Schmerzen	pain
Kopfschmerzen	headache
Zahnschmerzen	toothache
Magenschmerzen	stomach ache/upset
Brechreiz	nausea
Halsschmerzen	sore throat
Ohrenschmerzen	ear pain
Atembeschwerden	difficulty in breathing
Husten	cough
Schnupfen	cold, blocked nose
Fieber	fever, high temperature
Sonnenbrand	sunburn
Sonnenallergie	sun allergy
Schwangerschaft	pregnancy
Durchfall	diarroha
Verstopfung	constipation
Schwindel	dizziness
Kreislaufschwäche	circulatory insufficiency
hoher Blutdruck	high blood pressure
niedriger Blutdruck	low blood pressure
Brandwunde	burn
Vergiftung	poisoning
Verstauchung	spraining
Verrenkung	dislocation
Medikament	medicine
Impfung	vaccination
Salbe	ointment
Verband	bandage
Einnahme des Präparates	administration of the medication
vor/nach/zum Essen	before/after/during meal
Lassen Sie die Tablette langsam im Mund zergehen	let the tablet dissolve slowly in your mouth
zerkauen/schlucken	chew/swallow
in Wasser auflösen und trinken	dissolve in water and drink

Neben staatlichen und privaten Krankenhäusern arbeiten **private Arztpraxen** und sogenannte **„clinics"**, also **Gemeinschaftspraxen** verschiedener Fachärzte in einem Gebäude.

Im Souq und in Quartieren, in denen überwiegend Gastarbeiter wohnen, gibt es allereinfachste Praxen, deren Besuch nicht anzuraten ist.

Für die Emirater ist die medizinische Versorgung in den staatlichen Krankenhäusern und Gesundheitsstationen kostenlos. In den zahllosen Privatpraxen müssen die Behandlungen bezahlt werden. Die medizinische Notfallversorgung in den staatlichen Krankenhäusern ist für alle kostenlos. Urlauber müssen **für alles, was über die medizinische Notfallversorgung hinausgeht,** bezahlen. Wer zu Hause eine **private Auslandskrankenversicherung** abgeschlossen hat, bekommt die Kosten nach Vorlage von Quittungen und Bescheinigungen erstattet.

An der Rezeption seines Hotels oder von der Reiseleitung kann man weitere Adressen erfahren oder einen Arzt rufen lassen. Möchte man sich von einem **deutschsprachigen Arzt** untersuchen lassen, so helfen folgende Infostellen:

- **Ärztesuche** über Tel. 8 81 41 88, www.doctor-dubai.com
- **Infos** zu den staatlichen Krankenhäusern bei der **Dubai Health Authority,** Tel. gebührenfrei 8 00/3 42, www.dohms.gov.ae.

Staatliche Krankenhäuser

Alle bieten 24-Stunden-Notfallservice.

- **Dubai Hospital**
Hamriya, Al-Khaleej Rd/Ecke Abu Baker Al-Siddique Rd, Tel. 2 19 50 00
- **Rashid Hospital**
Umm Hureir, südlich der Abfahrt von der Al-Maktoum-Brücke an der Oud Metha Rd, Tel. 2 19 20 00

Privatkrankenhäuser und -kliniken

Alle bieten 24-Stunden-Notfallservice.

- **Al-Zahra Medical Centre**
Shaikh Zayed Rd, Tel. 3 31 50 00, www.alzahra.com
- **Belhoul European Hospital**
Satwa, 2nd of December Rd, 1. Etage vom Dune Centre, Tel. 3 45 40 00, www.belhouleuropean.com
- **Emirates Hospital**
Jumeirah, Jumeirah Beach Road gegenüber vom Jumeirah Beach Park, Tel. 3 49 66 66; Behandlungen ohne Termin, mit Rund-um-die-Uhr-Apotheke; auch Dubai Marina; www.emirateshospital.ae
- **German Medical Centre**
Umm Hureir, Dubai Healthcare City nahe der Wafi Mall, Tel. 3 62 29 29, www.gmcdhcc.com
- **Welcare Hospital**
Al-Garhoud, beim Al-Bustan-Rotana-Hotel, Tel. 2 82 77 88, 8 00 44 28, www.welcarehospital.com

Zahnkliniken

Zahnärzte (engl. *dentist*) arbeiten auch in den meisten Privatkliniken (siehe oben).

- **German Dental Clinic**
Shaikh Zayed Rd, White Crown Building zwischen Trade Centre R/A und Defence R/A, Tel. 3 32 44 99, www.germandent.com
- **Dubai Sky Clinic**
Bur Dubai, BurJuman Business Tower, Tel. 3 55 88 08, www.dubaiskyclinic.com
- **NOA Dental Clinic**
Al-Mankhool Rd, Al-Hana Centre, Tel. 3 98 70 75, www.noadentalclinic.com
- **Modern Dental Clinic**
Jumeirah, Dubai Marina Terrace, Tel. 3 67 50 91, www.dubaimarinadentalclinic.com

Apotheken

In den zahlreich vorhandenen Apotheken (engl. *pharmacy*) erhält man ein **breites Sortiment an Medikamenten** großer **internationaler Pharmakonzerne.** Apotheken finden sich entlang wichtiger Geschäftsstraßen und in nahezu jedem größeren Einkaufszentrum.

Die **Preise** von Arzneimitteln werden staatlich kontrolliert und sind oft niedriger als bei uns. In großen Filialen sind auch medizinisches Zubehör, Babynahrung, Kosmetikprodukte und ähnliche Dinge erhältlich.

In den meisten Fällen haben die Apotheken **von frühmorgens bis zum Abend geöffnet** – manche unterbrochen durch eine Mittagspause. Das Apothekenpersonal spricht sehr gut englisch.

Informationen über den wechselnden **Nachtdienst** in den Tageszeitungen, unter Tel. 8 81 41 88 und www.doctor-dubai.com.

dub10_028 Foto: na

Landgewinnung zum Bau der vielen künstlichen Inseln vor Dubais Küste

Verluste

Sperrnotruf

In Deutschland gibt es einen rund um die Uhr erreichbaren Sperrnotruf für alle Bank- und Kreditkarten, für Handykarten, Mitarbeiterausweise, Kundenkarten usw.: **Tel. 0049 116 116,** www.sperrnotruf.de.

Reisepapiere, Flugticket

Hat man den **Reisepass** verloren, so kann man sich bei den **diplomatischen Vertretungen** des Heimatlandes melden und sich nach dem Ersatz erkundigen. Dazu muss man eine **Verlustbestätigung der Polizei** vorlegen (in Englisch auszufüllen). Außerdem muss man sich auch ausweisen können, beispielsweise durch die **Vorlage eines Personalausweises.** Es kann ein Reiseausweis als Passersatz zur Rückkehr in das Heimatland ausgestellt werden. Dieser berechtigt aber nur zur direkten, baldigen Heimreise, nicht zur Weiterreise in andere Länder. Falls der Aufenthalt länger dauert oder eine Weiterreise in andere Länder geplant ist, kann ein befristeter vorläufiger Reisepass durch die örtliche Auslandsvertretung ausgestellt werden.

Beim Verlust von nicht unbedingt benötigten Dokumenten wie dem **Personalausweis** oder dem **Führerschein** braucht man die Botschaften nicht zu kontaktieren, denn diese Papiere können ohnehin **nur von den Behörden des Heimatortes** ersetzt werden.

Das verlorene **Flugticket** bekommt man bei den **Vertretungen der Fluggesellschaft** ersetzt. Auch hier erleichtern Kopien die Arbeit.

Reisekasse

Sollte die gesamte Reisekasse, die niemals nur aus **Bargeld** bestehen darf, verloren sein, so kann man sich von Angehörigen oder Freunden im Heimatland über eine Transferfirma (z.B. Western Union) **Geld schicken** lassen. Man muss dazu lediglich die Person, die das Geld schicken soll, vorab benachrichtigen. Diese muss dann bei einer Partnerbank einzahlen und Ihnen den Code der Transaktion telefonisch oder anderweitig übermitteln. Man muss dann mit diesem Code und dem Reisepass nur noch zu einer Vertretung der Transferfirma in Dubai gehen. Nach Ausfüllen eines Formulares wird das Geld binnen Minuten ausgezahlt.

Infos zum Geldtransfer:

- www.westernunion.de, Tel. 08 00/1 81 17 97
- www.moneygram.de, Tel. 0 08 00/89 71 89 71

Beim **Verlust der Kreditkarte** ist diese schnellstmöglich zu sperren, um Missbrauch zu verhindern (siehe oben).

Handy

Sollte das Mobiltelefon im Ausland verloren gehen oder gestohlen werden, sollte man bei einem Laufzeitvertrag, aber auch bei bestimmten Prepaid-Abonnements die **Nutzung der SIM** umgehend beim Provider **sperren lassen** (nicht immer kostenfrei!). Dazu muss man in der Regel folgende Angaben machen können: Rufnummer, SIM-Kartennummer (auf SIM vermerkt), Kundennummer oder -kennwort.

Kriminalität

Dubai zählt zu den sichersten Reisedestinationen weltweit. Die Kriminalitätsrate im Land ist niedrig, schwere Delikte kommen fast nicht vor und werden hart bestraft. Dennoch sollte man mit seinen Wertgegenständen **nicht leichtsinnig** umgehen – weniger aus Angst vor Dieben als vielmehr im Bewusstsein der eigenen (urlaubsbedingten) Nachlässigkeit. Schmuck, Wertsachen, Papiere und Bargeld kann man in den **Hoteltresor** schließen lassen, Dokumente und Geld nimmt man sinnvollerweise nur in einem **Bauchgürtel** mit nach draußen. Am Pool sollte man Zimmerschlüssel bzw. -karte im Auge behalten.

Von politischen und sozialen Protesten, Unruhen und Umstürzen wie in anderen arabischen Ländern („Arabischer Frühling“) sind die V.A.E. weit entfernt. Die Akzeptanz des Herrscherhauses ist hoch, der Wohlstand groß, die Arbeitslosigkeit niedrig – so sind die V.A.E. **eines der sichersten Länder des Mittleren Ostens** (aktuelle Sicherheitshinweise unter www.auswaertiges-amt.de).

Ebenfalls vorher notieren sollte man die **IMEI-Nummer** (elektronische Zulassungsnummer), die nach Eingabe des Tastencodes Stern-Raute-null-sechs-Raute auf dem Display erscheint – diese muss man in der Regel auch bei der Polizei bei der Diebstahl- oder Verlustmeldung angeben.

Tipp: SIM-Kartennummer und IMEI-Nummer vor Reise auf einem Extra-Zettel notieren und separat im Hotel aufbewahren.

Notfallhilfe durch diplomatische Vertretungen

Für Touristen und im Ausland ansässige Ausländer sind die diplomatischen Auslandsvertretungen **in dringenden Notfällen** wie Verhaftung, schwerer Verkehrsunfall, Vermissten- oder Todesfall, Gewaltverbrechen, Naturkatastrophe, innere Unruhen oder bei rechtlichen Notlagen nicht privatrechtlicher Art eine wichtige Anlaufstelle.

dub12_021 Foto: dt

Touristen sollten wissen, dass die Auslandsvertretungen nicht als Banken, Reisebüros oder Krankenkassen fungieren. Hotelrechnungen werden ebenso wenig bezahlt wie Rettungsflüge. **Hilfe wird nur gewährt, wenn eine Notlage auf andere Weise nicht behoben werden kann.** Eventuell zur Überbrückung eines Notfalles vorgestreckte Gelder müssen ersetzt werden.

Über das Servicespektrum im deutschen Rechts- und Konsularbereich informiert **www.konsularinfo.diplo.de,** Österreicher finden Infos unter www.bmeia.gv.at, Schweizer unter www.eda.admin.ch.

Diplomatische Vertretungen:

- **Embassy of the Federal Republic of Germany**
  Abu Dhabi, Abu Dhabi Mall, Towers at the Trade Center, Tel. 6 44 66 93, Fax 6 44 69 42, So bis Do 8–12 Uhr, www.abu-dhabi.diplo.de
- **Consulate General of the Federal Republic of Germany**
  Dubai, Bur Dubai, Khalid ibn al-Waleed Rd, im Gebäude der Dubai Islamic Bank, Tel. 3 97 23 33, Fax 3 97 22 25, So bis Do 8–11 Uhr, www.dubai.diplo.de
- **Embassy of the Republic of Austria**
  Abu Dhabi, Reem Island Sky Tower, Tel. 02/6 94 49 99, Fax 02/6 94 49 88, So bis Do 9–12 Uhr, www.aussenministerium.at/abudhabi
- **Embassy of Switzerland**
  Abu Dhabi, Hamdan (5.) St., im Dubai Tower, Tel. 02/6 27 46 36, Fax 02/6 26 96 27, So bis Do 9–12 Uhr, www.eda.admin.ch/uae
- **Consulate General of Switzerland**
  Dubai, Satwa, im Dubai World Trade Centre, Tel. 3 29 09 99, Fax 3 31 36 79, So bis Do 8–12 Uhr, www.eda.admin.ch/dubai

Shoppen im Souq Madinat Jumeirah

Reisebüros und Tourveranstalter

Reisebüros

- **Dubai International Air Travel Agency, DNATA Travel**
Generalagent zahlreicher internationaler Fluggesellschaften, Informationen und Buchungen von Reisen in alle Welt, Mietwagenservice, Hotelreservierung, Business-Service, Cargo, Zentrale am Flame R/A in Rigga, Contact Center (24 Std.) Tel. 3 16 66 66, www.dnata.com, www.dnatatravel.com
- **Emirates Holidays**
Shaikh Zayed Rd, Emirates Holidays Building, Tel. gebührenfrei 8 00/52 52, www.emirates-holidays.com

Lokale Tourveranstalter

Will man sein Reiseprogramm nicht pauschal im Heimatland buchen (siehe „Reisevorbereitung/Reiseorganisation"), um nicht den ganzen Urlaub über in ein festes Veranstaltungsprogramm oder in eine unbekannte Gruppe eingebunden zu sein, kann man auf die Dienste zahlreicher qualifizierter Tourveranstalter (engl. *tour operator*) zurückgreifen.

Man hat die Möglichkeit, einzelne **Ausflüge und Touren** zu buchen und pro Person zu zahlen. **Das Angebot ist sehr vielfältig:** Wie wäre es mit einer Stadtrundfahrt, einer Shoppingtour, einem Segeltörn, dem Besuch eines Wasserparks oder einer abendlichen Stadtbesichtigung mit Dinner in einem Luxusrestaurant? Die sehenswertesten Orte der Emirate können in Form von Halbtages- oder Tagesausflügen besichtigt werden.

Nicht entgehen lassen sollte man sich den Besuch eines Kamelrennens, einen Ausflug in die Wüste oder einen Abend im Wüstencamp (Kamelritt, Musik, Tanz, Speisen, Getränke und ausgelassene Stimmung).

Auch im Programm: Bergtouren und Wüstenfahrten mit oder ohne Übernachtung. Sehr beliebt sind „wadi bashing" und „dune bashing", wörtlich übersetzt: „Flussbett bzw. Sanddünen prügeln". Darunter versteht man rasante Fahrten mit einem Allradwagen entweder durch regenwassergefüllte Flussläufe in den Bergen oder durch die Dünen der Wüste.

Wer **aktiv sein** möchte, kann über die einheimischen Agenturen Tauchgänge, Hochseefischen, Sanddünenski, Sandbuggyfahrten, Mountainbiketouren, Golfpakete, Ausritte hoch zu Ross oder eine Kamelsafari buchen.

Gemütlich und sehr romantisch geht es auf einer Bootstour auf den typisch arabischen Holzdhaus zu.

Auch möglich ist die Organisation von **Rundflügen** über die Stadt, die Berge oder die Wüste.

Interessant sind auch „desert driving schools", **„Wüstenfahrschulen".** Einige Tourveranstalter (Orient Tours, Arabian Adventures etc.) organisieren Lehrgänge im Gelände- und Tiefsandfahren mit einem Allradwagen. Man lernt, wie man den Wagen durch die Dünen manövriert, ohne stecken zu bleiben.

Natürlich können die einheimischen Veranstalter auch **Rundreisen** zu allen Sehenswürdigkeiten der Emirate organisieren. Interessant ist auch die Kombination mit Oman.

Hat man ein **besonderes Interesse,** z.B. an geologischen, archäologischen oder sonstigen Themen (Beobachtung von Vögeln, Sport, Offroad etc.), so können zahlreiche Veranstalter ein an diesen Wünschen orientiertes individuelles Programm ausarbeiten und organisieren. Der Preis für eine komplette Reiseorganisation richtet sich nach der Reisedauer und der Anzahl der Fahrzeuge, nicht unbedingt nach der Zahl der teilnehmenden Personen. Es ist also wesentlich günstiger, wenn man diesen „tailor made" (= maßgeschneiderten) Service mit mehreren Personen in Anspruch nimmt.

Die **Tour- oder Reisebegleiter** sprechen meist englisch oder deutsch.

Neben Reisen für Touristen werden **auch Geschäftsreisen** organisiert und Incentive-Programme ausgearbeitet.

Egal, was man bucht: Die meisten Veranstalter bieten an, einen kostenfrei vom Hotel abzuholen (und zurückzubringen), oder zumindest einen Transfer zu einem zentralen Treffpunkt.

Die meisten Tourveranstalter bieten auch die **Serviceleistungen eines Reisebüros** (engl. *travel agency*) mit Reiseinfos, Flugreservierung, -buchung, -rückbestätigung. Bucht man ein Hotelzimmer über ein Reisebüro, ist es oft billiger als auf direktem Wege.

Ausflugsbeispiele – konventionelle Angebote

Die im Folgenden genannten Rundfahrten und Ausflüge werden in ähnlicher Form von vielen Tourveranstaltern angeboten. **Man kann vor der Reise oder spontan vor Ort buchen.**

Überlandfahrten werden meist in komfortablen Großraum-Geländewagen mit Klimaanlage durchgeführt. Safaris und Bergtouren führen teils durch unwegsames Gelände und sind nichts für Kranke, Schwangere, kleine Kinder und alte Menschen. Bei Halbtages- und Tagesausflügen sind Softdrinks im Preis eingeschlossen, bei Tagestouren auch Mahlzeiten. In der Hitze des Sommers fallen Wüstentrips und Picknicks aus.

Die **Auflistung** von Besichtigungsbeispielen, Touren und Adressen von Tourveranstaltern geschieht **ohne Wertung** und erhebt keinen Anspruch auf Vollständigkeit. Die Preise dienen der unverbindlichen Orientierung, Kinder erhalten meist eine Ermäßigung.

- **Dubai-Stadtrundfahrt:** 150–190 Dh
- **Einkaufstour durch Dubai:** 150–190 Dh
- **Dhaufahrt mit Dinner durch den Dubai-Creek:** 160–350 Dh
- **Golfen in Dubai:** Tagespakete ohne Schlägermiete ab 500 Dh
- **Frühstück, Mittag- oder Abendessen im Burj Al Arab oder Atlantis Hotel:** 400–800 Dh
- **Hochseefischen:** 450–550 Dh
- **Dubai-Attraktionen:** Ausflüge zum Dubai Dolphinarium, zu den Wasserparks Wild Wadi bzw. Aquaventure, Ski Dubai oder Burj Khalifa je nach Eintrittspreis
- **Halbtagesfahrt durch Sharjah und Ajman:** 120–150 Dh
- **Halbtagesfahrt nach Ras al-Khaimah:** 150–180 Dh
- **Tagesfahrt in die nördlichen Emirate:** 280–380 Dh
- **Tagesausflug nach Abu Dhabi:** 280–380 Dh

Kreuzfahrtschiff vor Dubai

- **Tagesausflug nach Al-Ain:** 280–380 Dh
- **Tagesausflug nach Fujairah/Ostküste:** 280–380 Dh
- **Tagesausflug zu den Quellen von Hatta:** 280–380 Dh
- **Tagesausflug Musandam/Oman:** 380–480 Dh
- **Tagessafari durch die Wüste:** 300–700 Dh
- **Sonnenuntergang mit Grillabend und Bauchtanz in der Wüste:** 180–350 Dh
- **Wüstensafari mit Übernachtung in einem Beduinencamp:** 400–800 Dh
- **Sanddünenski oder Quad:** Aufpreis bei Wüstensafaris ca. 150 Dh
- **Ganztages-Wüstenfahrschule ohne Kosten für den Leihwagen:** 600–1100 Dh

Tourveranstalter

- **Alpha Tours,** Deira, Al-Ittihad Rd, Al-Owais Building, Tel. 2 94 98 88, Fax 2 94 84 16, www.alphatoursdubai.com
- **Arabian Adventures,** Satwa, Shaikh Zayed Rd, Emirates Holidays Building, Tel. 3 03 48 88, Fax 3 43 99 77, www.arabian-adventures.com
- **Arabia Horizon Tours,** Al-Garhood, Airport Rd, Golden Business Center, Tel. 2 94 60 60, Fax 2 94 60 69, www.arabiahorizons.com
- **Desert Adventures Tourism,** Deira, Al-Maktoum St., Qatar Airways Building, Tel. 2 24 28 00, Fax 2 24 29 00, www.desertadventures.com
- **Fun Tours,** Outlets Deira City Centre und Mall of the Emirates, Tel. 2 83 08 89, Fax 2 83 09 90, www.funtoursdubai.com; nur Ausflüge, keine Reisebüro-Serviceleistungen
- **NET Tours,** Deira, Al-Maktoum Rd, Al-Masaood Tower, Tel. 6 02 88 88, Fax 6 02 88 99, www.nettours-uae.com
- **Oasis Palm Tourism,** Deira, Rigga Rd, 404 Royal Plaza, Tel. 2 62 88 89, Fax 2 62 27 71, www.opdubai.com
- **Orient Tours,** Al-Garhoud, Rückseite der Al-Garhoud Rd beim Welcare Hospital, Tel. 8 00/67 89 (gebührenfrei), 2 82 82 38, Fax 2 82 81 54, www.orienttours.ae
- **travco,** Al-Karama, Zabeel Rd, Reem Building, Tel. 3 36 66 43, Fax 3 37 56 81, www.travcotravel.com
- **Wonder Bus Tours,** Bur Dubai, BurJuman Centre, Tel. 3 59 56 56, Fax 3 59 69 59, www.wonderbusdubai.net

dub12_022 Foto: dt

Jenseits konventioneller Angebote richten sich die folgenden Agenturen speziell an **Aktivurlauber, Abenteuerlustige und Offroad-Fans:**

- **Absolute Adventure,** Tel. 3 45 99 00, Fax 2 72 95 94, www.adventure.ae; Geländewagenausflüge, Trekking, Kletterkurse, Mountainbike- und Kajakfahren, Fliegen, Tauchen, Outdoor-Kurse
- **Desert Rangers,** Tel. 3 57 22 33, Fax 3 57 20 20, www.desertrangers.com; Abenteuertouren, Trekking, Bergsteigen, Kanutouren, Mountainbiking, Sandbuggys, Bergtouren, Wüstensafaris, Kamelsafaris, Sand-Fahrkurse, Hochseefischen, Dhaufahrten, Ballonfahrten
- **Explorer Tours,** Tel. 2 86 19 91, Fax 2 86 19 94, www.explorertours.ae; Wüstenfahrschule, Wüstensafaris, Rub al-Khali-Expedition, Sandbuggyfahren, Kameltrekking, Bergsafaris, Bergsteigen, Kayaking, Dhaufahrten nach Musandam, Hochseefischen, Rundfahrt nach Oman, Teambuilding-Kurse

Sonstiges

Tourist- und Businessinfos

Dubai Department of Tourism and Commerce Marketing

- **Deira,** Al-Fattan Plaza, Airport Rd, Tel. 2 82 11 11, Fax 2 82 11 31, www.dubaitourism.ae, www.definitelydubai.com
- **Informationsstellen** *(Visitor Information Bureau)* befinden sich auch am Dubai International Airport, in der Mitte des Baniyas-Platzes in Deira, in den Einkaufszentren City Centre und Hamarain in Deira, BurJuman und Wafi Mall in Bur Dubai sowie in der Mercato Mall in Jumeirah und von Abu Dhabi kommend vor Dubai am Shaikh Zayed Highway. Ein weiteres Besucherinformationsbüro im Dubai World Trade Centre ist während wichtiger Messen offen. Mit Ausnahme des Büros am Flughafen (24 Std., Tel. 2 24 52 52) sind die Stellen von 10–21 Uhr geöffnet.

Kulturarbeit und Völkerverständigung

Shaikh Mohammed Centre for Cultural Understanding

- **Bur Dubai,** Bastakiya-Viertel, Al-Mussalla Rd, Haus Nr. 43, Tel. 3 53 66 66, Fax 3 53 66 61, www.cultures.ae

Von *Sheikh Mohammed* aufgebautes Zentrum, das Barrieren zwischen Kulturen, Konfessionen und Nationalitäten überbrücken und die gegenseitige Akzeptanz fördern möchte. Organisiert regelmäßige Führungen in der Jumeirah-Moschee, Diskussionsforen, Kultur-Frühstück bzw. -Mittagessen, Bastakiya-Touren, führt arabische Sprachkurse durch.

Arabisch-Kurse

- **Berlitz Institute**
  Jumeirah, Jumeirah Rd, beim Zoo, Tel. 3 44 00 34, www.berlitz.ae
- **Eton Institute**
  Knowledge Village, Block 3, Tel. 3 60 29 55, www.eton.ac
- **Polyglot Language Institute**
  Deira, Al-Maktoum Rd im Gebäude der Iran Insurance, Tel. 2 22 25 96, www.polyglot.ae
- **Shaikh Mohammed Centre for Cultural Understanding,** siehe oben
- **University of Wollongong in Dubai**
  Al-Soufh, Dubai Knowledge Village, Block 5, 14, 15, Tel. 3 67 24 00, www.uowdubai.ac.ae

Hennastudios

- **Heritage for Henna**
  Souq Madinat Jumeirah, Shop No. 64, Tel. 3 68 65 16; auch im Souq Al Bahar, The Dubai Mall und in den Hotels Burj Al Arab, Jumeirah Beach Hotel, Jumeirah Emirates Towers, Mina A'Salam Hotel (in Madinat Jumeirah), Bab Al Shams, Sheraton Jumeirah Beach, Hilton, Jumeirah, The Ritz-Carlton, Jebel Ali Golf Resort and Spa; www.heritageforhenna.com

dub07_267 Foto: dt

Henna

Malereien mit dem Naturstoff Henna sind bei uns in den letzten Jahren stark in Mode gekommen. Sozusagen als **„Tatoo light"** werden sie verkauft, was allerdings nicht ganz korrekt ist, denn mit dem Prinzip des Tätowierens hat die Hennakunst, außer der Abbildung von farblichen Mustern auf der Haut, nichts gemein.

In Dubai ist Henna Alltag und hat eine **lange Tradition.** Überall fallen arabische und indische Frauen auf, die ihre Hände und Füße mit filigranen Mustern aus brauner Farbe verziert haben. Viele Araber glauben, Henna sei eine Gabe Gottes und übertrage „Baraka", „Segen". Einer von Prophet *Mohammeds* Ratschlägen besagt, dass sich die Männer ihre grauen Haare mit nichts anderem als Henna färben sollten.

Der Brauch, Henna zum Verschönern der Hände zu benutzen, soll von **Mohammeds Tochter Fatima** etabliert worden sein. Sie war arm und besaß keinen Schmuck, so bemalte sie ihre Haut mit eleganten Ornamenten und Arabesken.

Rührt man getrocknetes, fein gemahlenes Hennapulver mit Wasser, Eukalyptusöl, Limonensaft, Tamarinden- oder Teeblättern zu einer **weichen Paste** an, so lassen sich damit feingliedrige, ornamentartige und blumenförmige Motive auf die Haut auftragen. Solche perfekt und fein angefertigten Malereien werden von arabischen und indischen Frauen sowie ihren Männern als Schönheitsmerkmal angesehen. Meist sind die Handinnenflächen bemalt, zu besonders feierlichen Anlässen auch Füße, Knöchel, Beine und Arme.

Ein originelles **Souvenir** können Touristinnen in Form einer formvollendeten Henna-Malerei mit nach Hause nehmen. Zahlreiche Schönheitssalons bieten diesen Dienst an, man erkennt sie an der Aufschrift „Henna Artist and Hair Dressing", „Facial and Bridal Make Up", „Beautician" oder „Henna and Beauty Saloon". Einige Adressen stehen in diesem Buch unter dem Stichwort „Hennastudios".

• **Sasha Beauty Salon**
An der Ibn Battuta Mall, Shop No. 10 vor dem Andalusia Court, Tel. 3 66 98 80
• **Rachna Beauty Salon**
Deira, Al-Rasheed Rd, Tel. 2 72 80 01

Kirchen

• **Evangelisch: Dubai Evangelical Church Center,** Jebel Ali, Tel. 8 84 66 30, www.deccc.com
• **Katholisch: St. Francis of Assisi Roman Catholic Church,** Jebel Ali, Tel. 8 84 52 51, www.stfrancisjebelali.ae
• **Sonstige: New Convertant Church Dubai,** Oud Metha, Oued Metha Rd, Tel. 3 35 15 97, www.nccuae.org; **Emirates Baptist Church International,** Al-Barsha, nahe der Mall of the Emirates, Tel. 3 49 15 96, www.ebci.org

Camping-, Outdoor- und 4x4-Ausrüstung

• **ACE**
Shaikh Zayed Rd (zwischen Interchange 2 und 3), Tel. 3 38 14 16, www.aceuae.com; auch in der Dubai Festival City und im BurJuman Centre
• Campingzubehör gibt es auch **in den Carrefour-Supermärkten.**

Buchläden mit englischsprachiger Literatur und Karten

In Dubai gibt es ein umfangreiches Angebot an Literatur. Das Meiste stammt von einheimischen oder britischen Verlagen und ist **auf Englisch** geschrieben. Es gibt aber auch einige deutsche und wenige französische Bücher sowie einige Karten und Stadtführer. Verkauft werden sie **in Hotelshops** und **Buchläden** sowie in den **Buchabteilungen großer Supermärkte** (z.B. Carrefour, Spinney's, Géant). Die Preise in den Hotels sind oft höher als in den Buchläden.

• **Books Plus,** www.appareluae.com
Lamcy Plaza, Tel. 3 36 63 62; auch Spinney's Jumeirah, Ibn Battuta Mall, Reef Mall, Dubai Marina Walk, Dubai Festival City
• **Borders,** www.bordersstores.com
Deira City Centre, Tel. 2 94 33 44; auch Mall of the Emirates, Ibn Battuta Mall, Marina Mall, Dubai International Financial Centre
• **Kinokuniya,** www.kinokuniya.com/ae
Riesiger Buchladen in The Dubai Mall, Tel. 4 34 01 11
• **Jashanmal Bookstore,**
www.jashanmalbooks.com
Mall of the Emirates, Tel. 3 40 67 89; auch Al-Ghurair Centre, Mercato Mall, Wafi Mall, Dubai Marina Walk

Online-Buchläden

Viele der in den V.A.E. veröffentlichten Bücher kann man auch in Deutschland beziehen. Die sehr empfehlenswerten Bücher und Karten von Explorer Publishing können in den meisten deutschen Buchläden oder via Internetversand bestellt werden.

• **www.amazon.de**
• **www.booksarabia.com**
• **www.tridentpress.com/shop**
• **www.motivatepublishing.com**
• **www.explorerpublishing.com**
• **www.zodiacpublishing.org**

Stadtpläne/Landkarten

Da Dubai in rasendem Tempo wächst und ständig neue Straßen gebaut werden, veralten Karten und Pläne schnell. **In Hotels** kann man oftmals kleine, durch Werbung gesponsorte Übersichtspläne gratis erhalten. Der in Dubai ansässige Verlag **Explorer Publishing** gibt stets aktualisierte und detaillierte Karten heraus, in Dubai zu kaufen und auch online zu bestellen (www.explorerpublishing.com, www.amazon.de).

- Sehr zu empfehlen ist der **Dubai Street Atlas** mit detaillierten Karten, Gebäudekennzeichnungen, einem Straßenindex sowie Verzeichnissen mit wichtigen Attraktionen und Einrichtungen für Touristen und Geschäftsleuten (von Explorer Publishing Dubai).
- Im Großformat gibt es den **Dubai Jumboatlas** von Explorer Publishing.
- Für den alltäglichen touristischen Gebrauch ausreichend ist die **Faltkarte Dubai Map,** ebenfalls von Explorer Publishing.
- **Dubai Mini Map,** handlicher Dubai-Stadtplan im Taschenformat von Explorer Publishing.
- **UAE Road Map,** sehr gute V.A.E.-Straßenkarte von Explorer Publishing.
- **UAE Off-Road Atlas,** detailliertes Kartenbuch der V.A.E. samt aller Städte von Explorer Publishing.
- **UAE Street Atlas,** detaillierte V.A.E.-Karten und Stadtpläne im Spiralbuch von Explorer Publishing.
- **V.A.E.,** 1:470.000, **Dubai,** 1:80.000, world mapping project, REISE KNOW-HOW Verlag
- **Dubai,** 1:15.000 und 1:85.000, Berndson Verlag

Websites mit Landkarten:

- **www.gis.gov.ae**
Dubai Geographic Information Center, englisch
- **www.dtcm-dubaimap.com**
Interaktive Karte des Dubai Department of Tourism and Commerce Marketing, englisch
- **www.spaceimagingme.com**
Satellitenfotos, englisch
- **http://wikimapia.org**
Offene Landkarte, ähnlich dem Wikipedia-Prinzip

V.A.E. in Google Earth:

Google Earth bietet online einmalige Einblicke in die V.A.E., die Auflösung ist besser als zu vielen anderen Regionen (sogar Baukräne und deren Schatten sind gut zu erkennen!). Infos/Download unter www.google.com bzw. http://earth.google.de.

Stadtführer

- **Dubai Mini Guide,** kleinformatiger Minireiseführer samt Faltstadtplan von Explorer Publishing.
- **The Dubai Explorer.** The Complete Resident's Guide to Dubai, Explorer Publishing, allumfassend samt detailliertem Kartenteil und alljährlich neu.
- **Dubai Red Tape,** für alle, die in Dubai leben und arbeiten möchten, sehr zu empfehlen, Explorer Publishing.

Urlaub in Dubai

dub02_121 Foto: kk

Alte Utensilien aus dem Perlenhandel

dub07_270 Foto: dt

Ausflugsziele

vae010_033 Foto: sct

dub10_029 Foto: adt

Pause beim Familienausflug nach Hatta

Riesenrad „Eye of the Emirates“ in Sharjah

Stadtimpression aus Abu Dhabi

Sharjah

Die gleichnamige Hauptstadt des Emirates Sharjah liegt nur wenige Kilometer **nordöstlich von Dubai** – die beiden Städte wachsen immer mehr zusammen –, sodass sich eine Besichtigung schon für einen halben Tag lohnt (jedoch verlängert meist ein Dauerstau die Anfahrt). Ähnlich wie in Dubai ragt auch in Sharjah eine **Inlandlagune (Al-Khaleed)** ins Zentrum der Stadt. Weitere, kleinere Lagunen bilden die Grenze zu Dubai.

Der Name der Stadt bedeutet „Osten" und im übertragenen Sinne **„aufgehende Sonne".**

Sharjah ist eine Stadt mit einem vielfältigen Kunst- und Kulturangebot. In der Altstadt wurden – und werden – zahlreiche **historische Gebäude** restauriert, Museen geschaffen, alte Handelshäuser wiederhergerichtet, Plätze gestaltet und Souqgassen wiederhergestellt. Die neuen/alten Gebäude sind mit den für die Region typischen Stilelementen und aus traditionellen Materialien erbaut, sodass die Atmosphäre fast schon original orientalisch ist. „Volkskunde-Viertel" und „Kunst-Viertel" (**Heritage Area** und **Arts Area**) werden diese beiden benachbarten Altstadtareale genannt, die ein rekonstruiertes und als Museum eingerichtetes Fort voneinander trennt. In der Heritage Area lohnt ein Bummel durch den **Souq al-Arsah,** der in Form eines traditionellen Marktes rekonstruiert wurde und ein vielfältiges Souvenirsortiment birgt. In der Arts Area kann man das **Art Museum** besuchen. Bis 2025 sollen weitere einstige Souqquartiere ihre Renaissance erleben, und auch das altstadtnahe Lagunenufer soll in traditioneller Weise umgestaltet werden. Hier findet sich unter einer gold funkelnden Kuppel das **Museum of Islamic Civilisation.**

In anderen Stadtteilen gibt es **Wissenschafts- und archäologische Museen.** Verschiedenen Ökosystemen widmen sich das **Maritime Museum** mit Aquarium sowie der **Desert Park.**

Der sehenswerte **„Blue Souq"** imponiert durch seine Größe (80.000 m²) und den einzigartigen neo-arabischen Baustil und die schmucken Mosaiken.

In Sharjah gibt es einige **preiswerte Strandhotels.** Manche von ihnen sind zur Hauptreisezeit von vielen Osteuropäern besucht, was die Servicequalität beeinträchtigt hat.

- **Infos:** www.sharjahtourism.ae (Sharjah Commerce and Tourism Development Authority)

Abu Dhabi

Das etwa **160 km südlich von Dubai-Stadt** gelegene Abu Dhabi („Vater der Gazelle") erreicht man über eine mehrspurige Schnellstraße. Abu Dhabi ist politisches Zentrum, Regierungssitz und **Hauptstadt der V.A.E.** Rund 1,13 Millionen Menschen leben in der Stadt, die auf einer schmalen, knapp 60 km² großen Golfinsel liegt. Abu Dhabi ist eine **junge Stadt:** Das älteste Gebäude – und das einzige historische Bauwerk überhaupt – ist das 1761 erbaute weiße **Fort** im Herzen der Stadt.

Die **moderne Entwicklung** Abu Dhabis begann mit der Entdeckung und Förderung des Erdöls in den 1960er Jahren – und in nur dreißig Jahren expandierte das einstige Beduinen- und Fischerdorf zur finanzkräftigsten **Ölmetropole** der Golfregion. Etwa 10% der Erdölproduktion der OPEC (Organisation Erdöl exportierender Länder) stammen aus Abu Dhabi.

Die prächtig herausgeputzte, mit üppigem Grün bepflanzte und mit Brunnen bestückte **Uferstraße** ist das **Symbol Abu Dhabis.** Ihre vornehm-gepflegte Ausstrahlung überträgt sich auf die ganze Stadt. Schlanke, verspiegelte Hochhäuser und weiße Moscheen säumen das Ufer, luxuriöse Paläste, vornehme Villen und lebhafte Geschäftsviertel bilden die benachbarten Stadtteile.

Die Skyline der Corniche, die an ein **„Manhattan am Golf"** erinnert, ist am besten von einer vorgelagerten Wellenbrecher-Insel aus zu betrachten. Auch der **Emirates Palace** mit seiner imposanten Fassade, eines der weltweit besten Hotels, lässt sich am besten von hier aus bestaunen. Seinen zweiten Beinamen – **„Gartenstadt des Golfs"** – verdankt Abu Dhabi den vielen Parks, Grünanlagen, Alleen, Brunnen und Blumengestecken in der Stadt.

Die natürliche **Insel Saadiyat** östlich der Corniche wird derzeit zu einer luxuriösen Wohn-, Freizeit- und Kulturdestination ausgebaut. In einem Kulturbezirk sollen bis Ende 2014 hochkarätige Kultureinrichtungen eröffnen, darunter das architektonisch unvergleichlich in Form übergroßer Falkenflügel designte Zayed National Museum und die architektonisch ebenfalls spektakulären Museen Louvre sowie Guggenheim. Ein Zentrum für darstellende Kunst und ein Meereskundemuseum runden die Sehenswürdigkeiten ab, Hotelresorts bieten Unterkunft an.

Die **Insel Yas** ist eine weitere Sport- und Freizeitdestination, jedoch außerhalb der City. Hier gibt es eine Formel-1-Rennstrecke und den Ferrari-Freizeitpark – klimagekühlt in einer ferrariroten Riesenhalle bietet er etliche Attraktionen rund um schnelle Autos. Selbst in den V.A.E. einzigartig ist das Yas Hotel, nicht nur weil es in die Rennstrecke integriert ist, sondern auch wegen seiner futuristischen Architektur. Zudem gibt es auf Yas weitere Luxushotels, Sport- und Freizeitstätten.

Das religiöse Wahrzeichen der Stadt ist die majestätische **Moschee Shaikh Zayed bin Sultan Al Nahyan.** Sie besticht nicht nur durch ihre Größe, sondern vor allem durch ihre opulente Innenausstattung. Die Moschee kann als eine der wenigen im Land besichtigt werden – unbedingt empfehlenswert!

Vor der Küste des Emirates Abu Dhabi liegen mehr als 200 natürliche **Inseln.** Die **Liwa-Oasen** bieten sich an für einen Ausflug in die Sandwüste. Stark touristisch ausgebaut wird die westliche Region Abu Dhabis, **Al-Gharbiya.**

- **Infos:** www.exploreabudhabi.ae (Abu Dhabi Tourism Authority)

Großraum Dubai – Sharjah – Ajman
PERSISCH-
ARABISCHER
GOLF
Dubai Waterfront (im Bau)
The Palm Jebel Ali (im Bau)
116
The Palm Jumeirah
Dubai Marina
Jebel Ali
Jumeirah
E11
Abu Dhabi
Sh. Zayed Rd.
E77
JEBEL ALI INDUSTRIAL AREA
JEBEL ALI FREE ZONE
Al-Barsha
Al-Khail Rd.
E44
Jumeirah Village
International Media Production Zone (im Bau)
Mohammed bin Rashi
E311
Green Community
Jumeirah Golf Estates
Sports City
Green Community
Motor City
Al-Barsha South
Emirates Rd.
Dubai Investmant Park
The Els Club
Arabian Ranches Golf Club
Commercial City (im Bau)
Logistic City (im Bau)
Dubai World Central
Dubai Golf City (im Bau)
Arabian Ranches
Al-Maktoum International Airport
Residencial City (im Bau)
DWC Golf City (im Bau)
Aviation City (im Bau)
E611
E77
(im Bau)
0
10 km
© Reise Know-How 2012

PERSISCH-
ARABISCHER
GOLF
The Palm Deira
(im Bau)
The
World
(im Bau)
Umschlag
vorn
Al-Shindagha
Tunnel
DUBAI
Al-Mamzar
AJMAN
SHARJAH
Umm al-Quwain,
Ras al-Khaimah
Al-Satwa
Bur
Dubai
Deira
Al-Maktoum
Bridge
E11
Downtown
Dubai
Al-Garhoud
Bridge
Dubai
International
Airport
Business
Bay
Business
Bay Bridge
Al-Qusais
E88
E311
Festival City
Ras
al-Khor
The
Lagoons
(in Bau)
Meydan
(im Bau)
Nadd
al-Shiba
114
Rashidiya
Sharjah
International
Airport
Gardens
(im Bau)
Ras al-Khor
Industrial
Area
East-Coast Rd.
Kalba Rd.
City of
Arabia
E66
Emirates Rd.
International
City
Falcon City
of Wonders
Silicon
Oasis
E44
Dubai
Outlet City
(im Bau)
Dubai
Outlet
Mall
E611
Outer Bypass Rd
Hatta Rd.
Al-Dhaid,
Ostküste
Al-Ain Rd.
E84
Al-Ain
Hatta
Mileiah,
Fujairah

Al-Ain

Von Abu Dhabi (160 km) und Hatta (95 km) aus führen Schnellstraßen in die **Oasenstadt** Al-Ain, die **zweitgrößte Stadt des Emirates Abu Dhabi.**

Al-Ain besticht durch seine reizvolle Lage **am Fuße der Hajar-Berge und am Rand von wogenden Dünenfeldern,** Ausläufern der großen Arabischen **Sandwüste Rub al-Khali** („Leeres Viertel"). Schon vor vielen tausend Jahren machten Handelskarawanen in Al-Ain Halt, um sich mit Wasser und Nahrung zu versorgen und einige ihrer mitgeführten Güter gegen die begehrten Datteln aus der Region zu tauschen. Siedlungsreste und Gräber geben Zeugnis davon, dass das Gebiet schon im 3. Jahrtausend v. Chr. bewohnt war (im archäologischen Park von Hili).

Al-Ain – auf Deutsch „die Quelle" oder „das Auge" – ist in den letzten Jahren von einem kleinen Oasendorf zu einer **großen Stadt** herangewachsen, durch den internationalen Flughafen und die ausgebauten Highways gut mit dem Rest der Welt verbunden. Der Eindruck einer traditionellen Oasensiedlung entsteht am ehesten in den **Palmenhainen.** Ein solcher („Al-Ain Oasis", mit gepflasterten Wegen zum Spazierengehen) dehnt sich mitten im Zentrum aus. Aber auch in anderen Stadtteilen liegen Oasengärten, schön sind auch die Dattelhaine der **Oasen Al-Qattarah, Al-Jimi und Hili.** In einigen Palmengärten sorgt das jahrhundertealte System der falaj-Kanäle noch heute für die Bewässerung der Pflanzen.

Sehenswert sind die **Al-Ain-Oase** mit dem angrenzenden **Al-Ain-Palastmuseum** und dem **Al-Sharqi-Fort** mit seinem angegliederten Nationalmuseum sowie der letzte verbliebene **Kamelmarkt** der Emirate.

Außerhalb der Stadt lohnt der **Wildtierpark** einen Besuch, ebenso die heißen **Thermalquellen von Mubazzarah,** in denen man baden kann.

- **Infos:** www.alain.ae
(Abu Dhabi Tourism Authority)

Nördliche Emirate

Überschaubar sind die nördlichen Emirate samt ihrer gleichnamigen Hauptstädte. Eine gut ausgebaute **Überlandstraße** führt von Dubai nach **Ajman** (ca. 18 km), **Umm al-Quwain** (ca. 53 km) und **Ras al-Khaimah** (ca. 100 km). Die dörflich geprägten Orte verfügen weder über große Ölreserven noch weisen sie üppige Handelsbilanzen auf. Entsprechend sieht es stellenweise verschönerungsbedürftig aus, doch auch diese kleinen Emirate hoffen auf eine Renaissance durch Immobilieninvestment. Insbesondere die schönsten Strandgebiete an der Golfküste sind vielerorts Baustellen, aus denen neue Stadtteile, Freizeitstätten und Resortanlagen erwachsen sollen.

Ajman

Mit einer Fläche von nur 260 km² ist Ajman das **kleinste der sieben Emirate.** Seine gleichnamige Hauptstadt Ajman unterscheidet sich deutlich von Dubai.

Viele Einwohner arbeiten im nahe gelegenen Sharjah oder Dubai, ziehen aber Ajman zum Wohnen vor, weil es nicht so hektisch und der Wohnraum dort günstiger ist. Ajman ragt als Landspitze in die Golfgewässer hinein, das Stadtbild ist geprägt durch eine Y-förmige **Lagune.**

Sehenswert sind das alte renovierte **Fort,** in dem ein nettes kleines Volkskundemuseum eingerichtet ist, und die **Dhauwerft.**

Umm al-Quwain

Das **zweitkleinste Emirat** hat eine Fläche von 777 km². Es liegt zwischen den beiden Emiraten Sharjah und Ras al-Khaimah. Da Umm al-Quwain nicht über Öl verfügt, sind die **Fischerei und** die **Oasenwirtschaft** bis heute die wichtigste Erwerbsquelle geblieben.

Die gleichnamige Hauptstadt des Emirats befindet sich auf einer 12 km langen und ca. 1 km schmalen Landzunge. Diese liegt zwischen Golfufer und einem weit ins Land ragenden Meeresarm, der die **größte natürliche Seewasserlagune** der Golfregion ist. Diese Bucht **(Khor al-Beida)** mit ihren Ausbuchtungen, Sandbänken und mehreren kleinen mangrovenbewachsenen Inseln ist ein **Paradies für Seevögel.** Wasserratten finden im großen **Aqua-Park** ihren Spaß, Kulturbeflissene können sich das zum Museum ausgebaute historische Fort ansehen.

Umm al-Quwain bietet Budget-Travellern die Möglichkeit, ein paar **preiswerte Strandtage in ruhigen Hotels** einzulegen.

Ras al-Khaimah

Ras al-Khaimah ist das nördlichste der sieben Emirate, es liegt an der **Nordspitze der arabischen Halbinsel** an der Straße von Hormuz. Im Südwesten grenzt es an Umm al-Quwain und im Nordosten an die omanische Exklave Musandam. Das 1700 km² kleine Emirat besitzt eine abwechslungsreiche Landschaft. Es gibt kleine **Fischerorte,** idyllische **Oasen,** grüne **Felder** und rötlich-orangefarbene **Sanddünen,** weite **Strände,** schroffe **Berge** und enge **Wadis** sowie die Hauptstadt, die wie alle „Metropolen" der nördlichen Emirate (noch) weit entfernt ist von der Modernität und dem Luxus in Dubai. Doch an der Küste laden einige schöne Resorts zu preiswerten Badeaufenthalten ein.

Wieder einmal teilt eine **Lagune** das Stadtzentrum in zwei Teile. Eine interessante Sehenswürdigkeit ist die **historische Festung mit** einem **Museum** in ihrem Inneren.

- **Infos:** www.raktourism.com (Ras al-Khaimah Tourism Department)

Fujairah und die Ostküste

Im Osten der V.A.E. dehnt sich an der Küste des Indischen Ozeans das **Emirat Fujairah** aus. Es ist das einzige Emirat, das nicht an der Golfküste liegt. Allerdings gehört nicht die gesamte Ostküste zu Fujairah, denn manche Gebiete zählen zum **Emirat Sharjah.** An der

Ostküste laden **gut ausgestattete Strandhotels** zum Verweilen ein – preiswertere Unterkünfte finden sich in Fujairah-Stadt.

Fujairah ist über den **Sheikh Khalifa Highway** (E84) in weniger als einer Stunde Fahrzeit erreicht. Ab dem Dubaier Stadtzentrum kann man über die Emirates Rd (E311) oder die Outer Bypass Rd (E611) ein Stück Richtung Sharjah fahrend auf ihn auffahren (Abfahrten „Eastern Region", „Kalba"). Man kann auch die **alte Schnellstraße** über Sharjah, Al-Dhaid und Masafi wählen, was zwar etwa doppelt so lange dauert, dafür sieht man aber mehr vom Land, so wie beispielsweise den ca. 6 km vor Masafi gelegenen Straßenmarkt (siehe „Straßenmarkt bei Masafi").

Das Leben an der Ostküste verläuft ruhig und gelassen, die Orte sind relativ **klein und überschaubar,** und – im Gegensatz zur ebenen Wüstenlandschaft um Dubai – die Ostküste wird von den mächtigen **Hajar-Bergen** überragt. Bei der Erkundung dieser Berglandschaft sind Flusstäler, sprudelnde **Quellen** und kleine **Bergoasen** mit ausgedehnten Palmenhainen zu entdecken. Angenehm ist der Umstand, dass es dort stets **kühler** ist als in Dubai.

Fujairah besitzt kein eigenes Erdöl, dafür ermöglichen die für emiratische Verhältnisse üppigen Regenfälle die **landwirtschaftliche Nutzung** großer Gebiete des fruchtbaren Küstenstreifens und der Waditäler.

Die **Stadt Fujairah** bietet neben einem historischen Fort, einem Volkskundemuseum und einem Volkskundedorf kaum touristische Sensationen – ihre pittoreske Lage zwischen dem kristallklaren Golf von Oman und dem schroffen Hajar-Gebirge ist die eigentliche Attraktion. Wer Ruhe sucht, der findet sie in diversen Strandresorts, und das zu fairen Preisen.

Empfehlenswert ist eine **Fahrt die Küstenstraße entlang** nach Norden. Etwa **20 km hinter Fujairah** liegt das Städtchen **Khor Fakkan,** das zum Emirat Sharjah gehört. Die gepflegte kleine Stadt, malerisch zwischen den Bergen und einer lang gezogenen Meeresbucht gelegen, macht mit ihren neuen weißen Häusern und Grünanlagen einen sympathischen Eindruck.

36 km hinter Fujairah kommt man in die Oase **Bidiyah,** an deren Ortsende die **vermutlich älteste Moschee der V.A.E.** steht. Ihr genaues Alter konnte noch nicht ermittelt werden.

57 km hinter dem Fujairah Hilton Hotel ist der Ortsanfang von **Dibba** erreicht, nördlichster Ort an der Ostküste der Emirate. Die Lage der Stadt im Schatten der mächtigen Hajar-Berge beeindruckt. Dibba liegt zudem an der Mündung eines fruchtbaren Wadis und an einer malerischen Bucht des Golfs von Oman. Administrativ ist Dibba **dreigeteilt:** Dibba Muhallab gehört zu Fujairah, Dibba al-Hisn zu Sharjah, Dibba al-Bayah zu Oman, dessen Staatsgebiet sich im Norden anschließt. Die einzelnen Ortsteile sind durch Palmenhaine oder unfruchtbare Freiflächen voneinander getrennt. Diverse Strandhotels bieten relativ preiswerte Unterkunft an.

Ab Dibba gibt es **verschiedene Wege zur Weiterfahrt bzw. Rückfahrt** nach

Raufende Rinder – Stierkampf auf Emiratisch

Am Strand südlich von Fujairah findet im Winter nahezu jeden Freitagnachmittag (oder zumindest jeden zweiten Freitag, ab 16.30 Uhr) ein ganz besonderes Spektakel in Form von traditionellen Bullenkämpfen statt.

Einst wurden die Bullen in der Landwirtschaft zum Ziehen des Pfluges und der Brunnen eingesetzt, doch im heutigen Zeitalter der elektrischen Landgeräte treten speziell für die Show gezüchtete Bullen gegeneinander an. In mehreren Runden werden – ganz gerecht – immer nur gleich starke, gleich alte, gleich große und rassengleiche Tiere in den Ring geführt. Schiedsrichter (arab. *aqeed*) sind für den ordnungsgemäßen Ablauf verantwortlich und suchen die Kontrahenten aus. Nach dem Startsignal ringen die Bullen miteinander, sie verdrehen und verkeilen ihre Köpfe ineinnader, sie schieben und schubsen sich durch die Arena. Von „Stierkampf" zu sprechen, klingt übertrieben, das Ganze gleicht eher einer Rangelei oder Rauferei. Es ist – abgesehen von kleinen Blessuren – ein **unblutiges Spektakel,** in dem die Stiere ihre Kräfte messen.

Das Spannendste ist ohnehin nicht unbedingt der „Kampf" der Giganten, sondern der Moment, an dem die beiden, zumeist an ihren Hörnern verkeilten Widersacher voneinander getrennt werden müssen. Sobald die Schiedsrichter den schwächeren Bullen erkannt haben, beenden sie die Runde. Dann stürmen etliche Männer mit wehenden Gewändern auf die Tiere zu, schnappen sich den Schwanz oder ein Hinterbein und ziehen die Kolosse daran mit voller Kraft nach hinten weg. Mehr oder weniger folgsam, werden die Muskelpakete dann an den Rand der Arena geführt.

An den Besitzer des Champions werden keine Preisgelder ausgezahlt. Mit jedem Sieg steigt der Wert des Bullen, und je höher der Wert des Tieres, desto größer ist das Ansehen des Besitzers – das ist das Gewinnbringende an diesem Sport.

dub_x15 Foto: kk

Dubai; alle diese Strecken führen über gut ausgeschilderte Teerstraßen:

- **Zurück entlang der Küstenstraße nach Fujairah.** Ab dort kann man über den Shaikh Khalifa Highway am schnellsten zurück nach Dubai fahren. Man kann auch über Masafi ins Landesinnere fahren (Möglichkeiten zur Weiterfahrt siehe unten), oder man fährt ab dem wenige Kilometer südlich gelegenen Khor Kalba über eine schöne Bergstraße nach Hatta.
- Über eine neue Straße **nach Ras al-Khaimah** (63 km).
- **Direkt ins Landesinnere nach Masafi** (37 km). Ab Masafi sind es über Al-Dhaid ca. 120 km nach Dubai und 90 km **nach Sharjah.** Kurz vor Sharjah geht es nach Dubai ab.

Auch **nach Hatta** (s.u.) kann man von Masafi über Al-Dhaid und Al-Madam fahren (174 km).

Nach Ras al-Khaimah (80 km) muss man hinter Masafi nach Norden fahren, dazu führt eine Straße über die kleinen Oasen Manama und Al-Ghayl.

In Al-Dhaid zweigt eine weitere Straße nach Norden ab: Sie führt ebenfalls **nach Ras al-Khaimah,** doch zuvor zweigt ein Weg **nach Umm al-Quwain** (100 km) ab.

- **Infos:** www.fujairahtourism.ae (Fujairah Tourism and Antiquities Authority)

Hatta und Umgebung

Reisepass mitnehmen! Bei Ausflügen nach Hatta und Umgebung ist es ratsam, den Pass mitzunehmen, denn mitunter wollen ihn Kontrollposten am emiratisch-omanischen Grenzzaun sehen (siehe unten, ein omanisches Visum ist nicht nötig!).

Sanddünen auf dem Weg nach Hatta

Die **vierspurige Autobahn** von Dubai nach Hatta (E44) führt durch ein wunderschönes Sanddünengebiet. Die Dünen erreichen teils eine Höhe von 270 m über NN. Folgt man vom Dubaier Stadtzentrum den Straßenschildern nach Hatta oder Al-Awir, so gelangt man auf die Überlandstraße nach Hatta, die ab dem Dubai International Airport ca. 100 km lang ist.

Nach knapp 40 km durch eine spärlich mit Gräsern und Büschen bewachsene **sanfte Dünenlandschaft** erreicht man den kleinen Durchfahrtsort Al-Habab, wo sich die von Dubai kommende Strecke mit einer von Jebel Ali kommenden Straße kreuzt und eine Polizeistation samt ein paar Geschäften und Tankstelle das einzig Erwähnenswerte sind.

Wenige Kilometer hinter Al-Habab beginnt die **Bilderbuch-Landschaft** aus steil aufsteigenden **Dünen,** die im sanften Abendlicht noch weitaus pittoresker wirken als tagsüber im gleißenden Sonnenlicht. Die höchsten Dünen stehen

16 km hinter Al-Habab (50 km vor Hatta) links und rechts der Straße. Hier ist auch der bislang durchgängige Kamelschutzzaun unterbrochen. Hier zweigen auch nahezu alle lokalen Tourveranstalter mit ihren Reisenden in die Sande und auf die Gipfel der höchsten Dünen ab (mit **„Big Red" als Highlight**), wo man eine wunderbare Aussicht auf das Sandmeer hat. Diese Dünen eignen sich hervorragend zum **„Dune Skiing",** dem absolut ungefährlichen und bei Anfängern eher gemächlichen **Surfen auf Sand.** Am Wochenende sind die Dünen ein beliebter Treffpunkt junger Emirater, die hier die Leistung ihrer Geländewagen zur Schau stellen und die Grenzen ihres Fahrkönnens testen. Das Dünengebiet wird zu einem großen **„Offroad-Sandkasten",** jeder versucht so schnell wie möglich den Gipfel der höchsten Düne zu erklimmen. **„Dune Bashing",** „Sanddünen prügeln", nennt sich diese beliebte Freizeitbeschäftigung. Man kann auch mit einem Sandbuggy bzw. Quad oder einem Geländemotorrad durch die Dünen düsen; diverse **„Moto Cycle Rentals"** am Straßenrand (sowie im folgenden kleinen Ort Al-Madam) bieten ihre Vehikel an. Doch auch ganz „klassisch" auf dem Rücken eines Kamels lässt sich die Wüste erkunden – bei manchen der „Moto Cycle Rentals" warten die Tiere auf Kundschaft. Es gibt zudem ein paar kleine Cafeterias und Restaurants.

Diese hohen Dünen erstrecken sich bis wenige Kilometer (ca. 7 km) vor den nächsten Kreisverkehr, dem **Al-Madam Roundabout,** wo die von Nord nach Süd verlaufende Straße von Al-Dhaid nach Al-Ain und Buraimi auf die Verbindung Dubai – Hatta trifft.

Von hier sind es noch 40 km bis Hatta. Die Landschaft geht über in die flache und vorwiegend von Steinen und Geröll bedeckte **Al-Madam-Ebene.** Zahllose Trockenflussläufe, die von den **nahe gelegenen** Höhenlagen der **Hajar-Berge** kommen, enden hier in der Kargheit der Wüste. Etwa 4 km westlich vom Al-Madam Kreisverkehr führt ein

dub252 Foto: kk

Moschee in der Oase Hatta

Offroad ins Gelände wagen

Ein **Fahrzeug mit Allradantrieb** ist sicherlich die beste Möglichkeit, die Umgebung von Dubai zu erkunden. Es gibt Gebiete in den Bergen und der Wüste, die man (außer per pedes) gar nicht anders erreichen kann, denn mit einem Wagen mit Zweiradantrieb gelangt man schnell an die Grenze des Machbaren.

In der Theorie bietet Dubai ein **vielfältiges Offroad-Terrain:** planierte Pisten, steile und kurvenreiche Felswege, lose Schotterdecken, Flussbetten mit tiefem Kies, sperrigen Felsbrocken oder Wasser, mit Geröll bedeckte Wüstenebenen, Salztonebenen mit getrockneter Oberfläche und Dünengebiete aus purem Sand.

Doch in der Realität sind in den letzten Jahren **immer mehr Pisten geteert** worden. Und in den Hajar-Bergen sind seit dem Bau der Palmeninseln viele Hänge in Steinbrüche verwandelt worden – auf breiten, glatt planierten Pisten reihen sich hier die Crusher-Lastwagen aneinander und wirbeln mächtig Staub auf. Einzig die Wüstenareale bieten noch unberührtes – jedoch schwieriges – Terrain.

Viele **schöne Pisten,** sowohl Berg- als auch Wüstenwege, liegen im Bereich um Hatta und Al-Ain. Hier sollte man beachten, das emiratische Hoheitsgebiet nicht zu verlassen und auf omanischem Boden zu fahren – ein mächtiger Grenzzaun verhindert dies ohnehin. Wer sich auf omanischem Terrain ins Gelände wagen möchte, der muss sich um Einreisebestimmungen und Kfz-Versicherungsschutz kümmern.

Die in diesem Buch beschriebenen Ziele sind hauptsächlich über Teerstraßen oder leicht zu befahrende Pisten erreichbar, denn nur einem Bruchteil der Urlauber wird daran gelegen sein, halsbrecherische Offroad-Fahrten persönlich zu fahren. Erfahrung in der fahrtechnischen Beherrschung eines Wagens und in Orientierung sind Grundvoraussetzungen, erst recht wenn man sich weitab aller Wege in unbesiedelte Gebiete vorwagen möchte. Für einen gefahrlosen Offroad-Ausflug sorgen zahlreiche Tourveranstalter, die ihre Kunden zumeist in die Hajar-Berge oder in die Sandwüste bringen.

Diejenigen, die **selber im Gelände fahren** möchten und darin kaum Erfahrung haben, können sich von einem erfahrenen Fahrer eines Tourveranstalters begleiten lassen – entweder im selben oder in einem separaten Fahrzeug (bei diversen Veranstaltern anfragen, siehe „Urlaub in Dubai/Reisebüros und Tourveranstalter"). Selbstfahrer mit Mietwagen sollten besonders vorsichtig sein, da die Vollkasko-Versicherung für Schäden, die durch Offroad-Fahrten entstehen, oft nicht aufkommt. Wer noch nie einen Geländewagen (4WD = *Four Wheel Drive*) gefahren hat, sollte nicht glauben, damit jede Düne bezwingen zu können: Nicht Technik oder PS-Stärke, sondern Können ist maßgeblich. Wer noch nie mit zuschaltbarem Allradantrieb gefahren ist, sollte nicht am Schaltknüppel bzw. an den Zuschaltknöpfen herumspielen, sondern sich das Schalten genau erklären und zeigen lassen. Mit Allradantrieb zu fahren, wenn dies unnötig ist, sollte vermieden werden.

Gewisse **Vorsichtsmaßnahmen** sind bei allen schwierigen und längeren Offroad-Fahrten zu beachten. Am wichtigsten ist, dass man niemals allein „auf die Piste geht", denn zu (mindestens) zweit kann man Probleme oder Pannen stets besser lösen und im Ernstfall kann einer zu Fuß Hilfe holen gehen, während der andere beim Wagen bleibt. Zudem sollte man an der Hotelrezeption oder bei Bekannten eine Nachricht hinterlassen, wo man mit wem und in welchem Fahrzeug hinfährt, welche Route man wählt und wann man plant, spätestens zurück zu sein. An **Ausrüstung** gehören ein ausreichend aufgepumpter Ersatzreifen, ein Wagenheber, ein Werkzeugkoffer, ein Abschleppseil und ein Erste-Hilfe-Set immer mit ins Gepäck. Auf regelmäßig befahrenen Pisten kann man sich so meist von anderen Fahrzeugen helfen lassen, wenn der Wagen feststeckt oder wenn man eine Panne hat. Abhängig vom Vorhaben sollte man zudem Schaufeln, Sandbleche- oder matten, GPS-Gerät oder Kompass, Landkarten, genügend Treibstoff, Lebensmittel und Wasser einpacken, von letztgenanntem lieber zu viel als zu wenig. Am allerbesten ist es, ein Mobiltelefon mitzunehmen.

Natürlich sollte man nur mit einem **technisch einwandfreien Wagen** losfahren, außer auf sehr einfachen Pisten sollte es ein Allradwagen sein.

An **Fahrverhalten** gehören Sicherheit und Selbstbeherrschung an erste Stelle. Stets sollte man Sichtkontakt zu seinem Vorder- und Hintermann halten. Zu seinem Vordermann sollte man einen gebührenden Abstand halten (Steinschlag, Staub, Sicherheit). Beim Fahren im Gelände ist es besser, die Scheinwerfer einzuschalten. So wird man auch im aufwirbelnden Staub gut gesehen. Kommt einem auf staubigen Pisten jemand entgegen, ist es besser, langsamer oder rechts ran zu fahren, anzuhalten und ihn passieren zu lassen. Niemals im Staub überholen!

Trockenflusstäler (arab. *wadis*) bergen die Gefahr einer Flutwelle, sogenannter „Flash Floods", in sich. Bei plötzlichen Regenfällen, die auch weit entfernt sein können, sammelt sich das Wasser in den Wadis, fließt zusammen und strömt durch das Hauptwadi ins Tal. Diese Fluten können zerstörerische und manchmal tödliche Ausmaße annehmen. Daher sollte man auf jeden Fall davon absehen, unmittelbar in einem Flussbett zu picknicken oder zu übernachten. Falls man durch ein Wadi fahren muss, in dem tiefes Wasser steht, sollte man zuvor zu Fuß den Weg überprüfen (ggf. mit Stöcken markieren), damit man nicht plötzlich in ein tiefes Loch fährt. Oder man wartet auf einen vorbeikommenden Einheimischen, denn sie kennen den Weg meist sehr genau. Unerfahrene sollten bedenken, dass ein Auto sich in nassem Kies sehr leicht festfährt. Neben Asphaltstraßen oder häufig befahrenen Pisten, die durch ein Wadibett führen, stehen oftmals im Boden verankerte Pfähle, die den Wasserstand markieren. Hat die Wassermarke die rote Farbmarke überschritten, sollte man nicht weiterfahren.

Niemals sollte ein Neuling einen Ausflug in die **Sandwüste** wagen und schon gar nicht mit nur einem Fahrzeug. Für Ungeübte bieten die folgenden **Spezialveranstalter** Kurse im Gelände- und Tiefsandfahren *(desert driving)* an:

- **Nomad Offroad Driving Academy,** Tel. 04/4 05 24 29, nomad4x4.com
- **Offroad-Zone,** Tel. 04/3 39 24 49, www.offroad-zone.com
- **Emirates Driving Institute,** Tel. 04/ 2 63 11 00, www.edi-uae.com
- **Al-Futtaim Training Centre,** Tel. 04/ 2 85 04 55, www.traininguae.com
- Kurzkurse für Einsteiger haben außerdem einige **lokale Tourveranstalter** im Programm (z.B. Arabian Adventures, Orient Tours, Desert Rangers, Explorer Tours, Adressen siehe „Urlaub in Dubai/ Reisebüros und Tourveranstalter").

Ein beliebtes **Übungsgelände** sind die Dünen **auf dem Weg nach Hatta – „Big Red"** ist die höchste Düne weit und breit (siehe „Ausflüge/Hatta und Umgebung"); hier ist der Kamelzaun unterbrochen, Profis toben sich aus, doch auch Anfänger können hier erste Fahrversuche wagen – vorausgesetzt, sie bleiben in Reichweite der Fernstraße und kommen den Heizern nicht in die Quere. Auch im Quad oder Sandbuggy können die hohen Dünen – oder andere Areale

– angegangen werden, diverse Anbieter verleihen diese Vehikel (z.B. Desert Rangers, Explorer Tours, Arabian Adventures, Adressen siehe „Urlaub in Dubai/Reisebüros und Tourveranstalter“).

Ganz ohne Motorkraft kann man auch Sanddünenski- bzw. Sanddünenboard fahren. Das ist ideal für Anfänger, denn der Sand bremst die Geschwindigkeit. Für passionierte Skifahrer liegt der Reiz weniger im Speed als vielmehr in der Kuriosität dieses Sports. Nahezu alle einheimischen Tourveranstalter bieten **Dune Skiing** im Rahmen eines Wüstenausflugs an.

Wer es natürlicher liebt, der sollte auf dem Rücken eines Kamels in das wogende Dünenmeer hineinreiten, längere **Kamelsafaris** bieten z.B. die Veranstalter Explorer Tours und Desert Rangers an (siehe „Urlaub in Dubai/Reisebüros und Tourveranstalter“).

Literaturtipps:
- **UAE Off-Road Maps,** für alle, die die Naturseite der V.A.E. erkunden wollen, unbedingt zu empfehlen; Explorer Publishing
- **UAE Off-Road Explorer,** 20 Routenbeschreibungen samt Satellitenfotos und GPS-Koordinaten; Explorer Publishing
- **Praxis-Ratgeber Wüstenfahren,** Technik, Tipps u.v.m. Reise Know-How Verlag

أهلا وسهلا

Teil der Fernstraße über **omanisches Staatsgebiet,** erkennbar am speziell für diese Straße unterbrochenen Grenzzaun. Manchmal sind hier Straßenkontrollen aufgebaut (für dieses Straßenstück ist kein omanisches Visum nötig).

Dass man Hatta bald erreicht hat, ist an den vielen aneinander gereihten **Straßenständen** mit Teppichen und Töpferwaren zu erkennen.

Hatta

Hatta ist ein kleines, überschaubares Oasendorf und ein **emiratisches Städtchen par excellence:** Mit einem Fuß steht es bereits in der Zukunft, mit dem anderen ist es fest in seiner traditionsreichen Vergangenheit verankert.

An einem wichtigen Übergangspunkt der Hajar-Berge gelegen, war Hatta einst ein wichtiger Grenzort zum benachbarten Oman. Zudem lag die Oase **an einem bedeutenden Handelsweg,** der von der am Golf von Oman gelegenen omanischen Hafenstadt Sohar an den Golf führte. **Bereits vor über 4000 Jahren** wurden große Mengen **Kupfer** von Sohar nach Westen transportiert. Noch in den 1970er Jahren benutzten die Einwohner von Hatta Kamele, um auf einer beschwerlichen, fünftägigen Karawane nach Dubai zu reisen.

Beeindruckend ist die schöne Landschaft: Hatta liegt auf einer **Höhe von knapp 1000 m mitten im Gebirge.** Der Ort eignet sich daher hervorragend als Ausgangsbasis für Offroad-Touren oder Wanderungen durch die von zahlreichen Trockenflussläufen und grünen

Oasen geprägte Bergwelt (Vorschläge siehe unten). Auch Vogelkundler kommen hier auf ihre Kosten (siehe Exkurs „Durchs Fernglas geschaut – Dubai für Vogelfreunde").

Die meisten Einwohner leben von der **Kultivierung der Dattelpalme** und bauen in deren Schatten andere landwirtschaftliche Produkte wie Feigen und Tabak an. Zahlreiche Gärten werden von traditionellen Bewässerungskanälen (arab. *falaj*) bewässert. Das Wasser stammt aus den umliegenden Bergtälern. Um den Ort treffen sich mehrere Wadis. Das **Haupttal Wadi Hatta** wird von einem **Damm** gestaut. Nach ergiebigen Regenfällen verleiht ein großer See der Oase ein besonders pittoreskes Aussehen.

Viele reiche Einwohner Dubais haben sich in dieser ruhigen und kühlen Umgebung prachtvolle **Villen** und kom-

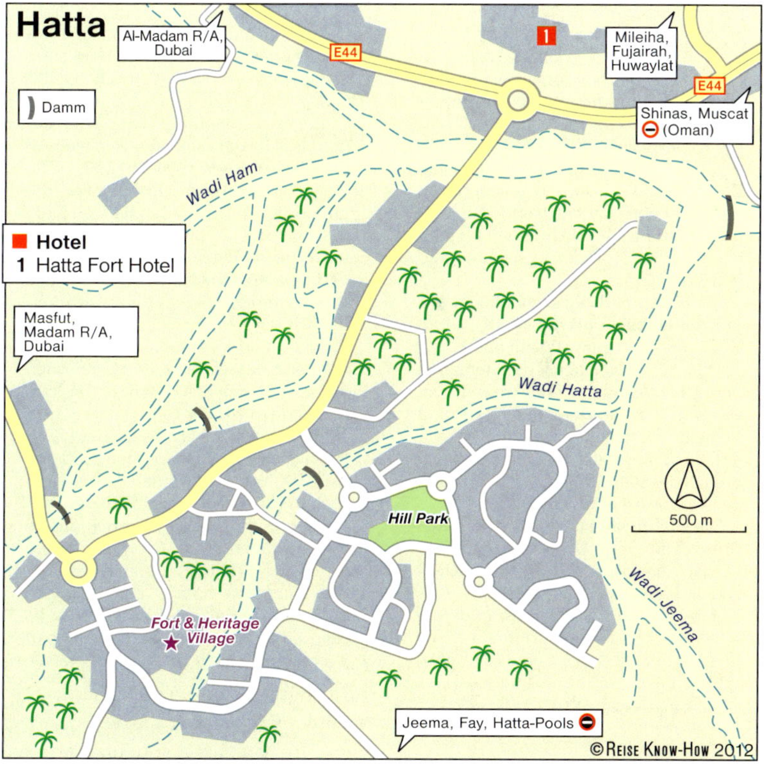

Archäologisches

Bereits über 2000 Jahre vor Christus lebte auf dem heutigen Dubaier Gebiet eine hochentwickelte Kultur, die **Überseehandel** mit den Völkern im Indus-Tal (Meluhha-Kultur) und in Mesopotamien (Sumer-Kultur) trieb. In bedeutenden sumerischen Keilschrifttexten wird diese Kultur Magan genannt. Eine bedeutende Handelsstation war die Insel Al-Bahrain, die damals Dilmun genannt wurde.

Bis heute ist umstritten, wo genau das sagenhafte **Magan** lag. Die mesopotamischen Keilschrifttafeln liefern sieben Anhaltspunkte, die einen relativ eindeutigen Schluss zulassen. Die Wissenschaft geht davon aus, dass dieses Reich in den Hajar-Bergen der heutigen östlichen Emirate und des Nordoman lag. Magan war der Hauptlieferant von **Kupfer,** einem damals begehrten Rohstoff zur Bronzeherstellung. Mit den Völkern jenseits des Golfes wurden auch Edelsteine, Elfenbein und Ebenholz gegen Stoffe, Öl und Silber eingetauscht. Neben der Kupferverhüttung und dem Handel lebten die Bewohner von der Viehzucht, Jagd und Fischerei.

Die **bedeutendsten archäologischen Stätten Dubais** sind Al-Sufouh, Al-Qusais, Jumeirah, Umm Suqeim und Hatta. Angesichts der gelungenen Präsentation der archäologischen Funde im Museum von Dubai und im Heritage Village lohnt sich eine Besichtigung der Originalstätten nur für besonders Interessierte (zum Besuch der Stätten sind Genehmigungen im Dubai Museum einzuholen).

Die **wichtigste Stätte aus der frühen Bronzezeit** liegt bei **Umm Suqeim,** nördlich des Mina al-Siyahi. Sie datiert zurück bis in das 3. Jahrtausend v. Chr. Steinblöcke, Töpferscherben und Muschelreste belegen, dass dort einst eine bedeutsame Stadt oder ein Hafen gelegen haben muss.

Bei **Hatta und Al-Sufouh** stehen die bislang einzig bekannten Gräber aus der sogenannte **Umm-al-Nar-Periode.** Diese Epoche (2700–2000 v. Chr.) ist benannt nach berühmten **Grabbauten,** die auf einer Insel bei Abu Dhabi gefunden wurden. Es war die früheste Glanzzeit der Kupfergewinnung und -verarbeitung. Das Grab bei Al-Sufouh ist ein oberirdisches, rundes Gemeinschaftsgrab. Mit einem Durchmesser von 6,5 Metern ist es das bislang größte gefundene Grab in Dubai. Es besitzt zwei Eingänge und ist in sechs Kammern unterteilt. Archäologen fanden diverse Skelette, die Grabkammern waren nicht nach Alter und Geschlecht getrennt. An Grabbeigaben wurden Keramikgefäße, Bronzeschwerter, Fingerringe und Halsketten gefunden, die in die Zeit zwischen 2500 und 2000 v. Chr. datiert werden.

Jüngeren Ursprungs ist das heute nordöstlich vom Flughafen gelegene **Al-Qusais.** Zwischen 1800 und 550 v. Chr. befand sich hier möglicherweise die größte Siedlung an der arabischen Golfküste. In den 120 bisher entdeckten, oft unterschiedlich geformten Gräbern wurden die Menschen auf vier verschiedene Arten beerdigt. Differenziert wurde vermutlich nach Geschlecht, Sozialstatus, Glauben und Reichtum der Toten. Zudem gibt es verschiedene Grabformen aus jeweils anderen Epochen. Am interessantesten war der Fund zweier Skelette, die Händchen haltend in einem Grab lagen und in die Zeit zwischen 1500 und 1200 v. Chr. datiert werden. Im Museum finden sich Rekonstruktionen diverser Gräber von Al-Qusais sowie diverse Grabbeigaben. Diese Beerdigungsriten lassen zwei Schlüsse zu: zum einen, dass die Menschen damals an ein Leben nach dem Tod glaubten und zum anderen, dass die damalige Gesellschaft streng hierarchisch organisiert gewesen sein muss.

Bei Al-Qusais liegt auch der sogenannte **„Mount of Serpents"** („Schlangenhügel"). Es handelt sich um einen ca. 3 km langen Sandhügel, in dem zahlreiche Mosaiksteine und *carred stones* gefunden wurden. Manche waren mit Schlangen dekoriert. Auch viele kleine Bronze-Schlangen barg der Sand in sich. Da keinerlei Gräber gefunden wurden, glauben Archäologen, dass der Ort eine mystische, furchteinflößende Wirkung ausstrahlte und den Schlangen eine zeremonielle Bedeutung zukam. Der Fund von mehreren hundert Pfeilspitzen, Weihrauchbrennern, Nadeln und Angelhaken gestattet eine Datierung des Mount of Serpents auf die Zeit zwischen 2000 und 1000 v. Chr.

Aus islamischer Zeit stammen Zeugnisse **an der Küste von Jumeirah,** wo man 1968 die Ruinen einer Karawanserei, bestehend aus diversen großen Gebäuden mit Wachtürmen sowie einer Moschee, eines Dorfes und eines Marktes entdeckte. Die aufwendige Architektur (Stuckdekoration und Arkadenbögen) sowie Funde von dekorativer Töpferei und feinen Glaswaren bezeugen den Reichtum der Stadt, der sich aus seiner Stellung als Handelsstation zwischen Oman und Persien erklären lässt. Frühe Funde stammen aus dem 5. und 6., jüngere aus dem 9. und 10. Jahrhundert.

Grundriss eines Grabes aus der sog. Umm-al-Nar-Periode

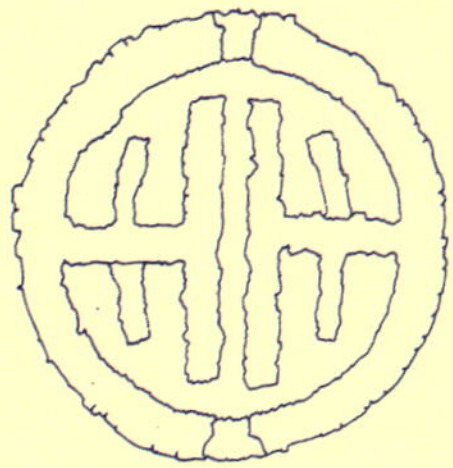

fortable **Wochenendhäuser** errichten lassen.

Östlich von Hatta beginnt das **Staatsgebiet Omans,** die Weiterreise dorthin ist nur mit **Visum** möglich.

Sehenswertes

Die wichtigste Sehenswürdigkeit des Ortes ist das **Hatta Heritage Village.** Dieses Volkskunde-Dorf widmet sich anschaulich der Kultur und den Traditionen Hattas. In einem rekonstruierten Dorf sind die **Ausstellungsräume in einzelnen Häusern** untergebracht; Themen sind z.B. Folklore, Sozialleben, Palmprodukte und Bewässerung. Detailgetreu sind Szenen mit Puppen nachgestellt. Exponate, Schautafeln und per Knopfdruck einschaltbare Filme liefern vertiefende Informationen in englischer (und arabischer) Sprache. Die Häuser des Heritage Village sind allesamt neu erbaut, aber man hat sich streng an **traditionelle Grundrisse** gehalten und **lokale Baumaterialien** verwendet. Als Mörtel und Putz der Häuser (und des Forts) dient **saruj,** eine extrem haltbare Mischung aus Lehm und Kalk, deren Herstellung sehr zeit- und arbeitsaufwendig ist. Der den benachbarten Palmengärten entnommene Lehm musste zunächst mehrere Wochen in Wasser eingeweicht und in der Sonne getrocknet werden. Dann wurde er in einem Ofen gebrannt, bevor er abermals in der Sonne getrocknet und mit Kalk vermischt gebrauchsfertig angerührt werden konnte.

Zum Heritage Village gehört auch das **Fort** Hattas, welches das **älteste des Emirats Dubai** ist. Es wurde von

Shaikh Maktoum bin Hasher Al-Maktoum im späten 19. Jahrhundert erbaut und diente als Wohnfort sowie zur Verteidigung des Ortes. Die Mauern der Feste sind 4½ Meter hoch, die Wände des an der Ostseite errichteten quadratischen Wehrturms haben eine Seitenlänge von 11 Metern. Erbaut wurde das Fort aus Berggestein, als Mörtel und Putz dient Lehm. In der Festung sind das Versammlungszimmer und das Schlafgemach des einstigen Residenten eingerichtet und weitere Räume den Themen Waffen und Festungsbau gewidmet.

Das Fort steht zwischen **zwei Wehrtürmen,** die auf zwei steilen Felsen thronen. Die Türme haben einen Durchmesser von 7 und 8½ Metern, ihre Wände sind im Fundament knapp 1½ Meter dick. Einer der beiden Wehrtürme ist in das Heritage Village integriert und kann bestiegen werden.

Ebenfalls zum Hatta Heritage Village gehören diverse **traditionelle Steinhäuser,** in denen die Menschen des Hajar-Gebirges einst gelebt haben, ferner ein **Restaurant, Souvenirstände** sowie ein Kinderspielplatz.

An das Heritage Village grenzt der **Palmenhain** mit seinen falaj-Kanälen.

- **Geöffnet:** Sa bis Do 8–20 Uhr sowie Fr 14.30–20 Uhr; **Tel.** 04/8 52 13 74

Praktisches

- **Hatta ist klein und überschaubar.** An Sehenswürdigkeiten gibt es das Heritage Village (s.o.) sowie den Hill Park (Spazierwege, Grillplätze und Aufstieg zum Wehrturm). Am Kreisverkehr beim Hatta Fort Hotel liegt ein Supermarkt mit diversen angegliederten Geschäften. Weitere, meist kleine **Lebensmittelläden** finden sich an der Straße nach Dubai und im alten Stadtzentrum. Eine Filiale der **Telekommunikationsgesellschaft** Etisalat sowie ein **Internet-Shop** befinden sich im Zentrum des Ortes.
- Zum **Essen** empfehlenswert sind der Food Court im Einkaufszentrum am Hatta Fort R/A, das Lebanon Spring Restaurant and Bakery sowie das Emirates Resid Restaurant and Kitchen, die beiden letztgenannten liegen nach Dubai fahrend 9 km vor dem Hatta Fort R/A auf der linken Straßenseite. Preiswerte Imbisse gibt es ebenfalls an der Straße nach Dubai, gute Restaurants/Bars/Cafés im Hatta Fort Hotel.
- **Hatta Cross Country Golfcourse:** Der 1075 Yard große 9-Loch-Golfkurs erstreckt sich um das Gelände des Hatta Fort Hotel. Weite Streckenabschnitte führen über steiniges, hügeliges Gelände, die Abschlagplätze sind mit Rasen begrünt. Par 3, von 68 bis 173 Yards.

Unterkunft

- **Hatta Fort Hotel**

Tel. 04/8 09 93 33, Fax 8 52 35 61, www.jebelali-international.com

Schön gelegenes 4-Sterne-Bergresort mit geräumigen Gartenchalets im Landhausstil – jedes mit eigenem schattigem Balkon. Für das leibliche Wohl sorgen das am Pool gelegene **Café Gazebo** (7–20 Uhr), das internationale **Restaurant Jeema** (19–23 Uhr) und die **Roumoul Cocktail Bar** (18–24 Uhr).

Ausstattung: 2 Swimmingpools, 1 Naturstein-Wadi-Pool, 9-Loch-Cross-Country-Golfplatz (Par 3), Skeet- und Fallen-Tontaubenschießen, Feld- und Zielbogenschießen, Wege zum Walken oder Joggen (1,8, 2,8 und 5 km), Kinderspielplatz, Tennisplätze und Minigolf. Die Anlage ist von üppigem Grün und blühenden Gärten umgeben, in denen zahlreiche Vogelarten zwitschern. Ausflüge mit einem Allradwagen einschließlich Fahrer werden vermittelt.

An den Wochenenden kommen viele Dubaianer, um sich von der Großstadthektik zu erholen, eine **Reservierung** ist dann empfehlenswert.

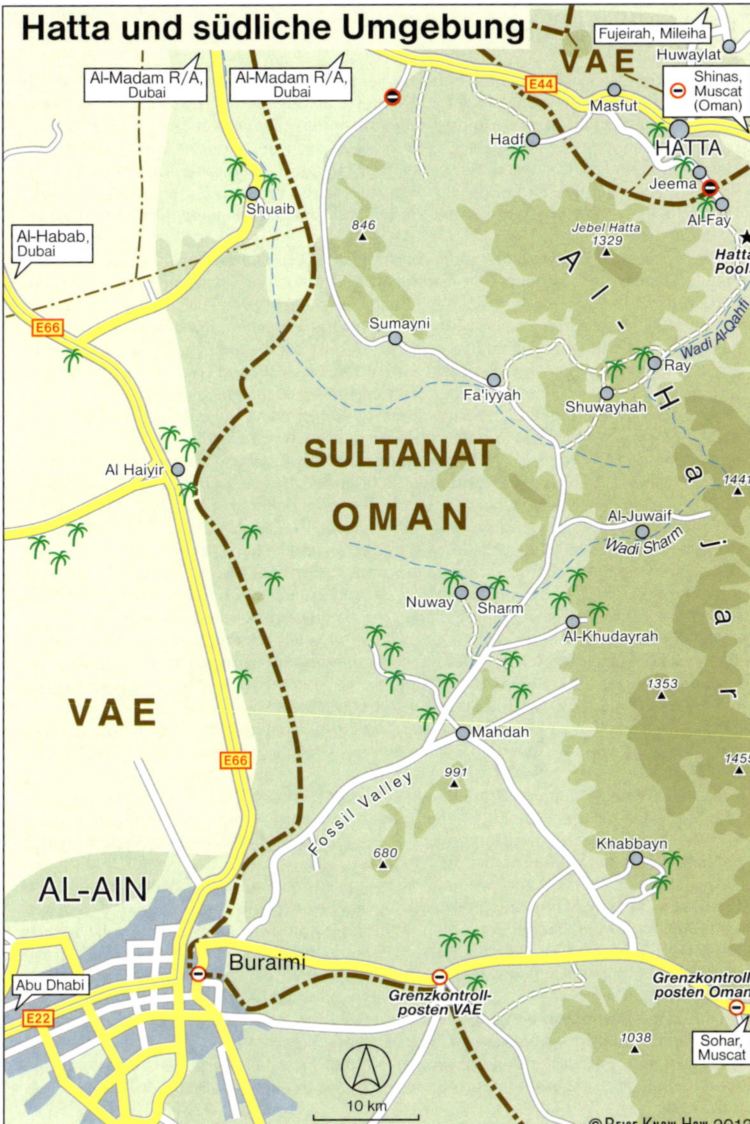
Hatta und südliche Umgebung
Al-Madam R/A, Dubai
Al-Madam R/A, Dubai
Fujeirah, Mileiha
Huwaylat
VAE
E44
Masfut
Shinas, Muscat (Oman)
Hadf
HATTA
Jeema
Al-Fay
Hatta Pools
Shuaib
Al-Habab, Dubai
846
Jebel Hatta 1329
Al-Hajar
E66
Sumayni
Wadi Al-Qahfi
Ray
Fa'iyyah
Shuwayhah
SULTANAT OMAN
Al Haiyir
1441
Al-Juwaif
Wadi Sharm
Nuway
Sharm
Al-Khudayrah
1353
VAE
Mahdah
E66
1455
991
Fossil Valley
680
Khabbayn
AL-AIN
Buraimi
Abu Dhabi
E22
Grenzkontroll-posten VAE
Grenzkontroll-posten Oman
Sohar, Muscat
1038
10 km
©Reise Know-How 2012

Baum des Lebens

Für die Wüstenbewohner war die Nutzung der **Dattelpalme** (lat. *Phoenix dactylifera*) seit jeher von großer Bedeutung. Archäologische Funde erlauben den Schluss, dass Datteln schon vor 8000 Jahren ein grundlegendes Nahrungsmittel waren. Nur eine Handvoll Früchte, zusammen mit frisch gemolkener Kamel- oder Ziegenmilch, war - und ist - für viele Nomaden und Karawanenführer auf ihren langen Wüstenwanderungen die einzige Energiequelle. Auch während die Perlentaucher lange Wochen auf See waren, stellten Datteln, neben der Milch mitgeführter Ziegen und Limetten, ein wertvolles Nahrungsmittel dar.

Der Anbau von Datteln bildet die **Grundlage der Oasenwirtschaft** (z.B. um die Oase Hatta). Dattelbäume benötigen trockene Luft, viel Sonne und kontinuierlich große Mengen Wasser. Sie gedeihen aber auch mit salzhaltigem Wasser. Ein altes arabisches Sprichwort besagt, sie gehören „mit den Füßen ins Wasser und mit dem Kopf ins Feuer". Der hohe Wuchs der Bäume bringt zudem den Vorteil, dass sie wie ein Schattendach alle unter ihnen wachsenden Pflanzen (niedrige Obstbäume, verschiedene Gemüsesorten und Futtergräser für Tiere) vor den sengenden Sonnenstrahlen schützen.

Eine gute Ernte bringen Dattelpalmen nur bei **intensiver Pflege** hervor. Neben regelmäßigem Wässern, Düngen und Beschneiden des Baumes sowie der weiteren Pflege der heranreifenden Früchte fällt der **Bestäubung** eine wichtige Rolle zu. Da die männlichen Bäume keine Datteln tragen, werden sie nicht in den Gärten angepflanzt. Die Befruchtung jedes einzelnen weiblichen Blütenstandes muss daher von Hand erfolgen und ist entsprechend arbeitsaufwendig.

Grundsätzlich unterscheidet man zwischen roten und gelben **Dattelsorten.** Beide weisen die folgenden **Wachstumsstadien** auf: *ankaziz,* die sprießenden Früchte; *khalal,* wenn sie ihre runde, grüne Form annehmen; *bisr,* wenn die Datteln sich rötlich bzw. gelblich färben; *rutab,* wenn sie essbar werden; *tamar,* Früchte in getrocknetem Zustand.

Die geernteten und in der Sonne getrockneten Datteln sind nicht nur **sehr eiweißhaltig,** sondern zugleich **reich an wichtigen Vitaminen und Mineralien.** Der relativ hohe Faseranteil wirkt verdauungsfördernd, und ein weiterer ernährungsphysiologisch wichtiger Vorteil ist, dass die Früchte keinerlei Fett enthalten. Dafür bestehen sie zu 70% aus Zucker, welcher sich zu gleichen Teilen aus Fructose, die eine langfristige Kalorienzufuhr garantiert, und Glucose, die dem Körper einen schnellen Energieschub spendet, zusammensetzt.

Dattelbauern pflegen den **Brauch,** anlässlich der Geburt eines Sohnes neue Bäume zu pflanzen, sodass dieser später über eigene Anpflanzungen verfügt. Die arabische Sprache ehrt die Frucht mit über 500 Namen, und einer guten Köchin fällt es leicht, jeden Tag des Monats eine andere Dattel-Speise zu servieren.

Das **Holz** der Dattelpalme war noch vor wenigen Jahren ein wichtiges Material beim Hausbau (Deckenbalken und Türen) und aus den Palmwedeln (arab. *arjun*) und Strünken (arab. *jarid*) wurden Dächer von Lehmhütten oder komplette Barasti-Hütten hergestellt und Gehöfte eingezäunt. Palmen lieferten Brennmaterial und auch zur Herstellung von alltäglichen Gebrauchsgegenständen wie Seilen, Matten, Säcken, Körben, Taschen, Kleiderständern, Kinderwiegen, Kamelsätteln, kuppelförmigen Fischreusen (arab. *garghour*) oder kleinen Fischerbooten (arab. *shasha*) sind sie von Bedeutung. Selbst abgestorbene Blätter und Dattelkerne können an Ziegen, Esel und Kamele verfüttert werden.

Wegen ihrer immensen Bedeutsamkeit wird die Dattelpalme von den Arabern als ein Geschenk Gottes angesehen (Sure 6, Vers 95) und trefflich als „Baum des Lebens" bezeichnet.

Hatta Pools

Die **natürlichen Becken** und Schluchten mit ihrem **glasklarem Wasser** sind einen Ausflug wert. Badebekleidung und -schlappen sollten eingepackt werden. Es lohnt sich, die ein oder andere Stunde an diesem idyllischen Flusslauf zu verweilen.

Die Becken und Wasserfälle liegen **17 km südlich von Hatta im Wadi Qahfi.** Die Strecke teilt sich auf in 11 km Teer- und 6 km gute Piste, die – wenn es nicht gerade stark geregnet hat – bei vorsichtiger Fahrweise auch ohne Allrad befahren werden kann.

Anfahrt: Ab dem Hatta Fort R/A fährt man zunächst rund 1 km Richtung **alten Ortskern** und biegt dann links zum Hatta Heritage Village ab. 1 km weiter sind das **Hatta Heritage Village** und der alte Ortskern erreicht. Am Verkehrskreisel direkt vor der großen weißen Moschee links abbiegen (unmittelbar hinter dieser Moschee kann man von der Hauptstraße nach rechts abbiegen, es führt eine ca. 2 km lange Sackgasse hinauf zu einem Staudamm). Zu den Hatta Pools geht es von der Moschee ohne Abbiegen der Straße folgend weiter, bis man ca. 1 km weiter vor einem Berg mit aufgemalten Flaggen rechts abbiegen und der mit Bodenwellen versehenen Straße folgen muss (das letzte Haus entlang dieser Bodenwellen-Holperstraße ist beschildert mit „Dubai Women's Association, Hatta Branch").

Etwas weiter ist der emiratisch-omanische **Grenzzaun unterbrochen.** Mitunter stehen zuvor Polizisten und kontrollieren die Pässe, die Durchfahrt von Touristen wird meist geduldet, jedoch muss man auch hier wieder zurückfahren (dies ist kein Grenzkontrollposten zur Ausreise aus den V.A.E. bzw. zur Einreise nach Oman!).

Nachdem man durch den für sein Mineralwasser bekannten Ort **Jeema** gekommen ist, endet in **Fay,** einer Ortschaft, die schon auf omanischem Gebiet liegt, 11 km hinter dem Hatta Fort R/A die Teerstraße. Hier muss man nach rechts abzweigen (dem Hinweisschild zu einer 10 km entfernt liegen-

dub261 Foto: kk

In den Hatta Pools kann man herrlich baden

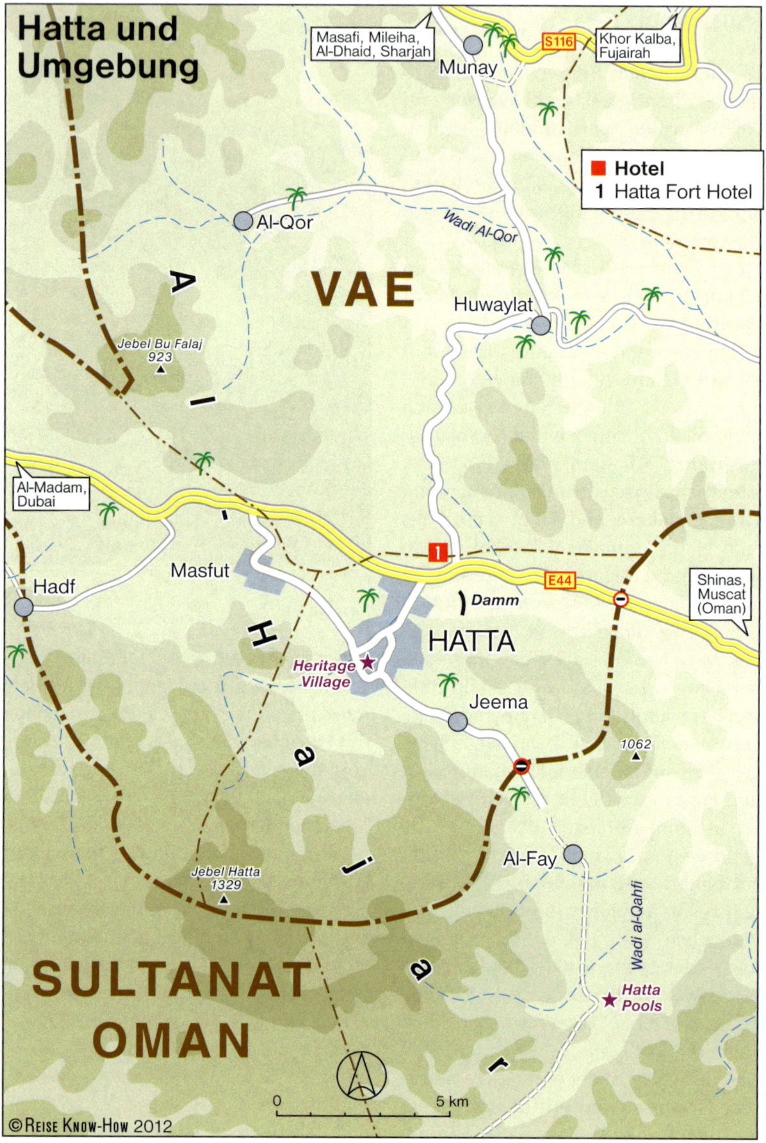

Hatta und Umgebung
Masafi, Mileiha, Al-Dhaid, Sharjah
Munay
S116
Khor Kalba, Fujairah
Hotel
1 Hatta Fort Hotel
Al-Qor
Wadi Al-Qor
VAE
Huwaylat
Jebel Bu Falaj 923
A
l
-
H
a
j
a
r
Al-Madam, Dubai
Hadf
Masfut
1
E44
Damm
Shinas, Muscat (Oman)
HATTA
Heritage Village
Jeema
1062
Al-Fay
Jebel Hatta 1329
Wadi al-Qahfi
SULTANAT OMAN
Hatta Pools
0
5 km
©Reise Know-How 2012

den verwaisten „Picknic- and Campsite“ folgen); nach **6 km über gute Piste** (1,3 km hinter dem ausgeschilderten Abzweig nach Al-Bon) ist die Stelle erreicht, von der aus die Hatta Pools am einfachsten zu finden sind.

Hier biegt ein kleiner Weg nach links hinunter ab, er führt zu einem immer Wasser führenden Wasserkanal (arab. *falaj*). Noch etwas weiter talwärts schlängelt sich das **Wadi Qahfi** durch enge Schluchten. Zumeist führt es das ganze Jahr über Wasser, sodass man durch das schmale, immer wieder von Felsvorsprüngen überhangene Flussbett schwimmen kann (Müll und Graffiti markieren die Fußwege hinunter). Geht man nordwärts, erreicht man nach etwa 500 m mehrere tiefe **Badebecken** in einem breiteren Talstück. Sollte der Wasserstand niedrig sein, so kann man etwa 2 km südwärts gehen, denn jenseits einer Stelle, an der die Piste das Flussbett kreuzt, liegen erneut **tiefe Pools, Wasserfälle und eine zerklüftete Schlucht,** in der meist auch nach einer langen Trockenzeit noch Wasser fließt. Auch hier weist Müll den Weg ...

Huwaylat – Munay – Fujairah oder Huwaylat – Munay – Siji bzw. Mileiha

Ab Hatta bestehen **vielfältige Möglichkeiten der Weiterfahrt.** Herrlich ist die umgebende schroff-dunkle Bergkulisse, in der sich kleine Oasendörfer verteilen.

Man verlässt Hatta vom Kreisverkehr am Hatta Fort Hotel nach Osten in Richtung Oman (ausgeschildert). Nach knapp 1 km zweigt die Straße **nach Huwaylat** links ab. Sie schlängelt sich über einen Pass und durch ein wunderschönes Bergpanorama, bis nach 11 km die Oase Huwaylat erreicht ist. Huwaylat war einst eine wichtige Durchgangsstation auf dem Weg von Dubai nach Muscat in Oman – der Ort an sich ist aber wenig sehenswert.

In Huwaylat gibt es nur einen **Kreisverkehr:** Biegt man von Hatta kommend rechts ab, so führt diese Strecke in den Oman (die ersten Kilometer sind Teer, dann Schotterpiste). Am Kreisel links ab geht es zunächst in den kleinen Ort **Munay** (20,5 km vom Verkehrskreisel am Hatta Fort Hotel). Von Munay aus kann man auf der Schnellstraße S116 über **Kalba/Fujairah** an die Ostküste bei Khor Kalba fahren (in Munay hinter der Ras al-Khaimah Bank rechts hoch auf die Schnellstraße abbiegen; Hatta – Khor Kalba ca. 51 km). An der Ostküste bietet sich entweder die Möglichkeit, direkt ins 30 km entfernte Masafi zu fahren oder einen durchaus lohnenswerten „Umweg“ entlang der Ostküste hinauf über den Fischerort Dibba zu nehmen (siehe „Fujairah und die Ostküste“).

Oder man fährt ab Munay weiter nach **Shawqa** (hinter der Ras al-Khaimah Bank links hoch auf die vierspurige Schnellstraße abbiegen; Shawqa liegt 42 km hinter Hatta). Hier teilt sich die Strecke: Eine Straße führt weiter nach Norden nach **Siji,** wo man erstens nordwärts nach Ras al-Khaimah, zweitens gen Osten nach Masafi und drittens an die Ostküste oder nach Westen nach Al-Dhaid weiterfahren kann.

Al-Dhaid / Masafi und Umgebung
5 km
Ras al-Khaimah
Umm Al-Urge
Jiri-Ebene
Idhn
556
Dibba
670
Jebel Dad 1128
E18
E89
Tayyibah
Al-Ghayl
Asimah
Umm al-Quwain
Nabgha
Falaj al-Moalla
Maydaq
837
Manama
Marbat
Jebel Masafi 1153
E55
E88
Masafi
Sultanat Oman
Al-Dhaid
Daftah
Sharjah, Dubai
Siji
E89
E55
Dhaid-Ebene
Kamel-rennbahn
Jebel Siji 761
Wadi Ham
Bithnah
Sharjah, Dubai
E84
E84
Fujairah
Shaikh Khalifa Highway
Fossile Rock
Fujairah
1034
Saham
Mileiha
E55
Shawqa
Al-Madam, Hatta, Dubai
862
Daynah
S116
Fili
Munay, Hatta
Madam-Ebene
©Reise Know-How 2012

Ab Shawqa kann man aber auch über die E102 nach Westen, **nach Mileiha,** fahren. Von dort geht es (weiter auf der E102) nach Osten bis Sharjah oder gen Norden nach **Al-Dhaid** (15 km, kleiner Durchgangsort mit Anschluss an die Straßen nach Dubai/ Sharjah, Masafi – Ostküste sowie nach Ras al-Khaimah) oder südwärts nach **Al-Madam** (20 km, Anschluss nach Dubai/Sharjah, Hatta und Al-Ain). Beide letztgenannten Straßen, also Hatta – Mileiha und Hatta – Siji, sind jeweils knapp 60 km lang.

Der „Fossile Rock" bei Mileiha

Dieser Tagesausflug ab Dubai (oder auch als Rückweg von Hatta) führt in ein **Gebiet mit schönen Sanddünen,** die **am Fuße des** sogenannten **Fossilienberges** liegen. Um den Berg zu erreichen, müssen diverse Dünen überquert werden, für Offroad-Unerfahrene ist es daher ratsam, den Ausflug bei einem lokalen Tourveranstalter zu buchen oder für einen Tag einen Geländewagen mit Fahrer zu mieten.

Anfahrt: Entweder ab Dubai über die Strecke **Al-Habab – Al-Madam** (siehe „Fujairah und die Ostküste") bzw. **Sharjah – Al-Dhaid** (jeweils knapp 100 km) oder ab Hatta **über Al-Madam** bzw. **Huwaylat – Munay** (ca. 60 km, siehe oben).

Mileiha liegt etwa 15 km südöstlich von Al-Dhaid und ungefähr 20 km nördlich des Al-Madam-Kreisverkehrs.

Der westlich von Mileiha gelegene **Fossilienberg** ist schon von weitem an seinem markanten Profil mit einem freistehenden Felsfinger zu erkennen. Mit etwas Zeit kann man auf dem kalksteinernen Gipfel **versteinerte Meerestiere** (Muscheln, Schnecken) entdecken. Die Versteinerungen stammen aus einer Zeit vor ungefähr 135 bis 70 Millionen Jahren, als Korallenriffe eines tropischen Ozeans die heutige Wüste bedeckten.

Straßenmarkt bei Masafi

6 km vor Masafi finden sich **entlang der Straße E88 Dubai/Sharjah – Al-Dhaid – Ostküste** (Fujairah und Dibba) zahlreiche Verkaufsbuden, die allerlei Waren – von Obst und Gemüse über getrocknete Fische, Popcorn, Plastiktiere, Zierpflanzen, Töpferwaren bis zu Teppichen – feilbieten. Freitags kommen noch mehr Verkäufer und Käufer aus dem Umland angereist.

dub07_300 Foto: kk

Anhang

dub029 Foto: kk

dub149b Foto: kk

Wandteppich mit Mekka-Motiv

Willkommen!

Säckeweise Gewürze

Sprache

Die **offizielle Landessprache ist Arabisch. Englisch** ist die **gängige Geschäftssprache,** die unter den Emiratern und den Gastarbeitern weit verbreitet ist. In Hotels, bei Tourveranstaltern, in Reisebüros, in Apotheken und Krankenhäusern, in Banken, Wechselstuben und Postämtern wird fast überall Englisch gesprochen. Viele Inder können es ebenfalls fließend, wenn auch mit einer ungewohnten Betonung und einigen fremden Vokabeln („Indlish"). Aber auch wer nicht perfekt Englisch spricht, verfügt in der Regel über einen Grundwortschatz. Mitunter sind etwas Geduld und genaues Hinhören erforderlich.

Deutsch oder **Französisch** wird hauptsächlich an den **Rezeptionen** der großen Hotels und von so manchem **Reiseleiter** gesprochen.

In den Souqs von Dubai sowie in preiswerteren Hotels sieht man auffallend viele Schilder oder Speisekarten in kyrillischen Buchstaben. Viele geschäftstüchtige **Händler und Hoteliers** haben sich in den letzten Jahren ein erstaunlich umfangreiches **Russisch-Vokabular** angeeignet.

Buchtipp: Ein sehr nützlicher Reisebegleiter ist der praxisnahe und handliche Sprachführer **„Arabisch für die Golfstaaten – Wort für Wort"** aus der Kauderwelsch-Reihe des Reise-Know-How-Verlages, Bielefeld (auch als AusspracheTrainer auf Audio-CD erhältlich).

Oft zu hören sind auch **Hindi** (Indisch), **Urdu** (Pakistanisch) und **Farsi** (Persisch), die von den Gastarbeitern gesprochen werden.

Arabisch ist nicht gleich Arabisch: Das **klassische Arabisch** ist die Sprache, in welcher der Koran niedergeschrieben ist. Es ist eine auserwählte Schriftsprache, die sich seit dem 7. Jahrhundert, zu Lebzeiten des Propheten Mohammed, nicht verändert hat. Darauf baut das **moderne Hocharabisch** auf, allerdings mit vereinfachter Grammatik und zeitgemäßen Vokabeln. Es ist zugleich die gemeinsame Schriftsprache aller Araber, die in den Medien, im innerarabischen Handel und in der Politik gesprochen und in den Schulen gelehrt wird. Schließlich gibt es noch verschiedene **Regionaldialekte,** die nicht geschrieben, sondern nur gesprochen werden. Im Bereich des Wortschatzes, der Aussprache und der Grammatik weichen die Dialekte zum Teil stark voneinander ab.

Das arabische **Alphabet** besteht aus **28 Buchstaben, die von rechts nach links geschrieben und gelesen werden.** Es gibt nur drei Vokale: a, u und i, die lang oder kurz gesprochen werden. Je nach Länge ändert sich der Sinn des Wortes. Alle Worte basieren auf Wurzeln, die meist aus drei Mitlauten bestehen, sinnverwandte Worte haben dieselbe Wurzel.

Zur Vereinfachung sind in diesem Buch viele arabische Begriffe – sofern nicht anders gekennzeichnet – in der **Singular-Form** gebraucht. Wenn auch grammatikalisch nicht korrekt, sind die meisten arabischen Mehrzahlformen durch Anhängen des in der deutschen Sprache gebräuchlichen **Plural-s** an die Singular-Form gebildet (z.B. souqs, wadis etc).

Höflichkeiten auf Arabisch

Auch wenn man sich nahezu überall und mit beinahe jedermann in Englisch unterhalten kann, so wird es sehr **hoch angerechnet,** wenn man **einige arabische Redewendungen,** insbesondere die Begrüßungsfloskeln, kennt. Die hier aufgeführten „Sie"-Formen unterscheiden sich nicht von der jeweiligen „Du"-Form.

- **Friede sei mit Euch (= Guten Tag): as-salâm 'alaikum**
  Antwort: Und Friede sei mit Euch: wa 'alaikum as-salâm
- **Guten Morgen:** sabâh al-khair
  Antwort: sabâh an-nûr
  (einen Morgen des Lichtes)
- **Guten Abend:** msâ al-khair
  Antwort: msâ an-nûr
  (einen Abend des Lichtes)
- **Hallo:** marhabâ
- **Willkommen:** 'ahlan wa sahlan
  (vgl. Glossar)
  Antwort: 'ahlan wa sahlan
- **Auf Wiedersehen:** ma' as-salâma
- **Allah beschütze Dich:** hayâk 'allâh
- **Wie geht's?:** kayf al-hâl?
  Antwort: al-hamdulillah (Gott sei's gelobt) oder kwayyis (gut)
  dann stets Gegenfrage anschließen:
  Wie geht es Ihnen?: kayf al-hâl 'anta (zu einem Mann), kayf al-hâl 'anti (zu einer Frau)?

Die in diesem Buch verwandte **Transkription,** also die Umschreibung arabischer Sprachlaute in unsere lateinische Schrift, lehnt sich mitunter an die in Dubai gebräuchliche Orientierung an englische Sprachlaute an. So bedeuten:

- **sh** sch (wie im engl. „ship")
- **ee** langes i (wie im engl. „feel")
- **ou, oo** langes u (wie im engl. „moon")
- **j** „dsch" (wie im engl. „John")
- **r** auf der Zungenspitze gerolltes „r"
- **q** tiefes, in der Kehle gesprochenes „k" (wie in „karg")
- **z** weiches „s" (wie in See")
- **w** weiches w (wie im engl. „what")
- **th** wie im engl. „think", scharf
- **dh** wie das engl. „this", weich
- **gh** ungerolltes „r" (wie im franz. „rouge")
- **kh** wie „ch" in „Bach" (nicht wie in „ich")
- **^** langer Vokal (nur im Abschnitt „Höflichkeiten auf Arabisch")
- **'** Stimmabsatz wie in „Be'amter" oder das berüchtigte arabische „Ain", einem aus der Tiefe der Kehle gequetschten „a"-ähnlichen Würgelaut (da Ungeübte bei der Aussprache des „Ain" meist zum Scheitern verurteilt sind, können sie ihn der Einfachheit halber auch als Stimmabsatz betrachten).
- Die Aussprache der übrigen Buchstaben entspricht etwa der im Deutschen.
- Da es keine einheitliche Umschrift der arabischen Buchstaben in lateinische gibt, ist es kein Wunder, dass es vor Ort verschiedene (englische) Schreibweisen gibt. In diesem Buch wurde versucht, Einheitlichkeit zu wahren.

- **Wie heißen Sie?:** mâ 'ismak (zu einem Mann), mâ 'ismik (zu einer Frau)?
  Antwort: ich heiße ...: 'ismî ...
- **Woher kommen Sie?:** min ayna 'anta (zu einem Mann), min ayna 'anti (zu einer Frau)?
  Antwort: aus Deutschland: min 'almâniyâ / aus der Schweiz: min swisrâ / aus Österreich: min an-nimsâ
- **Sprechen Sie englisch / arabisch?:** takhî 'inglîsî / 'arabî?
  Antwort: ein bisschen: shwayya, oder ich spreche kein ...: mâ 'atakallam ...
- **Haben Sie Kinder?:** hal 'indak 'aulâd?
  Antwort: Ja, ich habe 3: na'am, 'indî thalâtha / Nein, ich habe keine Kinder: lâ, laissa 'indî
- **Bitte (von jemandem erbitten):** min fadhlak (zu einem Mann), min fadhliki (zu einer Frau)
  Antwort: Danke: shukran
  Gegenantwort: Keine Ursache: 'afwan
- **Bitte (jemandem etwas anbieten):** tafaddhal (zu einem Mann), tafaddhalî (zu einer Frau)
  Antwort: Danke: shukran
- **Wenn sie erlauben:** lau samaht
  Antwort: Bitte: tafaddhal (zu einem Mann), tafaddhalî (zu einer Frau)
- **Entschuldigung, es tut mir leid:** 'anâ 'âsif (als Mann), 'anâ 'âsifa (als Frau)
  Antwort: Keine Ursache: 'afwan
- **Wie gefällt Ihnen Dubai?:** kayf Dubai?
  Antwort: Dubai ist schön: Dubai jamîl
- **Hoffentlich, wahrscheinlich, so Gott will, wenn nichts dazwischen kommt:** 'insh'allâh (vgl. Glossar)
- **Darf ich fotografieren?:** mumkin sûra?
- **Auf Wiedersehen!:** good bye – ma'a salâma
- **Bis demnächst** – 'ila l-liqâ

Die **arabischen Ziffern** werden (im Gegensatz zu den Buchstaben) von links nach rechts geschrieben:

1 / one / wâhid	١
2 / two / ithnain	٢
3 / three / thalâtha	٣
4 / four / arba'a	٤
5 / five / khamsa	٥
6 / six / sitta	٦
7 / seven / sab'a	٧
8 / eight / thamânya	٨
9 / nine / tis'a	٩
10 / ten / 'ashara	١٠
20 / twenty / 'ishrîn	٢٠
30 / thirty / thalâthîn	٣٠
40 / fourty / arba'în	٤٠
100 / one hundred / miya	١٠٠
200 / two hundred / mîtain	٢٠٠
300 / three hundred / thalâtha miya	٣٠٠
400 / four hundred / arba'a miya	٤٠٠
1000 / one thousand / alf	١٠٠٠
2000 / two thousand / alfain	٢٠٠٠
3000 / three thousand / thalâthat alâf	٣٠٠٠

Glossar

Soweit nicht anders gekennzeichnet, sind die aufgelisteten **Begriffe arabischen Ursprungs.**

- **Abaya:** Schwarzer, knöchellanger Frauenumhang.
- **Abbasiden:** Kalifadendynastie, die im Jahr 750 die Omayyaden stürzte und bis 1258 ein Großreich beherrschte (zu seiner Glanzzeit von Pakistan bis Marokko). Hauptstadt war Bagdad.
- **Abra:** Kleine Holzbarkasse, die für wenige Fils Personen über die Creeks befördert.
- **Aflaj:** Pl. von „falaj", traditionelles Bewässerungssystem.
- **Agal:** Schwarze Kordel, die bei den Männern die Kopfbedeckung hält.
- **Ahlan wa sahlan:** Traditioneller Willkommensgruß, heißt wörtlich „Angehörige und leicht" und meint „als Angehörige (und nicht als Fremde) seid ihr gekommen, und leicht sollt ihr es haben".
- **Ain:** „Quelle" und „Auge".
- **Akbar:** „Größer", „al-akbar" bedeutet „allmächtig".
- **al-:** Bestimmter arab. Artikel, der mit dem folgenden Wort zusammengeschrieben wird.
- **Al:** „Familie", eigenständiges Wort, daher in der Umschrift ohne Bindestrich.
- **Al-hamdulillah:** „Gott sei's gelobt", wird nahezu immer ausgesprochen, wenn einem Gutes widerfährt; auch Antwort auf die Frage nach dem Befinden.
- **Allah:** Dt. Form von „Al-Illah", „der eine Gott", arab. Name Gottes.
- **Al-Maghreb:** Gebet bei Sonnenuntergang und arab. Name von Marokko.
- **Areesh:** Mobile Hütte aus zusammengesteckten Palmzweigen, Stangen und Matten mit Windturm.
- **Ayyubiden:** 1071–1250 Kalifat und Herrschergeschlecht mit der Hauptstadt Kairo.

- **Bab:** „Tor", auch: „Meerenge".
- **Bait:** „Haus".
- **Bani:** Arab. Namenszusatz, der die Stammeszugehörigkeit benennt, „die Söhne des ...".
- **Bajeel:** Traditioneller Windturm; zwei diagonale Innenwände ergeben vier Schächte, durch die kühlende Luftströme in das Innere des Hauses geleitet werden.
- **Balutschistan:** Landstrich in Südpakistan.
- **Barasti:** Luftdurchlässige Hütten aus zusammengesteckten Palmwedeln.
- **Bazar:** (persisch) „Markt".
- **Beduine/Bedu:** Arab. Nomade, eigentlich richtige Form „bedu", Pl. „badawi".
- **Bint:** Arab. Namenszusatz, „Tochter des ...".
- **Bisht:** Männerumhang, meist zu offiziellen Anlässen getragen.
- **Bismillah ar-rahman ar-rahim:** „Im Namen des barmherzigen und gnädigen Gottes". Leitmotiv für das ganze Leben der Muslime, auch Segensformel z.B. vor dem Essen (im Sinne von „gesegnetes Mahl"). Steht vor jeder Koransure (außer vor der 9.).
- **Buftilah:** Altes Vorderladergewehr.
- **Bukhur:** „Rauch", „Duft", Sammelbegriff für duftende Räucherstoffe.
- **Burj:** „Turm", meist Wehr- oder Wachturm.
- **Burqa:** Frauen-Gesichtsmaske.

- **Clocktower** (engl.): „Uhrturm".
- **Corniche** (franz.): „Küstenstraße".
- **Creek** (engl.): „Lagune", „Meeresarm", arab. „khor".

- **Dallah:** Trad. Schnabelkaffeekanne, Symbol der Gastfreundschaft.
- **Dhau:** Europäischer Sammelbegriff für trad. arab. Holzsegelschiffstypen.
- **Dilmun:** Alte Hochkultur im 2. Jahrtausend v. Chr. um das Gebiet des heutigen Bahrain.
- **Dishdasha:** Knöchellanges Männergewand.
- **Diwan:** Regierungsbüro, Audienzsaal; auch Empfangsraum in Privathäusern.
- **Dune bashing** (engl.): „Sanddünen prügeln", beliebter Freizeitsport: mit einem Geländewagen durch die Dünen jagen.
- **Dune skiing** (engl.): Auf Ski oder mit dem Snowboard die Sanddünen hinabfahren.

- **Eid:** Muslimische Feiertage; das Eid al-Adha ist das große Opferfest zur hajj, das Eid al-Fitr findet im Anschluss an den Fastenmonat Ramadan statt.
- **Expatriates** (engl.): Eigentlich alle Ausländer, die im Land arbeiten; meist bezieht sich

die Bezeichnung jedoch nur auf die aus Europa und den USA.

- **Falaj:** Bewässerungskanal, pl. „aflaj".
- **Fatimiden:** In Gegnerschaft zu den Abbasiden eine schiitsche Dynastie in Ägypten und Syrien, 910–1071.
- **Flyover** (engl.): „Überflieger", Bezeichnung für eine Überführung über eine Kreuzung oder einen Kreisverkehr.

- **Ghaus:** Perlentaucherei.
- **Ghazu:** Stammesfehden und Überfälle der Beduinen.
- **Gutra:** Typische weiße Kopfbedeckung der Männer.

- **Hadith:** „Ausspruch", „Überlieferung", Sammlung über das Verhalten, die Handlungsweisen, Aussagen und Anweisungen, Billigungen und Missbilligungen Mohammeds, die neben dem Koran das Leben der sunnitischen Muslime bestimmen.
- **Hajar:** Gebirgszug im Osten des Landes.
- **Hajj:** „Ruf nach Aufbruch", Pilgerfahrt zu den heiligen Stätten des Islam, insbesondere nach Mekka.
- **Harem:** Vom arab. „haram", „abgeschieden", „geheiligter Ort"; Bereiche, die nicht betreten werden dürfen; auch Frauengemächer.
- **Henna:** Pflanze (lat. *Lawsonia inermis*), von der manche Arten getrocknet und gemahlen einen Farbstoff abgeben; zum Färben der Haare und der Haut.
- **Hijra:** Mohammeds Umzug und der muslimischen Gemeinde von Mekka nach Medina (damals Yathrib) im Jahr 622 n. Chr.; Beginn der islamischen Zeitrechnung.
- **Hisn:** „Burg", „Fort".

- **Ibn:** Arab. Namenszusatz, „Sohn des ..." („bin" hat dieselbe Bedeutung).
- **Insha'allah:** „So Gott will", Redewendung in verschiedenen Bedeutungsnuancen, die allen Bemerkungen über Ereignisse in der Zukunft angefügt wird.
- **Interchange** (engl.): Autobahnkreuz.
- **Imam:** Religiös-geistlicher (Staats-)Führer; Religionsgelehrter; auch Moschee-Vorbeter.
- **Imamat:** Staatsform, geistliches und weltliches Oberhaupt ist der Imam.
- **Islam:** Glaubenslehre, „vollständige Hingabe an Gott"; es bekennen sich von Marokko bis Indonesien insgesamt über 1 Milliarde Menschen zum Islam.

- **Jebel:** „Berg", „Gebirgszug".
- **Jinn:** „Geist", „Dämon".

- **Kaaba:** (von griech. „kubus", „Würfel") Gebäudeteil der großen Moschee in Mekka.
- **Kalligrafie** (griech.): „Schönschreibkunst".
- **Kandoura:** Langes, weites Oberkleid von Männern und Frauen.
- **Kalif:** Dt. Form von „khalifa", „Nachfolger", Titel für die Nachfolger Mohammeds in der Regentschaft über das arabische Großreich.
- **Kalifat:** Herrschaft durch Kalifen.
- **Khanjar:** In den alten Shaikhtümern getragener omanischer Krummdolch.
- **Khol:** Kajal, Mascara.
- **Khor:** Lagune, Bucht, Meeresarm.
- **Koran:** Dt. Form von „qur'an", „Das Vorgetragene", heiliges Buch der Muslime, beinhaltet unveränderbare Worte Gottes, die dieser dem Propheten Mohammed offenbarte.

- **Madressa:** „Ort, an dem unterrichtet wird", theologische Hochschule, Schule oder auch Koranschule.
- **Magan:** Alte Hochkultur, im 2. Jahrtausend v. Chr. im Gebiet des heutigen Nordoman; gelegentlich auch als Makan bezeichnet.
- **Majlis:** „Sitzplatz", „Sitzung, Rat, Versammlung"; auch Bezeichnung für einen Empfangsraum und die regelmäßig stattfindende Versammlung zwischen Herrschern oder wichtigen Persönlichkeiten und Bürgern.
- **Mall** (engl.): Großzügiges, elegant eingerichtetes Kaufhaus mit einzelnen Geschäften.
- **Mamluken:** Ab 1250 Kalifat, Hauptstadt Kairo; 1517 vertrieben von den Mongolen.
- **Masjid:** „Moschee".
- **Medina:** Stadt in Saudi-Arabien; erste Stadt, die sich zum Islam bekannte; Ort von Mohammeds Grabmoschee.
- **Medinat:** „Stadt" bzw. Altstadt.
- **Mekka:** Geburtsstadt des Propheten; Ort, an dem der Koran offenbart wurde; zusammen mit der großen Moschee heiliges Zentrum der Muslime und Pilgerort der Muslime in Saudi-Arabien.

●**Meluhha:** Alte Hochkultur, im 2. Jahrtausend v. Chr. im Gebiet des Industals.
●**Mesopotamien:** Ehemaliges Reich und Landschaft im Irak.
●**Mihrab:** Nische in der Moscheewand, zeigt die Gebetsrichtung nach Mekka an.
●**Mina:** „Hafen".
●**Minbar:** Kanzel in der Moschee.
●**Minarett:** Moscheeturm; deutsche Form von „minara", „Lichterturm".
●**Misbah:** Gebetskette, deren Perlen die 99 Namen Gottes symbolisieren; es gibt entweder lange Ketten mit 99 Perlen oder kurze mit 33, die mal 3 gezählt werden.
●**Mohammed:** „Der Gepriesene", heiliger Prophet und Religionsstifter des Islam (570–623 n. Chr.), häufiger Männername.
●**Monotheismus** (griech.): Glaube an einen einzigen Gott.
●**Moschee:** Dt. Form von „masjid", „Ort der Niederbeugung", Gebetshaus und Zentrum des sozialen Lebens.
●**Mubkhar:** Dient zum Verbrennen von Räucherstoffen und Weihrauch; trad. aus Ton getöpfert, werden die Duftstoffe auf glühender Kohle verbrannt; heute gibt es aber auch elektrische mubkhars.
●**Muezzin:** Gebetsausrufer.
●**Musandam:** Gebirgige Halbinsel an der Straße von Hormuz (gehört zu Oman).
●**Muslim:** „Der sich Hingebende (an Gott)", fem. Muslima.
●**Myrrhe:** Duftharz.

●**Omayyaden:** Herrschergeschlecht, das direkt nach den ersten islamischen Eroberungen ab Mitte des 7. Jahrhunderts für etwa 100 Jahre in Ägypten und im Nahen Osten herrschte; Hauptstadt war Damaskus.
●**Orient** (dt. und frz.): „Osten", „Morgenland".
●**Ornament** (frz.): „Verzierung".
●**Osmanen:** Türkische Dynastie von Anfang 1300 bis zum 1. Weltkrieg; sie umfasste zeitweise fast gesamt Nordafrika, den Nahen Osten, Teile der Arabischen Halbinsel und den Balkan bis Österreich; Hauptstadt Istanbul.

●**Pick-up** (engl.): Pritschenwagen.
●**Prophet:** Der Islam kennt eine große Anzahl von Propheten, die alle Wegbereiter Mohammeds waren, auch zahlreiche aus der Bibel.

●**Qadi:** Islamischer Rechtsgelehrter, Richter.
●**Qahwa:** Traditioneller Kaffee, oft mit Gewürzen wie Kardamon und Ingwer zubereitet; Zeichen der Gastfreundschaft.
●**Qasr:** Schloss.

●**Ramadan:** Heiliger Monat der Muslime; Fastenzeit im neunten Monat des islamischen Mondjahres.
●**Ras: „**Kopf", Felsvorsprung, Kap.
●**Rasul: „**Der Gesandte", Prophet.
●**Roundabout** (engl.): „Kreisverkehr", Abkürzung R/A.
●**Rub al-Khali:** „Leeres Viertel", Sandwüste, die einen großen Teil der Arabischen Halbinsel bedeckt.

●**Sabkha:** Salzebene.
●**Saif:** Schwert.
●**Sakar:** Falkner.
●**Salam:** „Friede", auch Abkürzung von „Assalamu alaikum", „Der Friede sei mit dir", dem häufigsten arabischen Gruß; die Antwort lautet „Alaikum as-salam", „Der Friede sei auch mit dir".
●**Salat:** Pflicht jedes Muslim, täglich fünfmal zu beten.
●**Sanduk:** Trad. und wertvolle Truhen.
●**Sari:** Indisches Frauengewand aus einer langen Stoffbahn.
●**Sasha:** Boot aus Palmzweigen.
●**Shahada:** Das muslimische Glaubensbekenntnis.
●**Schiiten:** Von „Schia", „Partei"; muslimische Minderheit, die sich im 8. Jahrhundert von den Sunniten abspaltete, da sie nur den Kalifen *'Ali* als rechtmäßigen Nachfolger Mohammeds anerkennt und sich nicht an der Sunna orientiert.
●**Shaikh:** „Ältester", „verehrungswürdig", Titel für Stammesälteste und Stammesoberhäupter, Vorstände von Familienverbänden, Adelige und deren Söhne sowie ehrwürdige Religionsgelehrte.
●**Shaikha:** Ursprünglich Tochter eines Shaikhs, heute auch Titel seiner Frau.
●**Scharia:** „Straße"; auch Name für die islamische Rechtslehre.
●**Shayla:** Schwarzer Frauenschleier, der aus Chiffon hergestellt wird.
●**Shisha:** Wasserpfeife.

● **Sirwal:** Weite, bunte, an den Knöcheln bestickte Frauenhose, die unter dem Kleid getragen wird.
● **Souq:** „Markt".
● **Sponsor** (engl.): „Bürge"; jeder ausländische Arbeiter benötigt einen einheimischen Bürgen; ausländische Geschäftsleute benötigen - bis auf wenige Ausnahmen - einen einheimischen Partner und Teilhaber; auch Touristen aus einigen Ländern benötigen zur Visa-Erteilung einen Sponsor, z.B. ein Hotel oder einen emiratischen Bekannten.
● **Sunna:** „Viel begangener Weg", „Gewohnheit", auch „Tradition", Gesamtheit der Hadith-Sammlung und Lebensweisen Mohammeds.
● **Sure:** „Grad", „Schritt", Bezeichnung für jedes der 114 Kapitel des Koran.

● **Tamarinde:** Baumart, der essbare Samen dient als Medizin oder Nahrung.

● **Ulema:** „Die Gelehrten", islamische Gesetzesgelehrte, Juristen.
● **Umm:** „Mutter von ...", in Verbindung mit dem Vornamen des ältesten Sohnes ehrenvolle Anrede.
● **Umma:** Gemeinschaft aller Muslime.

● **Wadi:** Trockental, das nach heftigen Regenfällen zeitweise Oberflächenwasser führen kann.
● **Wadi-bashing** (engl.): „Flusstal prügeln", legerer Ausdruck für den populären Freizeitsport, mit einem Allradwagen durch die Bergwadis zu fahren; am spektakulärsten mit hoher Geschwindigkeit durchs Wasser.
● **Wahhabiten:** Islamische Glaubensrichtung, die sich auf die Lehren des *Mohammed ibn Abdul Wahhab* (1703–1792) beruft und eine Rückkehr zu den Wurzeln des Islam fordert.

● **Zakat:** Die Pflicht der Muslime, Bedürftigen zu helfen.

Abkürzungen

arab.	arabisch
Bldg.	engl. „Building", „Gebäude"
Dh	Dirham
dt.	deutsch
DZ	Doppelzimmer
engl.	englisch
EZ	Einzelzimmer
H.E.	engl. „His Exellency", „Seine Exellenz"
H.H.	engl. „His Highness", „Seine Hoheit"
pl.	Plural
R/A	engl. „roundabout", „Kreisverkehr"
Rd	engl. „Road", „Straße"
sg.	Singular
St.	engl. „Street", „Straße"
trad.	traditionell
UAE	engl. „United Arab Emirates"
V.A.E.	„Vereinigte Arabische Emirate"

KulturSchock Reihe
Andere Länder – Andere Sitten
·Orientierungshilfe im fremden Alltag
·Themen: Alltagsleben, Traditionen, richtiges Verhalten, Religion, Tabus, das Verhältnis von Frau und Mann, Stadt und Land
·Praxisnah auf die Situation des Reisenden ausgerichtet
·Abmildern des Kulturschocks und Abbauen von Vorurteilen
·Skizzierung von Hintergründen und Entwicklungen
·Jeder Titel ca. 240 Seiten
14,90 Euro [D]
KulturSchock
JEMEN
KulturSchock
USA
KulturSchock
ÄGYPTEN
KulturSchock
Familienmanagement im Ausland
KulturSchock
MADAGASKAR
KulturSchock
TANSANIA
KulturSchock
VORDERER ORIENT
KulturSchock
AUSTRALIEN
www.reise-know-how.de

Register

A

B

C

D

Q

R

S

Anhang

HILFE!

Dieser Reiseführer ist gespickt mit unzähligen Adressen, Preisen, Tipps und Infos, die nur vor Ort wirklich überprüft werden können. Unsere Autoren sind zwar stetig unterwegs und versuchen, alle zwei Jahre eine komplette Aktualisierung zu erstellen, aber auf die Mithilfe von Reisenden können sie nicht verzichten.

Darum: Schreiben Sie uns, was sich geändert hat, was besser sein könnte, was gestrichen bzw. ergänzt werden soll. Nur so bleibt dieses Buch immer aktuell und zuverlässig. Wenn sich die Infos direkt auf das Buch beziehen, würde die Seitenangabe uns die Arbeit sehr erleichtern. Gut verwertbare Informationen belohnt der Verlag mit einem Sprechführer Ihrer Wahl aus der über 220 Bände umfassenden Reihe „Kauderwelsch“.

Bitte schreiben Sie an:

Reise Know-How Verlag Peter Rump GmbH, Postfach 140666, D-33626 Bielefeld, oder per E-Mail an: info@reise-know-how.de

Danke!

Die Autorin

Kirstin Kabasci hat Islam-, Erziehungswissenschaft und Malaiologie studiert und arbeitet als Reisebuchautorin (V.A.E., Jemen, Oman, Qatar, Bahrain, Köln). Arbeits- und Studienaufenthalte, Recherchen und Reisen führen sie regelmäßig auf die arabische Halbinsel, in den Nahen Osten und nach Nordafrika.

Fotonachweis

Die Fotos stammen von der Autorin *Kirstin Kabasci (kk)* und von folgenden Fotografen bzw. Stellen, bei denen wir uns für die freundliche Abdruckgenehmigung bedanken:

- *Government of Dubai, Dubai Department of Tourism and Commerce Marketing (dt):* S. 16, 21, 25, 33 (2), 39, 45, 61, 62, 63 (2), 71, 78, 83, 97, 100, 104, 106, 107, 113, 133, 149, 150, 167, 169, 170, 181, 184, 193, 201, 208, 214, 219, 225, 253, 254, 257, 271, 273, 274, 282, 292, 295, 297, 300
- *Abu Dhabi Tourism Authority (adt):* S. 301 unten
- *Nakheel/ReComPR GmbH (na):* S. 18, 58, 74, 160, 290
- *Hamed Mohammed bin Mejren (mm):* S. 109, 112
- *Emaar/wbpr (tmd):* S. 187
- *Atlantis The Palm/Text&Aktion (GbR) (at):* S. 5, 178, 194, 216, 220
- *Sharjah Commerce and Tourism Development Authority (sct):* S. 301 oben
- *The Address Downtown Dubai (ta):* S. 26

Die Autorin in Kairo

dub05_312 Foto: kk

Die Hotelliste bzw. die Nummerierung bezieht sich auf die Karten in den Umschlagklappen sowie auf S. 114 und 116.

- Al Jawhara Metro ** (47)
- Al-Khaleej Palace **** (43)
- Al Maha (Ökotourismus-Wüstenresort) ****
- Al-Manzil **** (56)
- Ambassador *** (2)
- Arabian Courtyard Hotel and Spa **** (9)
- Arjaan **** (71)
- Armani Hotel Dubai ***** (57)
- Ascot **** (3)
- Astoria *** (5)
- Atlantis The Palm ***** (65)
- Avari **** (37)
- Bab al Shams ****
- Burj Al Arab ***** (60)
- Capitol **** (27)
- Carlton Tower **** (18)
- City Gold * (23)
- Comfort Inn *** (15)
- Desert Palm ***
- Dubai Marine Beach Resort and Spa ***** (52)
- Eureka ** (38)
- Florida ** (22)
- Florida International * (21)
- Grand Hyatt Dubai (33) *****
- Grandeur *** (63)
- Grosvenor House ***** (76)
- Habtoor Grand Beach Resort and Spa ***** (74)
- Highland *** (30)
- Holiday Inn Express Dubai Internet City ** (69)
- Holiday Inn Express Dubai Jumeirah ** (26)
- Holiday Inn Express Dubai Safa Park ** (58)
- Hyatt Regency ***** (25)
- Ibis Deira City Centre ** (36)
- Ibis World Trade Centre *** (49)
- Imperial Suites ** (11)
- InterContintental Dubai Festival City ***** (34)
- Jumeirah Beach Hotel ***** (59)
- Jumeirah Emirates Towers ***** (50)
- Jumeirah Rotana **** (48)
- Jumeirah Zabeel Saray ***** (67)
- JW Marriott ***** (46)
- K-Porte Inn *** (45)
- Kempinski Hotel Mall of the Emirates ***** (62)
- Kempinski Hotel & Residences ***** (66)
- Landmark *** (19)
- Le Meridien Dubai ***** (35)
- Le Meridien Mina Siyahi Beach Resort and Marina ***** (72)
- Le Royal Meridien Beach Resort and Spa ***** (75)
- Madinat Jumeirah ***** (61)
- Marco Polo **** (16)
- Mayfair *** (39)
- Media One **** (73)
- Meena Plaza * (31)
- New Penninsula ** (1)
- One & Only Royal Mirage ***** (70)
- One & Only The Palm ***** (68)
- Orient Guest House *** (8)
- Piccadilly * (20)
- Queens ** (24)
- Radisson Blu ***** (14)
- Ramada **** (12)
- Regal Plaza *** (13)
- Regent Beach Resort *** (51)
- Regent Palace **** (32)
- Rixos The Palm Dubai ***** (64)
- Rush Inn * (10)
- Rydges Plaza **** (28)
- Seaview **** (29)
- Semiramis ** (40)
- Sheraton Dubai Creek Hotel and Towers ***** (44)
- Sheraton Jumeira Beach Resort and Towers ***** (78)
- Taj Palace ***** (41)
- The Address Downtown Dubai ***** (55)
- The Palace – The Old Town ***** (54)
- The Ritz-Carlton ***** (77)
- Time Palace * (6)
- Towers Rotana **** (53)
- Vasantam * (4)
- Versailles *** (42)
- XVA Guesthouse and Gallery *** (7)
- Zagy * (17)

Hotels

hintere Umschlagklappe

1 New Penninsula **
2 Ambassador***
3 Ascot****
4 Vasantam *
5 Astoria***
6 Time Palace *
7 XVA Guesthouse and Gallery ***
8 Orient Guest House ***
9 Arabian Courtyard Hotel and Spa ****
10 Rush Inn *
11 Imperial Suites *
12 Ramada ****
13 Regal Plaza ***
14 Radisson Blu*****
15 Comfort Inn ***
16 Marco Polo ****
17 Zagy *
18 Carlton Tower ****
19 Landmark ***
20 Piccadilly *
21 Florida International *
22 Florida **
23 City Gold *
24 Queens **
25 Hyatt Regency *****

vordere Umschlagklappe

26 Holiday Inn Express Dubai Jumeirah **
27 Capitol ****
28 Rydges Plaza ****
29 Seaview ****
30 Highland ***
31 Meena Plaza *
32 Regent Palace ****
33 Grand Hyatt Dubai *****
34 InterContintental Dubai Festival City *****
35 Le Meridien Dubai *****
36 Ibis Deira City Centre **
37 Avari ****
38 Eureka **
39 Mayfair ***
40 Semiramis **
41 Taj Palace *****
42 Versailles ***
43 Al-Khaleej Palace ****

vordere Umschlagklappe

44 Sheraton Dubai Creek Hotel and Towers *****
45 K-Porte Inn***
46 JW Marriott *****
47 Al Jawhara Metro **
48 Jumeirah Rotana ****
49 Ibis World Trade Centre ***
50 Jumeirah Emirates Towers *****
51 Regent Beach Resort ***
52 Dubai Marine Beach Resort and Spa *****

Seite 114

53 Towers Rotana ****
54 The Palace – The Old Town *****
55 The Address Downtown Dubai *****
56 Al-Manzil ****
57 Armani Hotel Dubai *****
58 Holiday Inn Express Dubai Safa Park **
59 Jumeirah Beach Hotel *****
60 Burj Al Arab *****
61 Madinat Jumeirah *****
62 Kempinski Hotel Mall of the Emirates *****
63 Grandeur ***

Seite 116

64 Rixos The Palm Dubai *****
65 Atlantis The Palm *****
66 Kempinski Hotel & Residences Palm Jumeirah *****
67 Jumeirah Zabeel Saray *****
68 One & Only The Palm *****
69 Holiday Inn Express Dubai Internet City **
70 One & Only Royal Mirage *****
71 Arjaan ****
72 Le Meridien Mina Siyahi Beach Resort and Marina *****
73 Media One ****
74 Habtoor Grand Beach Resort and Spa *****
75 Le Royal Meridien Beach Resort and Spa *****
76 Grosvenor House *****
77 The Ritz-Carlton *****
78 Sheraton Jumeira Beach Resort and Towers *****